企业家：创造卓越世界

周树然　编著

企业管理出版社

图书在版编目（CIP）数据

企业家：创造卓越世界／周树然编著．-- 北京：企业管理出版社，2012.4
ISBN 978-7-5164-0012-8

Ⅰ．①企… Ⅱ．①周… Ⅲ．①企业领导学 Ⅳ．①F272.91

中国版本图书馆 CIP 数据核字（2012）第 053267 号

书　　名：企业家：创造卓越世界
作　　者：周树然
责任编辑：丁　峰
书　　号：ISBN 978-7-5164-0012-8
出版发行：企业管理出版社
地　　址：北京市海淀区紫竹院南路 17 号　　邮编：100048
网　　址：http：//www.emph.cn
电　　话：发行部（010）68701816　编辑部（010）68414643
电子信箱：80147@sina.com　　zbs@emph.cn
印　　刷：香河闻泰印刷包装有限公司
经　　销：新华书店
规　　格：170 毫米 × 240 毫米　　16 开本　22 印张　380 千字
版　　次：2012 年 5 月 第 1 版　　2012 年 5 月 第 1 次印刷
定　　价：68.00 元

序

构建一种信仰的高地

1992年我上中学时写了一篇《在理想的道路上漫步》的作文，以幼稚的文笔畅想中国的未来；1996年参加大学演讲比赛，我的主题是《光荣与梦想》，用青春的思维勾勒中国崛起的景象；同样在1996年一部名叫《中国可以说不》的图书轰动海内外，次年此书的主创又写了《马走日象走田2030年中国的博弈图》一书；去年和今年清华大学国情研究中心主任胡鞍钢，先后出版《2030中国：迈向共同富裕》《中国2020：一个新型超级大国》两部著作，为政府高层决策提供参考；最近国务院发展研究中心和世界银行，联合编著《2030年的中国：建设现代、和谐、有创造力的高收入社会》的报告，对中国的战略抉择和增长模式的未来结构提出建议。这一切的一切都显示出，无论在庙堂之高，还是在乡村市井，振兴中华是全体中国人的呼声、共识、追求和力量源泉。

中国需要全面的发展，而所有发展的坚实基础是经济的发展，但经济发展归根结底需要大批企业的成长和进步，可以说企业是创造财富的主导力量。我们知道企业家是企业的灵魂，因此企业家是创造财富和创造财富文化的主体灵魂。1515年《君主论》诞生，1776年《国富论》出版，1867年《资本论》问世，三部伟大著作推动人类历史发生巨大变革。随着世界奔腾向前，新兴学科层出不穷，经济学已有300多年，管理学已有100多年，领导学已有50多年。现在虽然关于市场、企业、契约、经理人、企业家精神等的书籍浩如烟海，但准确定位、系统论述、科学实践“企业家”这一阶层的实战专著不多。目前各类企业家研修班和论坛五花八门，高等院校的过于理论和复杂，社会机构的过于商业和江湖。每个学员的学费在几千元到几万元之间，MBA、EMBA的价格更是飙升至几十万元，学员学到知识则罢了，很多时候受到误导和忽悠。

众所周知信仰是指人们对某种理论、学说、主义的信服和尊崇，并把它奉为自己的行为准则和活动指南，它是一个人做什么和不做什么的根本准则和态度。信仰是对人生意义的一种假定，人就其肉体来讲没有意义，人的意义在于自己给自己设定的一个意义，不同的人设定有不同的意义。设定人生意义的高度，决定了信仰的高度。信仰是人对人生观、价值观和世界观等的选择和持有，信仰能够驱使人们共同应对不幸和灾难，促成整个社会的相互作用和支持。信仰是贯穿在人的世界观之中的一种意识规范，真正的信仰绝对经受得住理智的思考、时间的考验，随着时间改变很快消失的信仰绝对不是真正的信仰。当人们信仰的某种价值超越了单纯为了个体功利的目的，变成群体、民族共同认可的价值时，对这种价值的信仰就会从纯粹为了个体追求的层面上升到社会利益的层面，从物质的有形层面上升到精神的抽象的层面，由此个体生命的有限性升华到人类社会与宇宙的无限性。

毛泽东在50多年前曾经说过，21世纪中国应该对整个人类作出更大的贡献。什么才是中国对世界的贡献？胡鞍钢认为，除了经济贸易方面和扶贫方面的巨大贡献，中国还应该在以下关键领域贡献自己的力量：人类发展、科学技术、绿色革命和文化传承，这四个方面的贡献代表了中国在国内和国际意义上的现代复兴。换言之，中国需要在文明与文化、知识与科技、价值与财富等所有重要领域，为人类的进步和福祉做出贡献。立足“弘扬高尚主流、促进中华复兴”的角度，我一直在寻找和追问，作为创造财富和创造财富文化的主体灵魂的企业家，应该有什么样的信仰？应该有什么样的行为准则和活动指南？我试图抛砖引玉，正本清源，去伪存真，尝试探索建立一种企业家学的系统架构。

发展经济的最终目的是什么？2011年9月4日习近平在致亚洲政党“发展与社会共享”专题会议的贺信中讲到，“继续牢牢扭住经济建设这个中心不动摇，以加快转变经济发展方式为主线，积极推进基本公共服务均等化，加大收入分配调节力度，坚定不移走共同富裕道路，努力使全体人民学有所教、劳有所得、病有所医、老有所养、住有所居，做到发展为了人民、发展依靠人民、发展成果由人民共享”。因此，发展经济的最终目的是人民的福祉，用自由、平等、博爱、民主、科学、法律等人类的普世价值和共同文明的理念，同样可以说明中国改革开放的道路、模式、目标和两个“三步走”发展战略的科学性、创新性、优越性。或者说从过去到现在，以至未来，我们中国建设的富强、民主、文明的现代化国家，是人类优秀文明的新典范。希望我的《企业家：创造卓越世界》一书，能够为推动中国和世界发展的企业家这个中坚力量，提供一种思维架构和信仰图谱。

周树然

2012年3月

目　录

第一章　企业家究竟是什么

一、首先具备老板精神

法国经济学家萨伊认为，企业家是冒险家，是把土地、劳动、资本这三个生产要素结合在一起进行活动的第四个生产要素，他承担着可能破产的风险。英国经济学家马歇尔认为，企业家是以自己的创新力、洞察力和统帅力，发现和消除市场的不平衡性，创造交易机会和效用，给生产过程提出方向，使生产要素组织化的人。美国经济学家熊彼特认为，企业家是不断在经济结构内部进行“革命突变”，对旧的生产方式进行“创造性破坏”，实现生产要素重新组合的人。美国经济学家德鲁克也认为，企业家是革新者，是勇于承担风险、有目的地寻找革新源泉、善于捕捉变化、并把变化作为可供开发利用机会的人。在现代企业中企业家大体分为两类：一类是企业所有者企业家，作为所有者他们仍从事企业的经营管理工作；另一类是受雇于所有者的职业企业家。但更多的情况下，企业家只指第一种类型，而把第二种类型称作职业经理人。

企业家最根本的权利就是企业经营权。企业经营权是指在经营过程中对企业财产、投资和其他事项所享有的支配、管理权。能够行使公司经营权的不但包括公司的董事会及其成员、公司经理等公司的经营管理机构，而且还包括股东会等公司的决策机构。当然决策机构经营权的行使通常带有一定的宏观性和非经常性，作为常态形式的公司经营权行使主体仍然限于公司的具体经营管理机构，即公司经理和公司董事会及其成员。

有权利就有义务。企业家相关的义务主要有两种：①约定义务。公司的基本法律性质是其契约性，公司各阶层之间的关系，皆是以一种契约——委托代理的形式来实现。股东大会作为纵向授权的起点，以委托人的身份将财产交董事会代理，并委托监事会进行监督。董事会作为第二层次的代理者，又将公司财产委托给公司经理层代理。这样公司的具体经营活动就由董事、公司经理来执行，他们对公司施加至关重要的影响。对于公司的具体经营者来说，他们既然接受委托从事经营管理行为，也就意味着接受基于委托契约而产生的各项义务。②法定义务。企业家除应当遵守委托契约义务以外，公司法或特别法还另外为其规定了一些具体义务。如上市公司必须向国家证券监管机关及社会公众披露有关信息。因此，公司经营管理者在其执行职务范围内作为公司之负责人，在遵守保守公司秘密义务的前提下，同时又怀有披露有关信息的法定义务。

当然无论企业家行使权利，还是承担义务，都需要相应的载体和平台，在这些中间最重要的是企业人力资本的实力。人力资本所有者和非人力资本所有者在企业中都承担了相应的义务，如非人力资本所有者承担了出资的义务、保持资本完整的义务和承担企业一部分亏损及债务的义务等；人力资本所有者则承担了企业的管理、技术创新和具体的生产操作等义务。企业的生产成果是人力资本和非人力资本等生产要素共同投入的结果，它们都为企业的生存和发展作出了贡献。但是作为真正的企业家，出资人兼管理者的企业家，最基本的是要有老板精神，老板精神是一种责任和担当的精神，是愿意做企业最终的最大的风险承担者，承担创新风险和各种失败，或者说起码的底线，明确知道自己是亏损或破产的埋单者，还依然勇敢创办企业的精神。

二、公司治理的规则

公司治理结构是一种联系并规范股东（财产所有者）、董事会、高级管理人员权利和义务分配，以及与此有关的聘选、监督等问题的制度框架。简单地说就是如何在公司内部划分权力。良好的公司治理结构，可解决公司各方利益分配问题，对公司能否高效运转、是否具有竞争力起到决定性的作用。我国公司治理结构是采用“三权分立”制度，即决策权、经营管理权、监督权分属于股东会、董事会或执行董事、监事会。通过权力的制衡，使三大机关各司其职，又相互制约，保证公司顺利运行。

1999 年 5 月由经济合作与发展组织（OECD）理事会正式通过了《公司治理结构原则》，它是第一个政府间为公司治理结构开发出的国际标准，并得到国际社会的积极响应，它代表了 OECD 成员国对于建立良好公司治理结构共同基础的考虑，其主要内容包括：①公司治理结构框架应当维护股东的权利；②公司治理结构框架应当确保包括小股东和外国股东在内的全体股东受到平等的待遇；如果股东的权利受到损害，他们应有机会得到补偿；③公司治理结构框架应当确认利益相关者的合法权利，并且鼓励公司和利益相关者为创造财富和工作机会及为保持企业财务健全而积极地进行合作；④公司治理结构框架应当保证及时准确地披露与公司有关的任何重大问题，包括财务状况、经营状况、所有权状况和公司治理状况的信息；⑤公司治理结构框架应确保董事会对公司的战略性指导和对管理人员的有效监督，并确保董事会对公司和股东负责。

三、国外的公司治理

1. 英美模式

股东大会。股东大会是公司的最高权力机构，但是英美公司的股东非常分散，而且相当一部分股东是只有少量股份的股东。在这种情况下股东大会就将其决策权委托给一部分大股东或有权威的人来行使，这些人组成了董事会。股东们将公司日常决策的权利委托给了由董事组成的董事会，而董事会则向股东承诺使公司健康经营并获得满意的利润。

董事会。董事会是股东大会的常设机构。英美公司的董事会在内部管理上有两个鲜明的特点：其一，在董事会内部设立不同的委员会，以便协助董事会更好地进行决策，附设执行委员会、任免委员会、报酬委员会、审计委员会等一些委员会。其二，将公司的董事分成内部董事和外部董事。自 20 世纪 70 年代以来，英美公司中的外部董事比例呈上升趋势，按理讲外部董事比例的增加会加强董事会对经营者的监督与控制，但是英美大公司中同时存在的一个普遍现象是公司首席执行官兼任董事会主席，这种双重身份实际上使董事会丧失了独立性，其结果是董事会难以发挥其监督职能。

首席执行官（CEO）。在多数情况下首席执行官是由董事长兼任的。大多数公司又在首席执行官之下为其设一助手，这就是首席营业官，即 COO，在大多数公司这一职务一般由公司总裁（President）兼任，而总裁是仅次于首席执行官的公司第二号行政负责人，也有的公司由董事长同时兼任公司的首席执行官和总裁，此外公司还设有其他一些行政职务，如首席财务官等，在总裁以下各公司还常常设有多名负责具体业务的副总裁。

外部审计制度的导入。由于英美等国是股票市场非常发达的国家，股票交易又在很大程度上依赖于公司财务状况的真实披露，所以英美等国很早便出现了由独立会计师承办的审计事务所，英美等国公司每年的财务报告书都附有审计事务所主管审计师签发的审计报告。政府的审计机构也在每年定期或不定期地对公司经营状况进行审计，并对审计事务所的任职资格进行审查。

2. 德日模式

德日治理模式被称为是银行控制主导型，其本质特征表现在以下方面：①商业银行是公司的主要股东。目前，德日两国的银行处于公司治理的核心地位，形成了颇具特色的主银行体系。所谓主银行是指某企业接受贷款中居第一位的银行，称之为该企业的主银行，而由主银行提供的贷款叫做系列贷款。商业银行虽然是德日公司的最大股东，呈现公司股权相对集中的特征，但是两者仍然存在一些区别。在日本的企业集团中，银行作为集团的核心，通常拥有集团内企业较大的股份，并且控制了这些企业外部融资的主要渠道。德国公司则更依赖于大股东的直接控制，由于大公司的股权十分集中，使得大股东有足够的动力去监控经理阶层。另外，由于德国公司更多地依赖于内部资金融通，所以德国银行不像日本银行那样能够通过控制外部资金来源对企业施加有效的影响。②法人持股或法人相互持股。法人持股，特别是法人相互持股是德日公司股权结构的基本特征，这一特征尤其在日本公司中更为突出。法人相互持股有两种形态：一种是垂直持股，如丰田、住友公司，它们通过建立母子公司的关系，达到密切生产、技术、流通和服务等方面相互协作的目的。另一种是环状持股，如三菱公司、第一劝银集团等，其目的是相互之间建立起稳定的资产和经营关系。总之，公司相互持股加强了关联企业之间的联系，使企业之间相互依存、相互渗透、相互制约，在一定程度上结成了“命运共同体”。③严密的股东监控机制。德日公司的股东监控机制是一种“主动性”或“积极性”的模式，即公司股东主要通过一个能信赖的中介组织或股东当中有行使股东权力的人或组织，通常是一家银行来代替他们控制与监督公司经理的行为，从而达到参与公司控制与监督的目的，如果股东们对公司经理不满意，不像英美两国公司那样只是“用脚投票”，而是直接“用手发言”。

但是德日公司的监控机制的特征有所不同。德国公司监控机制的特征表现在两个方面：一是德国公司的业务执行职能和监督职能相分离，并成立了与之相对应的两种管理机构，即执行董事会和监督董事会，亦称双层董事会。二是德国监控机制有别于其他国家的重要特征是职工参与决定制度。职工通过选派职工代表进入监事会，参与公司重大经营决策，即所谓“监事会参与决定”，使得企业决策比较公开，这有利于对公司经营的监督，同时还有利于公司的稳定和持续发展。日本公司监控机制的特征：一方面银行作为公司的主要股东，在盈利情况良好的条件下，银行只是作为“平静的商业伙伴”而存在；另一方面如果公司盈利开始下降，主银行由于所处的特殊地位，能够很早就通过营业往来账户、短期信贷、与公司最高管理层商业伙伴的长期个人交往等途径获取信息，及时发现问题；如果情况继续恶化，主银行就可以通过召开股东大会或董事会来更换公司的最高领导层。日本公司还通过定期举行的“经理俱乐部”会议对公司主管施加影响。尽管“经理俱乐部”会议是非正式的公司治理结构，但它实际上是银行和其他主要法人股东真正行使权力的场所。

3. 家族模式

由于国情和企业所处的成长与发展环境的差异，使得韩国和东南亚的家族治理模式既有相同之处，也有不同之处。韩国与东南亚家族治理模式的共性：①企业所有权或股权主要由家族成员控制。②企业主要经营管理权掌握在家族成员手中。③企业决策家长化。④经营者激励约束双重化。在韩国和东南亚的家族企业中，经营者受到了来自家族利益和亲情的双重激励和约束。⑤企业员工管理家庭化。⑥来自银行的外部监督弱。在东南亚许多家族企业都涉足银行业。在韩国银行是由政府控制的，家族企业为了生存和发展，都纷纷围绕政府的宏观经济政策和产业政策从事创办企业和从事经营活动，使得来自银行的监督和约束力度较小。⑦政府对企业的发展有较大的制约。在东南亚国家家族企业一般存在于华人中间，而华人又是这些国家的少数民族，华人家族企业经常受到政府设置的种种障碍的限制。在韩国政府对家族企业的制约主要表现在政府对企业发展的引导和支持上。

四、市场价值创造企业家

随着人类的进化而进化，随着社会的发展而发展，价值的终极本原只能是运动着的物质世界和劳动着的人类社会。价值是人类对于自我发展的本质发现、创造与创新的要素本体，包括任意的物质形态。人创造自我世界的一切发展即有价值，价值的核心本质内涵是自由人。人创造自我的存在即为自由人。人本身是价值的根本对象，人即价值本体，人的行为即价值源泉，人的发展即是价值结果。价值包括劳动价值与使用价值两种基本形式，劳动是劳动价值的唯一源泉，而且也是一切使用价值的唯一源泉。劳动之所以被确认为价值的唯一源泉，是因为劳动在信息的形成、传播、处理和运行过程中起着决定性作用，信息的本质就是“消除不确定性”，人类获取和使用信息的客观目的不是为了抽象意义地消除其结构上的不确定性，而在于实实在在地增强自己生存与发展的能力。因此可以说劳动创造了所有价值。

由于有劳动分工，所以需要企业，市场和企业是两种不同的组织劳动分工的办法，企业的出现一定是企业的交易费用低于市场的交易费用，所以交易费用的差别是企业出现的原因。企业的边界是由企业内行政管理费用与市场费用相比较而决定的。当企业的规模扩大时，内部行政费用会上升，这增加的费用接近节省下来的市场费用时，企业的规模就不会扩大了。如果没有企业制度，每一个要素所有者都用自己的要素来生产产品并直接参加交易，那么市场交易者的数目将非常之大，交易摩擦将极为剧烈，从而交易成本也会惊人的高，甚至使交易中止。

企业作为一种参与交易的组织单位，其经济作用在于把若干要素所有者组织成一个单位参加市场交换，从而减少市场当事者数目、减轻交易摩擦、降低交易成本。在企业产权界定清晰的条件下，运用价格机制去实现企业间联系的摩擦就小，交易成本就低；反之交易成本就高。

社会上不同的人对风险有不同的喜好，那些不喜欢冒险的人会成为企业的雇员，而不怕风险的人会成为雇主。雇员拿没有风险的工资，雇主承担所有风险。市场经济是一种责任制度，利润是价值的一种考核方式，通过利润追溯责任，从而让每一个人对自己的行为负责。企业家没有权利在消费者面前由于自己没有犯错误而要求收入；而工人可以在企业家面前因为自己没有犯错误而要求收入。企业家拿的是利润，承担的是对消费者的责任。利润是收入剔除成本的剩余，可能是正的，也可能是负的，所以它是一种激励机制。创新是价值的劳动的自由实现。创新是企业家的责任，不是技术专家的责任，技术专家只是在发明，创新是把发明变成一个对消费者有价值的东西。

企业家必须真正立足市场，分析研究消费者，满足消费者的物质需求和情感需求，才能实现企业的真正发展。美国市场营销协会下的定义是：市场营销是创造、沟通与传送价值给顾客，以及经营顾客关系，以便让组织与其利益关系人受益的一种组织功能与程序。菲利普·科特勒下的定义强调了市场营销的价值导向：市场营销是个人和集体通过创造产品和价值，并同别人进行交换，以获得其所需所欲之物的一种社会和管理过程。现在企业整个市场营销的全过程包括市场营销调研、产品开发、定价、分销广告、宣传报道、销售促进、人员推销、售后服务等。

五、企业家是一种专家

专业是指人类社会科学技术进步、生活生产实践中，用来描述职业生涯某一阶段、某一人群，用来谋生，长时期从事的具体业务作业规范。现代化专业模式，以专业化的培训、教育、人才培养为代表。由于规模化的工业发展，需要对于某种特定的技能、技术、科学理论、科学研究、科学试验、科学检测、科学评测的人才群体，进行大规模的人才人力输出，满足社会和企业的巨量需求，所以奠定了现代的、信息化条件下的专业的基本概念。

专家是指具备专业技能，并依赖此类技能为生的职业人士。在人们的通常认知中，此类“专业技能”须符合科学原理，通常须经过长时间的学习及训练，并有可经考试获得的“认证书”，拥有自我约束行为的职业操守（或道德）及可量化的专业标准。专业人士通常都是一个学会（或协会）的会员，但并非所有学会（或协会）的会员都是专业人士。政府公务人员并非专业人士，对他们的专业人士资格的看法通常来自他们所拥有的另外的各种专业资格。因此一位纯粹的警察并非专业人士，而一位财政局长却会因其所拥有的财经类专业资格（会计、金融类）而被视为专业人士。专家有两类，一是有胆识战略专家；二是有突破能力的业务专家。专家可以是被审计单位或会计师事务所的员工，也可以是被审计单位或会计师事务所从外部聘请的个人或组织。例如“风水师”就不属于专业人士，因其“专业标准”无法量化。公认的专业人士有：教授、工程师、医生、律师、会计师、法官、地产代理、基金经理、特许财务分析师、银行家、生物科技专家、建筑师、设计师等。

职业化的时代，资本主义越来越纯粹，自由竞争越来越健全，真正拥有实力的人越来越受到推崇。这时企业家要想很好地运用自己的权利，良好地履行自己的职责，完成自己的使命和目标，就必然需要成为一名企业管理的专家。专家要控制自己的情感，并靠理性而行动。他们不仅具备较强的专业知识和技能，以及较强的伦理观念，而且无一例外地以顾客为第一位，具有永不厌倦的好奇心和进取心，严格遵守纪律。以上条件全部具备的人才称为专家。观察全球经济发展可以看到，企业家的专业化越来越得到加强，企业家专业之本在于实践。企业家专业知识的积累靠人类社会文明的发展和市场经济的进步，企业家专业的本质是科学与规范人类领导学的知与行，知行合一应用于具体专业的项目计划及领域，形成企业家的作业规范。

六、现实的百变角色

战略家。企业家的第一角色，为组织设定愿景和方向，实践战略性领导，执行战略性规划，帮助组织应对外部环境，帮助开发组织政策。企业家进行战略设计，设计组织的政策、策略和系统；整合各个组成部分，使其能够互相搭配，发挥整体的功能；设计基本理念——我们进行所有组织活动时所依据的愿景、核心价值观和最终目的；设计学习的过程；设计“使命故事”，阐明组织存在的意义、最终目标及理由，以及如何达到最终目标。企业家是战略设想者，企业家应洞察事物的未来，并能提出可行性设想，设想要形成战略重点，用设想的力量激发工作的积极性。强烈的行业兴趣和信息收集的能力，并通过“企业家设想—组织设想—成员设想”的过程，使全体成员铭记，在转化过程中必须践行诺言，通过企业家示范性行动推动设想的实现。

创业者。创业者被定义为组织、管理一个生意或企业并承担其风险的人。在当前国内外学者将创业者的定义分为狭义和广义两种，狭义的创业者是指参与创业活动的核心人员，广义的创业者是指参与创业活动的全部人员。在创业过程中狭义的创业者将比广义的创业者承担更多的风险，也会获得更多的收益。创业者提出创新的建议推动企业的经营。创业者有三种基本活动：①了解行业和专业领域的最新进展；②和顾客与组织成员交流，了解不断变化的需要和要求；③随时把握外部环境，了解可以促进本组织业绩的信息。

组织者。企业家需要组织一个有效团队：确保团队成员的业绩得到表彰；倡导提高团队士气的各种活动；定期举行员工会议，鼓励团队成员畅谈自己的成就、问题和忧虑。企业家是团队的主导实践者：展示个人应得的成果；和组织中的其他单位合作；通过完全支持上级的计划和决定，表现对上级的忠诚。

官方代表。企业家是企业的形象代表，用部分时间出席仪式性活动，扮演名义领导角色。作为企业的正式代表款待客户或顾客，使自己作为组织的代表接受外部的采访，在企业外部的集会上作为组织的代表服务于组织，陪同官方来访者。企业家是企业发言人，回复各种信函或质疑，并向社会各界作出正式报告，向上层管理者、委托人或顾客、重要外部机构、职业团体、一般公众与外部群体时刻通报企业的活动、计划、能力和各种可能性愿景。

谈判者。企业家与外界就资金、设施、设备或其他形式的支持进行交涉，与企业中其他机构就员工、设施、设备或其他形式的支持进行交涉，与供货商和分销商就服务、时间、交付细节进行交涉。企业家进行谈判，促进问题解决。企业家首先要成为专家或顾问，促进员工完成具有个体贡献的任务。

教练员。企业家要授人以渔，作为教练员教授如何促进每个人学习的方法，培养他们对于企业的了解能力。教授尊重事实的精神，学会忠于真相，协助人们对于真实情况能有更正确更深入和更能产生力量的看法，把真实情况当做一种创造的媒介，而非限制的来源。教授员工在愿景与现状的差距中提供产生创造性的张力，引导人们从被动反应转变到主动创造。教练不断帮助人们看清更大的图像：组织各个部分如何相互作用；不同位置的个体如何因其背后具有共同的结构，而发生相似的问题；局部的行动者如何产生远比他自己通常认为的还要长期而广泛的影响；为什么需要某些系统整体的运营政策。企业家需要培养部下“讲故事”的能力，将企业的核心价值观、使命、政策，编成生动感人、富有哲理的故事，让这些使命故事经久不息流传在组织中。当企业中人人都具有大于个人目的的共同意识，共同的使命感会把人们连成一体，从而具有其他方式无法做到的认同感和连续感。非正式地表彰团队成员的成就，向团队成员提供不良绩效的反馈，确保团队成员知道能改善自身绩效的各个步骤，采取奖励和惩罚以鼓励和维系良好的绩效。

服务者。企业家是愿景的服务者，永远忠于组织的愿景。企业家让团队的每个成员都明白，我的工作、职责和使命，不是我的需要，不是我的无奈，是我的选择，是我的愿意，这样被一个伟大的使命所驱使，那种自然的力量，会使生命真正的喜悦，会让自私、忧虑、怨天尤人的气氛一扫而空。

新型首领。现在知识经济社会，任何组织都需要领头雁，无论雁群飞往何处，每只大雁都能跟上队伍，在需要时大雁会更换角色，或是头雁，或是随从，或是侦查员，当任务改变时雁群就会尽职调整队形，以适应新情况。企业家就要这样主动改变领导作风，学会问自己，我做了什么或没有做什么才导致了令人不满的业绩发生。企业家要坚持顾客至上，引导员工把顾客视作真正的企业家。企业家需要进行所有权改造，为智力资本的所有者和实干者创造条件，让他们承担使顾客满意的责任。企业家需要建立并实施评价和奖励学习的报酬制度，以及进行持续评估的体系。

七、看看你是什么“型”

道德型。这种类型认为领导是一种自己与追随者基于共有的动机、价值和目的而达成一致的道德过程；企业家的本质是对真正需要的认识，对价值之间以及价值与实践之间矛盾的揭示和利用，对价值的重新整合，对必要制度的重视和对变革的影响；企业家的根本行动就是使人们知道或意识到他们所感受的东西，即强烈地感受到他们的真正需求，并富有意义地表明自己的价值，以使他们能够明确的行动，做到对许多压倒一切的全面的着重于福利的价值的信奉，对许多次要的价值和责任的鼓励与牵连；最重要的是超越日常需要和需求，以及超越所期望的那种复杂性主张的能力，是其对较高层次的道德发展的响应能力，是其将领导行为，即他的作用、选择、风格、承担义务与一套推想出的、比较明确的、被意识到的价值联系起来的能力。

政治型。政治型企业家的素质中蕴含的自尊最为重要，自尊是与特定行为的特定期望及其实现、与特定环境的后果相联系的。政治型企业家的品行特点并不是失控的雄心，也不是无理性的、不道德的或好斗的行为，而是谨慎持重、深谋远虑和管理才干。这种自我实现要求企业家理解追随者的需要，进入追随者的视野，按照大众需要来行动。由于企业家自己在不断经历自我实现过程，他们便能够与其追随者共同上升，一般是超前追随者一步，来响应他们转化了的需要，从而帮助追随者走上自我实现的大道。随着需求的表现变得更加有意图、有目的，变得较少主观、自私、局限，变得与社会认可的目标、集体目标和价值观更为一致，企业家才帮助追随者的需要转化为积极的希望和抱负，在这种过程中企业家扮演中心角色，塑造、澄清并指引着大众的要求。

变革型。变革型领导理论是把领导和下属的角色相互联系起来，并试图在领导者与下属之间创造出一种能提高双方动力和品德水平的过程。拥有变革型领导力的企业家通过自身的行为表率，对下属需求的关心来优化组织内的成员互动；同时通过对组织愿景的共同创造和宣扬，在组织内营造起变革的氛围，在富有效率地完成组织目标的过程中推动组织的适应性变革。变革型企业家的特征：它超越了交换的诱因，通过对员工的开发、智力激励来鼓励员工为群体的目标、任务和发展前景而超越自我的利益，实现预期的绩效目标；集中关注较为长期的目标，强调以发展的眼光，鼓励员工发挥创新能力，并改变和调整整个组织系统，为实现预期目标创造良好的氛围；引导员工不仅为了他人的发展，也为了自身的发展承担更多的责任；变革型企业家能在组织中制造兴奋点，产生强大的影响力和冲击力，也能帮助个人发现工作与生活的价值与兴奋点。

变革型企业家行为的方式有四个方面：①理想化影响力。理想化影响力是指能使他人产生信任、崇拜和跟随的一些行为。它包括企业家成为下属行为的典范，得到下属的认同、尊重和信任。这些企业家一般具有公认较高的伦理道德标准和很强的个人魅力，深受下属的爱戴和信任，大家认同和支持他所倡导的愿景规划，并对其成就一番事业寄予厚望。②鼓舞性激励。企业家向下属表达对他们的高期望值，激励他们加入团队，并成为团队中共享梦想的一分子。在实践中企业家往往运用团队精神和情感诉求来凝聚下属的努力以实现团队目标，从而使所获得的工作绩效远高于员工为自我利益奋斗时所产生的绩效。③智力激发。智力激发是指鼓励下属创新，挑战自我，包括向下属灌输新观念，启发下属发表新见解和鼓励下属用新手段、新方法解决工作中遇到的问题。通过智力激发企业家可以使下属在意识、信念及价值观的形成上，产生激发作用并使之发生变化。④个性化关怀。个性化关怀是指关心每一个下属，重视个人的需要、能力和愿望，耐心细致地倾听，以及根据每一个下属的不同情况和需要区别性地培养和指导每一个下属。

交易型。交易型企业家的特征是强调交换，在自己与部下之间存在着一种契约式的交易。在交换中企业家给部下提供报酬、实物奖励、晋升机会、荣誉等，以满足部下的需要与愿望；而部下则以服从企业家的命令指挥，完成其所交给的任务作为回报。交易型企业家建立在一个人在组织中的与位置相关的官僚制权威和合法性基础上，它强调任务目标、工作标准和产出，往往关注任务的完成和员工的顺从，更多地依靠组织的奖励和惩罚手段来影响员工。此种领导方式的关键词包括：控制、评估、调度、结果等。对可预测的、可持续的结果的追求，是所有交易型企业家的内生动力。

在一个交易型企业家主持的组织中，我们将会发现：①明确的界限。在角色和功能、技术流程、控制幅度、决策权及影响力范围等方面都有划分清晰的界限，所有的因素及其相互作用都被置于管理和控制之下，以期达到预想的商业结果。②井然的秩序。对于交易型企业家来说任何事情都有时间上的要求，地点上的规定，以及流程上的实用意义。通过维系一个高度有序的体制，交易型企业家得以长时间、系统性地获得比较一致的结果。③规则的信守。交易型企业家十分注重规则，对业务经营的每一层面都设定了具体的操作标准与方式，任何背离程序、方法和流程的行为都被视为问题，要加以解决和清除。也就是说工作结果必须是可预测的，不允许意外发生。④执着的控制。交易型企业家厌恶混乱的和不可控的环境，他们力图使企业获得有序结构，所以他们的领导方式往往是强力型的，企业的内部通常缺乏“湿润感”。

心理因素型。心理因素型分为：①主动积极型。非常自信、乐观、合群，目标明确，工作努力，富有创新精神，对自己和他人都比较满意，对企业家的职位十分陶醉，对权力非常迷恋。②主动消极型。敢作敢为，工作努力，不易满足，富于幻想，对权力持消极态度，不信任人，并不认为担任企业家是一种轻松快乐的事。③被动积极型。奉公守法，比较合群，对自己在别人心目中的形象非常关注，对企业家的职位十分陶醉，权力欲极强，但往往因循守旧，不善决断，缺乏创新意识。④被动消极型。性格内向、保守，遇事容易后退，主张工作越少越好，对企业家的职位缺乏兴趣。

权威型。权威型分为：①独裁式。所有政策均由企业家决定，所有工作进行的步骤和技术也由企业家发号施令行事，工作分配及组合大多由他单独决定，企业家对下属较少接触，如有奖惩往往对人不对事。②民主式。主要政策由组织成员集体讨论决定，企业家采取鼓励协助态度，通过讨论使其他人员对工作全貌有所认识，在所设计的完成工作的途径和范围内，下属人员对于进行工作的步骤和所采用的技术，有相当的选择机会。③放任式。组织成员或群体有完全的决策权，企业家放任自流，仅给组织成员提供工作所需的资料条件和咨询，而尽量不参与也不主动干涉，只偶尔表示意见，工作进行几乎全依赖组织成员、各人自行负责。

◇ 案例 1. 传奇乔布斯的出局境遇

史蒂夫·乔布斯是美国苹果公司创始人和 CEO。1976 年乔布斯和 26 岁的沃兹·尼艾克成立苹果电脑公司。2011 年 10 月 5 日因病逝世，享年 56 岁。天才乔布斯颠覆了四个行业：他用 iPod 颠覆了音乐，将音乐播放器的功能放大到极限，它还有完善的管理程序和创新的操作方式，外观也独具创意，是苹果公司少数能横跨 PC 和 Mac 平台的硬件产品之一，除了 MP3 播放，iPod 还可以作为高速移动硬盘使用，可以显示联系人、日历和任务，以及阅读纯文本电子书和聆听 Audible 的有声电子书以及播客。他用 iPhone 颠覆了手机，将创新的移动电话、可触摸宽屏 iPod 及具有桌面级电子邮件、网页浏览、搜索和地图功能的突破性以及因特网通信设备这三种产品完美地融为一体。iPhone 引入了基于大型多触点显示屏和领先性新软件的全新用户界面，让用户用手指即可控制 iPhone。iPhone 还开创了移动设备软件尖端功能的新纪元，重新定义了移动电话的功能。他用 Mac、iPad 颠覆了电脑，Mac 区别于装配有微软 Windows 系统的个人电脑，是第一款采用点击用户界面的大众计算机，堪称是 Windows 的“前辈”。而 iPad 的定位则介于苹果的智能手机 iPhone 和笔记本电脑产品之间，通体只有四个按键，与 iPhone 布局一样，提供浏览互联网、收发电子邮件、观看电子书、播放音频或视频等功能。他又用皮克斯电影工作室奉献的《海底总动员》《飞屋环游记》颠覆了电影，他赋予皮克斯的“苹果魔法”，改变了电影行业的格局，赋予了电影动画全新的含义。

史蒂夫·乔布斯 1985 年获得里根总统授予的国家级技术勋章；1997 年成为时代周刊封面人物；2007 年被《财富》杂志评为年度最伟大商人；2009 年被财富杂志评选为这十年美国最佳 CEO，同年当选时代周刊年度风云人物。我们说史蒂夫·乔布斯是一个伟大的企业家，是因为乔布斯的事业改变了人类的生活，而这种改变是一种迈向美好生活的改变。第一，乔布斯的事业是一种“通过创新，让世界繁荣”的事业。乔布斯卖的主要不是冷冰冰的机器，他卖的是一种人类进入崭新生活，重新进入繁荣的世纪性创新。乔布斯事业的第二种特质，这是一种大量创造新价值、新财富的事业，唯有依赖具有这种特质的事业，人类社会才能够发展起迈向共同繁荣的物质基础。也正是这样的财富创造，使得人类社会个人的财富，不要再狭隘地依靠“剥削”去获得，通过创新可以获得过去不可想象的财富。

然而乔布斯这样一位伟大的企业家，年轻时却是个不太讨人喜欢的“刺头”，他不仅孤傲、自大，而且不乏耍奸使滑、拉帮结派之举。一件小事可以证明，为了编员工号，当时的 CEO 斯科特提出的方案是，既然苹果电脑是沃兹发明的，沃兹当然是 1 号员工，然后是乔布斯的 2 号。其他人都对这个编号没有意见，只有乔布斯例外。“不。我必须是 1 号。”乔布斯有点儿生气。“如果我不能是 1 号，那我可以是 0 号吗？”乔布斯玩起了数字游戏。斯科特没有办法，只得让乔布斯成为了与众不同的0号。乔布斯在乎这样的名分，他觉得如此才能显示他在公司的特殊性。早期苹果公司发展十分顺利，很快股票也发行上市，在巨大的成功面前乔布斯有点飘飘然，一朝权在手，便把令来行，他偏执、不合群、要求绝对服从，这样的性格表现在工作上则会“擦枪走火”。

1981年苹果公司的丽莎计算机在市场上被IBM的个人计算机打得落花流水，尽管它的操作系统比IBM先进了整整一代。乔布斯原本想通过研发丽莎计算机一举垄断个人电脑市场，但市场并不买账。事实证明这是个巨大的失败，一台不合实际、连美国人都嫌贵的电脑是没有多少市场的，而丽莎电脑又浪费了苹果公司大量的研发经费。丽莎遭到市场冷落，也没有人再来追捧苹果开发的第一种个人电脑Apple II，Apple II更无力支撑整个公司。当苹果业绩一落千丈时，公司管理层决定聘请百事可乐公司的总经理约翰·斯卡利，期望他能救苹果于水火之中。乔布斯连续四个月拜访斯卡利，几乎是跪求斯卡利“空降”苹果，斯卡利终于被乔布斯的精诚所感动。刚开始乔布斯和斯卡利两人如同度蜜月一般，但乔布斯的独裁让斯卡利不能容忍。本来很多工作都要向斯卡利汇报，但都要到乔布斯那里，这种越权行为惹怒了斯卡利。乔布斯亲自领导丽莎研发部门，他总是指手画脚，弄得大伙不开心，丽莎团队对这位疯狂、多疑、总是怒吼的上司深恶痛绝，总是在背后狠狠地诅咒他，希望乔布斯滚蛋！在一次战略会议上斯卡利突然发难，团结高层将乔布斯“贬职”，1985年4月经由董事会决议撤销了他的经营大权。乔布斯几次想夺回权力均未成功，1985年9月17日愤而辞去苹果公司董事长的职位，乔布斯被自己创立的公司扫地出门，卷起铺盖走人。

从后来的发展来看，如果史蒂夫·乔布斯不被斯卡利驱逐，就永远还是那个狭隘、狂妄、目光短浅的小人，可能终身无成就。史蒂夫的出走，使他更加意识到自己的错误，吸取教训，也为今后重回苹果公司并拯救它做好准备。1996年12月17日，全球各大计算机报刊几乎都在头版刊出了“苹果收购Next，乔布斯重回苹果”的消息。乔布斯对老苹果进行彻底整顿，那些老项目几乎全部砍掉。乔布斯还重组了高管团队，所有的副总裁全部离开，解聘了大部分旧董事，只保留其中两位。新的董事会由6个人组成，4个人是乔布斯的朋友和他自己。乔布斯吸取12年前的教训，组建了一个适合自己的管理团队和构架。以后的事情地球人都知道了，在乔布斯的领导下苹果公司成为世界上最成功的企业之一，乔布斯的拯救计划奏效主要有两个因素。第一，12年前的苹果需要加法，而现在需要减法。以12年前的乔布斯实在没有那个管理水平，而做减法则需要准确的判断，这正是乔布斯最过人的地方。第二，这12年里乔布斯管理能力提高了，虽然表面上看脾气还是很大，还是个独裁者，但本质已经不同了。

◇ 案例2. 一美元年薪的李·艾柯卡

1978年7月13日，由于“功高盖主”李·艾柯卡被亨利·福特开除了。李·艾柯卡当了福特8年的总经理，在福特工作已经32年，一帆风顺，从来没有在别的地方工作过，突然间失业了。他接受了一个新的挑战——到濒临破产的克莱斯勒汽车公司出任总经理。但是克莱斯勒公司的状况很糟，公司几乎处于无政府状态，纪律松弛，35位副总裁各把一方，互不通气，财务混乱，现金枯竭，产品粗制滥造，积压严重。就在艾柯卡上任当天，该公司宣布连续3个季度的亏损达1.6亿美元，公司处于生死存亡的关键时刻。艾柯卡没有气馁，更不想退缩，而是深入员工中调查研究，认真分析国内外汽车市场的发展趋势。

为了拯救克莱斯勒，确保65万员工的工作和生活，他没有简单地裁员，决定以紧缩开支为突破口，提出了“共同牺牲”的大政方针。艾柯卡从自己做起，把36万美元的年薪降为1美元，与此同时全体员工的年薪也减少了。“要想渡过难关，克莱斯勒人流出的血必须一样多。如果有人光等待别人为他付出，自己却袖手旁观，那就会一无所有。”他强调道：“作为企业的领导，最重要的一点就是身先士卒，做出样子。这样员工的眼睛都看着你，大家都会模仿你。”艾柯卡把自己年薪减至1美元的做法在美国企业界没有先例，很自然地引起了轰动。榜样的力量是无穷的，老总的表率作用是最好的动员令，从各级领导到普通员工，渐渐地达成共识，大家毫无怨言、心甘情愿地勒紧裤腰带。“共同牺牲”给克莱斯勒公司带来了生机，使广大员工看到了希望。艾柯卡率领经营团队对营销、信贷、财务、计划和人事等部门进行整顿改革，积极扶持新产品的开发，花大力气抓生产制造，当然更重要的是尽快拿出适销对路的产品。六年后，艾柯卡领导的克莱斯勒创下了24亿美元的盈利纪录，比此前60年利润的总和还要多，1986年克莱斯勒公司排在全美500家公司之首。艾柯卡成为了美国家喻户晓的大人物，美国人心目中的英雄。

艾柯卡说：“一切企业经营归根结底就是三个词：人才、产品和利润，没有人才，后两者都无法实现。”这充分表明了他对人才的重视。首先，他善于了解部下的心理，并且注重针对他们的心理讲话。他说：“使用听众自己的语言同他们讲话是重要的，这件事如果做得好，他们就会说他说的就是我想的。他们一旦开始尊重你，就会跟你到底。他们跟随你的原因不是因为你有什么神秘的方法，而是因为你在跟随他们的想法。”其次，他总是尽力鼓励部下提出实际的想法和建议。在他们拿出具体办法前，他尽量做到不去干预和影响他们的设想。他还习惯在与下属交谈后，让对方将所说的意见写成书面文字，使这些想法具体化，以弥补口头交谈的缺陷，防止自己只是被他们的想法打动而采纳了不成熟或者不切实际的意见。同时他还十分注重维护下属的积极性，他通常这样说："假如你要表扬一个人，请用书面方式；假如你要使被批评者不至于过分难看，那么请用电话。"书面表扬能体现对成绩的看中和充分肯定。当下属在工作中出现失误时，过分的难堪则会大大地挫伤乃至毁灭他们的积极性。

总结管理之道，李·艾柯卡提出了领导者的10C原则：①好奇心（Curiosity）。领导人必须聆听身边除了"是，长官"那群人以外的民意。②创造力（Creative）。愿意出奇招，尝试不同的东西。③沟通力（Communicate）。即使痛苦万分，沟通必须从说实话开始。④品格（Character）。懂得是非之别，有胆量做对的事。⑤勇气（Courage）。愿意坐到谈判桌上开始协商，明知会丧失选票也要坚守立场。⑥信念（Conviction）。要有热情，要真心愿意做一些事。⑦领袖魅力（Charisma）。让人想要追随你的特质，是启发别人的能力。⑧能力（Competent）。必须知道自己在干什么，而且身边的人也要知道他们在干什么。⑨常识（Common sense）。没有常识，就不能当领导人。⑩危机（Crisis）。领袖不是天生而是后天培养的。领导力是在危机的时刻淬炼出来的。当然李·艾柯卡一定会衰老离去，在没有李·艾柯卡的克莱斯勒，企业的命运自然也不会由李·艾柯卡掌握。2009年4月30日，陷入困境的克莱斯勒公司宣布申请破产保护，2009年6月10日克莱斯勒公司和菲亚特集团宣布双方完成了全球性战略联盟的缔结，2009年7月24日欧盟委员会批准了菲亚特汽车公司收购克莱斯勒汽车公司。

◇ 案例3. 永远的芭比娃娃——露丝·汉德勒

露丝·汉德勒是世界玩具市场上畅销最久的玩具——"芭比娃娃"的创立者，后创建了美泰玩具公司，是美国最成功的女性企业家之一，现在"芭比"娃娃已经销往世界上150多个国家。2002年4月28日，85岁的露丝·汉德勒女士去世了。半个多世纪，露丝创造的芭比娃娃几乎已经成为全世界小女孩的心爱之物。随着这个大眼睛、长头发的玩具娃娃的畅销，今天的"芭比"已经不仅是一个玩具，它是美国女性的一个象征，是美国文化的一个象征，正如遍布全球的麦当劳、肯德基一样。作为创造这个品牌的露丝，她用自己一生的努力，给了全球的女性以梦想和希望。

露丝的父亲是一位铁匠，养活了露丝和她的九个姐妹，后来露丝·汉德勒回忆说，作为最小的孩子，她在成长过程中从不缺乏宠爱，而正是因为在这么多的爱中长大，她才会有孩子的童心。在芭比娃娃诞生之前，美国市场上给小女孩玩的玩具大多是可爱的小天使，圆乎乎、胖乎乎的，类似著名童星秀兰·邓波尔的银幕形象，这是大人对孩子们玩具的想象，但从大孩子们的兴趣来看，这种玩具却略显“幼稚”，他们需要的是跟自己年龄相仿的玩伴，而不是一个小宝宝。一天露丝突然看见女儿芭芭拉正在和一个小男孩玩剪纸娃娃，这些剪纸娃娃不是当时常见的那种婴儿宝宝，而是一个个少年，有各自的职业和身份，让女儿非常沉迷。1955 年露丝买下了三个“丽莉”，丽莉是照着《西德时报比尔德》中一个著名卡通形象制作的，高 18 ~ 30 厘米，长长的头发扎成马尾拖至脑后，身穿华丽的衣裙，身材无可挑剔，各种体征应有尽有，而且穿着非常暴露。她告诉公司的男同事，自己想设计出一种“成熟”的玩具，但是他们认为丽莉衣着太暴露了，是满足男人幻想的产物，并不适合给孩子们。露丝并没有气馁，她想为什么我不能将这两点结合起来呢，孩子们需要的是一个长大的，但却不是暴露的娃娃。小女孩不光需要跟自己年龄相仿的玩偶，更需要一个她长大后的理想形象。于是“芭比”的样子在露丝的脑子里越来越成熟了，在技师和工程师的帮助下芭比娃娃就这样诞生了，接着露丝又请了服装设计师夏洛特·约翰逊为芭比设计服装，1958 年他们获得了生产芭比的专利权。这种娃娃将会改变一个时代，她与以往的娃娃都不一样，她是个大人，四肢修长、清新动人，虽然身材很好，但被漂亮的衣服紧紧地包裹着，她的脸上还流露出如玛丽莲·梦露般的神秘，虽然只有 11.5 英寸高，最后露丝把自己的女儿芭芭拉的昵称“芭比”给了这个可爱的娃娃。

市场证明了露丝的判断是正确的，摆在经销商货架角落里的“芭比”受到了孩子们热烈的欢迎，越来越多的人开始来买这种清新可喜的玩具，尤其是小女孩对此更是极为热衷，第一年就卖出了 35 万个。1960 年订单像雪片一样飞到了美泰公司，公司花了几年工夫才满足了人们对芭比的需求，10 年里公众购买芭比的金额达到了 5 亿美元。但是在“芭比”受到公众广泛欢迎的同时，也受到了来自各方面的批评。美国妇女组织表示，芭比娃娃过于“性感”，过于“完美”，为小女孩设置了不可实现的目标，最终结果就是伤害了她们的自尊心，使得她们对自己的容貌和身材感到自卑，因此她不是妇女解放的象征，而是起着迫害妇女的作用。露丝并不这样认为，她说“芭比”是女孩子的偶像，偶像自然是完美的，小女孩并不会因自己的偶像感到自卑的。为了证明“芭比”不是一个头脑空空的花瓶，而是一个职业妇女。露丝设计出更多种类的“芭比”，她拥有了更多的身份，可以是医生、宇航员、女企业家、警官、运动员，甚至还做过联合国儿童基金会的志愿者，到目前为止她的职业超过 80 种；她可以是中国人、印度人、黑人，她所代言的民族有 45 种；她的宠物现在已经超过 40 种了，第一只宠物是叫“Dancer”（跳舞者）的马；她有自己的男朋友“肯”，这是以露丝儿子的名字命名的；她有自己的三个姊妹，分别是1964年上市的巧比、1992年推出的史黛西及1995年亮相的小凯莉。从第一个芭比诞生之日起，她就一直在被不断地改进和创新，芭比娃娃的外形历经约500次以上的修正与改良，成为今日的样子。为了让“芭比”有漂亮的时装，从1995年至今约有10亿件以上的衣服生产出来，每年约有一百款芭比新装推出。“芭比”是如此的成功，根据美泰公司的统计，一个11岁的美国小女孩可能拥有过10个芭比娃娃，同龄的法国小女孩则拥有5个。现在“芭比娃娃”畅销世界150个国家，总销售量超过10亿个。

露丝当初的灵感给了这个娃娃永久的生命，她是贴近生活的，真正为孩子们创造出来“芭比”。芭比已经远远超越了玩具的定义，成为一个不朽的文化符号。她吸引了流行大师安迪·沃霍的视线，他对“芭比”的倾心，丝毫也不亚于他对玛丽莲·梦露的迷恋；20世纪90年代末的一段时期里，“芭比”几乎天天生活在美国人的收音机中，虽然高唱着“芭比娃娃”的是丹麦演唱组合。无论引起了怎样的讨论和赞扬，但有一点可以肯定，“芭比”是玩偶设计业诞生的第一个活生生的女人，而不再是一个被动的小孩子。“芭比”的成人化设计打开了小女孩们的视野，她们可以通过“芭比”感知到幼儿园以外的世界，与“芭比”一起体验成人生活的各个层面。从海滩女郎到政治家，芭比变化万千的形象激发了孩子们的想象力，她们希望自己在长大后也能像芭比一样。除了小孩子，更有数百万的成年女性购买芭比，“对她们而言，无论年纪，她不只是个娃娃”。露丝这样说，“她已经成为她们的一部分。”芭比娃娃之所以能风靡世界数十年而不衰，一个重要的原因是芭比娃娃让人充满想象力，这个漂亮娃娃的身上被赋予了梦想的理念，她带着人们去扮演各种角色，她能充分发挥人们的想象力，成就人们对梦想的追求。不管是对家庭还是对朋友、对服饰，她总是能跟着女孩子及世界的变化而变化，推进着属于你的芭比娃娃情怀。

第二章　生命意义的拷问

一、天生的责任

现在关于企业家的责任的讨论很多，那么应该如何看待企业家的责任呢？责任就是明白个人、家庭、社会还有国家对自己的期望，并且切实做到。责任就是担当，就是付出。责任是分内应做的事情，也就是承担应当承担的任务，完成应当完成的使命，做好应当做好的工作。责任感是衡量一个人精神素质的重要指标。责任和自由是对应的概念，责任事实上以自由为前提，而自由只能存在于责任之中。责任是一个完整的体系，包含五个方面的基本内涵：①责任意识，是“想干事”；②责任能力，是“能干事”；③责任行为，是“真干事”；④责任制度，是“可干事”；⑤责任成果，是“干成事”。

担当是承担并负责任，自信的企业家一般都乐于担当，愿意承担别人不敢承担的事。人们喜欢说勇于承担（担当），其实担当如果与勇气挂钩，就被忽略了其作为品质的根本。因为在一些特殊的关头，只有品质才会跨越思考的界限，自然而然地发挥作用。包容一切就叫有担当，正所谓有容乃大，无欲则刚。“负担”和“担当”虽然只有一字之差，意思相似，但内涵绝然不同。“负担”指的是消极地接受，因此结果就是烦恼和忧愁；而“担当”是自发地、积极地去承担，所以可以给人信心与快乐。对于任何人和事来说，如果能将负担转变为“担当”，本质上就是心态的放下。

你如果想做一个企业家，或者已经是一个企业家，那么你就要非常清醒和明白，你具有不可推卸的责任，这些责任是从你开始做企业家的第一天起，就天生自然地产生了，无论你愿意与否，这些责任都将伴随你的一生。除非你的企业终结了，或者你企业家的身份结束了，那另当别论。当然无论什么样的原因使你走向了企业家的道路，你履行了自己的职责，创造了财富，创造了价值，为自己、为别人、为社会、为国家、为世界，那么你同时就创造了快乐，创造了幸福，这时不仅你自己会很幸福、很快乐，其实整个世界都能感受到这种快乐幸福的。

企业家的基本责任有：

企业盈利良好。一个企业只有盈利才能保障长远和持续发展，任何战略或经营思路的最终落脚点都是利润，如果企业不在战略和具体执行中关注盈利并把盈利变成经营的战略实践，那么再宏伟美丽的战略最终都可能是企业巨大的成本。把盈利作为企业的基本目的，一切工作都会在瞬间产生指向性，混乱模糊的经营就有了可以监督的标准。如果不能在很短时间将一个行为的盈利意义说明白，那么这个行为在盈利上起码是混沌的，是没有指向的，也就是说这个行为需要再论证。

企业可持续发展。企业的可持续发展应当考虑组织的各项活动、产品或服务的性质、规模，其对可持续发展能力的影响。应检查相关政策及其制定的整个过程，如相关政策是否与组织的发展战略计划和其他政策相一致，是否考虑了所有相关的法律、规章制度和相关协议及行业标准的要求，是否已为所有的股东所知晓，是否具有清晰明确的目标且反映了管理层的承诺。企业的可持续发展战略应当与可持续发展政策和组织的整体计划相协调。持续发展强调风险管理这个重要环节，充分考虑组织战略，以期使可持续发展的目标有效。可持续发展计划的实施可从以下方面着手：合理配置资源，实施全面培训计划，畅通员工沟通渠道，保障内部充分交流。

关注员工成长。关注员工成长是企业持续发展的核心源泉。一个不给员工成长机会的企业其本身也难于持续发展，这正所谓竭泽而渔，没有经过训练的管理者本身就是企业最大的成本。因此员工成长是企业成长的保障。

合适的工作场所。企业家直接影响员工幸福感的一个主要社会责任，就是营造一个舒适、愉快、能激发智力的工作环境，因为很多人把大量的时间投入到工作上面，一个愉快的环境会使他们的生活更有机会变得丰富多彩，可以从自己的职业中获得满足感。

构建和谐社区。企业家要时刻与自己所处的社区的公民保持关系融洽，热情客气，形成良好互动，明白自己的社区角色，履行自己的社区责任。这样社区和企业就能良好地互动发展。

树立社会榜样。企业家树立社会榜样的方法有：①书面道德规范。自我管理的团队的员工，不像过去那样需要领导，因此很多企业用书面的行为规范来引导道德和社会责任，这些规范一般至少要求人们要做到坦诚、直率。②建立处理道德问题的制度。建立道德委员会，制定道德和社会责任的企业政策，监督公司活动的道德性，审查道德投诉。③合理允许揭发者。揭发者是那些把组织的不正当行为透露给能够采取行动的机构的人员，企业家要营造一个适度环境，合理允许揭发者。当然企业家要进行认真调查，严格区分捣乱的人和真正的揭发者。④提供道德和社会责任培训。重点对管理人员进行道德培训，包括传播道德和社会责任信息，进行道德伦理练习及大学伦理课程等，这些培训会让员工意识到遵守道德，对企业和自身都有好处。⑤积极参与政治。企业家参与到有益于社会大众的政治事业中，可以展现其社会责任感，比如，倡导反对雇佣童工，参与社会福利的政治事业，以及为政治团体捐赠资金等，为社会大众的福利幸福作出贡献，为各种慈善事业捐赠资金，合理关注慈善投资的最终受益者。

二、建立共同的愿景

愿景是人们奋斗希望达到的图景，它是一种意愿的表达，愿景概括了未来目标、使命及核心价值。对于一个组织来说愿景必须是共同的。共同的愿景就是组织成员所共同持有的意象或景象。今天我们很少需要为愿景而付出生命的代价，但好像愿景在我们的工作中也逐渐失踪了。对于任何一个组织来说，有没有共同的愿景，或者说愿景能不能得到员工的认同，实在是企业家领导水平的分水岭。这种领导水平差异的结果，必然是企业间差距的关键原因。为什么有如此的结果？因为员工的奉献精神与实现组织的共同愿景息息相关。

企业家建立共同愿景有三个途径：①集成式愿景。振臂一呼，应者云集，那些有相同个人愿景的人组成一个集体，在集体中再进一步实现共同愿景的构建。②凝炼式愿景。凝炼式是把大家心灵深处的共同的意象挖掘出来，并进行提炼，进一步构建共同愿景。③影响式愿景。建立影响式共同愿景的途径主要是从个人愿景建立共同愿景，在通常情况下基于一个企业家的地位和作用，从决策核心层的人发起构建。

企业家建立共同愿景不能靠命令，不能靠规定，只能靠周而复始的沟通和分享，不断的强势宣传推动也是可取的方式，但任何强迫和勉强性的举措可能都会适得其反。建立共同愿景不是解决某一具体问题的回答，也不是一种形式上的东西，必须由企业各级管理者和全体员工全过程、全方位、全方法、全面地，将共同愿景贯彻落实在生产经营和工作的各个方面。建立共同愿景不是一蹴而就的工程，它的建立和完善需要细致的工作和漫长的过程。在这个过程中“愿景”必须得到“使命”的支持，愿景解决的问题是我们要创造什么，它往往是一种相对宏观和抽象又需要长期的奋斗才能实现的目标，使命则是组织成立的目的和存在的原因，使命对于愿景来说格外重要，没有使命支持的愿景往往成为水中月、镜中花。

三、提供灵感的环境

灵感是创造力的源泉，因此企业家提供灵感的环境，就是企业持续发展的保证。灵感是指在不断累积经验和知识而突然出现的富有创造力的思路。灵感是人们在构思探索过程中由于某种机缘的启发，而突然出现的豁然开朗、精神亢奋，取得突破的一种心理现象。灵感是解决问题时感性思维过程的结果被理性思维过程捕获得到后，形成的解决问题的思路。那么如何捕捉灵感？①长期探索，积极思考。它是激发和捕捉灵感的最基本条件。灵感是在长期艰苦劳动后出现的。②劳逸结合，有张有弛。在长时间的紧张思考之后，丢开一切情绪，漫步于林荫道上或登高远望；荷锄于小园香径或卧床休息，都有助于产生灵感。③调节活动，展开讨论。善于调节自己的活动，往往能把自己从思维的死胡同中解放出来，从而有助于激发和捕捉灵感。此外，当你的思维遇到障碍时，如果能邀请不同专业的人员一起叙谈，从不同角度探讨问题，往往能使自己摆脱习惯性思维程序的束缚，启发自己思考，使头脑清醒，从而捕捉到灵感。④随时想到，随手记下。灵感往往“采不可遏，去不可止”，如不及时捕捉，就会跑得无影无踪。因此必须随身携带纸和笔，一旦有灵感就随时记录下来。

四、激发创业精神

创业精神是指在企业家的主观世界中，那些具有开创性的思想、观念、个性、意志、作风和品质等。创业精神有三个层面：①哲学层次的创业思想和创业观念，是人们对于创业的理性认识；②心理学层次的创业个性和创业意志，是人们创业的心理基础；③行为学层次的创业作风和创业品质，是人们创业的行为模式。创业精神的定义包括三个主题：①对机会的追求，创业精神是追求环境的趋势和变化，而且往往是尚未被人们注意的趋势和变化。②创新。创业精神包含了变革、革新、转换和引入新方法，即新产品、新服务或者是新方式。③增长。创业者追求增长，他们不满足于停留在小规模或现有的规模上，创业者希望他的企业能够尽可能地增长，员工能够拼命工作，因为他们在不断地寻找新趋势和机会、不断地创新、不断地推出新产品和新的经营方式。

五、塑造团队灵魂

企业家团队的基础是尊重个人的兴趣和成就，核心是协同合作，最高境界是全体成员的向心力、凝聚力，反映的是个体利益和整体利益的统一，并进而保证组织的高效运转。团队精神的形成并不要求团队成员牺牲自我；相反能够挥洒个性、表现特长，这样反而保证了成员共同完成任务目标，明确的协作意愿和协作方式会产生真正的内心动力。团队精神是企业文化的一部分，良好的管理可以通过合适的组织形态，将每个人安排到合适的岗位，充分发挥集体的潜能。

企业家打造团队精神的重点：①营造相互信任的组织氛围。从情感上相互信任是一个组织最坚实的合作基础，能给员工一种安全感，员工才可能真正认同公司，树立主人翁意识，以此作为个人发展的舞台。②态度和能力并重。因为赢得利润不仅靠态度，更要依靠才能。③慎用惩罚。惩罚导致行为退缩，是消极的、被动的，法律的内在机制就是惩罚。激励是积极的、主动的，能持续提高效率。滥用惩罚的企业肯定不能长久。④建立有效的沟通机制。理解与信任不是一句空话，往往一个小误会会给管理带来无尽的麻烦。

团队精神的重要作用：①目标导向功能。团队精神的培养使员工齐心协力，拧成一股绳朝着一个目标努力，对每个人来说团队要达到的目标就是自己所努力的方向，团队整体的目标顺势分解成各个小目标，在每个员工身上得到落实。②凝聚功能。任何组织群体都需要一种凝聚力，传统的管理方法是通过组织系统自上而下的行政指令，淡化了个人感情和社会心理等方面的需求，而团队精神则通过对群体意识的培养，通过员工在长期的实践中形成的习惯、信仰、动机、兴趣等文化心理，来沟通人们的思想，引导人们产生共同的使命感、归属感和认同感，反过来逐渐强化团队精神，产生一种强大的凝聚力。③激励功能。团队精神主要靠员工自觉地要求进步，力争与团队中最优秀的员工看齐，通过员工之间正常的竞争可以实现激励功能，而且这种激励不是单纯停留在物质的基础上，还能得到团队的认可，获得团队中其他员工的尊敬。④控制功能。员工的个体行为需要控制，群体行为也需要协调。团队精神所产生的控制功能，是通过团队内部所形成的一种观念的力量、氛围的影响，去约束规范，控制职工的个体行为。这种控制不是自上而下的硬性强制力量，而是由硬性控制向软性内化控制，由控制职工行为转向控制职工的意识，由控制职工的短期行为转向对其价值观和长期目标的控制，因此这种控制更能持久有意义，而且容易深入人心。

六、开发价值管理

价值管理有几种定义：①以管理结果的定义。以价值为基础的管理从本质上来说是一种管理方法，其推动哲学是通过产生超过资本成本的收益来最大化股东的价值。以价值为基础的管理是一个管理框架，该框架可用于计量业绩，更重要的是用于控制公司业务，从而为股东创造出较高的长期价值并满足资本市场和产品市场的要求。以价值为基础的管理关注于真正的价值而不是账面利润，只有当公司收入在弥补了投资人的全部成本之后仍有剩余，公司才创造了真正的价值。②以管理过程来定义。以价值为基础的管理是一种全面的管理手段，它包含了重新定义的目标、重新设计的结构和体系、更新了的战略和经营程序及修补了的人力资源实践。以价值为基础的管理不是一个速成的方案，而是一条需要坚持和投入的道路。③以管理的过程和成果来定义。以价值为基础的管理是一种管理方法，其主要目的是最大化股东的财富。最大化股东财富引导着公司的战略、结构和程序，并决定管理者的报酬方式和业绩的监控方法，并在综合的基础上以折现现金流量模型（DCFM）为基本技术支持的，汇合企业内部各层次、各环节、各种雇员共同参与的一个管理系统。该管理系统融预期、计量、控制、激励甚至文化等诸要素于一体，是经济金融化环境下企业管理发展的一个必然趋势，并且在实现价值管理的过程中广泛运用了经济增加值（EVA）、市场增加值（MVA）、折现现金流量（DCF）、托宾 q 值、价值派（piemodel）模型等一系列价值评估和价值管理的技术和方法，以帮助其实现股东价值最大化。价值管理的三个要素：①创造价值。企业如何最大化未来的价值，这一点或多或少等同于企业战略。②管理价值。企业治理、变革管理、企业文化、企业沟通、领导力等。③衡量价值。企业价值评估。

价值管理特征包括：①以资本市场为依托。价值管理活动的展开几乎都以资本市场为背景，尤其是 20 世纪 80 年代公司控制权市场的出现，发端于公司控制权市场上的恶意收购活动，更是直接导致了价值管理理论和实践的产生发展。公司杠杆收购（LBO）的发生对公司的 CEO 提了个醒，他们要么通过改善公司业绩来提高公司的股价，要么面对敌意收购的威胁，公司控制权市场的活跃使人们开始史无前例地对公司管理者进行规范。在完善的资本市场，投资者高度分散，为了有效地聚拢投资者的人气和资金，企业也不得不进行价值管理，而且价值管理的结果能够得以实现的基本条件，也在于股票市场效率高的状态下，股票价格能够反映公司管理当局的管理绩效。②以股东价值最大化为根本目标。股东价值通常包含某一期间股东所实际获得的股利加上由于股票价格波动而形成的资本利得两部分，而“股东价值最大化”的涵义，并不是股利和股票价格波动而形成的资本利得之和越多越好，或者讲“股东价值最大化”并不是指股利越多越好，股票价格越高越好。相反，股东价值最大化这一理财目标是通过满足股东的最低报酬率要求来实现的，即如果股利和资本利得之和能够满足股东的最低要求报酬率，我们就可以认为企业的价值管理实现了股东价值最大化的目标。其中股东的最低要求报酬率就是该企业的资本成本，是该企业进行投资的最低盈利水平。为了实现这一目标，企业家必须找到能够带来超过要求报酬率的投资项目，使得项目的报酬率能够大于或者等于股东的要求报酬率，只有这样项目的净现值才能大于或等于零，才能够为股东创造价值。③重视现金流量和资本成本。价值管理首先必须关注企业未来经营活动现金流量的创造；其次必须重视对现金流量的风险进行控制，通过对未来各期的预计现金流量、企业加权平均资本成本这两个决定企业价值的基本因素进行预测和控制，从而实现股东价值最大化的目标。所谓资本成本是指企业获利水平的最低限，它取决于企业投资活动风险程度的大小，取决于投资者对投资报酬率的要求。因此资本成本又常被称为要求报酬率和折现率。如果企业不能通过实物投资提供这一要求的报酬率水平，投资者就只能放弃在该企业的投资而转投他处。这样的资本成本即所谓的加权平均资本成本，加权平均资本成本是企业经营收益的最低水准，是企业选择投资项目的重要标准，惟有超越资本成本的收益才是创造价值的。④重视企业可持续发展能力。利润管理之所以逐渐被现代企业所摒弃，关键原因在于利润管理中对利润最大化的追求破坏了企业赖以持续发展的内部机制，造成企业的短期行为，从而造成利润管理企业的普遍“短命”结果。决定企业价值的基本因素除了未来各期的预计现金流量、企业加权平均资本成本以外，必然还包括企业存续期这一重要因素。能否实现股东价值最大化不取决于企业在以往时期里所获得的收益，而是取决于企业在未来时期里可能获得的现金流量的多少、企业投资活动风险程度的大小，以及未来存续期的长短。企业的持续存在，既是对投资者利益的最好保障，又是整个社会保持稳定和繁荣的重要基础。成功的企业价值管理应当懂得重视未来，并且科学地规划未来，树立可持续、长远发展的观念。

七、维护利益平衡

企业是一个生态系统，企业家要维护一定程度的利益平衡，使在一定的利益格局和体系下出现的利益体系相对和平共处、相对均势的状态。利益相关者分析用于分析与企业利益相关的所有个人和组织，帮助企业在战略制定时分清重大利益相关者对于战略的影响。利益相关者可能是企业内部的（如雇员），也可能是企业外部的（如供应商或压力群体）。在大多数情况下利益相关者可分类如下：所有者和股东、银行和其他债权人、供应商、购买者和顾客、广告商、管理人员、雇员、工会、竞争对手、地方及国家政府、管制者、媒体、公众利益群体、政党和宗教群体、军队及其他。利益相关者能够影响组织，他们的意见一定要作为决策时需要考虑的因素。但是所有利益相关者不可能对所有问题保持一致意见，其中一些群体要比另一些群体的影响力更大，这是如何平衡各方利益成为战略制定考虑的关键问题。除了对战略制定产生影响以外，利益相关者分析也是评价战略的有力工具。战略评价可以通过确定持反对意见的股东和他们对一些有争议的问题的影响力来完成。

利益相关者图（见图2－1）清晰地描绘谁是利益相关者集团，在采取新的战略时，代表哪个集团的利益，他们是否可能阻碍变革，他们的力量如何，应该怎样对待他们。绘制时首先确定所有利益相关者，标出他们之间的重要关系，然后分析这张图表所显示的风险与机会，识别任何可能的变化对这张图影响，以便为此做好准备。在确定了最有影响力的利益相关者后，这里有许多应付他们的方法，如图2－2所示，权力/动态性矩阵可以用来确定在发展新战略时如何引导政治权力。在图2－2中，最难对付的是处于D格中的群体，因为他们位居权势而且很难预测其态度。在某些情况下，在制定一个不可逆转的战略之前，可以用一些新战略去试探他们的态度。虽然可以预测处于C格中利益相关者的态度，他们的期望也常能得到满足，但也绝不能忽视他们。如果A格和B格中的群体在某一个问题上集中起来，他们的影响力会增大，但是他们还是相当容易对付的。同样如图2－3所示，权力/利益矩阵（power 人 nterestmatrix）根据利益相关者手中的权力，以及他们对公司战略关注的程度对利益相关者进行分类，指出了公司应该与他们建立何种关系。

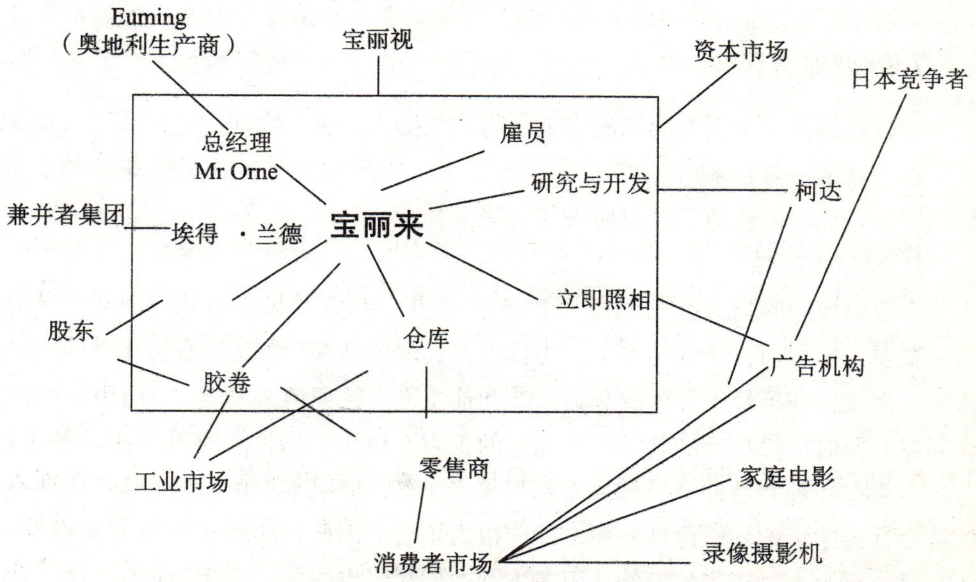

图2－1　宝丽来（Polaroid）公司利益相关者图

行为可预测性

权利	高	低
低	A 地位较低却死心踏地	B 较低地位却左右摇摆
高	C 位高权重、立场坚定	D 位高权重、但容易动摇

图 2－2 利益相关者图：权利/动态性矩阵

利益水平

权利	低	高
低	A 最少的努力	B 提供信息
高	C 保持满意	D 主要利益相关者

图 2－3 利益相关者图：权利/利益矩阵

八、世界公民

价值观是指一个人对周围的客观事物，包括人、事、物的意义的重要性的总评价和总看法，看法和评价在心目中的主次、轻重的排列次序，就是价值观体系。那么企业家的价值观体系应该如何呢？

1. 财富正当性

企业家要回答追求什么结果、目标、愿景，哪些结果、目标、愿景是正确的，要看三个方面：①利己主义。为自己最大限度地获得好处。②功利主义。应该为大多数人获得最大程度的利益。③利他主义。按照他人利益，为了客户和公众利益必要时牺牲自己的利益。企业家的正当性包括：①目的的正当性。在社会生活中存在各种利益冲突，行为人基于本人立场，追求本人的目的，只要这种目的符合社会生活的一般伦理秩序，即应视为正当。因此目的的正当性应从行为人的动机、行为人对正当价值的认识等主观的层面予以把握。②手段的正当性。这里的手段是指实现正当目的的方法。目的正当是正当化事由的成立前提，而非其唯一的标准。换言之，不能以目的的正当性证明手段的正当性。否则将允许行为人不惜采取一切手段实现其正当目的，从而有悖于社会伦理观念。③过程的正当性。无论目标多么高尚，在实现目标过程中不能损害他人和公众的利益，在这个过程中要看自己是否诚实守信、处事公平。

2. 成为本土标杆

企业家要不断寻找和研究同行业一流公司的最佳实践，并以此为基准与本企业进行比较、分析、判断，通过学习使企业重新思考，改变或坚持自己良好的品质和能力，从而使自己的企业得到不断改进，创造自己的最佳实践，努力成为或赶超一流公司，创造优秀业绩，实现美好的愿景。企业家的一个基本标杆是成为当地的精英名流和社会楷模。

3. 杰出的美德

杰出美德的企业家会做到：①尊重他人。珍视他人的精神价值和个性，肯定他人的理念，认可他们，培养追随者，让他们意识到自己的需要、目标和价值观，并且帮助他们进行整合优化。②为人服务。企业家为企业的共同目标服务，先说明并培育高于个人观念的组织目标，摈弃以自我为中心，把自己的观念与企业其他成员的观念进行整合，有效率的企业家会把个人观念变成组织观念的重要部分。③公平正义。企业家必须平等地对待每个下属，在工作过程中坚持公平，没有人受到特别的优待或被另眼看待，特殊情况要有明确的、合理的、充分的、符合伦理的理由。由于利益和资源的有限，对此的争夺不可避免，公平问题很棘手，因此要制定一套利益分配的制度。④建设团队。一个有效的企业家要把团队带入共同的利益里，无论是企业家，还是员工，都要有利，因此企业家要把企业的目标和愿景融入社会的共同目标和利益中。杰出美德企业家的基本优秀品质包括树立远大的理想、锤炼优秀的品质、超乎期望的执行力、独立自主、宽容仁慈等。

4. 受人尊敬

有责任感的企业家会在社会效益与经济效益之间取得平衡，以社会责任感与对市场的把握去实现企业的可持续发展，从而获得社会的广泛认可，才能打下百年老店的基础，才能永远立于不败之地。受人尊敬企业家的重点：①受客户尊敬。企业存在的基础是客户，没有了客户企业就会倒闭，而企业吸引客户的最有效方法是让客户在你这里得到最大的满足。让客户尊重你，实际上就是建立了企业在客户中的信誉度，这会让企业立于不败之地。②受员工尊敬。现在所有的企业都需要企业的员工与客户直接打交道，而决定企业能否吸引客户的就是企业的员工。如果员工对企业不满意，他们是不可能对客户笑脸相迎的。显然员工的尊敬和客户的尊敬是紧密相连的，后者建立在前者的基础之上，前者是后者的前提。

5. 世界公民

自从古希腊时代，“世界公民”和“普世主义”就联系在一起，“普世公民”和“普遍权利”联系在一起，公民最基本的权利就是与任何人平等的权利，也就是作为人类的尊严的个体成员的权利。普世主义代表的基本价值最根本的一条就是，把每个人都看成自我完整的主体，都当成存在的目的，而不是任何他人实现利己目的的手段。现代意义上的普世主义强调，人与人之间的普遍共性超越国家疆界，联合全人类的不仅是他们的共同利益，而且更是他们可以不断自我完善的共同人性。“人”这个身份高于任何外加于人的种族、民族、政治和社会身份，“人”应该成为每个人思想和行为的出发点。人类由于存在意义上的共同在世，都拥有共同人性而同荣同辱，怀着这样一种共体意识思想、行动和存在的人，也就成为真正意义上的“世界公民”。“世界公民”的价值观包括：①尊重不同的文化与价值；②设身处地地感受贫穷与不公平的情况；③反思个人对世界的关系；④思索个人对世界的关系。“世界公民”的素养：①明白全球的相互依存的关系；②认识全球发展与本土的关系；③了解贫穷与不公平的成因，认识可持续发展的重要性；④具备有效讨论、批判思考、欣赏差异、调解分歧，以及选取合适方案的能力。“世界公民”的行动：①身体力行，为个人的行为对世界的影响负责；②愿意在小区以至世界层面做出行动，为建设更公平而且可持续发展的世界而努力。“世界公民”是全球化的产物，又反过来作用于全球化。全球化时代企业家的新目标是成为合格的世界公民。

九、实现全人类的梦想

梦想是人类对于美好事物的一种憧憬和渴望，梦想是人类最天真最无邪最美丽最可爱的愿望。梦想是一个人奋斗的动力，梦想是一个人动力的源泉。梦想更应该像一个人对自己一生的“承诺”，对企业、社会、国家、世界的责任。那么企业家的梦想是什么？不管每个企业家在乎的是什么，都必须首先确保“宇宙”或“世界”的“存在”。没有爱，也就谈不上人类的生存价值；没有爱，我们甚至也不会出现在这个世界。所以我们努力地去做对社会、人类、宇宙更有利的事情。

人类社会存在普世价值，普世价值的内容包括：①人道。四海一家，每个人都跟我一样是人类兄弟。因为如此，所以无法坐视拥有同样血肉的人类兄弟同胞活在痛苦、不幸、不公平之下。②人本。以人为目的，而不以人为手段。③平等。人人生而平等，生而自由。平等与自由，是每个人与生俱来之自然权利，而非国家、元首、君王或宗教领袖所恩赐才拥有。④尊重。每个人都有跟我一样的尊严；将心比心，己所不欲，勿施于人。在追求自由时，须以不侵犯他人为其界限。⑤多元。每个人、每个族群、每种观点、每个文化都有自己独有的特质，也都有自己存在的价值，因此没有谁比谁更正确或高一等。

为了全人类的梦想，超越时空来考虑和处理发展问题，真正以实现全世界、全人类的恒久幸福为出发点和落脚点。因此，全人类的梦想就是企业家的梦想，企业家的使命就是思考怎样去更好地实现全人类的梦想，开发和供应更多的更具人性价值和梦想光芒的产品与服务。特别是中国企业家在服务好中国市场的同时，更应该学习、研究普世价值的意义，立足全世界全人类，为人类的真正幸福快乐贡献中国力量，这也是实现中华民族伟大复兴的建设行动。

◇ 案例 1. 拉里·佩奇的谷歌文化

拉里·佩奇（Larry Page）是 Google 搜索引擎的创始人之一，2011 年 4 月 4 日佩奇正式出任谷歌 CEO。Google 创始人 Larry Page 和 Sergey Brin 在斯坦福大学的学生宿舍内共同开发了全新的在线搜索引擎，然后迅速传播给全球的信息搜索者。Google 目前被公认为是全球规模最大的搜索引擎，它提供了简单易用的免费服务。谷歌 2009 年、2010 年、2011 年连续三年在 Universum 的评估中，被选为工程界和商业界"最吸引人才"的企业，2011 年同时也被评为"最佳声誉"和"最值得工作"的企业，目前公司市值在 1717 亿美元，员工 22000 多人。2011 年 8 月 15 日谷歌宣布已与摩托罗拉移动签署最终协议，以总价约 125 亿美元的现金收购后者。拉里·佩奇称："摩托罗拉移动全力致力于发展 Android 平台，因此收购摩托罗拉移动符合两家公司的利益。合并后我们将为用户提供更出色的用户体验，从而进一步强化整个 Android 生态系统，这有利于用户、合作伙伴和开发人员。"穆迪发布投资报告称谷歌收购摩托罗拉移动是一笔积极的交易，通过获得摩托罗拉移动的 1.7 万项专利，谷歌将确保 Android 阵营免遭苹果和微软等竞争对手的起诉。

尽管自 1998 年创立以来，谷歌的规模已经扩大了很多，但拉里·佩奇仍坚持营造一种小公司的氛围。午餐的时候，几乎所有人都在公司的餐厅随意就座用餐，与各个不同部门的同事一起愉快地畅谈。谷歌秉承一贯的创新理念，而这有赖于每位员工都能够毫无顾忌地交流想法和观点。谷歌的每一位员工都是不可或缺的功臣，而且个个都是"多能手"。谷歌的成功少不了任何一个员工的努力，每一个员工对此也是深谙于心，因此在周五例会上所有人都会毫不犹豫地向拉里·佩奇提出尖锐的问题，在排球场上也会毫不犹豫地向公司高管"扣杀"。拉里·佩奇聘用员工的准则非常包容，注重能力胜于经验。在全球各地均设有办事处，谷歌员工使用的语言高达数十种，从土耳其语到泰卢固语，包罗甚广，这样的团队反映了谷歌为全球用户服务的理念。

西方有一句著名的谚语：世上没有免费的午餐，但在谷歌公司，拉里·佩奇将“免费”作为公司文化的一部分，实施起来达到细致入微的地步：员工用餐、健身、按摩、洗衣、洗澡、看病都100%免费；每层楼都有一个咖啡厅，可以随时冲咖啡、吃点心，大冰箱里有各种饮料，免费供应。拉里·佩奇还允许员工带孩子和宠物来公司上班，这在美国很多公司都是不可思议的。此外公司任何一个重要员工都有自己的独立办公室，每个办公室可以按照自己的意愿来装修。在这个充满自由和个性的公司，平等也同样重要。作为创始人的拉里·佩奇的办公室和其他人的区别不大，只是位置稍微好一点。拉里·佩奇制定了一条不成文的规定：工程师必须用四分之一的时间来思考了不起的点子，即使这些点子可能给公司的财务前景造成不利。为了鼓励创新，拉里·佩奇允许员工有20%的时间从事自己感兴趣的任意工作，每年举办一次员工创新能力技术大赛，不过研究成果必须卖给公司。

谷歌的总部被拉里·佩奇亲切地称为Googleplex，坐落于加利福尼亚州的山景城，如今它只是谷歌在全球的众多办事处之一。尽管各地的办事处不尽相同，但这些工作场所都有以下一些共同点：从布宜诺斯艾利斯分部的壁画到苏黎世分部的滑雪缆车，每个办事处里面都洋溢着浓郁的地方风情，彰显出与众不同的本土特色与个性。往返会场的自行车或踏板车、小狗、熔岩灯、按摩椅、巨大的充气气球。谷歌为每位员工配备了笔记本电脑，供他们随时随地进行编程、收发邮件或记录突如其来的灵感。桌上足球、台球桌、排球场、各式各样的视频游戏、钢琴、乒乓球桌，还有健身房（提供瑜伽和舞蹈训练）。谷歌公司内部有员工自发形成的各种组织，比如，冥想班、电影俱乐部、品酒一族，以及莎莎舞俱乐部等。公司设有各种风味的餐厅，所有员工都可以享受到营养的午餐和晚餐。各楼层的茶水间摆放了各种零食和饮料，可让谷歌员工一整天都保持精力充沛。

经过多年发展，拉里·佩奇和管理团队共同制定了谷歌的十大信条：①以用户为中心，提供最佳的用户体验。确保产品最终可以满足用户的需求，而不是达到自己的内部目标或底线。在开发新的工具和应用程序时秉承一种理念：设计出来的产品应该非常出色，用户无需再去考虑其他设计。②专心将一件事做到极致。搜索是谷歌的事业，心无旁骛地攻克搜索问题，持之以恒地反复研究，不断地改善搜索服务，应用于未曾探索过的领域，并帮助用户更多地获取和使用生活中不断增加的信息。③越快越好。知道时间非常宝贵，推出的每款新产品都非常注重速度，始终致力于提高所有产品的运行速度。④网络民主。谷歌有数百万在网站上发布链接的用户，他们确定哪些网站提供了有价值的内容。同时积极地进行开放源代码软件的开发，不断推出各种创新产品。⑤信息需求无处不在。现在人们越来越多地使用移动设备，因为他们希望随时随地获得所需的信息。谷歌通过 Android 在全球范围内激起更强的移动服务创新意识，让客户拥有更多选择余地和更富创意的移动体验。⑥赚钱不必作恶。谷歌的广告原则是除非广告内容与搜索结果页的内容是相关的，否则不允许在搜索结果页上显示广告，绝对不会通过操纵排名将合作伙伴放在搜索结果中排名靠前的位置，也没有任何人可以购买到更高的 PageRank。⑦信息无极限。谷歌增加更多的搜索功能，包括新闻存档搜索、专利搜索、学术期刊搜索及对数十亿图片和数百万图书的搜索，并研究如何将世界上所有的信息提供给有需要的人们。⑧信息需求无国界。提供 130 多种语言的谷歌搜索界面，能让用户搜索以他们自己的语言撰写的内容；对于谷歌的其他应用程序和产品，推出尽可能多的语言版本和可使用的形式，力争涵盖世界上最偏远地区的用户。⑨认真不在着装。谷歌相信正确的企业文化更容易创造出绝妙的、富有创意的产品，重视团队成绩，并以促成公司全面成功的个人成就为荣。工作氛围非常轻松，新的想法不断涌现，这些新想法往往会催生出在全世界范围内广泛使用的新项目。⑩追求无止境。始终将自己在某方面的优势视为继续发展的起点，而不是终点，相信可以做得更好，通过创新和反复探索得到合理的结果，并以异乎寻常的方式对这些结果加以改进。同时会尽力预测全球用户尚未明朗的需求走势，并开发各种可能会成为日后新标准的产品和服务来满足这些需求。

◇ 案例 2. 贡献社会的松下幸之助

松下幸之助是日本著名企业松下电器的创始人，被人称为“经营之神”，事业部、终身雇佣制、年功序列等日本企业的管理制度都由他首创。松下幸之助曾经直言不讳地说，赚钱是企业的使命，商人的目的就是赢利。但他同时又说，担负起贡献社会的责任是经营事业的第一要件，他甚至把企业当做宗教事业来经营，是一种除贫造富普度众生的事业。因为他把企业纳入整个社会的发展中，才要不折不扣地强调赚钱赢利，只有这样才是对社会的贡献；相反，不赚钱，亏损，社会也必将亏损。贡献社会不仅应该是经营的理想，也应该是理想的经营方法，是有灵魂的经营方法。松下幸之助提出了顺应自然人性的企业经营观。松下幸之助认为人类是万物之王，顺应了生存发展这一法则，并被授予了将自身及同万物的共同生活无限地发展下去的权能和责任。所谓人是“万物之王”就是说，人必须遵循并顺应自然法则来驾驭万物，通过物质和精神的生产来改善人类及万物的共同生活。正是人的这种可以利用万物的权能，使人类必须承担起不同于动物的社会责任。根据这种人性的本质观来进行经营管理，则要求企业家尊重人、关心人、信任人，并努力满足人的需求，充分发挥人的主观能动性，使人能够自我实现，自我发展。因此这就给企业家提出了一项任务，企业经营中不但要激发人的主动性，而且要给予员工一定的指导，使其认清自己的使命，这样才能以积极的心态投入社会，才能在社会中实现自己的价值，使大众形成同心同德的整体力量，最终实现“万物之王”的使命。

在松下幸之助的管理哲学中有3个最为著名：①自来水哲学。幸之助说水管里面的水固然有其价值，然而喝路边的自来水不用付费也不会受到责备，因为水资源相对丰富。企业的责任不正是让世界物资丰富以消除一切不方便吗？经营的最终目的不是利益，而只是将寄托在我们肩上的大众的希望通过数字表现出来，完成我们对社会的义务。企业的责任是把大众需要的东西，变得像自来水一样便宜。从本质来看自来水哲学就是通过工业生产手段，把原来只能供少数人享受的奢侈品变成普通大众都能享受的普及品。自来水哲学在幸之助的年代具有巨大的威力，它把松下公司带到规模化经营的道路上，带动家用电器在全世界的迅速普及。自来水哲学最简单的表述就是消除世界贫困，使人类走向繁荣和富裕。②堤坝式经营。堤坝式经营是自来水哲学在企业运作上的逻辑展开。他说如果河流的水量剧增就会变成洪水带来巨大灾害，而如果遇上干旱天气就会造成水量减少，因此要在河流的适当位置修建堤坝。修建堤坝的目的就是珍惜老天赐予的每一滴水，并加以有效利用。这样既能够保证安全，又能够创造价值。经营企业的道理就和需要来调整堤坝里的蓄水量一样，资金、库存和人才也同样需要堤坝。正确认识堤坝经营的意义，就能使经营变得更加稳健，获得高额利润。同时堤坝经营能够为社会带来真正的安定和繁荣。堤坝式经营的实质，是避免经营过程中的周期性震荡，减少不确定性对企业的冲击。③玻璃式经营。玻璃式经营的要旨是公开和透明。这种公开和透明建立在对员工信任的基础之上，所有的经营状况都像玻璃一般清澈可见，不加掩饰。松下幸之助这种“玻璃状态”持续发展，并形成一种经营思想，同幸之助自身的经营体验密不可分。最初是天天算账，当经营略有扩大开始规范化时，幸之助把它变成每个月都结算盈亏，向所有员工公布。这种做法具有明显的经营优势，使他对经营状况了如指掌，同时公开盈亏总结各人的贡献情况轻而易举。松下的员工都能清楚地看到自己的努力成果，同时也能感受到老板的诚恳和信任，由此催生出员工的主人翁意识，提高了员工的士气。经过多年的发展，松下公司已成为一个跨国性公司，在全世界设有230多家公司，2007年为世界制造业500强的第59位，截至2008年4月1日，员工总数超过25万人，2010年销售额为8兆6926亿日元，营业利润为3052亿日元。

经过第二次世界大战的挫折，松下幸之助反思战争责任和对和平的追求，1946年主持成立了PHP研究所，开始了PHP（Peace and Happiness through Prosperity）通往和平和繁荣的幸福的研究，提出了民主主义就是繁荣主义的观点，进行企业的社会责任的讨论。松下幸之助期望通过这一研究，希望从根本上矫正社会的不良状况，立足于从人性、从诚实正直的角度来思考社会各种制度的应有形态，以促进人类走向共同繁荣之路。当然幸之助强调PHP研究绝不能变成象牙塔中的书斋作业，而是要付诸实践。

1979年松下政经塾成立，迄今为止毕业校友不过213人，其中近70人踏入政界，产生了3位部长、3位市长、30位国会议员、1位首相。而同时期哈佛大学肯尼迪政府学院，总共毕业了17000人，却只当选了17位国会议员。松下政经塾规定申请人年龄限制为22岁到35岁，即面向那些年轻而富有成长潜能的人士。松下政经塾用古典的方式打造政治精英，因其严格、另类和成效显著等特点而备受关注。新的入学者在前两年学习三个方面：一是政治经营理念的研究，着重学习松下幸之助的基本理念和国家观念，日本的传统文化精神以及哲学、宗教等在内的人文学科；二是“国是”研究，探讨日本的政治经济大计；三是领导力培养，包括身心修炼、国际视野的培养等。随后学员将进行为期两年的实践训练，包括赴海外留学和就国家大计进行政策提言等。松下政经塾不限制毕业生参加任何党派，只要求他们不断自我修炼以达到对“人生的出发与回归”的悟道层次。

松下政经塾强调人生基本面的出发以及回归，类似欧洲古典“文艺复兴人”，又类似孔子阐述的儒家士大夫。政经塾重视的是通达的社会人，很重视实务、基层的操练。除了这些基本修养外，其余时间的专业研究领域都是塾生自修自得。想找什么专家，只要开口，松下就会想办法找到，如前首相中曾根康弘。另外，政经塾对国际学界交流也相当重视。松下借着政经塾，提出松下版的理想国，松下的人道精神，与终身学习的态度，是他的两个核心精神，也是他希望政经塾的未来政界精英能自我修炼达成的境界。最核心的价值观就是人类是宇宙间最伟大的存在者。松下坚持日本的政治未来，非要有高瞻远瞩的精英来领导不可。松下带头发动的对政界敲警钟，对日本社会的确有醍醐灌顶的效果。日本管理学家大前研一指出，松下政经塾还要朝更好的目标推进，放眼未来。过去松下政经塾的主力目标是打击政坛贪污，但是世界在变，全球化造成两极化世界，M型社会来临，中产阶级消失，两极化社会是地球政治纷扰动乱的根源，松下政经塾下一个阶段的使命是解除贫穷和不平等。

◇ **案例3. 安德鲁·卡内基的伟大计划**

美国钢铁大王安德鲁·卡内基，在美国工业史上写下永难磨灭的一页，他征服钢铁世界，成为美国最大钢铁制造商，衣锦还乡，跃居世界首富。1835年11月25日，安德鲁·卡内基出生于苏格兰古都丹弗姆林，父亲威尔·卡内基以手工纺织亚麻格子布为生，母亲玛琪则以缝鞋为副业。父母虽穷，却为人正直，始终充满着积极进取的精神。13岁那年怀着对美国的向往，卡内基和家人来到美国东海岸的纽约港，后又辗转来到匹兹堡。移民的生活是非常清苦的，小卡内基白天做童工，晚上读夜校，十分辛苦。14岁那年，他来到匹兹堡的大卫电报公司做信差。1853年宾夕法尼亚州铁路公司西部管区主任斯考特看中了有高超的电报技术的卡内基，聘他去当私人电报员兼秘书，每月薪水35美元。当时卡内基已是18岁的大小伙了，他怀着强烈的上进心走进了这个更为广阔的世界。在宾夕法尼亚铁路公司的10余年中，卡内基凭着自己的勤奋和机灵，24岁就升任该公司西部管区主任，并逐步掌握了现代化大企业的管理技巧。1865年4月南北战争结束了，战争造成了大量的机会。29岁的卡内基紧紧抓住人生旅途这一关键阶段，自主创业，另立门户。于是他向宾州铁路公司提出了辞呈，在宾夕法尼亚州与人合伙创办了卡内基科尔曼联合钢铁厂。1873年底他与人合伙创办了卡内基——麦坎德里斯钢铁公司，公司共有资本75万美元，卡内基投资25万美元，是最大的股东。1881年卡内基实现了童年的梦想，与弟弟汤姆一起成立了卡内基兄弟公司，其钢铁产量占美国的1/37。1892年卡内基把卡内基兄弟公司与另两家公司合并，组成了以自己的名字命名的钢铁帝国——卡内基钢铁公司，他终于攀上了事业的顶峰，成了名副其实的钢铁大亨，他与洛克菲勒、摩根并立，是当时美国经济界的三大巨头之一。19世纪末卡内基钢铁公司成为世界上最大的钢铁企业，拥有2万多员工及世界上最先进的设备，它的年产量超过了英国全国的钢铁产量。

安德鲁·卡内基本是一个贫穷的苏格兰移民，出身于匹兹堡的贫民窟，最终却成为美国最有权势的人之一。他很为自己的工人出身自豪，而与雇员们的一次血腥冲突却使他终身蒙受耻辱。他曾被认为是世界上最有钱的人，但为了下一代他毫不吝惜自己的财富。1890年他在《财富的福音》一书中宣布："我不再努力挣更多的财富。"于是他毅然从他那蓬勃发展的钢铁事业中引退，以5亿美元的价格将卡内基钢铁公司卖给金融大王摩根，然后就开始实施他的把财富奉献给社会的伟大计划。1901年他首先拿出500万美元为炼钢工人设立了救济和养老基金，以向帮助他取得事业成功的员工们表示感谢。接着为帮助有志上进而家境贫穷的年轻人，他在纽约市捐款建立了68座图书馆。这个图书馆建设事业持续了16年，他总共捐资1200万美元，兴办图书馆3500座。第二年卡内基在他的第二故乡匹兹堡创办了卡内基大学，后来又在美英各地捐资创办了各种学校和教育机构，这类用于建造教育设施的捐款达9000万美元之巨。在随后的几年中卡内基又设立了若干项基金，捐资500万美元设立“舍己救人者基金”，捐资3900万美元设立“大学教授退休基金”，以保障教育家的晚年生活。他还设立了“总统退休基金”和“作家基金”，对美国总统或作家的晚年给予资助。此外他向11个国家提供了“卡内基名人基金”，并以1000万美元设立“卡内基国际和平财团”，专门资助为世界和平作出贡献的人们。1911年卡内基决定再以仅余的1.5亿美元设立了卡内基公司，让公司人员代理他们的捐献工作。直到1919年去世，卡内基向社会捐献的财富总额高达3.3亿美元，而他所大力推行的基金会模式，后来也得到很大发展，卡内基因此被人们称为美国现代基金会的先驱。

第三章　超越平凡之处

一、企业家需要哪些素质

1. 身体素质

身体是企业家的根本。身体素质好是指身体健康、体力充沛、精力旺盛、思路敏捷。现代企业的创业与经营是艰苦而复杂的，企业家工作繁忙，时间长，压力大，如果身体不好，必然力不从心，难以承受创业重任。

2. 思想素质

思想是企业家的保障。思想即理性认识，是相对于感性认识而存在，是对于感性认识加工的结果，客观存在反映在人的意识中经过思维活动而产生的结果。企业家要思想坚定，坚持不懈，坚持到底，意志坚定，决不屈服，在艰苦困难的情况下，无论受到多少次挫折，毫不动摇退缩，坚持原则，积极进取。思想素质闪耀着人格、智慧、精神的光芒，既是一个人对生活的态度，体现了人乐观向上、不断追求的精神，也是时代对企业家的要求。

3. 文化素质

文化是企业家的基础。企业家的文化要求：①基础文化扎实。随着时代发展和工作任务的变化，对企业家的文化素质要求越来越高。衡量企业家的文化基础不能唯学历论，学历高不一定能力强，但是也不能否认学历。企业家有正规的教育，特别是高等教育，具备系统化、理论化、专业化的知识，这对提高素质有着重要的作用。②专业知识精通。首先，企业家要具备相应的领导专业知识，应具备一定的管理学、领导学的知识。其次，对自己企业所在行业的业务知识要尽可能通晓，是这方面的专家。③社会知识丰富。企业家应该深入实际生活，了解周围事物的历史和现状，熟悉多种多样的生活，不断丰富个人的人生阅历和各方面的知识，做到见多识广，成为既有理论又有实践的领导。企业家的文化素质对企业起着举足轻重的作用。

4. 心理素质

心理是企业家的核心。所谓心理素质是指创业者的心理条件，包括自我意识、性格、气质、情感等心理构成要素。作为企业家，他的自我意识特征应为自信和自主；他的性格应刚强、坚持、果断和开朗；他的情感应更富有理性色彩。很多成功的企业家是不以物喜、不以己悲。

5. 能力素质

能力是企业家的关键。经营企业对大多数人而言是一件极具诱惑的事情，同时也是一件极具挑战的事。不是人人都能成功，也并非想象中那么困难。但任何一个梦想成功的人，倘若他知道企业需要各种能力，那么成功已离他不远了。

6. 道德素质

道德是企业家的号角。企业家的道德准则包括：①自律。在没有人现场监督的情况下，通过自己要求自己，变被动为主动，自觉地遵循制度，拿它来约束自己的一言一行。自律并不是让一大堆规章制度来层层地束缚自己，而是用自律的行动创造一种井然的秩序来为我们的学习生活争取更大的自由。把自律的生活方式当成目标，向你的借口挑战。工作完成之前先把奖励挪开，把目光注视在结果上。②宽容。即允许别人自由行动或判断，耐心而毫无偏见地容忍与自己的观点或公认的观点不一致的意见，宽大有气量，不计较或不追究。③民主。民主是保护创造力的一种好方法，民主是以多数意见为重，同时尊重个人与少数人的权利为原则。

二、鲜明而强大的特质

领导特质理论主要是研究一名优秀而成功的领导所具有的内在品质与领导相关行为及绩效方面的关系。20 世纪早期领导特质研究主要是确定成为领导者的决定因素，这个理论被称为“伟人”理论。20 世纪中期领导特质理论受到了挑战，当时大量的研究可以得出这样的结论：具备某些特质确实能提高领导者成功的可能性，但没有哪一种特质一定就是成功的保证。因此认为领导并不是个人所拥有的可以量化的东西，它与社会情境中的人际关系有关。虽然与领导有关的个人因素仍是十分重要的，但是这些研究者坚决主张这些因素应该是与情境的需要相关的。

我们认为企业家的特质不仅是一种独特的气质，更是一种综合的素质，它包括：①生理特质。身高、体重、体格、声音、笑容、活力、仪表，最重要的是健康。②个性特质。自信、热情、外向、正直、负责、勇敢、魅力、独立、内控、激情、庄重、诚实、廉洁、节俭、勤劳、实干、坚韧。③智力特质。记忆力、判断力、逻辑能力、反应能力、理智、狡黠、警觉、想象、动机、理想、敏锐。④工作特质。责任感、首创性、事业心、意志、忠诚、高度、远见、前瞻、创新、思路、目标、愿望、愿景、爱才。⑤社会特质。沟通能力、指挥能力、协调能力、控制能力、人际关系（公关能力）、宽容、信任、法治、平等、情商。这种企业家特质的根本是一种强大的自主力量，是一种让追随者能够奋不顾身坚持不懈实现企业愿景的精神魅力。

三、最重要的是远见

远见是一种战略眼光，是企业家的一项基本素质。远见，远大的眼光，高明的见识。随着现代社会的信息化和知识化，人们更需要有远见，这是知识经济时代所必须具备的，人的判断力和决策力成了有远见的标志，特别是想成大事者，没有远见是不行的，这对一个人的事业来说很重要。随着社会的发展，变化日益加快，想要取得成就，没有远见是不行的。李嘉诚说，好的时候不要看得太好，坏的时候不要看得太坏。最重要的是要有远见，杀鸡取卵的方式是短视的行为。远见告诉我们可能会得到什么东西，召唤我们去行动，心中有了一幅宏图，我们就从一个成就走向另一个成就，把身边的物质条件作为跳板，跳向更高、更好、更令人快乐的境界。

谁都知道“远见”非常重要，但不见得大家都知道怎样才能做到“远见”。在我们中国的传统教育中，“知”似乎比“行”更重要。“知道”远见的重要性，却从不“施行”远见。其原因首先是利益冲突的问题。有时为了这个“远见”，在不得不牺牲眼前利益、个人利益的时候，当事人就必须有勇气面对暂时的损失。如果连这个勇气都没有的话，又怎么可能做到“远见”呢？所以为了做到“远见”，第一个要素就是坚强的心理素质。但有些时候是不需要牺牲什么东西的，所要做的仅仅是如何选择目标与如何达到目标。那么这时的“远见”，就在于当事人是否具有专门的知识和思考能力。如果知识太贫乏，就不能够要求有多高“远见”产生；如果思维太片面，同样难以产生真正的“远见”。因此为了能够做到“远见”，知识的学习和思维的训练是绝对不可少的。但学习知识是非常辛苦的一件事情，所以懒惰的人是永远做不到“远见”的。另外思维的训练也不是轻而易举的。从心理学的角度来讲，几乎人人都有思维的缺陷，例如惯性思维、主观臆断等都不是正确的思维方式。所以要做到“远见”，知识和思维能力是第二和第三要素。最后，不管怎样，一个具有“远见”的计划出台之后，是否这个“远见”就已经成为现实了呢？不，还没有呢！不实施“远见”，“远见”就永远不是“远见”！真要实施的话，不碰到困难才怪呢。任何人都不是圣人，谁能担保“远见”就不出问题？如果一碰到困难就溜号，那是胆小鬼。因此为了保证“远见”的顺利实施，这最后一点是勇气，是坚强的意志，说白了就是那个第一要素——坚强的心理素质。也许“远见”这个词可以成为肥皂泡，大家都可以随便吹一吹。但真正要做到“远见”，不是勇士、不是智者就根本做不到！任何事情只有做出来了，我们才能承认它；而任何吹牛的东西都是我们必须反对的，所以说与其知道“远见”，不如做到“远见”！

四、学习是一项基本功

学习是时代对企业家的一项客观要求。学习是人类在认识与实践过程中获取经验和知识，掌握客观规律，使身心获得发展的社会活动，学习的本质是人类个体和人类整体的自我意识与自我超越。学习不仅是人类个体获得知识技能的手段，社会文化的世代传递也是靠学习活动实现的。由于人类文明在一定意义上存在加速发展的趋势，所以学习活动对人类社会的作用更加明显。

终身学习是指社会每个成员为适应社会发展和实现个体发展的需要，贯穿于人的一生的持续的学习过程，即我们所常说的“活到老学到老”。终身学习能使我们克服工作中的困难，解决工作中的新问题，能满足我们生存和发展的需要，能使我们得到更大的发展空间，更好地实现自身价值，能充实我们的精神生活，不断提高生活品质。当今时代，世界在飞速变化，新情况、新问题层出不穷，知识更新的速度大大加快，人们要适应不断发展变化的客观世界，就必须把学习从单纯的求知变为生活的方式，努力做到活到老、学到老，终身学习。

主动学习是指把学习当做一种发自内心的、反映个体需要的活动，它的对立面是被动学习，即把学习当做一项外来的不得不接受的活动。主动学习的习惯，本质上是视学习为自己的迫切需要和愿望，坚持不懈地进行自主学习，自我评价，自我监督，必要的时候进行适当的自我调节，使学习效率更高、效果更好。新时期社会的、职业的、家庭日常生活的急剧变化，导致人们必须更新知识观念，以获得新的适应力，人们对现实生活及自我实现要求的不断高涨，要求对传统思维进行根本的改革，从而期望产生一种全新的效果。

五、提高注意力的训练

企业家面对纷乱庞杂的市场环境和各种激动人心的商机诱惑，要时刻保持专注的注意力。注意力的集中作为一种特殊的素质和能力，需要通过训练来获得，那么训练自己注意力的方法有哪些呢？①运用积极目标的力量。当你给自己设定了一个要自觉提高自己注意力和专心能力的目标时，你就会发现你在非常短的时间内，集中注意力这种能力有了迅速的发展和变化。自己的精力漫无目标地散漫一片，永远是一个失败的人物。学会在需要的任何时候将自己的力量集中起来，注意力集中起来，这是一个成功者的天才品质，培养这种品质的第一个方法是要有这样的目标。②培养对专心素质的兴趣。有了这种兴趣，就会给自己设置很多训练的科目，训练的方式，训练的手段。就会在很短的时间内，甚至完全有可能通过一个时间段的自我训练，发现自己有了令人称赞的注意力集中的能力。③要有对专心素质的信心。千万不要受自己和他人的不良暗示。有的朋友会说自己不可能会专心干一件事的，肯定会东张西望、左顾右盼的，同时运作许多项目，这样时间长了自己真的可能这样做。不要这样认为，因为这种状态是可以改变的。④善于排除外界干扰。要在排除干扰中训练排除干扰的能力。毛泽东年轻的时候为了训练自己注意力集中的能力，曾经给自己立下这样一个训练科目，到车水马龙之处读书。为了什么？就是为了训练自己的抗干扰能力。⑤善于排除内心的干扰。环境可能很安静，但是自己内心可能有一种骚动，有一种干扰自己的情绪活动。对各种各样的情绪活动，要善于将它们放下来予以排除。这时候要学会将自己的身体坐端正，将身体放松下来，将整个面部表情放松下来，也就是将内心各种情绪的干扰随同这个身体的放松都放到一边。⑥节奏分明地处理学习、工作与休息的关系，正确的态度是要分明，学习工作完了再休息。当需要再次进入学习的时候，又能高度集中注意力。这叫张弛有道。⑦空间清静。当你在工作学习时，要将桌上与你此时工作学习内容无关的其他物品全部清走，在你的视野中只有你现在要的科目，这种空间上的处理是你训练自己注意力集中的最初阶段的一个必要手段，然后使自己迅速进入主题。如果你能够做到一分钟之内没有杂念进入主题，你就了不起；如果你半分钟就能进入主题，就更了不起；如果你一坐在那里，十秒、五秒，当下就进入，那就是天才，那就是效率。⑧清理大脑。大脑是一个屏幕，那里面堆放着很多东西，将在自己心头此时此刻浮光掠影活动的各种无关的情绪、思绪和信息收掉，在大脑中就留下你现在要进行的科目，就像收拾你的桌子一样。⑨对感官的全部训练。我们可以进行视觉、听觉、感觉方面的类似训练。训练自己在视觉中一段时间内盯视一个目标，而不被其他的图像所转移。可以训练在一段时间内虽然有万千种声音，但是集中聆听一种声音。也可以在整个世界中只感觉太阳的存在或者只感觉月亮的存在，或者只感觉周围空气的温度。这种感觉上的专心训练是进行注意力训练的有用的技术手段。⑩不在难点上停留。大家都会意识到，我们理解的事物、有兴趣的事物，当我们去探究它、观察它时，就比较容易集中注意力。反之，因为不太喜欢，缺乏兴趣、缺乏足够的理解，就有可能注意力分散。在这种情况下千万不要被眼前的难点挡住，你要继续研究后续的事物，后边大部分你都能理解，在你的坚持下可能会发现，前边所谓不理解的东西慢慢理解了。

六、明确自我的定位

自我意识是人对自己身心状态及对自己同客观世界的关系的意识。自我意识主要包括：①自我认识。自我认识是主观自我对客观自我的认识与评价，自我认识是自己对自己身心特征的认识，自我评价是在这个基础上对自己作出的某种判断。正确地自我评价，对个人的心理生活及其行为表现有较大影响。②自我体验。自我体验是主体对自身的认识而引发的内心情感体验，是主观的我对客观的我所持有的一种态度，如自信、自卑、自尊、自满、内疚、羞耻等都是自我体验。进行自我体验训练，就是让自己有自尊感、自信感和自豪感，不自卑，不自傲，不自满，随着年龄增长让我们懂得做错事感到内疚，做坏事感到羞耻。③自我监控。自我监控是自己对自身行为与思想言语的控制，具体表现为两个方面：一是发动作用，二是制止作用，也就是支配某一行为，抑制与该行为无关或有碍于该行为进行的行为。

自我意识完善的途径：①正确的自我认知。全面而正确的自我认知是培养健全的自我意识的基础。②客观的自我评价。一个人必须建立在正确的自我认知基础上，正确的自我悦纳、积极地自我体验、有效地自我控制。③积极的自我提升。当人们期望自己成功时，他必然会尽自己最大的努力，并且当面临挑战性任务时，会表现出更强的坚持力，从而增加了成功的可能性，克服自我障碍。④关注自我成长。自我的发展需要不断的自我反思、自我监控，依照过去、现在、未来进行清理，深刻了解与把握自己。

自我发展经历三个阶段：①生理自我。生理自我是个体对自己的躯体的认识，包括占有感、支配感、爱护感。人们有时把生理自我发展阶段称为自我中心期，这种初级的形态是以自我感觉的形式表现出来的，这是自我意识的萌芽阶段，也是自我意识发展中的一次质变和飞跃，人的自我意识从此萌生。②社会自我。社会自我从 3 岁到青春期开始，个体通过幼儿园的学前教育和学校教育，受到社会文化的影响，增强了社会意识，认识到自己是社会的一员，尽量使自己的行为符合社会的标准。③心理自我。心理自我是个人逐渐脱离对成人的依赖，并从成人的保护、管制下独立出来，表现出自我意识的主动性与独立性，强调自我的价值与理想，这是自我意识发展的最后阶段，这时我们能够透过自我意识去认识外部世界，而且这样的自我意识过程将伴随我们的一生。

心理学上的自我人格结构由本我、自我、超我三部分组成。①本我即原我，是指原始的自己，包含生存所需的基本欲望、冲动和生命力。本我是一切心理能量之源，本我按快乐原则行事，它不理会社会道德、外在的行为规范，它唯一的要求是获得快乐，避免痛苦，本我的目标乃是求得个体的舒适，生存及繁殖，它是无意识的，不被个体所觉察。②自我是自己可意识到的执行思考、感觉、判断或记忆的部分，自我的机能是寻求“本我”冲动得以满足，而同时保护整个机体不受伤害，它遵循的是“现实原则”，为本我服务。③超我是人格结构中代表理想的部分，它是个体在成长过程中通过内化道德规范，内化社会及文化环境的价值观念而形成，其机能主要在监督、批判及管束自己的行为，超我的特点是追求完美，所以它与本我一样是非现实的，超我大部分也是无意识的，超我要求自我按社会可接受的方式去满足本我，它所遵循的是“道德原则”。

心理学家艾里克森认为自我是一个独立的力量，不再是本我和超我压迫的产物。他把自我看做一种心理过程，它包含着人的意识活动，是可以加以控制的。自我是人的过去经验和现在经验的综合体，并且能够把进化过程中的两种力量，即人的内部发展和社会发展综合起来，引导心理能力向合理的方向发展，决定着个人的命运。自我的作用远远不仅是防御性的，其表现的游戏、言语、思想和行动等都带有自主性，具有对内外力量的适应性。

佛学上的自我，又名我执，指人类执着于自我的缺点，包括自大、自满、自卑、贪婪……或者自我意识太强而缺乏集体意识和奉献精神，或者太关注自己而忽略别人等。消除我执是佛教徒的一个修炼目标，认为没有我执就可以将潜在的智慧显现出来，成为有大智慧的人，即为“佛”。一个刚步入社会的人阅历很短浅，所以感染各种社会不良习惯的机会也很少；一个饱经世事阅历很广的人，经历的事情多了，智谋也随着加深。所以一个有修养的君子，与其讲究做事圆滑，不如保持朴实的个性；与其事事小心谨慎委曲求全，倒不如豁达一些，才不会丧失纯真的本性。自我是人类对自己的定义：我是什么，我要成为什么。自我被认为是人类区分于其他动物的重要标志之一。

定位是确定某一事物在一定环境中的位置，如产品在市场中的定位、人物在组织中的定位、物品在某一地理位置的定位等。定位的基本原则是去操纵人们心中原本的想法，去打开联想之结，定位是从产品开始，可以是一件商品、一项服务、一家公司、一个机构，甚至于是一个人，也可能是你自己。定位就是令你的企业和产品与众不同，形成核心竞争力，鲜明地建立品牌，使品牌成为某个类别或某种特性的代表品牌，这样当消费者产生相关需求时，便会将定位品牌作为首选。定位的真谛是“攻心为上”，消费者的心灵是营销的终级战场。要抓住消费者的心，就必须了解他们的思考模式，这是定位的前提。

企业家定位的核心就是企业的定位。定位的具体方法：①强化自己已有的定位。既然现有的产品和服务在消费者心目中都有一定的位置，如果这种定位对企业有利，就要反复向人们宣传这种定位，强化本企业的产品在消费者心目的形象，也就是自己的特色。②比附定位。使定位对象与竞争对象（已占有牢固位置）发生关联，并确立与竞争对象的定位相反的或可比的定位概念。③单一位置策略。处于领导地位者，要以另外的新品牌来压制竞争者，因为每一个品牌都在其潜在顾客心目中安置了独自所占据的一个特定处所，这是作为市场领导者所要采取的策略。④寻找空隙策略。寻求消费者心目中的空隙，然后加以填补，其中有价格、性别、年龄、时段、分销渠道、使用者位置等各种空隙。⑤类别品牌定位。当一个强大的品牌名称成了产品类别名称的代表或代替物时，必须给公司的新产品以一个新的名称，而不能采用“搭便车”的做法，沿袭公司原有产品的名称。这像“跷跷板”原理，当一种上来时，另一种就下去，因为一个名称不能代表两个迥然不同的产品。⑥再定位。重新定位意即打破事物在消费者心目中所保持的原有位置与结构，使事物按照新的观念在消费者心目中重新排位，调理关系，以创造一个有利于自己的新的秩序，这意味着必须先把旧的观念或产品搬出消费者的记忆，才能把另一个新的定位装进去。

七、突出的心理问题

1. 抑郁

北京心理危机研究与干预中心的数据表明，自20世纪80年代以来，我国已有1200多名企业家因以抑郁症为主的各种心理健康问题而自杀。我国有抑郁症征兆的企业家或高级经理人，90%以上不会觉察自己已经患病，即便已经察觉，仍有90%以上的人不愿去看心理医生。我们经常听到企业家的自我表白，事业就是我的全部，为了事业我愿意肝脑涂地。当抑郁只处于感觉层面，人只有轻微的抱怨、不满、发脾气等情绪化反应，还没影响到工作效率时可能不会感觉到抑郁对生理的影响；而当抑郁加重，产生睡眠障碍、躯体障碍时，不仅要抵抗抑郁，还要注意生理疾病的发生。有些企业家会以酗酒、熬夜、赌博来对付抑郁，其实这并不能放松神经，只能使压力倍增，长此以往，人即便不被抑郁击溃，也会产生生理疾病，甚至会“过劳死”。轻度抑郁状态的自我调适策略包括：①注重家庭关系的和谐。情感是人的生命线，家庭是最能充分舒展人性和获得安全感的场所；②有纯私人兴趣。这种兴趣要与生意和公司没有关系，比如，绘画、摄影、钓鱼；③要建立一个完全与生意无关的“社会心理支持系统”，有意识交一些即便破产时也可相处的朋友；④认识到适度的抑郁也是一种可利用性资源，防止过分自我强化对抑郁的恐惧。适宜性抑郁的好处体现在：①通过情绪变换来释放躯体疾病；②可以消除人的狂妄，使其回到现实的情境。

2. 焦虑

焦虑是指个体出于不能达到既定目标或不能克服障碍的威胁，只是自尊心和自信心受挫，或使失败感和内疚感增加，形成的一种紧张不安，带有恐惧体验的情绪状态。一般来说，焦虑情绪体验往往缺乏明确的目标，是一种预期的心理感受。焦虑具有动机性后果，所以其存在具有普遍性，并非某些人所独有，但不同的人在不同情景下所体验到的焦虑程度存在差异性。焦虑包含三种基本成分：主观的恐惧感（认知成分）、特定的身体反应模式（生理成分）、一定的行为表征（行为成分），这三种基本成分是相互联系的。焦虑的管理是基于一个人能否对自己的焦虑反应进行主动觉察和积极调控。焦虑反应的表现：①生理反应。心脏血管方面：心悸、心跳过速、血压变高或变低头晕；呼吸方面：急促呼吸、胸部有压迫感、喉头窒息或呼吸困难；神经肌肉方面：过度反射、眼皮跳动、失眠、全身无力；肠胃消化方面：食欲差、腹部不适或疼痛、胸口灼热感、恶心；排泄方面：尿急、尿频、便秘、腹泻；皮肤方面：脸红、出汗、瘙痒、忽冷忽热。②行为反应。不安、紧张、颤抖、讲话速度变快，动作失调，人际关系变得退缩、逃避。③认知反应。无法专心、注意力不集中，先入为主、健忘、思考中断混乱，无法客观判断错误，知觉感受能力下降，缺乏创造性，害伯失去控制，担心有视觉幻象，害怕受伤或死亡。④情感反应。不耐烦、不愉快、害怕、有压迫感、危机感、神经质、受惊、战战兢兢、容易有警惕或兴奋性反应。

3. 压抑

压抑是指一个人受到挫折后，不是将变化的思想、情感释放出来或转移出去，而是将其压抑在心里，不愿承认烦恼的存在。压抑能起到暂时减轻焦虑的作用，但不是完全消失，而是变成一种潜意识，从而使人的心态和行为变得消极乃至古怪。压抑心理的产生是外部环境因素和个体自身因素相互作用的一种结果。从外部环境来讲，如果个体与环境不协调，有过多的挫折感，就可能产生压抑心理，这主要表现为行为规范的影响、工作学习与生活上的压力和紧张的人际关系。挫折与压抑感之间互为因果，形成一个恶性循环圈。压抑心理的调控策略有：①正确认知社会环境。社会有光明面，也有阴暗面；世上有好人，也有坏人。看待社会不能过于理想化，要看到社会成员之间实际上存在不平等的地位、待遇上的差距。人与人不能互相攀比，不能用自己的标准去衡量社会的公平性，而应正视社会，承认差别，努力去缩小与别人的差距。②客观的自我认知。遇到挫折应先从自己的主观方面去寻找原因，坚信天生我才必有用，停止自我比较，不要担心不如别人，要自己接受自己，确立一种自强、自信、自立的心态。③列出生活工作日程表。压抑会产生厌倦、懒惰的行为，越是懒于动手做事的人，越容易发生心理危机。为了与懒惰作斗争，不妨列出一个工作、学习、生活日程表。④理解别人和乐于助人。⑤参加社交活动。许多沮丧的人放弃了他们最喜爱的业余活动，这只会让事情弄得更糟，相反应该多参加社交活动。⑥坚持锻炼身体。通过体育锻炼来放松精神，散步、慢跑、游泳和骑车等可使人信心倍增，精力充沛。⑦回归自然怀抱。当你精神压抑时，可漫步于田间地头，跋涉于山水之间，看春华秋实，听蝉鸣鸟啼，置身于大自然的怀抱。

4. 神经症

神经症是一组非器质性的大脑神经功能轻度失调的心理疾病。神经症的临床表现为：精神活动能力降低，情绪波动与烦恼，体感性不适增加，但体查并无器质性疾病，自知力良好，无精神病性症状。神经症包括：①恐怖性神经症。治疗时先用药物控制其焦虑或恐怖，然后采用心理治疗，如暴露疗法、系统脱敏法、心理分析法等。②焦虑性神经症。临床表现为急性焦虑和慢性焦虑两类，自我调节的办法：积极的自我暗示、适量的运动、做最感兴趣的事情、情感宣泄、音乐等。③强迫性神经症。预防措施主要是充实业余生活，合理安排学习节奏，对事物不要过多地注意或勉强地克制，学习心理自我调节法、自我疏导法等。④抑郁性神经症。心理治疗以支持性心理治疗或患者中心疗法为主，帮助患者排除病因，消除焦虑情绪。预防的方法是：树立正确的世界观、人生观和方法论，正确看待人生、社会和现实，培养乐观的态度，提高对挫折的耐受力，学习抑郁自我消解法。⑤癔症。癔症以心理治疗为主，辅以药物等治疗。可采用解释性心理治疗、暗示治疗、治疗等，还可对症采用物理治疗。预防在于培养良好的个性心理素质，自觉及时地纠正个性缺陷，提高品质修养，尽量避免不良因素的心理刺激。⑥疑病性神经症。以支持性心理治疗为主，开始要耐心细致地听取患者的诉述，让他们出示各种检查结果，持同情关心的态度，应尽量回避讨论症状，与患者建立良好的关系。另外环境的转移，生活方式的改变，转移患者的注意力，引导患者做另一种有趣的事情，也可获得一定的改善。⑦神经衰弱。以心理治疗为主，辅以药物治疗或物理治疗等。心理治疗首先要建立起良好的医患关系，正确引导患者认识疾病的性质、病因、病程及预防，树立起战胜疾病的信心，改善生活、学习工作条件。平常注意劳逸结合，生活有规律，参加文体活动；注意心理调节，保持心理平衡；加强个性修养，提高认知水平。

5. 人格障碍

人格障碍是一种人格在发展和结构上的明显偏离正常，以于不能适应正常社会生活。主要表现为情感和意志活动的障碍，其认知、思维和智力并无异常。人格障碍的类型有：①偏执型人格障碍。主要特点表现为：敏感多疑、心胸狭窄，思想、行为固执刻板，缺乏幽默感；对他人特别嫉妒，而又非常羡慕；对自己过分关心且自我评价过高，无端夸大自己的价值，认为自己能力非凡；遭遇挫折易于责备别人或推诿客观，从来不信任他人的诚意、动机和愿望，认为别人存心不良。②循环型人格障碍。特点是终身都有情绪调节上的障碍，包括情感高涨型、情感低落型、双相循环型。③分裂型人格障碍。主要特点为退缩、孤僻、安静沉默、害羞、胆怯、不愿交往，缺乏朋友，过分敏感，性格怪癖，不关心别人对自己的鼓励、赞扬或批评，喜欢独来独往，未丧失认识现实的能力，常沉湎于白日梦的幻想之中，活动能力差，缺乏进取心，对人际关系采取不介入态度。④强迫型人格障碍。表现为以完美的标准苛求自己，常伴有不安全感和不完善感而焦虑、紧张和苦恼，过分自我克制、过分自我关注和责任感过强，拘谨、墨守循规，缺乏应变能力，常回忆、自责，遇事犹豫不决，害怕自己出错而难以做出决断。⑤癔病型人格障碍。主要特点为人格不成熟、情绪不稳定，经常以过分做作和夸张行为吸引外界的注意；较强的暗示性和依赖性，表现出高度的自我中心和情感的多变化性，希望得到外界的关心和照顾，对人情感肤浅，性心理发育不成熟，可能会同时具有性激情或性冷淡，高度的幻想性，倾向于将想象当做现实。⑥爆发型人格障碍。主要特征是行为冲动，缺乏对行为后果的考虑，伴有情绪不稳定、喜怒无常，情绪的自我控制极差，常因微弱的精神刺激而引发强烈的愤怒爆发，出现暴力、攻击性行为。平时其情绪和行为是正常的，在冲动或暴力发生后往往会自我后悔，但不能防止下次再有突然的失控冲动。⑦衰弱型人格障碍。主要表现为缺乏信心和主动精神，感到自己能力低下，被动服从他人的意愿，精力不足，易疲劳，对身体不适和精神刺激的反应特别敏感，情绪容易波动，经常因为小事而伤感，缺乏生活情趣，不愿承担自我行为的责任，常有过多的要求，总是希望他人能给自己协助或让自己去依靠。⑧反社会型人格障碍。这类人具有严重的人格缺陷，表现为高度的利己主义，自我中心、自私、自尊心特强、强词夺理、无羞惭感、缺乏责任感。可分为冲动暴发型和被动攻击型。⑨回避型人格障碍。表现为行为退缩、心理自卑、敏感羞涩，面对挑战多采取回避态度或无能力应付。这类性格的人很容易因他人的批评或不赞许而受到伤害，很少与人交往，不敢发表自己的见解，夸大潜在的困难和危险。⑩自恋型人格障碍。表现为倾心于自己，过分自高自大，盛气凌人，喜欢指使他人，要他人为自己服务，对别人的批评感到耻辱、羞愧或愤怒，对一切有非分的幻想，认为自己应有特权，渴望别人的赞赏和关注，有很强的嫉妒心，缺乏同情心等，因此人际关系不好，容易产生孤独抑郁的心情，也容易失败。

八、夯实素质的地基

1. 保持心理健康

心理健康是指一种高效而满意的持续的心理状态。从狭义上讲心理健康是指人的基本心理活动的过程内容完整、协调一致，即认识、情感、意志、行为、人格完整和协调，能适应社会，与社会保持同步。个体能够适应发展着的环境，具有完善的个性特征，且其认知、情绪反应、意志行为都处于积极的状态，并能保持正常的调控能力。心理健康的途径：①自我肯定。人要不断地否定和肯定自己才能进步，而否定的最终目的是为了向肯定方向发展，自我肯定，保持坚定的信念，往往是事业成功的关键。②抛弃自卑。要抛弃自卑，首先要战胜自我，为自己树立一个目标，要有坚强的信念，相信自己的能力，同时要对自己有一个科学合理的评估。③增强自信。④进行心理调节和情绪调节。

每天保持情绪的乐观，进行情绪管理，企业家要善于掌握自我，善于调节情绪，对生活中矛盾和事件引起的反应能适可而止地排解，能以乐观的态度、幽默的情趣及时地缓解紧张的心理状态。企业家保持乐观的方法有：①给自己露出一个很开心的笑脸。②坚持微笑待人。③学习运用幽默从容应付许多令人不快、烦恼、甚至痛苦、悲哀的事情。④用欢乐促进人际关系。⑤忘却不愉快的经历和事情。⑥多参加有益的娱乐活动。⑦告诉自己快乐的核心是自我满足。⑧当别人试图激怒你时，自我暗示："我是一个豁达的人，一个胸如大海的人。"⑨制定座右铭。如"我是一个冷静的人"，然后进行自我放松。⑩懂得快乐地过一天比烦恼地过一年都有意义。透过控制情绪，充分挖掘和培植个体和群体的情绪智商，培养驾驭情绪的能力，从而确保个体和群体保持良好的情绪状态，相信自己能够成为卓越的领导人。

2. 自主创业

自主是企业家的灵魂。自主指自己做主，不受别人支配，自主就是遇事有主见，能对自己的行为负责。自立的一个重要表现是独立的生活，要独立生活就要做到自己的事情自己负责。自己的事情自己负责的前提是要自主，自主不仅是一种权利，更是一种能力。一个没有主见的人，很难在生活中自立。自主创业者就是用自己劳动和自己的社会资源获得财富的人群。中国第一次自主创业高潮是在改革开放初期，以无业人员为主，通过前期积累，小商品贸易，成为改革开放的第一批致富的人。第二次自主创业高潮是 1990 ~ 1996 年，以国家公务人员离职创业为主，以科技等高素质人才为主，即俗称"下海"。这一期间公务人员工资相对较低，所以各行各业精英纷纷要求以自己的能力获取财富，成就了一大批轻工业和改制企业。中国第三次自主创业高潮是1999～2005年，以互联网行业的兴起为标志，互联网技术的兴起与普及，是互联网行业创业的基础，中国的阿里巴巴、百度、搜狐等著名网络公司都在这一时期成功创业。还有一部分人群是由于国企改制减员分流，导致一部分人失去工作而被迫进行创业。这一阶段的明显特征是行业细化，创业手段多样。现阶段中国将迎来第四次自主创业潮，由于学生过多而导致就业岗位紧缺。这一阶段自主创业者主体是学生等大量高校毕业生。由此可见企业家其实就是一种持续的创业状态，无论企业家能整合多大空间、多长时间、多少要素的资源，今天的业绩如何辉煌灿烂，都要有始终保持自主创业的精神和心态，一定坚持一切资源为我所用、我是主角的发展路径。

3. 造钟的命运

"造钟，而不是造时。"《基业长青》的作者詹姆斯·柯林斯指出，"伟大公司的创办人通常都是制造时钟的人，而不是报时的人，他们主要致力于建造一个时钟，而不只是找对时机，用一种高瞻远瞩的产品打入市场；他们并非仅仅致力于高瞻远瞩领袖的人格特质，而更是致力于构建高瞻远瞩公司的组织特质，他们最大的创造物是公司本身及其代表的一切。"詹姆斯·柯林斯所说的"造钟"，就是建立卓越适宜的商业运行机制或者称为商业模式，从而使市场的时机和机会都可以在这个模式之"钟"上运行和报时。

"造钟"还是"造时"？这实际关乎企业的生命力，更是企业家领导力的见证。有一组数字颇为触目惊心，世界500强的平均寿命是40～42岁，1000强的平均寿命是30岁，欧美企业平均生存年限是12.5年，日本企业平均寿命是30年。在中国虽然没有明确的统计数据，但是1993年、1995年、1997年、2000年和2002年连续进行的5次全国私营企业大规模抽样调查表明，1993年以前私营企业平均存活期只有4年，2000年提高到7.02年。此外，有关统计资料显示中国集团公司的平均寿命为7～8岁，中小企业平均寿命只有2.9岁。我们在感到痛惜的同时，也看到了"短命"企业的一个通病，而且正是这一疾患充当了无情的杀手，那就是只注重"造时"，却忘记了"造钟"的根本。为了分享某一产业的利润，不顾一切加入一窝蜂的潮流，却不考虑品牌的培养；为了多占市场份额，不顾质量下降、杀价带给品牌的伤害；人才培养和文化锻造在急功近利面前，似乎显得无甚回报。医治企业的"短命病"，只有"造钟"才是治本良方，"钟"造得有多好，企业的生命时针就能走多远。

4. 做世界的精英

企业家不是一个职位，而是一个过程，企业家需要一定的技巧和能力，企业家是一系列看得见可以学的实践。借助这种实践的过程，可以更好地实现目标。借助这种实践的过程，还可以使追随者发挥其全部的潜能，这样既会增加实现目标的可能性，也可以使组织和个人的发展达到最大化。企业家最重要的是责任，是对他人的影响力。企业家的基本宗旨就是成为利润和价值的创造者，成为组织和机构的领导者，成为民族和国家的中流砥柱，成为全人类全世界的优秀精英。

九、寻找自己的蓝海

蓝海战略认为聚焦于红海等于接受了商战的限制性因素，即在有限的土地上求胜，却否认了商业世界开创新市场的可能。运用蓝海战略，视线将超越竞争对手移向买方需求，跨越现有竞争边界，将不同市场的买方价值元素筛选并重新排序，从给定结构下的定位选择向改变市场结构本身转变。蓝海以战略行动作为分析单位，战略行动包含开辟市场的主要业务项目所涉及的一整套管理动作和决定，指出价值创新是蓝海战略的基石，价值创新挑战了基于竞争的传统教条，即价值和成本的权衡取舍关系，让企业将创新与效用、价格与成本整合一体，不是比照现有产业最佳实践去赶超对手，而是改变产业近况重新设定游戏规则，不是瞄准现有市场“高端”或“低端”顾客，而是面向潜在需求的买方大众，不是一味细分市场满足顾客偏好，而是合并细分市场整合需求。

蓝海战略其实就是企业超越传统产业竞争，开创全新市场的企业战略。“红海”是竞争极端激烈的市场，但“蓝海”也不是一个没有竞争的领域，而是一个通过差异化手段得到的崭新的市场领域，在这里企业凭借其创新能力获得更快的增长和更高的利润。构思蓝海的战略布局需要回答4个问题：①哪些被产业认定为理所当然的元素需要剔除？这个问题剔除产业中企业竞争攀比的元素，这些元素经常被认为理所当然，虽然它们不再具有价值。②哪些元素的含量应该被减少到产业标准之下？这个问题促使作出决定，看看现有产品或服务是否在功能上设计过头，只为竞争和打败竞争对手，企业所给超过顾客所需并徒然增加成本。③哪些元素的含量应该被增加到产业标准之上？这个问题促使去发掘产业中消费者不得不作出的妥协。④哪些产业从未有过的元素需要创造？这个问题帮助发现买方价值的全新源泉，以创造新需求改变产业战略定价标准。

蓝海战略提出六项原则，四项战略制定原则和两项战略执行原则：

（1）重建市场边界。从硬碰硬的竞争到开创蓝海，使用六条路径重建市场边界。①产业。跨越他择产业看市场。红海思维：人云亦云为产业定界，并一心成为其中最优。蓝海观点：一家企业不仅与自身产业对手竞争，而且与他择（Alternatives）产品或服务的产业对手竞争。②战略集团。跨越产业内不同的战略集团看市场。红海思维：受制广为接受的战略集团概念（例如豪华车、经济型车、家庭车），并努力在集团中技压群雄。蓝海观点：突破狭窄视野，搞清楚什么因素决定顾客选择，例如，高档和低档消费品的选择。③买方群体。重新界定产业的买方群体。红海思维：只关注单一买方，不关注最终用户。蓝海观点：买方是由购买者、使用者和施加影响者共同组成的买方链条。④产品或服务范围。跨越互补性产品和服务看市场。红海思维：雷同方式为产品服务的范围定界。蓝海观点：互补性产品或服务蕴含着未经发掘的需求，简单方法是分析顾客在使用产品之前、之中、之后都有哪些需要。⑤功能情感导向。跨越针对卖方的产业功能与情感导向。红海思维：接受现有产业固化的功能情感导向。蓝海观点：市场调查反馈的往往是产业教育的结果，企业挑战现有功能与情感导向能发现新空间，如果在情感层竞争，可否去除哪些元素使之功能化？反之亦然。⑥时间。跨越时间参与塑造外部潮流。红海思维：制定战略只关注现阶段的竞争威胁。蓝海观点：从商业角度洞悉技术与政策潮流如何改变顾客获取的价值，如何影响商业模式。

（2）注重全局而非数字。一个企业永远不应将其“眼睛”外包给别人，伟大的战略洞察力是走入基层、挑战竞争边界的结果。蓝海战略建议绘制战略布局图，将一家企业在市场中现有战略定位以视觉形式表现出来，开启企业组织各类人员的创造性，把视线引向蓝海。

（3）超越现有需求。通常企业为增加自己的市场份额努力保留和拓展现有顾客，常常导致更精微的市场细分，然而为使蓝海规模最大化，企业需要反其道而行，不应只把视线集中于顾客，还需要关注非顾客。不要一味通过个性化和细分市场来满足顾客差异，应寻找买方共同点，将非顾客置于顾客之前，将共同点置于差异点之前，将合并细分市场置于多层次细分市场之前。非顾客可以分为三个层次。①徘徊在企业的市场边界，随时准备换船而走的“准非顾客”。这些“准非顾客”，在找到更好的选择前，只是最低限度地使用现有产品和服务，一旦有更好选择就会换船而走。②有意回避市场的“拒绝型非顾客”。因为市场现有产品或服务不可接受或者超过他们的经济承受能力而不使用。③处于远离市场的“未探知型非顾客”。产业内的企业通常从未把这些“未探知型非顾客”定为目标顾客，这些人的需求常常被想当然认为属于其他市场，如果企业知道他们丢弃的此类顾客数量之大肯定大吃一惊。

（4）遵循合理的战略顺序。遵循合理的战略顺序，建立强劲的商业模式，确保将蓝海创意变为战略执行，从而获得蓝海利润，合理的战略顺序以买方效用、价格、成本、接受分为四个步骤。

（5）克服关键组织障碍。①认知障碍，沉迷于现状的组织；②有限的资源，执行战略需要大量的资源；③动力障碍，缺乏有干劲的员工；④组织政治障碍，来自强大既得利益者的反对，“在公司中还没有站起来就被人撂倒了”。

（6）将战略执行建成战略一部分。企业执行蓝海战略最终需要求助于最根本的行动基础，即组织基层员工的态度和行为，必须创造一种充满信任和忠诚的文化来鼓舞人们认同战略。当人们被要求走出习惯范围改变工作方式时，恐慌情绪便会增长，他们会猜测这种变化背后真正理由是什么。员工距离高层越远就越不容易参与战略创建，也就越惴惴不安，不考虑基层思想和感受，将新战略硬塞就会引起反感情绪。要想在基层建立信任与忠诚，鼓舞资源合作，需要借助“公平过程”来制定和执行战略。实现公平过程的关键不在于新的目标、期望和责任，而在于人们是否清楚地理解了它们。围绕公平过程的原则组织蓝海战略的制定，一开始就将战略执行建成战略创建的一部分，就能够将政治游说和偏袒减少到最低，使人们集中精力执行战略。

◇ **案例 1. 网络教父孙正义**

孙正义是韩裔日本人，毕业于美国伯克利大学分校，软件银行集团董事长兼总裁。1981 年 23 岁的孙正义成立 Unison World 日本公司，用时 1 年半对 40 个行业展开一连串市场调查，拜访过各式各样的人，阅读了许多书籍与资料，分别编制出十年的预估损益平衡表、资产负债表、资金周转表，还依时序的不同制作出不同形态的组织图，将结果与检查项目表对照，判断这些是不是适合自己投入一生的事业。孙正义 24 岁成立软体银行（批发商），半年之内，与日本 42 家专卖店和 94 家的软体业者交易来往，并说服东芝和富士通投资，扩大规模，但因经营不善亏本，一年后退回财团原有投资资金，软银名声大噪，并奠定了事业的信用基础。此后经过多年发展，互联网成为孙正义经营事业的中心。

20 世纪 90 年代孙正义先后把 3.6 亿美元投给了一家还没有一分钱利润的互联网公司，几乎所有的人都认为他疯了，但没用几个月，事实就让人们开始转而佩服他了。这家互联网公司于 1996 年在纳斯达克挂牌上市，其股价高举高打，孙正义卖了手中股票的一小部分就换回了 4.5 亿美元。这家公司就是著名的门户网站雅虎。雅虎的股价曾一度达到 250 美元，而孙正义的平均成本大约为每股 2.5 美元。看准大势，坚决投资，一以贯之，不拘小节，这也是孙正义的智慧。100 倍的收益成为华尔街的一个经典案例，很多风险投资家都愿意把它拿来给自己打气。雅虎只是一个开头，此后孙正义大量投资互联网公司。孙正义的模式基本上是这样的：投资一家在某一方面领先的公司，然后把它推到资本市场上去并少量套现，套现额以收回投资成本并有一部分投资利润为度，然后用投资收益进行再投资，再套现。这个做法既体现了他“长期投资互联网”的战略，又在总体上有效地控制了投资风险。现在孙正义已投资的公司有 Yahoo!、Etrade、eloan、Verisign、ZDnet 等。软银在 2003 年的总收入超过 4000 亿日元。2006 年 2 月 28 日其股价总额约为 328 亿美元。

近十年来孙正义几乎把自己全部身家都压到了互联网身上，先后投资了 800 余家互联网公司。软件银行集团公司目前在拉丁美洲、澳大利亚、新西兰、印度、中国和韩国等国家和地区有许多公司，帮助这些地区的科技人员创办网络公司。软银集团的宏伟计划正在开始，人们将会越来越清楚地看到软银集团在推动全世界高科技产业的作用和贡献。接下来的 30 年孙正义要将 800 变成 5000，孙正义坚信自己用 30 年时间，就能把这个梦想变成现实。他说过去 30 年，我说过的话都实现了，未来也是。孙正义说：“互联网是我的信仰，我希望专注互联网，做到行业第一。”未来 30 年软银的投资重心将向以中国为核心的亚洲倾斜。

2011 年 4 月 3 日，孙正义宣布将以个人名义向地震灾区捐赠 100 亿日元，这是迄今个人在这次日本大地震中捐赠的最大一笔款项。孙正义通过视频网站 USTREAM 宣布了这一决定。他还宣布自 2011 财政年度起，他将每年全额捐出高管薪酬，直到他从社长一职引退。根据软银公司资料，2009 财年孙正义所获高管薪酬为 1.08 亿日元，此外软银将以公司名义捐赠 10 亿日元。

◇ 案例 2. 硅谷领航者马克·安德森

马克·安德森是《财富》杂志 2010 年度青年才俊，他不仅投资了大名鼎鼎的 Facebook 和 Twitter，是 Facebook、Twitter 两家明星公司的总顾问，还持有 Digg、Skype、LinkedIn 及好莱坞著名喜剧演员威尔·法瑞尔的 Funny or Die 喜剧网站的股份。安德森先后投资超过 28 个项目，其中包括硅谷如今最热门的公司 Foursquare、Zynga、Groupon 这样的互联网新贵。“这么多年来，我热衷于在硅谷所做的一切。我喜欢建立公司，喜欢创业，喜欢技术型企业，喜欢新技术，我喜欢创造的整个过程。我是创业者、发明产品的人、投资家和董事会成员。这么多的身份，我想从中得到的回报也会非常丰厚。”安德森说道。在创建自己的风险投资公司时，安德森把目标定在“彻底改造硅谷的资金分配方式上”，以此来体现自己的“网络中心”世界观。作为互联网革命的先驱，安德森对于网络充满了无比信心。他看起来更像一个网络绝对论者。“我不投资干净技术，不投资火箭飞行器，不投资电动汽车，也不投资中国或印度。”安德森说道。对于未来，安德森的预测是“Facebook 的规模将超过苹果公司”。他还宣称，这家社交网络公司将成为通向网络的大众市场窗口，与谷歌在过去六七年里所发挥的作用差不多。在接受《财富》采访时，安德森坚持认为："互联网很快将占据我们生活的方方面面。网络服务不仅仅是弥补收看电视、阅读报纸的不足，而且还将取代所有这些活动。"

那么马克·安德森是何方神圣呢？1993 年安德森在使用万维网颇感不便的同时，敏锐地察觉到开发一个带有图形易于客户使用的网页浏览器的潜在市场。在一个通宵周末之后他摆弄出一个简陋的原型，他把这个原型向他的朋友艾瑞克·比纳展示，两人一拍即合，分工合作，比纳主要负责编程，安德森负责设计和创意。1993 年 1 月安德森、比纳和其他同事们把这个原型开发成一个完全具备操作功能的网页浏览器，他们将之命名为马赛克 Mosaic。安德森把马赛克软件放在因特网上供人免费使用，不到几个星期世界各地用户下载了数以十万计的拷贝。同年春季安德森团队很快就开发了适合 PC 和 Mac 版本的马赛克，这极大地推动了软件的传播使用率，一年之内超过 200 万份的程序拷贝被下载。吉姆·克拉克这位硅谷制图公司的创始人询问公司里的一个工程师，问是否结识高科技行业中聪明的后起之秀，这位工程师只提到了一个人的名字——马克·安德森。克拉克火速给安德森发了封电子邮件，提议两人见面。给克拉克介绍完万维网之后，安德森很快就让对方确信他们应该着力于网页浏览器和互联网服务器的开发。凭借着克拉克的 400 万美元，两人在 1994 年 4 月创建了马赛克通讯公司，1994 年 10 月 13 日网景领航员 Netscape 正式诞生。领航员软件如同马赛克一样被放在互联网上供人免费下载，同时针对不同用户进行收费，学生和教育工作者免费使用这个软件，其他人则在试用软件 90 天后支付 39 美元。随即网景领航员立即一统网络，占据了近 75% 的市场份额。到了 1995 年 8 月，网景公司销售额达到 1660 万美元，但没有获得利润。随即网景公司股票上市，最初每股发行价为 28 美元，即刻就以 71 美元价格进行交易。当天股市交易日结束时，只有 23 岁的安德森身家高达 5800 万美元，到了 12 月安德森所拥有的股票已经升值到 1.74 亿美元。安德森创造了奇迹，把网景从一家 400 万美元的小公司，一夜变成一个 20 亿美元的巨人。

1995 年 12 月微软公司发布 Internet Explorer 软件，引发了后来被称为"浏览器之战"的斗争。领航员软件最初在浏览器市场保持领先地位，但最终微软通过将 IE 浏览器与 Windows 捆绑，使浏览器直接有效地放在 Windows 系统桌面上的方式篡夺了网景的领先地位。当网景失去它的市场主导后，安德森在网景公司内保留他的"首席技术架构师"，但网景 CEO 巴克斯代尔显然是主管。在无法再与微软展开竞争之后，巴克斯代尔与美国在线公司（AOL）达成交易，以 42 亿美元的价格出售网景公司，作为全面出售的条件，安德森被任命为AOL的首席技术官。1999年9月从AOL的首席技术官的职务退下来，安德森花更多的时间与互联网新兴公司共同展开工作，加入诸如eBay这类著名公司的董事会，他先后参与多家新兴互联网公司的组建，转身成为“华尔街上的金手指”。

“这不会是新一轮的危险泡沫吧?”人们不禁要问。安德森则相信许多知名互联网新贵都拥有高增长率、高利润率的业务。他说今天股市的确不利于科技股，大型上市科技公司的创纪录市盈率或低股价就是明证。例如，尽管盈利能力超强，在市场上占据着主导地位，但苹果的市盈率竟然只有15.2倍左右，与大盘的市盈率持平，按市值计算苹果超越石油公司巨头埃克森美孚，成为全美最大的公司。这或许最能说明一个问题：当人们都在不停地高呼“泡沫”的时候，“泡沫”出现的可能性其实很小。安德森说当前世界正处于一个涉及广泛的科技与经济转型期，在这个转型期软件公司将占据经济的主导地位，它们正在入侵和推翻传统行业架构，未来十年预计会有更多的行业因软件而彻底改头换面，互联网新贵对经济的影响会比以前更具颠覆性。今天作为全球第一大连锁书店，亚马逊还是一家软件公司，Kindle电子书销量首次超过了实体图书。按用户数计算Netflix是当今最大的视频网站，它同时还是一家软件公司。今天音乐行业的霸主也是软件公司：苹果iTunes、Spotify和Pandora。今天发展速度最快的娱乐公司是视频游戏开发商，它们还是软件公司：整个行业的规模从5年前的300亿美元，增长至现在的600亿美元。增长速度最快的游戏开发商是Zynga，Zynga的代表作包括《FarmVille》，2011年第一季度营收为2.35亿美元，同比增长一倍多。《愤怒的小鸟》开发商Rovio2011年的营收预计为1亿美元，而该公司在2009年底推出《愤怒的小鸟》以前濒临破产。作为几十年来最为成功的新型电影制作公司，皮克斯也是一家软件公司，迪士尼必须通过购买皮克斯以保持在动画电影领域的领先地位。今天最大的直销平台谷歌也是一家软件公司。Groupon、LivingSocial和Foursquare等公司现在也加入这个行列，利用软件蚕食零售营销行业。2010年Groupon营收超过7亿美元，而它成立只有两年时间。今天增长最快的电信公司Skype也是一家软件公司，微软日前以85亿美元的价格收购了这家公司。同时美国两大电信运营商AT&T和Verizon也转变为软件公司，并与苹果和其他智能手机厂商建立合作，以这种方式生存下来。

马克·安德森预测在接下来的十年全球至少会有50亿人拥有智能手机，每一个智能手机用户每天时时刻刻都能与互联网建立全面即时的联系。每个行业都要做好“软件革命”即将到来的准备，甚至包括已经以软件为中心的一些行业。甲骨文和微软等软件巨头正日益受到Android等与其毫不相干的新软件产品的威胁。在某些行业，特别是石油和天然气等重度依赖现实资源的行业，软件革命将主要给现有行业巨头创造机遇。但在许多行业中，新软件理念将导致新的硅谷风格的创业公司崛起，随意入侵现有行业。在未来十年，现有行业巨头和基于软件的颠覆者之间将爆发史诗般的战争。即便失业率高居不下，优秀的软件工程师、经理、营销人员仍然能在硅谷找到高薪、发展空间极大的工作。实际上这个问题比表面看起来还要糟糕，现有行业的许多员工将受困于“软件革命”带来的颠覆性影响，可能永远都不会再在所在领域迎来发展的机会。

◇案例3. 失败1008次的哈兰·桑德斯

哈兰·桑德斯是肯德基的创始人，目前肯德基在世界上80多个国家开设有14000多家肯德基餐厅，每天接待1200多万名顾客。肯德基经久不衰的成功与畅销，归功于对美味和高品质的专注，以及近50万名餐厅员工孜孜不倦地为全球每年45亿光临餐厅的顾客提供无微不至的服务。肯德基是全球增长最快的品牌之一，受欢迎程度屡创新高，平均每天都有两家新餐厅开业。那么哈兰·桑德斯这位肯德基的创始人有怎样传奇而坎坷的人生经历呢？

1890年9月9日哈兰·桑德斯出生于美国印地安那州的一个农庄。在他6岁那年，父亲去世了，留下母亲和3个孩子艰难度日。哈兰·桑德斯是老大，他肩挑起了照顾弟妹、为母亲分忧的重任。白天母亲不在家，只好自己做饭，一年过去了，他竟然学会做20个菜，成了远近闻名的烹饪能手。12岁那年母亲再嫁，哈兰·桑德斯和继父的关系却不是很好，才念到6年级，他就再也不想读书了，家里的空气憋闷无比，哈兰·桑德斯决定去工作，重新换个环境。他来到一家农场做工，虽然辛苦，但也能维持个人温饱。此后他换过无数种工作，可以说什么活儿都尝试过，做过粉刷工、消防员，卖过保险，还当过一阵子兵，后来他还得到一个函授法学学位，使他能在堪萨斯州小石城当上一段时间治安官。

40岁的时候哈兰·桑德斯来到肯塔基州，开了一家加油站，因为来往加油的客人很多，看到这些长途跋涉的人饥肠辘辘的样子，哈兰·桑德斯有了一个念头，为什么我不顺便做点方便食品，来满足这些人的要求呢？想到就做，他就在加油站的小厨房里做了点日常饭菜，招揽顾客。在此期间，哈兰·桑德斯推出了自己的特色食品，就是后来闻名于世的肯德基炸鸡的雏形，由于味道鲜美、口味独特，很快炸鸡就受到了热烈欢迎，甚至有的人来不是为了加油，而是为了吃加油站的炸鸡。以后的几年，他边经营、边研究炸鸡的特殊配料，含11种药草和香料使炸成的鸡表皮形成一层薄薄的几乎未烘透的壳，鸡肉湿润而鲜美。至今这种配料配方还在使用，但调料已增至40种。而这就是肯塔基最重要的秘密武器。

到了1935年，哈兰·桑德斯的炸鸡已闻名遐迩。

第二次世界大战的爆发给了哈兰·桑德斯一次打击，战争期间实行汽油配给，他的加油站关门了。从此哈兰·桑德斯专心经营自己的饭店，然而外界的变化再一次威胁到他的安稳生活。新建横贯肯塔基的跨州公路通过山哈兰·桑德斯的餐厅所在地，这对桑德斯是个巨大的打击，打乱了他所有计划，他的雄心和热情一下子降到了冰点。他不得不变卖资产以偿还债务，所得的款项只相当于公路通车前的总资产的一半。为了偿清债务，连他的银行存款也用光了。一下子哈兰·桑德斯从人人尊敬的富翁变成了一个一文不名的穷人。这时的哈兰·桑德斯已经66岁了，所能依靠的只是自己每月105美元的救济金。但是哈兰·桑德斯并不想就此了却自己的一生，况且这点救济金根本不能维持生活，还是要靠自己。

哈兰·桑德斯冥思苦想，该怎么做才能摆脱困境，他拥有的最大价值的东西就是炸鸡了，这是一笔巨大的无形资产。突然他想起曾经把炸鸡做法卖给犹他州的一个饭店老板，这个老板干得不错，所以又有几个饭店主也买了桑德斯的炸鸡作料，他们每卖1只鸡，付给桑德斯5美分。困境之中的哈兰·桑德斯想，也许还有人这样做，没准这就是事业的新起点。就这样桑德斯开始了自己的第二次创业，他带着一只压力锅，一个50磅的作料桶，上路了。身穿白色西装，打着黑色蝴蝶结，一身南方绅士打扮的桑德斯停在每一家饭店的门口，从肯塔基州到俄亥俄州，兜售炸鸡秘方，要求给老板和店员表演炸鸡。如果他们喜欢炸鸡，就卖给他们特许权，提供作料，并教他们炸制方法。开始的时候没有人相信他，饭店老板甚至觉得听这个怪老头胡诌简直是浪费时间。桑德斯的宣传工作做得很艰难，整整两年，他被拒绝了1009次，终于在第1010次走进一个饭店时，得到了一句“好吧”的回答。有了一个人，就会有第二个人，在哈兰·桑德斯的坚持之下，他的想法终于被越来越多的人接受了。1952年，盐湖城第一家被授权经营的肯德基餐厅建立了，这便是世界上餐饮加盟特许经营的开始。自1952年第一家肯德基餐厅开张以来，受到全球消费者的欢迎，除了美国之外的主要市场包括中国、英国、澳大利亚、韩国、墨西哥和法国、德国、荷兰等，肯德基也在印度、俄罗斯和巴西等重要新兴市场随着当地经济的成长快速发展。

第四章 看懂现在的世界

一、认识环境的结构

1. 社会——技术系统

社会系统：企业家、员工、相关者；技术系统：任务、工具、设备、操作技术。社会技术系统是一种关于组织的系统观点。该理论认为组织是由社会系统和技术系统相互作用而形成的社会技术系统，即由包括正式组织、非正式组织、技术系统、成员的素质等多种因素形成的复合系统。它强调组织中的社会系统不能独立于技术系统而存在，技术系统的变化也会引起社会系统发生变化。人群关系并不是组织可随意取舍的特性，而是企业所固有并因其激励人的行为而存在的。可见这种组织观点更重视人际关系系统。建立社会技术系统是指为了提高组织效益而采用同时集中于技术和社会两个方面的变革，使他们相互关系最佳配合的一种有计划的组织变革方法。这种方法强调组织的技术和人的因素的最佳结合，强调对完成工作的方法重新设计。它是现代组织变革活动中较为流行的方法之一。

2. 环境创造需求

人们所处的环境创造需求，这种需求的本质限定了最适合团队的领导类型，因此领导是企业家必须提供的团队成员所处环境要求的一种功能，一种特定的工作关系，不同的环境创造不同的团队需求，企业家要将环境用成员可接受的方式定出框架。环境指社会和心理的条件，如工作环境等。人类与其他的生物不同，不仅仅以自己的生存为目的来影响环境，使自己的身体适应环境，而是为了提高生存质量，通过自己的劳动来改造环境，把自然环境转变为新的生存环境。对处于市场经济下的企业生产经营活动产生直接或间接影响的各种客观条件和因素，主要包括：国家的法律法规和经济政策的健全完善程度；宏观经济形势；生产要素的供给和对企业产品的市场需求情况；同行企业的竞争力；大众媒体的舆论导向；自然条件和科学技术进步状况等。

3. 偶然性理论

必然性是事物发展过程中居支配地位的一定要贯彻下去的趋势，它决定着事物的发展前途和方向；偶然性则相反，它不是事物发展进程中居支配地位的趋势，它对整个事物的发展则起着加速或延缓及使之带有这样或那样特点的影响作用。随着社会的进步和时代的发展，人们对客观世界认识的重点，正由必然性向偶然性转变。在因果律、规律性、确定性和必然性之外，正显现出更迷乱但却更深刻的相对性、无序性、不确定性和偶然性。无论是在自然科学领域，还是在哲学社会科学领域，人们开始发现偶然性存在的普遍性和其对事物塑造的强大力量。环境不确定性的急剧增加，企业越来越难以保持持续的竞争优势，而传统的战略理论对此越来越无能为力，反叛传统战略理论的呼声越来越高。以环境不确定性、未来不可预测性、系统复杂性和演化动态性为基础的、强调偶然性、试错性、应急性、意图性、学习性、自组织性、自适应性、灵活性和随机性等特征的所谓企业发展的“偶然性理论”应运而生。偶然性理论认为战略是不断试错的结果，战略是一种意图，战略是一个学习的过程，战略是一个应急过程，企业的自发学习和创新，可以使企业更能够适应复杂多变的环境。

4. 时间紧迫性

这是一个时间紧迫的年代，蔬菜在反季节生长，孩子在起跑线上拼搏，人们越忙碌越慌张，越上进越迷茫……为什么只有工作能够加班，生活不能加班呢？人人时间紧迫，害怕掉队。在时间紧迫的压力下，人们笃信时间就像海绵里的水，可以提前挤，而且越挤越滴答。时间紧迫的根本，不是因为时间管理不好，而是因为生活规划不好。

由于企业家的多重角色，因此一部分企业家每天日理万机，忙忙碌碌，没时间照顾家人，没时间联络朋友，没时间锻炼身体，更没时间休闲娱乐，可见时间管理对企业家非常重要。时间管理就是用技巧、技术和工具帮助人们完成工作，实现目标。时间管理并不是要把所有事情做完，而是更有效地运用时间。时间管理的目的除了要决定你该做些什么事情之外，另一个很重要的目的是决定什么事情不应该做。时间管理不是完全的掌控，而是降低变动性。时间管理最重要的功能是透过事先的规划，作为一种提醒与指引。时间管理理论可分为四代。第一代的理论着重利用便条与备忘录，在忙碌中调配时间与精力。第二代强调行事历与日程表，反映出时间管理已注意到规划未来的重要。第三代是目前正流行的讲求优先顺序的观念，也就是依据轻重缓急设定短、中、长期目标，再逐日制定实现目标的计划，将有限的时间、精力加以分配，争取最高的效率。现在又有第四代的理论出现，与以往截然不同之处在于，它根本否定“时间管理”这个名词，主张关键不在于时间管理，而在于个人管理。与其着重于时间与事务的安排，不如把重心放在维持产出与产能的平衡上。

5. 适应—反应

企业家所处的不同环境决定不同的工作内容和重点。企业处于外部环境复杂多变时，企业家必须花费大量时间去适应外部环境及其变化，处于稳定外部环境的企业，企业家能够把重点放在组织内部，有更多决策和计划的自由。一般领导行为有四项尺度：支持（体恤）、指导（初始建构）、参与、成就导向。对企业家来讲有利于环境的因素有：企业家—成员关系顺畅、任务建构科学、职位权力明确、环境需要清晰、组织成熟度高。

二、分析环境新因素

1. 全球化

全球化是指全球联系不断增强，人类生活在全球基础上发展及全球意识的崛起，国与国之间在政治、经济上互相依存。全球化也可以解释为世界的压缩和视全球为一个整体。经济全球化有利于资源和生产要素在全球的合理配置，有利于资本和产品在全球性流动。但它对每个国家来说，都是一柄双刃剑，既是机遇，也是挑战。面对全球性的激烈竞争，所遇到的风险、挑战将更加严峻。

2. 三农问题

三农问题是指农业、农村、农民这三个问题。实际上这是一个从事行业、居住地域和主体身份三位一体的问题，但三者侧重点不同，必须一体化地考虑以上三个问题。农业问题主要是农业产业化的问题。农村问题突出表现的核心是户籍制度改革。户籍制度改革以后，解放的剩余劳动力如果得不到合理的安置和疏导，形成的移民潮会给社会治安造成相当大的压力。农民问题主要是公民权利和利益的实现问题。

3. 人口问题

人口问题是当代许多社会问题的核心。虽然它在不同国家的具体表现各异，但其实质主要表现为人口再生产与物质资料再生产的失调，人口增长超过经济增长而出现人口过剩。突出表现为就业困难，住房紧张、粮食、燃料等生活必需品短缺。其次，人口压力造成消费与积累比例失调、生态环境严重破坏、全民族的科学文化水平降低等。人口老龄化是近年来世界各国普遍关注的一项重大社会问题。从人口年龄构成上看，中国在 21 世纪初进入老年型社会。人口老龄化给社会、政治、经济带来一系列影响和问题，它要求对社会生产、消费、分配、投资、社会保障及福利、城乡规划等都要作出相应的调整。

4. 生态环境问题

突出表现为生态破坏、环境污染严重。它是社会运行和发展的重大障碍。预测未来社会问题的主要矛盾将集中到生态环境上。如不及早解决，它将给社会带来巨大的破坏，甚至是全球性的、毁灭性的破坏。

三、注重顾客新理念

1. 顾客是朋友

企业家与客户产生友谊，主要是建立在双方利益交换的基础之上，因此这是一种比较合理也相对稳定、恰当的关系。企业家如果能做到以顾客为友并使其也以你为友的话，那么这个企业家无疑是非常成功的。对顾客提供保姆式服务，让他们慢慢懒得或失去选择与思考的能力，只知道出现问题时第一个想到的就是你这个朋友，此时只要你能真诚地善待他，稳固的供求关系与满意、忠诚是唾手可得的。上帝这个尊贵的职称对于顾客已经没有什么吸引力，但顾客却非常愿意结交一个强大又体贴，靠得住的，愿意在自己遇到困难时提供帮助的朋友，你的企业做到了，顾客的忠诚自然就产生了。

2. 顾客是学生

顾客虽然个个聪明，不会轻易相信商家的话，但是他们很相信专家给出的购买意见，或更相信专业的企业家，而不是“信徒”眼巴巴期待“上帝”施舍的目光。现在很多企业打出“××专家”的旗号，就是在迎合消费者迷信专家的心理。这种情况在产品专业性强，信息高度不对称的行业中更加突出。企业家抓住顾客的这种心理，以一个权威的形象向顾客销售产品，交易会很容易达成。对于一些专业性强的行业，顾客就等于是一个无知的小学生，企业家这时正应该发挥师长的特殊身份与作用，来教育、引导顾客，而不仅是只用周到的服务来等着顾客作出购买决策。

3. 顾客是追星族

我们大多数的企业家每天追着顾客跑、疲惫不堪却还业绩不佳，但有很多企业家却高高在上，等着顾客挤破门槛进来消费。其实，对于很多行业中的企业家来说，定义顾客的身份为“追星族”反而可以取得很好的业绩，比如奢侈品行业、流行性商品等。如果行业或产品适合，企业家不妨换一种思路——既然追着顾客跑很辛苦，那就让顾客追着你跑吧。

4. 顾客是娱乐的对象

娱乐顾客显然是一种愚蠢的行为，但这里说的娱乐顾客是以一种带有正面色彩的方式来取悦顾客。比如，制造一些独特并具有稀缺性的新闻及事件来吸引顾客猎奇的目光，也可以使用一些愚弄的手段来开一些善意的玩笑，用巧妙的点子把顾客拉进来一起娱乐，让观众即使知道了自己被利用或愚弄也心甘情愿或乐在其中。今天的顾客是一群满足了温饱需要后，转而追求更高精神需求的人，他们喜欢新奇、刺激，甚至是一些意外，尤其是一些流行时尚的年轻人更是如此。恰当地把顾客当做娱乐与戏弄的对象，他们会在被娱乐的同时乐颠颠地把商品买回家。

5. 顾客是魔鬼

依据80/20法则，80%的顾客只能带来一个企业20%的业绩，另外80%的业绩却是由另外20%顾客带来的。而很多顾客甚至会创造负价值，即所谓的魔鬼顾客，我们应该向这些顾客说“不”。在当下这个完全的买方市场环境下，学会说“不”也是一种经营策略，同样会为企业创造价值，提升业绩。

四、环境的分析法

SWOT分析法是一种最基本的环境分析法。SWOT用来确定企业本身的竞争优势（strength）、竞争劣势（weakness）、机会（opportunity）和威胁（threat），从而将公司的战略与公司内部资源、外部环境有机结合。优劣势分析主要是着眼于企业自身的实力及其与竞争对手的比较，而机会和威胁分析将注意力放在外部环境的变化及对企业的可能影响上。因此，清楚地确定公司的资源优势和缺陷，了解公司所面临的机会和挑战，对于制定公司未来的发展战略有着至关重要的意义。

SWOT分析步骤：①确认当前的战略是什么？②确认企业外部环境的变化（波特五力或者PEST）。③根据企业资源组合情况，确认企业的关键能力和关键限制。④按照通用矩阵或类似的方式打分评价。把识别出的所有优势分成两组，分的时候以两个原则为基础：它们是与行业中潜在的机会有关，还是与潜在的威胁有关。用同样的办法把所有的劣势分成两组，一组与机会有关，另一组与威胁有关。⑤将结果在SWOT分析图上定位或者用SWOT分析表，将刚才的优势和劣势按机会和威胁分别填入表格。详见表4-1。

表4－1　SWOT分析项目表

潜在资源力量	潜在资源弱点	公司潜在机会	外部潜在威胁
·有力的战略 ·有利的金融环境 ·有利的品牌形象和美誉 ·被广泛认可的市场领导地位 ·专利技术 ·成本优势 ·强势广告 ·产品创新技能 ·优质客户服务 ·优秀产品质量 ·战略联盟与并购	·没有明确的战略导向 ·陈旧的设备 ·超额负债与恐怖的资产负债表 ·超越竞争对手的高额成本 ·缺少关键技能和资格能力 ·利润的损失部分 ·内在的动作困境 ·落后R&D能力 ·过分狭窄的产品组合 ·市场规划能力的缺乏	·服务独特的客户群体 ·新的地理区域的扩张 ·产品组合的扩张 ·核心技能向产品组合的转化 ·垂直整合的战略形式 ·分享竞争对手的市场资源 ·竞争对手的支持 ·战略联盟与并购带来的超额覆盖 ·新技术开发通路 ·品牌形象拓展的通路	·强势竞争者的进入 ·替代品引起的销售下降 ·市场增长的减缓 ·交换率和贸易政策的不利转换 ·由新规则引起的成本增加 ·商业周期的影响 ·客户和供应商的杠杆作用的加强 ·消费者购买需求的下降 ·人口与环境的变化

企业家应在确定内外部各种变量的基础上，采用杠杆效应、抑制性、脆弱性和问题性四个基本概念进行分析。①杠杆效应（优势＋机会）。杠杆效应产生于内部优势与外部机会相互一致和适应时。在这种情形下，企业可以用自身内部优势撬起外部机会，使机会与优势充分结合发挥出来。然而机会往往是转瞬即逝的，因此企业必须敏锐地捕捉机会，把握时机，以寻求更大的发展。②抑制性（机会＋劣势）。抑制性意味着妨碍、阻止、影响与控制。当环境提供的机会与企业内部资源优势不相适合，或者不能相互重叠时，企业的优势再大也将得不到发挥。在这种情形下，企业就需要提供和追加某种资源，以促进内部资源劣势向优势方面转化，从而迎合或适应外部机会。③脆弱性（优势＋威胁）。脆弱性意味着优势的程度或强度的降低、减少。当环境状况对公司优势构成威胁时，优势得不到充分发挥，出现优势不优的脆弱局面。在这种情形下，企业必须克服威胁，以发挥优势。④问题性（劣势＋威胁）。当企业内部劣势与企业外部威胁相遇时，企业就面临着严峻挑战，如果处理不当，可能直接威胁到企业的生死存

亡。这些处理方式，可见图 4 - 1。

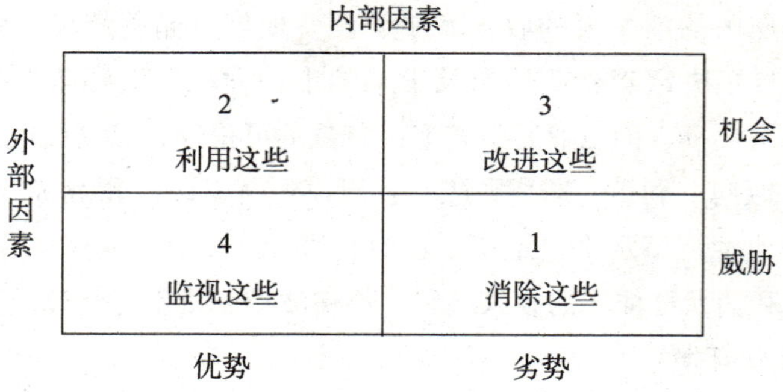

图 4 - 1　SWOT 应用原则

成功应用 SWOT 分析法的规则：①进行 SWOT 分析的时候必须对公司的优势与劣势有客观的认识；②进行 SWOT 分析的时候必须区分公司的现状与前景；③进行 SWOT 分析的时候必须考虑全面；④进行 SWOT 分析的时候必须与竞争对手进行比较，比如，优于或是劣于你的竞争对手；⑤保持 SWOT 分析法的简洁化，避免复杂化与过度分析；⑥SWOT 分析法因人而异。一旦使用 SWOT 分析法决定了关键问题，也就确定了市场营销的目标。

五、外部环境分析模型

外部环境分析模型（PEST）是用来帮助企业检阅外部宏观环境的一种方法。宏观环境又称一般环境，是指影响一切行业和企业的各种宏观力量。对宏观环境因素作分析，不同行业和企业根据自身特点和经营需要，分析的具体内容会有差异，但一般都应对政治、经济、技术和社会这四大类影响企业的主要外部环境因素进行分析：

1. 政治环境

政治环境包括一个国家的社会制度，执政党的性质，政府的方针、政策、法令等。重要的政治法律变量：执政党性质、政治体制、经济体制、政府的管制、税法的改变、各种政治行动委员会、专利数量、专程法的修改、环境保护法、产业政策、投资政策、国防开支水平、政府补贴水平、反垄断法规、与重要大国关系、地区关系、对政府进行抗议活动的数量、严重性及地点、民众参与政治行为。

2. 经济环境

经济环境主要包括宏观和微观两个方面的内容。宏观经济环境主要指一个国家的人口数量及其增长趋势，国民收入、国民生产总值及其变化情况以及通过这些指标能够反映的国民经济发展水平和发展速度。微观经济环境主要指企业所在地区或所服务地区的消费者的收入水平、消费偏好、储蓄情况、就业程度等因素。这些因素直接决定着企业目前及未来的市场大小。重要监视的关键经济变量：GDP 及其增长率、向工业经济转变、贷款的可得性、可支配收入水平、居民消费（储蓄）倾向、利率、通货膨胀率、规模经济、政府预算赤字、消费模式、失业趋势、劳动生产率水平、汇率、证券市场状况、外国经济状况、进出口因素、不同地区和消费群体间的收入差别、价格波动、货币与财政政策。

3. 社会文化环境

社会文化环境包括一个国家或地区的居民教育程度和文化水平、宗教信仰、风俗习惯、审美观点、价值观念等。文化水平会影响居民的需求层次；宗教信仰和风俗习惯会禁止或抵制某些活动的进行；价值观念会影响居民对组织目标、组织活动以及组织存在本身的认可与否；审美观点则会影响人们对组织活动内容、活动方式及活动成果的态度。关键的社会文化因素：妇女生育率、人口结构比例、性别比例、特殊利益集团数量、结婚数、离婚数、人口出生、死亡率、人口移入移出率、社会保障计划、人口预期寿命、人均收入、生活方式、平均可支配收入、对政府的信任度、对政府的态度、对工作的态度、购买习惯、对道德的关切、储蓄倾向、性别角色、投资倾向、种族平等状况、节育措施状况、平均教育状况、对退休的态度、对质量的态度、对闲暇的态度、对服务的态度、污染控制、对能源的节约、社会活动项目、社会责任、对职业的态度、对权威的态度、城市、城镇和农村的人口变化、宗教信仰状况。

FEST 的分析框架有两种，见表 4－2、图 4－2。

4. 技术环境

技术环境除了要考察与企业所处领域直接相关的技术手段的发展变化外，还应及时了解：①国家对科技开发的投资和支持重点。②该领域技术发展动态和研究开发费用总额。③技术转移和技术商品化速度。④专利及其保护情况等。PEST 分析相对简单，并可通过头脑风暴法来完成。

表 4－2　典型的 PEST 分析表

政治（包括法律）	经济	社会	技术
环保制度	经济增长	收入分布	政府研究开支
税收政策	利率与货币政策	人口统计、人口增长率与年龄分布	产业技术关注
国际贸易章程与限制	政府开支	劳动力与社会流动性	新型发明与技术发展

续表

合同执行法 消费者保护法	失业政策	生活方式变革	技术转让率
雇用法律	征税	职业与休闲态度 企业家精神	技术更新速度与 生命周期
政府组织/态度	汇率	教育	能源利用与成本
竞争规则	通货膨胀率	潮流与风尚	信息技术变革
政治稳定性	商业周期的所处阶段	健康意识、社会 福利及安全感	互联网的变革
安全规定	消费者信心	生活条件	移动技术变革

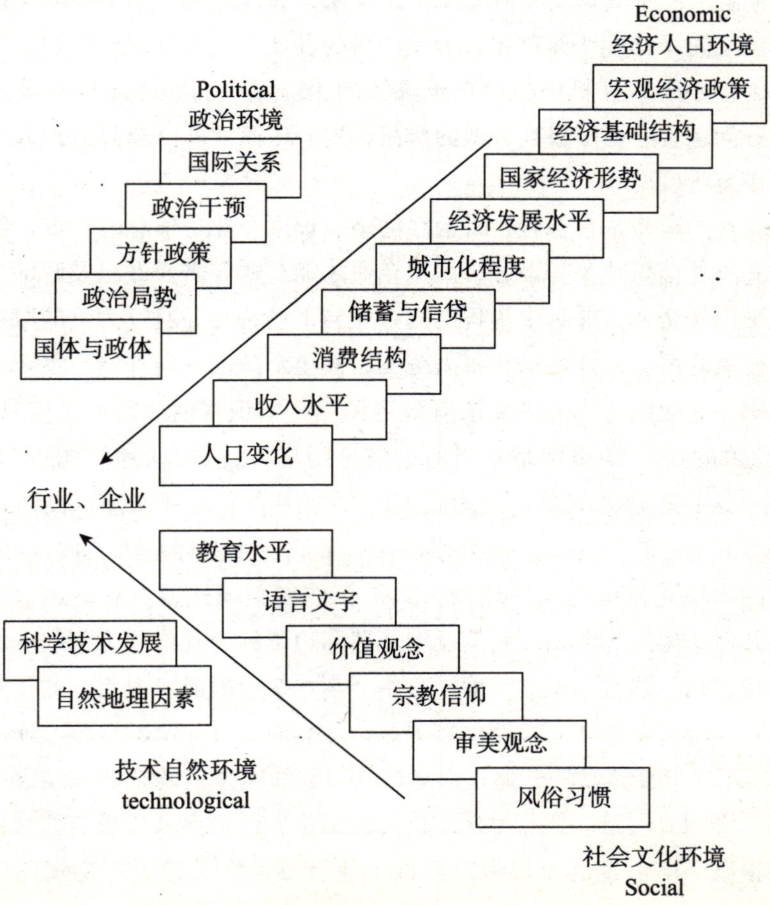

图 4－2　新型 PEST 分析表

六、虚拟企业研究

虚拟企业（Virtual Enterprise，VE）是当市场出现新机遇时，具有不同资源与优势的企业为了共同开拓市场，共同对付其他的竞争者而组织的建立在信息网络基础上的共享技术与信息，分担费用、联合开发的互利的企业联盟体。虚拟企业的出现常常是参与联盟的企业追求一种完全靠自身能力达不到的超常目标，即这种目标要高于企业运用自身资源可以达到的限度，因此企业自发地要求突破自身的组织界限，必须与其他对此目标有共识的企业实现全方位的战略联盟，共建虚拟企业才有可能实现这一目标。从资源配置的角度来看，虚拟企业运作模式是一个资源整合体，这些资源来自不同的企业成员并被整合，具有“1+1>2”之功效。虚拟企业的产品即虚拟产品（包括有形商品和服务），理想的虚拟产品，对于顾客而言能根据其需要及时地被生产出来，并送到他们手中；对于厂商而言大多数产品已先于其生产而存在，有关产品的设计、生产方式已存在于工作团队的意识里，存在于计算机中，存在于灵活的生产线上。即使没有完全相同的产品，毫无疑问也会有诸多极其近似的产品，这样厂商就能以较高的投入产出比提高顾客的满意程度。

虚拟企业的运作平台包含：①信息网络。虚拟企业是信息时代的产物，只有充分利用先进的信息技术与设施，虚拟企业才能对顾客需要做出及时的反应。虚拟企业是准市场企业，兼具中等程度的企业与市场特性，通过大量的双边规则与其他企业发展联系，企业活动在很大范围，甚至全球范围内开展，需要高效快速传递，否则分散化的工作关系无法有效协调。②知识网络。知识是信息的内容，信息是知识的显化。知识网络是指通过信息网络将各具核心能力的企业连接起来，构成“核心能力”网络。虚拟企业既要利用企业内部的知识网络，更要将内部网络与其他虚拟企业的知识网络连接，形成一个全球范围之内的知识网络。知识网络的出现使传统的线性创新模式被新的创新模式所取代，通过科学、工程、产品开发、生产、营销之间的反馈环路和边疆的交互作用来创新。创建知识网络的步骤包括：建立知识资料库，收集能与本企业形成能力互补的优秀企业的详细信息；与上述企业建立长期伙伴关系，互相向对方让渡各自核心能力使用的“期权”，形成“契约网络”；通过信息网络将契约网络内的企业联结起来，形成知识网络。③物流网络。工业时代中物流的承担者包括商品市场与要素市场，其交易成本很高，运作速度也很慢。虚拟企业有效运作是建立在物流网络基础上的，建立程序主要是：①根据经济项目选择合作对象，形成暂时起作用的知识网络；②根据该经济项目的客户对象主要特征，选择物流的核心企业，将它们纳入准备运转的知识网络；③在知识网络内建立契约网络，从而形成物流网络。④契约网络。知识网络、物流网络的形成，都离不开契约网络。虚拟企业既不是单纯企业，又不是单纯市场，而具有“半企业、半市场”的特征。从契约角度研究，虚拟企业是通过大量间续式双边规则的实际形态形成的“契约网络”。契约网络的建立是在对合作对象的核心能力是否具有互补关系的确认基础上，首先形成架构性的契约网络，即一级网络，然后在此架构下再由任何一个企业向下继续发展次级契约网络来完成的。契约网络的维护主要不是靠制度规范、再谈判等手段对契约进行适当调整，而是靠彼此之间的真诚信任来维持长期合作关系，否则就难以保证虚拟企业低成本运作特征。信息网络、知识网络、物流网络、契约网络四个平台构成了虚拟企业运作的整体平台。

虚拟企业的建立阶段：①目标确定。包括两个步骤：①机遇寻求与评估分析，就是要对机遇的风险性和获利性进行评估以便决定是不是响应机遇以及确定该机遇所需的核心资源。②差距分析，即寻找企业现有核心资源和能力之间的差距，决定响应机遇的方式，并最终确定企业的战略方向和目标。②VE 建模有伙伴选择。包括虚拟企业过程设计、虚拟企业模型设计、伙伴企业的选择与评估、伙伴企业过程重组等。VE 过程设计主要是面向机遇产品的理想设计，有待进一步优化。VE 模型设计主要是在设计完 VE 过程后进行。经过优化 VE 过程与机遇所需的核心资源将作为选择合作伙伴的主要标准。所有具备机遇所需的核心资源的企业都应视为潜在的合作伙伴。同时根据合作伙伴所提供的过程，对 VE 模型进行企业过程重组，并进行仿真优化与评估，以此确定一个最优的合作伙伴和 VE 构成方案。其中敏捷性度量是检验过程、模型和伙伴优劣的核心指标。③组织设计与利益/风险分配。包括项目定义、虚拟企业组织设计、利益/风险分配格局的确定。在 VE 模型的指导下根据 VE 产品过程可定义 VE 项目，并确定合作伙伴的团队参与形式，建立 VE 组织结构。根据 VE 过程和 VE 模型，基于活动分析的方法，确定伙伴企业对 VE 的贡献大小来建立联盟伙伴间利益/风险分配方案。④实施。在完成上述工作后，就可以按照 VE 过程、VE 模型和 VE 组织的设计方案进行 VE 的实际组建工作。

虚拟企业的内容：①虚拟生产。虚拟生产是虚拟经营的最初形式，它以外包加工为特点，是指企业将其产品的直接生产功能弱化，把生产功能用外包的办法转移到别的企业去完成，而自己只留下最具优势并且附加值最高的开发和营销功能，并强化这些部门的组织管理。②虚拟开发。虚拟开发是指几个企业通过联合开发高技术产品，取得共同的市场优势，谋求更大的发展。如几家各自拥有关键技术并在市场上拥有不同优势的企业为了彼此的利益，进行策略联盟，开发更先进的技术。③虚拟销售。虚拟销售是指企业或公司总部与下属销售网络之间的“产权”关系相互分离，销售虚拟化，促使企业的销售网络成为拥有独立法人资格的销售公司。此类虚拟化的销售方式不仅可以节省公司总部的管理成本与市场推广费用，充分利用独立的销售公司的分销渠道以广泛推广企业的产品，促使本企业致力于产品与技术的创新，不断提升企业品牌产品的竞争优势，而且还可以推动销售公司的快速成长，网罗大批优秀的营销人才，不断扩展企业产品的营销网络。④虚拟管理。虚拟管理是把某些管理部门虚拟化，虽然保留了这些管理部门的功能，但其行政组织并不真正存在于企业内部，而是委托其他专业化公司承担这些管理部门的责任。例如，企业可以不设人力资源部门，对员工的培训可以委托专门的培训机构完成。再如，许多外资企业将人力资源交给专业的人才管理中心管理。虚拟管理可为新组建的缺乏管理经验和管理人才的企业提供较大的帮助。

虚拟企业具有自组织的特征，自形成、自管理、自学习，自组织中没有独裁的组织者，所有的组织成员都是其所属组织的组织者，根据任务导向或某种共识，大家通过信息网络自行结合在一起，并相互协调自己与组织成员之间的关系，基于对任务愿景的理解，相应的组织过程得以顺利实现。虚拟企业的每个部分都具有独特的性质，每个要素都有自我优化、自我设计、自我创造和自我组织的自由，但都受整个商业任务的大背景制约。虚拟企业组织结构设计遵循的两个原则：①按核心能力划分虚拟能力团队。核心能力是一个整体存在知识结构和技能结构，“结构”的存在为我们寻找“差异”提供了可能。这里差异是指企业核心能力内在构造上的组成类别之间的差异。虚拟能力团队是指没有固定组织结构、明确任务目标和长期协作关系的类同能力的管理单位。根据任务需要虚拟企业未来的业务方面和业务量并不具体，根据任务需要虚拟能力团队形成具有实际功能的小组。②根据任务组成临时运作网络和虚拟工作团队。没有任务时虚拟能力团队处于分散游离状态，一旦有任务时便立即形成虚拟工作团队，它是由各个虚拟能力团队紧密形成的。任务完成后虚拟工作团队就解散，它通过运作网络进行合作形成“综合”。这里“综合”是指根据任务导向组织临时工作团队，通过合作网络来实现。

七、构建价值网

价值网是一种新业务模式，它将顾客日益提高的苛刻要求与灵活及有效率、低成本的制造相连接，采用数字信息快速配送产品，避开了代价高昂的分销层，将合作的提供商连接在一起，以便交付定制解决方案，将运营设计提升到战略水平，适应不断发生的变化。价值网的本质是在专业化分工的生产服务模式下，通过一定的价值传递机制，在相应的治理框架下由处于价值链上不同阶段和相对固化的彼此具有某种专用资产的企业及相关利益体组合在一起，共同为顾客创造价值。产品或服务的价值是由每个价值网的成员创造并由价值网络整合而成的，每一个网络成员创造的价值都是最终价值的不可分割的一部分。因此价值网是由利益相关者之间相互影响而形成的价值生成、分配、转移和使用的关系及其结构。价值网潜在地为企业提供获取信息、资源、市场、技术及通过学习得到规模和范围经济的可能性，并帮助企业实现战略目标。

价值网络的思想打破了传统价值链的线性思维和价值活动顺序分离的机械模式，围绕顾客价值重构原有价值链，使价值链各个环节以及各不同主体按照整体价值最优的原则相互衔接、融合及动态互动，利益主体在关注自身价值的同时，更加关注价值网络上各节点的联系，冲破价值链各环节的壁垒，提高网络在主体之间相互作用及其对价值创造的推动作用。如图 4－3 所示。

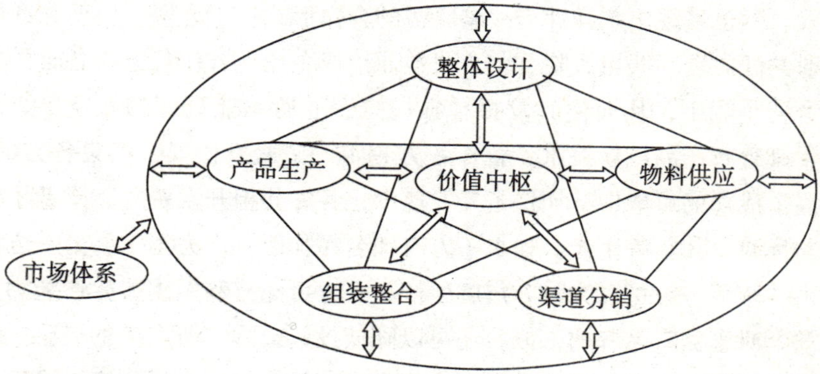

图 4－3 价值网

价值网具有以下特征：①顾客价值是核心。把客户看做价值的共同创造者，即价值流动由顾客开始，把顾客纳入价值创造体系中，并把他们的要求作为企业活动和企业价值取得的最终决定因素。通过价值网企业可以及时捕捉顾客的真实需求，并将其用数字化方式传递给其他网络伙伴。不仅如此，将顾客纳入企业价值创造体系中，可以不断为企业发展提出新的要求，有助于企业明确竞争优势动态演化的趋势。②领导企业是价值中枢。网络中的厂商不仅是价值网络形成的主要动力，而且可以整合其他成员创造的价值，并最终影响价值创造的方式和价值传递的机制。市场与客户的需求等信息是激活价值网的关键，而领导企业的作用在于敏锐地发现有关客户群的需求信息，并把这些需求信息及时、准确地反馈给生产厂商和供应商，使得价值网络里的每个参与者都能够贴近客户，并对市场状况及其变化迅速做出响应。③数字化的关系网络是支撑体系。数字化的关系网络可以迅速地协调网络内的企业、客户及供应商的种种活动，并以最快的速度和最有效的方式来满足网络成员的需要和适应消费者的需要。此外，当企业不能充分利用自己积累的经验、技术和人才，或者缺乏这些资源时，也可以通过建立网络关系实现企业间的资源共享，相互弥补资源的不足。④具有核心能力的生产厂商、供应商是微观基础，价值网的整体竞争力来自于价值网络成员之间的协同运作，这种协同运作强调网络中的企业集中精力和各种资源做好本企业所擅长的业务工作。

八、组建战略联盟

战略联盟就是两个或两个以上的企业或跨国公司为了达到共同的战略目标而采取的相互合作、共担风险、共享利益的联合行动。当然由于产品的特点、行业的性质、竞争的程度、企业的目标和自身优势等因素的差异，企业间采取的战略联盟形式自然也呈现出多样性。战略联盟的合作形式：①合资。由两家或两家以上的企业共同出资、共担风险、共享收益而形成企业。合作各方将各自的优势资源投入合资企业中，从而使其发挥单独一家企业所不能发挥的效益。②研发协议。为了某种新产品或新技术，合作各方签定一个联发协议，汇集各方的优势，大大提高了成功的可能性，加快了开发速度，各方共担开发费用，降低了各方开发费用与风险。③定牌生产。如果一方有知名品牌但生产力不足，另一方有剩余生产能力，则另一方可以为对方定牌生产，一方可充分利用闲置生产能力，谋取一定利益，对于拥有品牌的一方，还可以降低投资或购并所产生的风险。④特许经营。通过特许的方式组成战略联盟，其中一方具有重要无形资产，可以与其他各方签署特许协议，允许其使用自身品牌、专利或专用技术，从而形成一种战略联盟。拥有方可获取收益，并可利用规模优势加强无形资产的维护，受许可方也利于扩大销售、谋取收益。⑤相互持股。合作各方为加强相互联系而持有对方一定数量的股份，这种战略联盟中各方的关系相对更加紧密，而双方的人员、资产无须合并。

战略联盟的优势：①创造规模经济。小企业因为远未达到规模经济，与大企业比较，其生产成本就会高些。这些未达到规模经济的小企业通过构建联盟，扩大规模，就能产生协同效应，即“1 +1 >2”效应，提高企业的效率，降低成本，增加赢利，以追求企业的长远发展。②实现企业优势互补，形成综合优势。企业各有所长，这些企业如果构建联盟，可以把分散的优势组合起来，形成综合优势，也就可以在各方面、各部分之间取长补短，实现互补效应。③可以有效地占领新市场。企业进入新的产业要克服产业壁垒，企业进入新市场也同样要越过壁垒。通过企业间的联盟合作进入新市场，就可以有效地克服这种壁垒。④有利于处理专业化和多样化的生产关系。企业通过纵向联合的合作竞争，有利于组织专业化的协作和稳定供给。通过兼并实行联盟战略，从事多样化经营，则有利于企业寻求成长机会，避免经营风险。

战略联盟的作用：①实现企业战略目标。企业要实现的目标超出现有资源所能承载的范围，那么从外部获取资源就势在必行。由于市场的不完备性，很多资源无法通过市场交易的方式有效地获得，而采取兼并或收购的方式又容易付出较大的收购成本，而且容易受到自身实力的约束。通过战略联盟，企业可以根据自身需要，选择拥有自己所需资源的企业作为自己的合作伙伴，因而更容易实现资源获取上的多样性。②提升企业核心竞争力。企业通过建立战略联盟，可以实现企业各自价值链环节之间的合作，将创造价值的重点从一味的企业内部转向跨越企业组织边界的外部关系，也使得企业的经营活动开始超越传统的组织边界。企业战略联盟能够实现价值链环节之间链接的低成本和快速度，为企业创造更多价值以及创造传统组织结构所无法比拟的竞争优势，打造和提升自身核心竞争力。③实现战略多样性。商业环境的复杂性及技术创新的速度越来越快，需要企业通过战略多样性的方式来适应这些复杂性的要求。正如在自然界中具有生物多样性的生态系统更具活力一样，企业在自身的产品及战略组合上也应当有多样性。④促进研究和开发。在所有的战略联盟当中，涉及研究和开发的占总数的一半以上。企业通过建立战略联盟，可以共同承担技术开发风险，提高研究和开发的成功可能性。⑤防止过度竞争。在任何一个行业中，随着市场的不断饱和，激烈的竞争局面难免会出现，在一番你死我活的价格战之后，往往落下个两败俱伤的局面，解决之道就是主动与竞争对手合作，化敌为友。

战略联盟的特点：①边界模糊。战略联盟并不像传统的企业具有明确的层级和边界；而是一种你中有我、我中有你的局面。②关系松散。战略联盟主要是契约式或联结起来的，因此合作各方之间的关系十分松散，兼具了市场机制与行政管理的特点，合作各方主要通过协商的方式解决各种问题。③机动灵活。战略联盟组建过程也十分简单，无须大量附加投资，而且合作者之间关系十分松散，战略联盟存在时间不长，解散十分方便，所以战略联盟还适应变化的环境时可迅速将其解散。④动作高效。合作各方将核心资源加入联盟中来，联盟的各方面都是一流的，在这种条件下联盟可以高效动作，完成一些企业很难完成的任务。

战略联盟的谈判原则：①带着战略思想参加谈判。企业在谈判前应确定参与联盟要达到的战略目标，在谈判期间谈判人员要不断地根据战略目标审核联盟的可行性。②知道自己和对手的讨价还价能力。谈判者只有充分了解双方在谈判桌上的讨价还价能力及各方的利益所在，才能够在谈判中进退自如。③披露信息时不可忘乎所以。当和潜在伙伴谈判时，不要立即把公司的底牌都亮出来，在不能确定谈判是否会成功时，不要冒风险去披露太多的信息。④共同撰写新闻发布资料。在谈判中期应双方共同拟定有关联盟要达到的目标以及达到目标的方式的公报，以反映合作双方在合作目标上是否达成了共识。⑤不要作出不能兑现的承诺。任何联盟谈判都会涉及对等的相互让步，承诺要视对方情况而定，不要要求太多，也不要作出超出实际能力的承诺。⑥做好撤退的准备。如果谈判时矛盾已经形成，公司应该停止这场谈判，宁可达不成协议，也不要在协议中含有本方不能接受的条款。

战略联盟的注意事项：①文化冲突。文化冲突包括语言、经营态度等方面的差异。如美国企业倾向于基于利润的业绩评价、市场份额及特定经济利益；而日本公司则更多关心如何运作以帮助其建立战略地位，特别是改善其能力。如果没有恰当的方法解决这些问题，日子一定不会好过。②缺乏信任。在很多联盟中一些公司总是把失败的原因不分青红皂白地指向合作方，事实上随意迁怒于别人无助于问题的解决，反而增加了双方的紧张程度，很可能导致联盟的瓦解。③贸然联手。在没有搞清楚到底是怎么回事之前，不要轻易联盟。许多公司管理层认为，进入战略联盟的目的是为了与产业对手竞争，此举能够阻止竞争对手聚焦于他们的公司，但他们没有想到这些行动有可能会把公司置于聚光灯下，把内部业已存在的问题昭示于天下，反而会招来厄运。④独断专行。如果战略联盟中的一家公司总是我行我素，就会引发联盟中另外一些公司的反感，进而引发矛盾和争端。而要解决问题，则耗时费力，错过战略机遇期。⑤关系风险。合作方在参与联盟的时候，更多地出于自己的利益而不是共同的利益来考虑问题，将直接威胁到联盟的可靠性。“机会主义”的行为包括挪用合作者的资源、扭曲信息、隐匿工作进程、提供淘汰产品或者服务等。因此，关系风险成为战略联盟各种问题中不可忽视的威胁。⑥业绩风险。业绩风险包括外部因素和内部因素，前者如政府政策、战争和经济萧条，以及市场的不稳定性；后者主要指合作伙伴均缺少关键领域的竞争能力。上述因素都有可能引发业绩跌落，最终使得合作基础岌岌可危。⑦在核心竞争领域进行合作。有的战略伙伴可能通过战略联盟探测市场，等到“羽翼丰满”再分灶吃饭，这样一来昔日的“兄弟”很有可能成为不共戴天的对手。减少在核心竞争领域与其他公司的合作，能够帮助公司降低创造竞争对手的可能性，从而减少对自己经营领域的威胁。

战略联盟成功的四大关键在于：①订立联盟策略。在合适的时候发现自己的企业在哪些方面缺乏竞争优势，在哪些方面有竞争优势，从而制定策略。②选择合作伙伴。合作伙伴的选择要适合本公司的情况，有时候并不是越大的伙伴越好，而是适合自己的伙伴越好。③建立联盟结构与管理制度。同自己的策略联盟伙伴制定一个相互之间权利和义务的协定及出现问题的协商制度，这对于战略联盟合约的履行是至关重要的。④订立终止联盟计划，在开始的时候就应该考虑善始善终。

九、全球运筹管理兴起

全球运筹管理（Global Logistics Management）是将全球不同地理位置的原物料、制造能力、劳力及市场做最好的组合，以达到最有效率的目的，是一种跨国界的供应链之资源整合模式，在多国规划并执行企业运筹管理活动，包括产品的设计、开发、制造、仓储运送到市场营销和客户服务等，来提高顾客满意程度和服务水平，并降低成本，以增加市场竞争力，进而达成企业之利润目标。全球运筹管理概念兴起与全球产业发展趋势密不可分，由于产品生命周期变短，消费者对产品功能或特征走向多样化，且对交货的时间与质量更加严格，也因此造成企业营运成本不断提高，企业为了能更接近市场、迅速地服务顾客，必须进行全球化的市场营销，并且思考如何能以最低成本，且在最短的时间内设计生产出符合顾客需求的产品，并正确无误地送达顾客所指定之地点。因此全球运筹已成为不可避免的趋势与潮流。

. 全球运筹管理的推动力：市场因素：①由于新技术不断开发，企业生产能力增强，导致供过于求，当国内市场已近趋饱和时，必须向国外扩张市场。②生产基地越接近市场，企业便越可对客户提供较佳的服务及保障。③许多企业的需求机会存在于国外及新兴市场。④由于网络时代迅速传递全球信息，使得全世界对产品的需求快速增加。⑤企业因全球竞争成为全球公民，提供全球性产品，并有机会招募世界各地优秀员工。成本考虑：①海外具有廉价的生产要素，包括人工、原物料、能源及资金。②供货商与顾客的供应链紧密整合，可有效降低整体供应链成本。③企业可利用当地资源，将生产设置于相关技术发展重镇（集群），对公司而言是最有效的发展策略。科技力量：①信息科技的快速进步，使企业一方面受到时间压缩的威胁，必须更快反映市场的需求；另一方面提高国际营运的管理能力，可以更快掌握各地的生产状况，因而加速了企业在国际扩张的发展。②透过信息迅速传递，可以加速订单处理、生产及运输规划，有利于企业实时对市场做出反应。③在世界不同的区域，企业可以找到不同的替代零组件以及技术运用，而且必须有能力快速、有效地利用这些资源。④由于信息科技的进步，企业可在适当的区域进行研发与设计。政治及经济因素：①国际间对于投资、贸易等法规的改变，是造成全球运筹兴起之原因之一。②各国的关税及贸易协议。

全球运筹管理的重点：市场营销：①市场产品策略。公司所发展的产品是全球性产品或区域性产品。若是区域性产品，仍然可以部分共通零件来进行组装，以达成更高的供应链效率。②市场需求管理。依据区域性的基础来进行需求预估及产品资源以执行营销及业务计划（市场区隔及差异化）。③顾客管理策略下的订单履行。维持集中式的信息架构，让区域性顾客以等同于区域性或地方性的供应链效率，从全球供应链中收到货物。④接单政策/产品定价/利润策略。接单政策为总部统一接单或各区域接单？产品定价为统一定价或依据各区域有不同定价？应思考总和利润以及交期最佳化之组合。科技研发：①研发资源整合。各研发中心定位及资源如何互相配合。②研发策略。如何进行新产品、技术输出以及管理。③设计出一个容易针对主要市场作修改、并在不同工厂生产的产品。④设计出协同研发的流程设计及信息系统架构。⑤研发人才培育。生产制造：①应在各地规划备援产能及工厂。②全球制造中心定位与布局。③竞合关系管理（集团内绩效竞争及技术交流）。④将利润中心转为成本中心的思考，须依据各中心定位及功能区分。⑤全球供应链管理。接单、制造及出货最适组合，与上游供货商及下游分销通路间实体分配的运作。原料采购：①应设立一个专属管理团队负责向全世界供货商购买关键原物料。②集团能从不同供货商取得相同质量产品及运送条件。③经由集团采购价格透明化之信息，让集团取得具竞争力的价格。④确保集团在不同地区随时有不同供货商以充分发挥全球供应链的弹性。⑤跳脱产品的窠臼而以供货商服务能力达成集团采购之经济规模。⑥关键原物料资材化：关键原物料的采购是 Central Planning，Central Buy、Central Planning，Local Buy 或 Local Planning，Central Buy. ⑦非关键物料标准化：非关键物料是否应由各地自行采购，实行 Local Planning，Local Buy 的方式。绩效管理：①如何监控公司财务绩效及各地分公司的营运绩效。②人力资源应如何管控。③建立整合性信息系统架构。组织结构：①分权 VS 集权。区域当地具有自主权或皆由总部集中控管。②组织架构设计。组织分工职责确立及权限之授权。③公司在全球各地所设的工厂、配销中心或分公司的形式与功能目的为何。④思考对于职权委任、人员配置及管理形式等组织的建立。存货管理：①海外销售据点增加，销售通路越多，相对的库存也会增加。因此应做好存货管理，并掌握市场对产品的反应，实时响应不同的客户需求，以减少库存积压的风险。②规划与控制物料、成品存货，使其能调整生产与销售活动，并有效达成支持的功能。

全球运筹管理的架构与功能：企业在日益激烈的国际竞争环境下，不可能单独全面性地顾及生产、营销或研发各层面，应进行产业网络内各企业资源的流通与合作，以供应链整体的关系来考虑并进行布局，企业才能更有效率地执行国际化策略。全球运筹就是强调跨越国家与地理界线，系统性思考供应链连接与资源配置，将供应链每个成员紧密结合，才能达到最大的效益。图 4－4 即为全球运筹参与者的示意图。

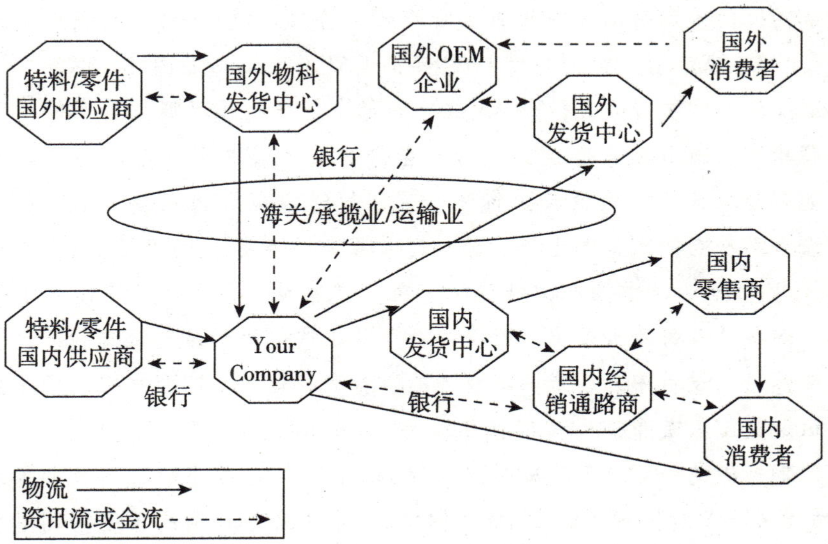

图 4－4　全球运筹参与者的示意图

◇ **案例 1. 快时尚大王阿曼西奥·奥特加**

"我一定得搞出些名堂!"还是个服装送货员的阿曼西奥·奥特加经常在西班牙拉科鲁尼亚的一间名为"Sarrión"的酒吧里跟朋友大谈创业经。1936 年 3 月 28 日奥特加出生于西班牙莱昂，这是一户贫寒之家，父亲是铁路工人，靠着微薄的收入养家糊口，母亲则是普通的家庭妇女。奥特加 14 岁时就懂得了为父母分忧解难，他放弃了读书的机会，跑到西班牙西北部拉科鲁尼亚的一家成衣店做起了杂工，以此来补贴家用。在打工中他逐渐发现了时装界的奥秘，一件衣服从设计到制作成衣，再到摆上货架成为商品，最后被顾客选中买走，这一过程蕴藏着巨大的商机和利润。奥特加意识到只要加倍勤奋努力，自己有朝一日也一定可以从中赚取大笔财富。1963 年奥特加终于开始了自己的资本原始积累，他以 5000 比塞塔创办了一家叫 Con－feccionesGoa 的制衣厂，专门生产睡衣。随着纺织品生意越做越大，1975 年奥特加在拉科鲁尼亚市中心开了一家以"Zara"命名的服装店。1985 年他组建了 Inditex 持股公司，作为他手下各公司的母公司。

ZARA这个品牌也经受住了时间及顾客的考验，深入人心，其销售网络开始蔓延到西班牙国内的许多大城市。接下来的十几年里，奥特加一方面使Inditex集团不断扩大；另一方面开始拓展海外市场。1988年ZARA在葡萄牙开了第一家海外分店，随后开始向欧洲其他国家、北美、拉美、亚洲和非洲发展。2001年Inditex公司的市值达到了120亿欧元，超过了Benetton、The Limited和Next。2004年度公司在全球营业利润高达4.4亿欧元，比美国第一大服饰连锁品牌GAP还要出色，而掌门人奥特加也一跃成为西班牙的首富。现在ZARA在世界70个国家开设了3900家门店，比创立于1969年的GAP多出800家左右。

Inditex的一位发言人说，ZARA成功的秘密就是在尽可能短的时间里跟上顾客的所想所需。Inditex总是根据市场和客户的现有需求来决定时装的设计与生产，在西班牙总部几百名设计师彻夜忙碌，随时检视市场潮流变幻以及销售情况，以便调整现有的设计和生产。流行时装品牌一年推出的产品款式是2000到4000款，对于像GAP和UNIQLO这样注重基本款设计的品牌来说，这个数字可能更小。而ZARA每年要推出1万多款新产品，这些新产品是从它的设计团队每年超过4万款的设计中选出来的，庞大的新款数量是为了迎合更短的产品生命周期。Inditex集团原首席执行官Castellano说："在时装界库存就像是食品，会很快变质，我们所做的一切就是来减少反应时间。"有人说ZARA是"天下服装一大抄"，然而ZARA的厉害之处在于能把抄来的东西融入自己的品牌基调里去，正是这种完美的"抄袭"技巧，使ZARA的产品始终拥有自己统一的风格。ZARA聘请的400多名设计师坐飞机穿梭于各种时装发布会上，去巴黎、米兰、伦敦、纽约的时装秀寻找灵感。他们还会出入各种时尚场所，把获得的最新的服装时尚信息迅速反馈回总部，然后马上会有专业的时装设计师团队分类别、款式及风格进行改版设计，重新组合成ZARA自己全新的产品主题系列。从设计到生产到成品上架，这一过程被控制在4~5个星期内；如果已上架的产品需要改进的话，只需要两个星期就能完成。新款产品的产量达到预定的50%到60%时就送去商店，如果上架后的第一个星期表现不佳，就会立刻被撤下，也就不再追加生产；如果卖得还不错，那就在接下来几周把预定的产量完成。不过即使是热销款也不会在店里停留4周以上，这就使得顾客们在看上某件衣服时不敢过多犹豫，因为很可能过几天就看不到它了。Inditex拥有自己的工厂可以更快速地响应市场变化，并分秒不差地控制生产流程，从而创造出更多的款式和更低的库存，形成一个"设计—生产—配送—销售"的良性循环体系。而且ZARA只选择最好的模特，比如，AmberValletta是Chanel秀场最耀眼的明星，BridgetHall则是RalphLauren的常客，她们同样也为ZARA代言，这大大满足了消费者的炫耀心理。

店铺是ZARA最主要的市场工具。三十多年里ZARA一直坚持“零广告”的策略，比起把钱大笔大笔地花在媒体宣传和市场活动上，ZARA更偏向于用盈利所得开设更多的店铺。在店铺的选址方面ZARA非常挑剔，它只选最好的地段开店，周围全是顶级品牌。在纽约它选择第五大道，在巴黎它选择香榭丽舍大街，在米兰是艾玛纽大道，在东京则是Shibuya购物区，在上海它在南京西路的平安电影院登场。因此它的邻居全是LouisVuitton、Chanel、ChristineDior、Prada、GeorgeAmarni等。每登陆一个新的市场，ZARA都会先在大城市中心区域的最繁华路段开店，然后再把触角伸向较小的市镇，在不做任何广告的情况下让品牌影响力辐射全国。这就像一滴油在织物表面慢慢延展的过程，在Inditex集团这种策略被称为“油污模式”。

在向国外扩张的同时，Inditex致力于发展更多的品牌系列以满足不同目标顾客群的需求。公司在1991年引进了Pull&Bear，提供男士休闲服，同年推出的Massimo Dutti是集团中处于高端价位的男士正装，与同等竞争对手相比，价格还是有优势；1995年在上述两种品牌Pull&Bear和Massimo Dutti中加入女装；1998年推出Bershka，向14~24岁的年轻女性提供非常便宜但又绝对时尚的服装；1999年公司收购Stradivarius，进一步加强了对年轻女士需求的满足；2001年集团又增加Oysho品牌，主要经营内衣、化妆品、配饰和运动用品。Inditex集团为了将其情有独钟的时尚风格变成现实，创建了彼此独立并有着各自风格的品牌，Inditex拉科鲁尼亚总部向集团下属的各个品牌提供相同的企业服务。此外每个品牌还拥有其独立的分总部，ZARA、Pull and Bear、Kiddy’s Class、ZARA Home的总部在拉克鲁尼亚；Massimo Dutti、Bershka、Stradivarius、Oysho、Often的总部在巴塞罗那，Tempe的总部在阿里肯特。这些品牌间的差异在各自的分店中也得到了体现，每家分店的时装风格都秉承其品牌风格。对Inditex来说每个销售分店都是特殊而且独一无二的，Inditex的工作目标是向顾客提供专业而特别的服务。此外Inditex还对其品牌设定有主要保护路线，让其在全世界的各个地方都可以保持风格，并对商店布置进行设计，同时还物色专业人士，它们组成了整个集团发展的中流砥柱。

◇ 案例2. 山姆·沃尔顿的全球平价连锁

山姆·沃尔顿是沃尔玛的创始人。1918年山姆·沃尔顿出生在美国阿肯色州的一个小镇上。1962年他在阿肯色州本顿维尔开了一家连锁性质的零售店，取名沃尔玛。因为坚持低价策略，沃尔玛一开始就获得很大的成功，第一年本顿维尔的商店营业额就已经达到了70万美元。1969年10月31日成立沃尔玛百货有限公司，增至18家商店。1990年沃尔玛成为全美最大的零售商。2001年沃尔玛成为按营业额计算世界上最大的企业。现在沃尔玛已经将业务拓展到了许多国家，全球拥有8445个店，全球员工超过200万人。2010财年第4季度销售额达到1128亿美元，截至2010年12月31日年度销售额达到4050亿美元。

山姆创业之初零售业市场上已经存在了像凯玛特、吉布森等一大批颇具规模的公司，这些企业将目标市场瞄准大城镇，他们“看不起”小城镇，认为这里利润太小，不值得投资。但山姆敏锐地把握住了这一有利商机，他认为在美国的小镇里同样存在许多商业机会。尤其随着城市的发展，市区日渐拥挤，市中心的人口开始向市郊转移，而且这一趋势将继续下去，这给小镇的零售业发展带来了良好的契机；同时汽车走入普通家庭，增加了消费者的流动能力，突破了地区性人口的限制。用山姆的话说“如果他们（消费者）想购买大件，只要能便宜100美元，他们就会毫不犹豫地驱车到50公里以外的商店去购买”。为了赢得小城镇的顾客，山姆将“低价销售、保证满意”作为企业的经营宗旨，并将这条原则写在沃尔玛的招牌两边。他坚持每一种商品都要比其他商店便宜，为了达到这个目的，山姆开始提倡低成本、低费用、低价格、让利给消费者的经营思想。山姆的“女裤理论”就是沃尔玛营销策略的最好说明：女裤的进价0.9美元，售价1.2美元。如果降价到1美元，我会少赚一半的钱，但却能卖出3倍的货。沃尔玛的低价主要依赖于以下几个方面：①采取仓储式经营。沃尔玛商店装修简洁，商品多采用大包装。②加强与供应商合作。供应商在第一时间了解沃尔玛的销售和存货情况，及时安排生产和运输。③强大的配送中心和通信设备。沃尔玛拥有全美最大的私人卫星通信系统和最大的私人运输车队。快捷的信息反馈和高效的存货管理，使存货量大大降低，资金周转速度加快。④严格控制管理费用。沃尔玛的管理费用为公司销售额的2%，而行业平均水平为5%。⑤减少广告费用。

从20世纪70年代到80年代，沃尔玛开始大规模地扩张。当时全球开始流行到处连锁，如何在众多的连锁集团中继续保持自己的优势，山姆制订了有理有节的扩张策略。遵循着山姆·沃尔顿的信念，沃尔玛的连锁店越开越多，并有折扣店、购物广场、山姆会员店和家居商店四种，全部由公司控股实行直营连锁。在产品和价格决策上，沃尔玛以低价销售全国性知名品牌，从而赢得了顾客的青睐。在物流管理上，采用配送中心扩张领先于分店的扩张的策略，并极其慎重地选择营业区域内的最合适地点建立配送中心。在数量上沃尔玛更始终保持了极其理智的控制，在店铺数量上沃尔玛少于凯马特，但却毫不妨碍其销售额上的优势和行业公认的领袖地位。80年代沃尔玛又采取了一项政策，要求从交易中排除制造商的销售代理，直接向制造商订货，同时将采购价降低2%～6%，统一订购的商品送到配送中心后，配送中心根据每个分店的需求对商品就地筛选、重新打包。这种类似网络零售商“零库存”的做法使沃尔玛每年都可节省百万美元的仓储费用。80年代初沃尔玛便与休斯公司合作花费2400万美元建造了一颗人造卫星，并于1983年发射升空和启用。沃尔玛先后花费6亿多美元建起了目前的电脑与卫星系统。借助于这整套的高科技信息网络，沃尔玛的各部门沟通、各业务流程都可迅速而准确畅通地运行。另外山姆在1983年又开办了山姆俱乐部，这是实行会员制的商店，每个顾客只要交纳25美元就可以拥有会员资格，以批发价格获得大批高质量商品。在70年代沃尔玛的销售收入和纯收入以每年40%的速度增长着，营业收入和纯收入分别在10年时间增长40倍和35倍。而80年代则是沃尔玛走向巨人的10年，在这十年内它保持了35%以上的年增长速度。

“让顾客满意”是沃尔玛公司的首要目标，具体包括：①“顾客就是老板”。沃尔玛公司尽其所能使顾客感到购物是一种亲切愉快的经历。②“三米微笑原则”。指同事要问候所见到的每一位顾客，当顾客走到距离你3米的范围内时，你要温和地看着顾客的眼睛，鼓励他向你咨询和求助。③“微笑八颗牙”。在山姆看来只有微笑到露出八颗牙的程度，才称得上是合格的“微笑服务”。④“最全的商品。”商店能够提供最全的商品，方便顾客购物的选择。⑤“保证满意”的退换政策。退换政策使顾客能在沃尔玛连锁店和山姆会员商店放心购物。同时在经营管理中山姆·沃尔顿提倡尊重个人的基本信仰，尊重每位同事提出的意见，经理们被看做“公仆领导”，通过培训、表扬及建设性的反馈意见，帮助新的同事认识发掘自己的潜能，使用“开放式”的管理，在开放的气氛中鼓励同事多提问题，多关心公司。

山姆一生都在勤勉地工作。在他60多岁的时候，每天仍然从早上4：30就开始工作，直到深夜，偶尔还会在某个凌晨4：00访问一处配送中心，与员工一起吃早点和咖啡。他常自己开着飞机，从一家分店跑到另一家分店，每周至少有4天花在这类访问上，有时甚至6天。在周末上午的经理会前，他通常3：00就到办公室准备有关文件和材料。70年代时山姆保持一年至少对每家分店访问两次，他熟悉这些分店的经理和许多员工。后来公司太大了，不可能遍访每家分店了，但他仍尽可能地跑。作为一名出身普通农民家庭的子弟，山姆所取得的成就确实值得骄傲，在一个崇尚个人奋斗和企业家精神的国家，他的一生可谓非常精彩，可以说实现了成千上万普通美国人的“美国梦”。

◇ 案例3. 马克·扎克伯格的社交风暴

马克·扎克伯格是美国社交网站Facebook的创办人，哈佛大学计算机和心理学专业辍学生，被人们冠以“盖茨第二”的美誉。据2012年2月Facebook招股书，目前其业务涉及全球几乎所有国家，月活跃用户超过8亿人，市值预估为1000亿美元。在《福布斯》杂志日前公布的2011年福布斯榜上，Facebook的CEO扎克伯格，资产大涨238%，以135亿美元资产排名窜升至52位，是历史上全球最年轻的自行创业的亿万富豪。

扎克伯格生于1984年5月14日，在美国纽约州长大，作为医生的儿子，扎克伯格从小就受到了良好的教育，从小就是个电脑神童。高中时他为学校设计了一款MP3播放机，之后很多业内公司都向他抛来了橄榄枝，包括微软公司，他拒绝了年薪95万美元的工作机会，选择去哈佛大学上学。在哈佛主修心理学的他仍然痴迷电脑，在上哈佛的第二年他侵入了学校的一个数据库，将学生的照片拿来用在自己设计的网站上，供同班同学评估彼此的吸引力。这次黑客事件之后不久，扎克伯格就和两位室友一起用了一星期时间写网站程序，建立了一个为哈佛同学提供互相联系平台的网站，命名为Facebook。Facebook在2004年2月推出，随即横扫整个哈佛校园，2004年年底Facebook的注册人数已突破100万，扎克伯格干脆从哈佛退学全职营运网站。

Facebook. com这个网站在创办至今的8年里，已经吸引了超过8亿的注册用户，如果以人口数量算它是地球上的第三大国，如果以人口分布广度计算，即使是16世纪的西班牙和19世纪的大英帝国也无法与之比肩。截至2011年年底Facebook月活跃用户为8.45亿人，同比增长39%；日活跃用户4.83亿人，同比增长48%；移动月活跃用户超过4.25亿人；Facebook平台有1000亿对好友关系，日均赞（Like）和评论（Comment）数量为27亿次。短短数年Facebook这一网站迅速风靡全世界，如今它已成为世界上最重要的社交网站之一，就连美国总统奥巴马、英国女王伊丽莎白二世等政界要人都成了“脸谱”的用户。

PaloAlto市中心的Facebook总部就像是一间大宿舍，400名员工可以在这里得到免费的食物和洗熨服务，大家上班晚，加班得也晚，而如果有了聚会，那就待得更晚。有传闻说当年扎克伯格拒绝微软高层主动提出的约会，原因只是微软要求早上8时会面而他起不了床。曾登上《新闻周刊》封面的扎克伯格接受采访时，依然是T恤和便鞋的休闲打扮。“你的生活方式变了吗？你看起来不像是会买很贵衣服的人。”“是的，我不会买。”扎克伯格大笑着说，“我有一套一室一厅的小公寓和一张床垫，我住那儿”。扎克伯格有一套名片上的头衔是“我是CEO……婊子!”这和电影《社交网络》中的情节相差无几。更匪夷所思的是，硅谷八卦媒体曾经披露过扎克伯格的几段聊天记录，并被扎克伯格本人证实："如果你需要哈佛里任何人的资料，尽管跟我提，我有四千多个邮件、图片、地址。""什么？你怎么搞到的?""人们提交到网站上来的，我也不知道怎么搞的，他们就是相信我。"至今已离开Facebook管理层的萨瓦林仍然占有公司5%的股份，价值25亿美元，是Facebook的第三大个人股东。在《纯属巧合的亿万富翁》一书中马克·扎克伯格是个处心积虑的负面角色，而这本书的主要素材来源正是自认权力斗争受害者的埃德华多·萨瓦林，在改编成为电影之后这种受迫害的情绪被进一步放大。2010年接受《纽约客》采访时，扎克伯格懊悔不已："如果你要建立一个有影响力的线上服务，并且希望人们都信赖它，你就必须变得成熟……我已经长大了，并且得到了许多教训。"《Facebook效应》作者大卫·柯克帕特里克说，现在的扎克伯格"态度平和、谈吐缓慢、时常沉默、高度自信"，他的身高只有172厘米，但总是抬头挺胸自信满满，这很容易在电影中被塑造为一个反社会的高傲角色。

"你或许会成为一个很成功的计算机人才，但是这辈子都不会有姑娘喜欢你。这并不是因为你脑子一根筋。真正的原因只有一条：你就是个混蛋！"电影《社交网络》开场编剧就借"前女友"之口对主角马克·扎克伯格进行了猛烈抨击。片中的"混蛋"扎克伯格在2010年年底成为美国《时代》周刊的年度人物，摇身一变成了造福全人类的"好好先生"。事实上美国民众对于现实世界里的扎克伯格有两种截然对立的看法：一些人认为他是为达目的无所不用其极的混蛋，另一些人认为他是造福全人类的社会企业家。2010年9月23日扎克伯格宣布捐赠1亿美元，赞助新泽西州纽瓦克市修缮学校，这次捐赠创下美国青年人慈善捐款纪录。

第五章　我的团长我的团

一、如何打造团队

“打造”一词着力凸显人们创造事物的决心、对事物品质的关注以及所采用的制造方式的力度。团队是由员工和管理层组成的一个共同体，它合理利用每一个成员的知识和技能协同工作，解决问题，达到共同的目标。团队有几个重要的构成要素：①目标。团队应该有一个既定的目标，为团队成员导航，知道要向何处去，没有目标这个团队就没有存在的价值。在团队中失去目标后，团队成员就不知道往何处去，最后的结果可能是饿死，这个团队存在的价值可能就要大打折扣。团队的目标必须跟组织的目标一致，此外还可以把大目标分成小目标具体分到各个团队成员身上，大家合力实现这个共同的目标。同时目标还应该有效地向大众传播，让团队内外的成员都知道这些目标，有时甚至可以把目标贴在团队成员的办公桌上、会议室里，以此激励所有的人为这个目标去工作。②人。人是构成团队最核心的力量。3 个（包含 3 个）以上的人就可以构成团队。目标是通过人员具体实现的，所以人员的选择是团队中非常重要的一个部分。在一个团队中可能需要有人出主意，有人定计划，有人实施，有人协调不同的人一起去工作，还有人去监督团队工作的进展，评价团队最终的贡献。不同的人通过分工来共同完成团队的目标，在人员选择方面要考虑人员的能力如何，技能是否互补，人员的经验如何。③团队的定位。团队的定位包含两层意思：团队的定位，团队在企业中处于什么位置，由谁选择和决定团队的成员，团队最终应对谁负责，团队采取什么方式激励下属？个体的定位，作为成员在团队中扮演什么角色？是订计划还是具体实施或评估？④权限。团队当中领导人的权利大小跟团队的发展阶段相关，一般来说，团队越成熟领导者所拥有的权利相应越小，在团队发展的初期阶段领导权是相对比较集中。团队权限关系的两个方面：一是整个团队在组织中拥有什么样的决定权。比方说，财务决定权、人事决定权、信息决定权。二是组织的基本特征。比方说组织的规模多大，团队的数量是否足够多，组织对于团队的授权有多大，它的业务是什么类型。⑤计划。计划有两层含义：一是目标最终的实现，需要一系列具体的行动方案，可以把计划理解成目标的具体工作的程序。二是提前按计划进行可以保证团队的顺利进度。只有在计划的操作下团队才会一步一步地贴近目标，从而最终实现目标。

企业家团队组建原则：①目标任务原则。企业组织设计的根本目的，就是为了实现企业的战略任务和经营目标。组织结构的全部设计工作必须以此作为出发点和归宿点。②职能分工原则。职能指的是一组知识、技能、行为与态度的组合，能够帮助提升个人的工作成效，进而带动企业对经济的影响力与竞争力。③组织层级原则。组织层级是指从最高的直接主管到最低的基层具体工作人员之间所形成的层次。组织层次和组织规模成正比关系，当组织规模一定时，组织层级与管理幅度成反比。层级组织通过一层层的行政隶属关系，按照内部的组织制度和行政命令来完成公司内部的交易。通过这种结构可以将复杂的管理程序进行分解，在集中的权力指挥协调下，由不同的职能部门以标准化的程序来传递信息、执行命令、完成任务。④集权分权原则。权力的不同配置直接影响组织的运作效果。如果企业的决定权大部分集中在上层则是集权，集权可确保政策的统一和执行的高效，有利于资源的有效利用，但过分集权则可能降低决策的质量和速度，降低组织的适应能力。如果决定权根据职务上的需要分至各阶层则是分权，分权有利于对市场变化做出迅速的反应，有利于下层管理人员积极性的提高和能力的培养，但过分分权或分权不当即可能形成注重短期成效而忽视组织机构的长期目标，阻碍技术和管理创新的采用，并导致部门割据甚至失去控制。⑤自我管理原则。自主管理是对组织基层充分授权，从而激励基层组织和个人工作自觉性和创造性的管理方式，准确地说是一种管理思想。自主管理全过程充分注重人性要素。注重员工的人目标与企业目标的统一，在实现组织目标的同时实现员工的个人生价值。⑥特殊例外原则。例外原则是企业家把例行的一般事务授权给下级管理人员处理，而自己只保留对例外事项的决策权。如重大的企业战略问题和重要的人员更替问题等。这样既能保证稳定性的正常管理工作，又能应付特殊性的例外管理工作。规范化、职业化的过程实际上也就是持续不断地将例外事件例行化、流程化的过程，从这个意义上来讲，重视例外管理是实现管理规范化、职业化的必然。

企业家团队合理化的标志是：①整体性。一个企业家团队的成员个体素质好，不一定就能形成很好的整体，还必须讲求团队成员之间的合理搭配，实现多样性的统一。②稳定性。领导群体是一个动态平衡体，没有相对平衡和稳定，就不可能产生对外界的作用力。③互补性。团队成员在知识、专业、智能、年龄、个性等方面实施单项互补；在“综合素质”方面实行“综合互补”，这样就会产生互补效应。④适应性。团队能适应外部不断变化的环境，能应付各种意想不到的复杂局面；同时各个成员在能力、情绪、气质、性格上相互适应。⑤高效性。团队结构合理化程度越高，其能量和工作效能就越大。企业家团队要建立信任和鼓励团队合作，指导团队和其成员达到更高绩效水平，促进和支持团队的决策，开发团队能力，营造团队一致性，参与和影响变革，授予权力和方法促进成员完成工作，鼓励成员消除没有价值的工作。

团队成熟度分为四个阶段，以下说明每个阶段的特征、管理重点以及该阶段的目标与对策。

（1）形成期：从混乱中理顺头绪的阶段。①特征。团队成员由不同动机、需求与特性的人组成，此阶段缺乏共同的目标，彼此之间的关系也尚未建立起来，人与人的了解与信赖不足，尚在磨合之中，整个团队还没建立规范，或者对于规矩尚未形成共同看法，这时矛盾很多，内耗很多，一致性很少，花很多力气产生不了效果。②目标。立即掌握团队，快速让成员进入状况，降低不稳定的风险，确保事情的进行。③此阶段的领导风格要采取控制型，不能放任，目标由领导者设立（但要合理），清晰直接地告知想法与目的，不能让成员自己想象或猜测，否则容易走样。关系方面要强调互相支持，互相帮忙，此时期人与人之间关系尚未稳定，因此不能太过坦诚，此时期也要快速建立必要的规范，不需要完美，但需要能尽快让团队进入轨道，这时规定不能太多太琐，否则不易理解，又会导致绊手绊脚。

（2）凝聚期：开始产生共识与积极参与的阶段。①特征。经过一段时间的努力，团队成员逐渐了解领导者的想法与组织的目标，互相之间也经由熟悉而产生默契，对于组织的规矩也渐渐了解，违规的事项逐渐减少。这时日常事务都能正常运作，领导者不必特别费心，也能维持一定的生产力。但是组织对领导者的依赖很重，主要的决策与问题，需要领导者的指示才能进行，领导者一般非常辛苦，如果其他事务繁忙，极有可能耽误决策的进度。②目标。挑选核心成员，培养核心成员的能力，建立更广泛的授权与更清晰的权责划分。③方法。此时期的领导重点是在可掌握的情况下，对于较为短期的目标与日常事务，能授权部属直接进行，只要定期检查，与维持必要的监督。在成员能接受的范围内，提出善意的建议，如果有新进人员进入，必须尽快使其融入团队之中，部分规范成员可以参与决策。但在逐渐授权的过程，要同时维持控制，不能一下子放太多，否则回收权力时会导致士气受挫，配合培训是此时期很重要的事情。

（3）激化期：团队成员可以公开表达不同意见的阶段。①特征。藉由领导者的努力，建立开放的氛围，允许成员提出不同的意见与看法，甚至鼓励建设性的冲突，目标由领导者制定转变为团队成员的共同愿景，团队关系从保持距离、客客气气变成互相信赖，坦诚相见，规范由外在限制，变成内在承诺，此时期团队成员成为一体，愿意为团队奉献，智慧与创意源源不断。②目标。建立愿景，形成自主化团队，调和差异，运用创造力。③方法。这时领导者必须创造参与的环境，并以身作则，容许差异与不同的声音，初期会有一阵子的混乱，许多领导者害怕混乱，又重新加以控制，会导致不良的后果，可以通过建立共同愿景与团队学习，有效地渡过难关，此时期是否转型成功，是组织长远发展的重要关键。

(4) 收割期：品尝甜美果实的阶段。①特征。藉由过去的努力，组织形成强而有力的团队，所有人都有强烈的一体感，组织爆发前所未有的潜能，创造出非凡的成果，并且能以合理的成本，高度满足客户的需求。②目标。保持成长的动力，避免老化。③方法。运用系统思考，综观全局，并保持危机意识，持续学习，持续成长。

企业家在团队建设中最重要的是用人问题，应注意以下原则：①能职一致原则。每一种工作都对从事该工作的人的能力水平具有一定的要求，企业家在安排人员时，应尽量使员工本身所具有的能力与实际工作的要求相一致。②能职优化组合原则。人的能力是多方面的，而且有着类型的差别。在使用人时应该从人的“强项”出发，实现工作与长处的结合，使其较强的能力充分发挥出来。③能力互补原则。在组建群体时，考虑成员间能力上的搭配与协调，使之在工作过程中能够配合默契，相互补充。因此在组建群体时应尽可能使成员的能力有高低层次之分，按梯次结构搭配。企业家圈子是隐性的团队，是客观存在的，企业家要重视圈内成员，建立高品质的领导与成员关系。企业家对待圈子的方式：一是用君子之“道”取代小人之“利”；二是用工作团队取代利益联盟；三是用公正平台取代私人圈子；四是用透明组织取代隐秘之圈；五是用权力制约取代腐败怪圈。

二、设计组织结构

企业家价值实现的平台和载体是企业，因此组织结构设计是一项战略工作。组织结构设计是指以企业组织结构为核心的组织系统的整体设计工作。组织结构设计是通过对组织资源的整合和优化，确立企业某一阶段的最合理的管控模式，实现组织资源价值最大化和组织绩效最大化。企业的组织结构设计就是对构成企业组织的各要素进行排列、组合，明确管理层次，分清各部门、各岗位之间的职责和相互协作关系，并使其在企业的战略目标过程中获得最佳的工作业绩。组织结构设计原则：①任务与目标原则；②专业分工和协作的原则；③有效管理幅度原则；④集权与分权相结合的原则；⑤稳定性和适应性相结合的原则。组织设计理论分为静态的组织设计理论和动态的组织设计理论。静态的组织设计理论主要研究组织的体制（权、责结构）、机构（部门划分的形式和结构）和规章（管理行为规范）。而动态的组织设计理论除了包含上述基本内容之外，还加进了人的因素，加进了组织结构设计，以及组织在运行过程中的各种问题，诸如协调、信息控制、绩效管理、激励制度、人员配备及培训等。

组织结构设计包括六项主要内容：①职能设计。职能设计是指企业根据其战略任务设计的经营职能和管理职能。②框架设计。框架设计就是纵向的分层次、横向的分部门。③协调设计。协调方式的设计就是研究分工的各个层次、各个部门之间如何进行合理的协调、联系、配合，以保证其高效率的配合，发挥管理系统的整体效应。④规范设计。结构设计最后要落实为规章制度，管理规范保证了各个层次、部门和岗位，按照统一的要求和标准进行配合和行动。⑤人员设计。按照组织设计的要求，必须进行人员设计，配备相应数量和质量的人员。⑥激励设计。就是所谓的奖惩制度，激励制度既有利于调动管理人员的积极性，也有利于防止一些不正当和不规范的行为。

组织再造设计的原则：①拔高原则。在为企业进行组织结构的重新设计时，必须遵循拔高原则，即整体设计应紧扣企业的发展战略，充分考虑企业未来所要从事的行业、规模、技术及人力资源配置等，为企业提供一个几年内相对稳定且实用的平台。②优化原则。任何组织都存在于一定的环境之中，组织的外部环境必然会对内部的结构形式产生一定程度的影响，因此企业组织结构的重新设计要充分考虑内外部环境，使企业组织结构适应于外部环境，谋求企业内外部资源的优化配置。③均衡原则。企业组织结构的重新设计应力求均衡，不能因为企业现阶段没有要求而合并部门和职能，在企业运行一段时间后又要重新进行设计，职能不能没有，岗位可以合并。④重点原则。随着企业的发展，会因环境的变化而使组织中各项工作完成的难易程度及对组织目标实现的影响程度发生变化，企业的工作中心和职能部门的重要性亦随之变化，因此在进行企业组织结构设计时，要突出企业现阶段的重点工作和重点部门。⑤人本原则。设计企业组织结构前要综合考虑企业现有的人力资源状况及企业未来几年对人力资源素质、数量等方面的需求，以人为本进行设计，切忌拿所谓先进的框架往企业身上套，更不能因人设岗、因岗找事。⑥适用原则。企业组织结构的重新设计要适应企业的执行能力和一些良好的习惯，使企业和企业员工在执行起来时容易上手，而不能脱离企业实际进行设计，使企业为适应新的组织结构而严重影响正常工作的开展。⑦强制原则。重新设计的组织结构必然会因企业内部认识上的不统一、权利重新划分、人事调整、责任明确且加重、考核细致而严厉等现象的产生而导致员工的消极抵制甚至反对，企业家要有充分的心理准备，采取召开预备会、邀请员工参与设计、舆论引导等手段，消除阻力，但在最后实施时必须强制执行，严厉惩罚一切违规行为，确保整体运行的有序性，某些被证明不适合企业的设计可在运行两三个月后再进行微调。

三、麦肯锡7S模型

托马斯·J. 彼得斯和小罗伯特·H. 沃特曼访问了美国历史悠久的最优秀的62家大公司，又以获利能力和成长的速度为准则，挑出了43家杰出的模范公司设计企业组织的七要素，7－S模型指出企业在发展过程中必须全面地考虑各方面的情况，包括结构（Structure）、制度（Systems）、风格（Style）、员工（Staff）、技能（Skills）、战略（Strategy）、共同价值观（Shared Values），分为硬件要素和软件要素。

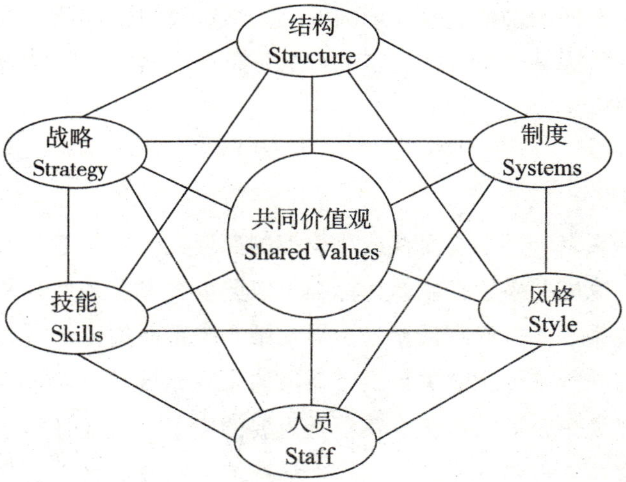

图5－1　麦肯锡7S模型

硬件要素分析：①战略。企业战略是企业面对迅速变化的经营环境，为求得长期的生存和发展而对企业进行的总体性规划。企业战略在充分分析企业和环境的关系的基础上，确定企业的发展方向、竞争策略和经营范围，使企业能充分利用环境中存在的各种机会，从而在竞争中始终处于领先地位。②结构。组织结构就是表现组织各部分排列顺序、空间位置、联系方式、聚集状态的一种模式，以求有效地把组织的各部分聚集起来，为实现共同的目标而努力。组织结构是为战略的实施而服务的，组织结构必须与战略相协调。③制度。企业制度是指对企业的微观构造及相关制度所做出的一系列规定和约束的总和，具体表现为企业组织、运营、管理等一系列行为的规范化和制度化。企业的发展和战略实施需要完善的制度作为保证，各项制度又是企业精神和战略思想的具体体现。

软件要素分析：①风格。主要指企业文化，就是企业在长期的生产经营过程中形成的，并为全体员工共同认可和遵循的价值观念、职业道德和行为规范的总和。企业文化作为一种重要的组织力量，能将一个组织的众多成员聚集在一起，并且围绕共同的目标而努力工作，为企业竞争力的形成奠定观念平台和思想基础。②员工。知识经济时代的到来导致企业竞争力的提高，根本上来源于员工的知识和技能，企业的竞争归根结底是人才的竞争。③技能。企业的一切生产经营活动都是由具有一定技术能力的员工，利用相应的生产要素来实现物质财富和精神财富的创造过程。企业员工不断更新自身的技术能力，利用新知识和新技术来增强企业整合内部资源的能力，使企业能提供满足市场需要的产品，进而获得巩固的竞争优势。④共同的价值观。就是组织全体成员对组织的战略、目标和宗旨的共同认识，是企业对存在意义、经营目标等问题的基本观点以及评判企业和员工行为的标准。共同的价值观是企业的核心，不仅决定了企业发展的方向和企业的特征，而且直接影响到企业和员工的行为及企业战略目标的实现，进而影响着企业竞争力的提升。

四、家庭管理最重要

家庭关系是指基于婚姻、血缘或法律拟制而形成的一定范围的亲属之间的权利和义务关系。家庭关系依据主体为标准可以分为夫妻关系、亲子关系和其他家庭成员之间的关系。一个家庭最初是由男女婚姻关系而构建，后来才衍生出父母与子女、兄弟姐妹等其他家庭关系。企业家的家庭成员是企业家的合作伙伴，在某种程度上可以说是企业的员工，甚至是重要的股东。家庭管理是指选择并运用有效的方法和资源，以建立良好的家庭生活环境，达成家庭生活目标，提高家庭幸福指数的活动。合理利用各种家庭生活资源是家庭管理的核心。

企业家婚姻管理：①谨慎选择你的婚姻。因为它有可能成为你建立伟大公司的天使，也有可能成为杀死企业的凶手。婚姻从经济关系上来说，如同合伙公司，因此如同选择创业伙伴一样，选择伴侣的眼光或许决定你的企业存活的时间。②妥善分配你与伴侣在创业期间的角色。无论是共同创业，还是一方单独创业，双方对各自承担角色和企业股权结构达成一致认同，创业初期接纳亲友的投资须慎重，因为蕴含风险较大，感情和利益容易混为一谈。③精心安排公司股权结构。防止家庭纠纷事件发生的前提是股权结构清晰，有占绝对控制权的大股东，因为均衡股权结构设计容易引起纷争。在家族公司管理上，更应该注重规范化和制度的建设，对于一旦出现婚姻纠纷应该怎样处理要明确写进协议，也可考虑在公司章程中事先约定股东婚姻风险的对策，赋予董事会在处理这类事件上的一些权利，以最终保护公司及其他股东的利益。④在不得已走到离婚这一步时，不要产生“侥幸”心理，主动沟通甚至预先为对方设想，让对方得到心理的补偿，并且妥善解决财产的分割，以免对方因负气而做出更激烈的举动。

企业家的家庭财政包括家庭收入和支出及家务管理，是家庭幸福生活的另一个重要保障。家庭理财就是管理自己的财富，进而提高财富的效能的经济活动。理财也就是对资本金和负债资产的科学合理的运作。通俗地来说理财就是赚钱、省钱、花钱之道。理财就是打理钱财。在家庭管理中包括的内容有：职业计划、消费和储蓄计划、债务计划、保险计划、投资计划、退休计划、遗产计划、所得税计划、儿童财商培养等。

家庭教育。家庭教育是在家庭生活中，由家长（其中首先是父母）对其子女实施的教育。按照现代观念家庭教育包括：生活中家庭成员（包括父母和子女等）之间相互的影响和教育；聘请专门从事家庭教育的教师对子女的教育。子女教育可以根据联合国教科文组织提出的21世纪青少年应该具备的“四个学会”来组织，即学会学习，学会生存，学会发展，学会与人相处。目前在家庭管理学中我国比较流行的家庭教育定义是三道教育，即为生之道，为人之道，为学之道。为生之道以生命健康为核心，由生理卫生、营养保健、安全防护、运动能力四个方面组成；为人之道以生命价值为核心，由人格人生、心理卫生、道德礼仪、人际交往四个方面组成；为学之道以生命智慧为核心，由学习策略、思维能力、科学素养、人文修养等四个方面组成。

家庭健康包括身体和心理健康。家人身心健康是家庭幸福的重要保障。在家庭管理中包括的内容有：饮食营养习惯，生活起居习惯，闲暇利用方式，日常疾病预防，心理健康保健。家庭文化包括家庭目标规划、家族传统和家法家规，是一个家庭生生不息的源泉，具体分为：男性气概培养、女性气质修炼、家庭核心价值理念、家庭动静态环境文化、文化育人要素、人性美德、性格塑造、兴趣挖掘等。

五、什么是高效的团队

高效团队的主要特征：①清晰的目标。高效的团队对所要达到的目标有清楚的了解，并坚信这一目标包含着重大的意义和价值，而且这种目标的重要性还激励着团队成员把个人目标升华到群体目标中去。在有效的团队中成员愿意为团队目标作出承诺，清楚地知道希望他们做什么工作，以及他们怎样共同工作最后完成任务。②相关的技能。高效的团队是由一群有能力的成员组成的，他们具备实现理想目标所必需的技术和能力，而且相互之间有能够良好合作的个性品质，从而出色完成任务。后者尤其重要，但却常常被人们忽视。有精湛技术能力的人并不一定就有处理群体内关系的高超技巧，高效团队的成员则往往兼而有之。③相互的信任。成员间相互信任是有效团队的显著特征，每个成员对其他人的品行和能力都确信不疑。信任需要花大量的时间去培养而又很容易被破坏，而且只有信任他人才能换来被他人的信任，不信任只能导致不信任。组织文化和管理层的行为对形成相互信任的群体内氛围很有影响。如果组织崇尚开放、诚实、协作的办事原则，同时鼓励员工的参与和自主性，它就比较容易形成信任的环境。④一致的承诺。高效的团队成员对团队表现出高度的忠诚和承诺，为了能使群体获得成功，他们愿意去做任何事情，我们把这种忠诚和奉献称为一致的承诺。对成功团队的研究发现，团队成员对他们的群体具有认同感，他们把自己属于该群体的身份看做是自我的一个重要方面。因此承诺一致的特征表现为对群体目标的奉献精神，愿意为实现这一目标而调动和发挥自己的最大潜能。⑤良好的沟通。群体成员通过畅通的渠道交流信息，包括各种言语和非言语信息，此外管理层与团队成员之间健康的信息反馈也是良好沟通的重要特征，它有助于管理者指导团队成员的行动，消除误解。⑥谈判技能。对于高效的团队来说，其成员角色具有灵活多变性，总在不断地进行调整，这就需要成员具备充分的谈判技能，由于团队中的问题和关系时常变换，成员必须能面对和应付这种情况。⑦恰当的领导。有效的企业家能够让团队跟随自己共同度过最艰难的时期，因为他能为团队指明前途所在，他们向成员说明变革的可能性，鼓舞团队成员的自信心，帮助他们更充分地了解自己的潜力。高效团队的领导者往往担任的是教练和后盾的角色，他们对团队提供指导和支持，但并不试图去控制它。⑧内部支持和外部支持。从内部条件来看，团队应拥有一个合理的基础结构，这包括适当的培训，一套易于理解的用以评估员工总体绩效的测量系统，以及一个起支持作用的人力资源系统，恰当的基础结构应能支持并强化成员行为以取得高绩效水平。从外部条件来看，管理层应给团队提供完成工作所必需的各种资源。

高效团队的一个重要方面就是团队精神，简单来说就是大局意识、协作精神和服务精神的集中体现。团队精神的基础是尊重个人的兴趣和成就，核心是协同合作，最高境界是全体成员的向心力、凝聚力，反映的是个体利益和整体利益的统一，并进而保证组织的高效率运转。团队精神的形成并不要求团队成员牺牲自我；相反挥洒个性、表现特长保证了成员共同完成任务目标，而明确的协作意愿和协作方式则产生了真正的内心动力。团队精神是企业文化的一部分，良好的管理可以通过合适的组织形态将每个人安排至合适的岗位，充分发挥集体的潜能。如果没有正确的管理文化，没有良好的从业心态和奉献精神，就不会有团队精神。团队是一种精神，是一种力量，是现代社会中不可缺少的。

六、高绩效的组织

高绩效团队通常是由工作团队、改善团队和整合团队组合建立起来的。高绩效组织中的成员会接管传统管理者与监督者的工作与职责，因此通常也要接受技术技能、行政技能、人际技能、决策和问题解决技能的训练。此外高绩效组织还须重新设计工作、薪酬系统、资讯系统，并使每个人的绩效目标与组织的使命策略结合在一起。高绩效组织具有下列的倾向：技术创新与冒险，重视学习，设计工作去要求许多技能，组织跨部门团队，以援助者与训练者的角色来代替管理者的角色，能够为员工的表现提供回馈，只有极少的管理层，让每一位成员都接近客户，能够提升应变力与平衡力，能够支付与表现相称的酬劳，将企业有关的资讯与全体员工共享，规划资讯系统以支持团队工作，做到社会面与技术面的平衡。

高绩效组织的特点：①高绩效组织是可靠与可信赖的组织，是以人为本进行管理的组织，是可持续发展的组织，是将人力资源作为核心竞争力的组织，是可以快速应对商业环境变化的组织，是创新与积累的组织。总之，高绩效组织是为客户、为员工、为股东、为社会创造有效价值的组织。②高绩效组织的范围。高绩效组织可以是一个公司，可以是一个部门，可以是一个小组或某一个特别的团体，这个组织人员、职责在较长的时间内相对确定，并有能力要求资源以提高自己绩效的团体。这个组织可以有效地识别客户的需求，高效地满足客户需求，同时完成价值的创造与成员的成长，并不断重复有效地过程并改进过程，将历史的经验与创新有效的结合，建立追求卓越的有效机制，建立符合客户要求的有效机制，从而对客户、对股东、对员工都产生高价值。③高绩效组织的外在表现。高绩效组织是一个讨论时民主，执行时统一，应对时灵活的组织，是一个成员满意的组织，是一个完成任务高标准的组织，是一个能够快速解决问题的组织，是一个勇于面对新业务的组织，是一个成员间以工作信任与欣赏为基础的组织，是一个学习型组织。

建立高绩效组织的步骤：①目标设立。为客户创造价值是组织建设的目标。要确保企业不辜负客户的期望，企业应该找到目标客户，了解他们对服务与价值的期望，然后企业便可以通过发展策略、取得差异化的能力和相应的组织建设，提供客户理想的价值。②能力定位。进行组织能力定位，整合资源以服务于客户。组织能力可以使公司占据有利的市场位置，使其不受竞争对手的威胁。组织能力主要表现在质量、速度、可靠性、柔性、成本等方面。③模式设计。调整公司业务范围，建立战略控制点。企业有必要重新审视自己的业务范围和实现方式，适当调整企业的资源、网络和体系等，强化获得竞争优势的战略控制点，并建立相应的组织模式来保证组织获得相应的能力。④结构调整。穿越公司外部边界，与客户和供应商建立伙伴关系。现在的市场竞争是价值链之间的竞争，企业必须建立扁平化市场导向的组织，保持简洁、迅速、高效，让有能力的人上前线，奖励体系向一线员工倾斜，并且从整体的角度促进价值链的合作和信息交流。⑤流程优化。穿越公司部门边界，保持业务流程至上。传统的组织结构形成了不同部门间的墙壁，致使部门合作困难，工作周期拉长，组织整体目标被后置，因此企业必须建立跨部门的核心流程，围绕核心流程定位工作，通过目标团队处理流程，为流程提供支持性共享服务平台。⑥领导力发展。穿越公司等级边界，建立分布式领导团队。等级边界是地位、职务、权力的天花板和地板，过多的审批延迟了客户的请求和创新，对市场不能做出迅速响应。企业在向一线下放权力的同时，必须建立行动原则和决策程序，形成一支分布式的管理团队。⑦员工激励。穿越公司制度边界，营造高绩效员工文化。新的组织方式和管理方式需要相应激励制度体系的匹配，并通过整合各种制度聚焦流程文化，通过共享信息、培养能力和报酬系统等，促进高绩效员工文化的形成。见图5－2、图5－3。

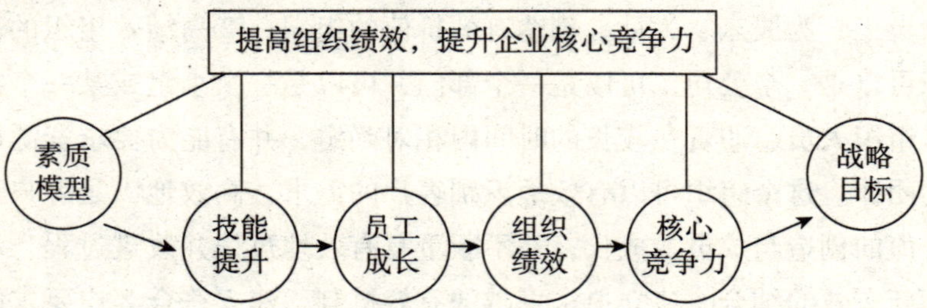

图5－2　高绩效组织流程图

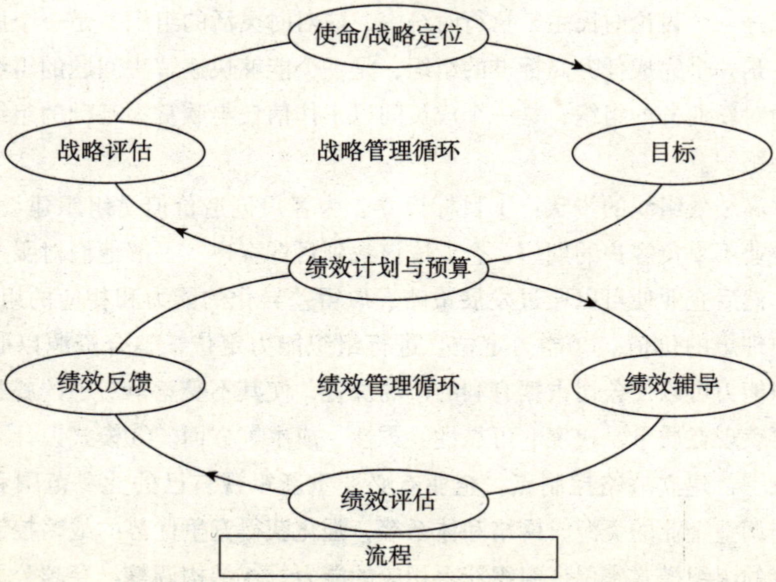

图5－3　高绩效组织评估图

七、人力资源的新理念

1. 人力资源规划

人力资源规划是一项系统的战略工程，它以企业发展战略为指导，以全面分析企业内外部条件为基础，以预测组织对人员的未来供需为切入点，内容包括晋升规划、补充规划、培训开发规划、人员调配规划、工资规划等，基本涵盖了人力资源的各项管理工作，人力资源规划还通过人事政策的制定产生持续和重要的影响。人力资源规划可分为战略性的长期规划、策略性的中期规划和具体作业性的短期计划。

人力资源规划的程序：①收集有关信息资料。人力资源规划的信息包括组织内部信息和组织外部环境信息。组织内部信息主要包括企业的战略计划、战术计划、行动方案、本企业各部门的计划、人力资源现状等。组织外部环境信息主要包括宏观经济形势和行业经济形势、技术的发展情况、行业的竞争性、劳动力市场、人口和社会发展趋势、政府的有关政策等。②人力资源需求预测。人力资源需求预测包括短期预测和长期预测，总量预测和各个岗位需求预测。③人力资源供给预测。人力资源供给预测包括组织内部供给预测和外部供给预测。④确定人力资源净需求。在对员工未来的需求与供给预测数据的基础上，将本组织人力资源需求的预测数与在同期内组织本身可供给的人力资源预测数进行对比分析，从比较分析中可测算出各类人员的净需求数。⑤编制人力资源规划。根据组织战略目标及本组织员工的净需求量，编制人力资源规划，包括总体规划和各项业务计划。同时要注意总体规划和各项业务计划及各项业务计划之间的衔接和平衡，提出调整供给和需求的具体政策和措施。

一个典型的人力资源规划应包括：①规划时间段。确定规划时间的长短，要具体列出从何时开始，到何时结束。若是长期的人力资源规划，可以长达 5 年以上；若是短期的人力资源规划，如年度人力资源规划，则为 1 年。②规划达到的目标。确定达到的目标要与组织的目标紧密联系起来，最好有具体的数据，同时要简明扼要。③情景分析。目前情景分析主要是在收集信息的基础上，分析组织目前人力资源的供需状况，进一步指出制订该计划的依据。未来情景分析在收集信息的基础上，在计划的时间段内，预测组织未来的人力资源供需状况，进一步指出制订该计划的依据。④具体内容。包括项目内容、执行时间、负责人、检查人、检查日期、预算等。⑤规划制定者。规划制定者可以是一个人，也可以是一个部门。⑥规划制定时间。主要指该规划正式确定的日期。

2. 胜任力模型

胜任力模型是对组织或企业中的某一个职位，依据其职责要求所提出的，为完成本职责而需要的能力支持要素的集中表示，它能够具体指明从事本职位的人需要具备什么能力，也是人们自我能力开发和学习的指示器。同时管理者可依据该模型对员工进行有针对性的在职辅导，也是员工及从事该职位的人进行职业生涯规划的基础。在一个组织中不同岗位的职务所要求员工具备的胜任力内容和水平是不同的，在不同组织和不同行业中相同的或类似工作岗位上，员工的胜任力特征也不尽相同。因此，我们把担任某一个特定的任务角色所必须具备的胜任力总和称为“胜任力模型”。从胜任力出发，以战略绩效为目标，可以建立任务管理的 SCAD 模型图，见图 5－4。

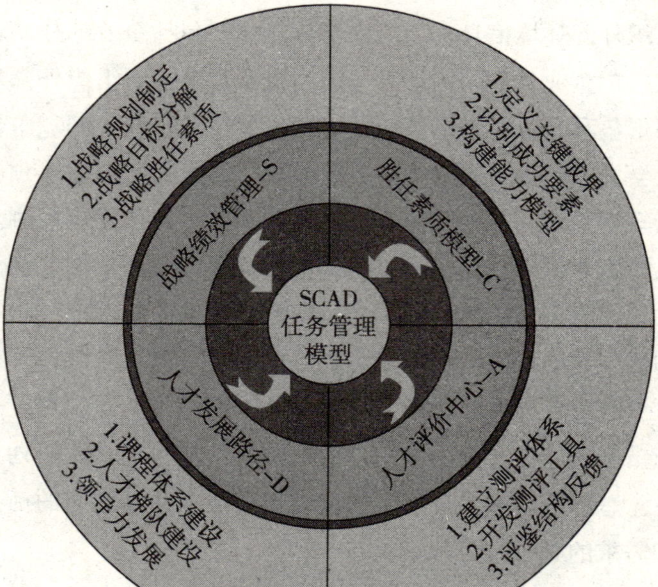

图 5－4　SCAD 任务管理模型图

心理学家把人的素质分为 6 大类、20 个具体要素。这 20 个素质要素对人类的知识、技能、社会角色、自我概念、性格、动机作了全面的概括，形成了企业任职者的完整的素质模型。素质模型的分类：①成就与行动族，具体包括 4 个素质要素，成就动机、主动性、对品质和次序及精确的重视、信息收集意识和能力。②帮助与服务族，具体包括 2 个要素，人际理解能力、客户服务导向。③冲击与影响族，具体包括 3 个要素，影响力、关系建立能力、组织认知能力。④管理族，具体包括 4 个要素，培养他人意识与能力、团队合作精神、团队领导能力、命令/果断性。⑤认知族，具体包括3个要素，分析式思考能力、概念式思考能力、技术、职业、管理等专业知识。⑥个人效能族，具体包括4个要素，自我控制、自信、弹性、组织承诺。人的素质模型建立的最终目标是实现职务的胜任，因此可以构建胜任力素质模型图，见图5-5。

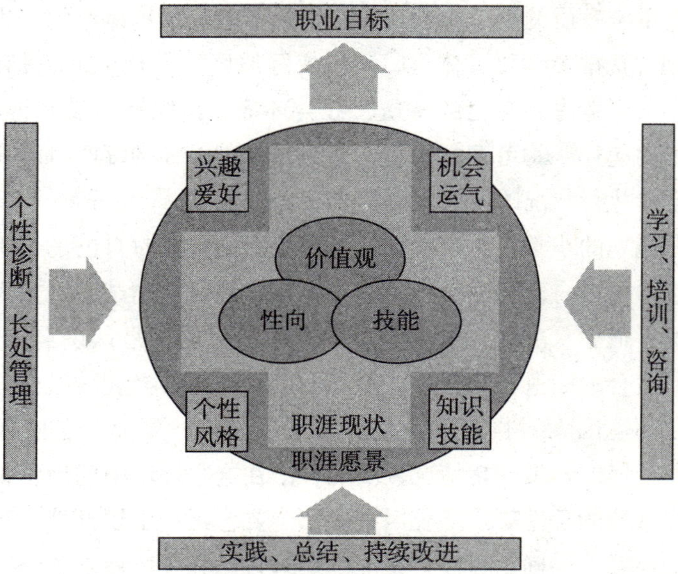

图5-5 胜任力素质模型

3. 职业生涯规划

职业生涯规划是指个人和组织相结合，对一个人职业生涯的主客观条件进行分析研究的基础上，对自己的兴趣、爱好、能力、特长、经历及不足等各方面进行综合评估，结合时代特点，根据自己的职业倾向，确定最佳的职业奋斗目标，并为实现这一目标做出有效的安排。职业生涯规划的期限一般划分为短期规划、中期规划和长期规划。短期规划为三年以内的规划，主要是确定近期目标，规划近期完成的任务。中期目标一般为三年至五年，在近期目标的基础上设计中期目标。长期目标其规划时间是五年至十年，主要设定长远目标。职业生涯规划既包括个人对自己进行的个体生涯规划，也包括企业对员工进行的职业规划管理。职业生涯规划不仅可以使个人在职业起步阶段成功就业，在职业发展阶段走出困惑，到达成功彼岸；对于企业来说，良好的职业生涯管理还可以充分发挥员工的潜能，给优秀员工一个明确而具体的职业发展引导，促进企业价值最大化。

职业生涯规划的基本原则：①清晰性原则。考虑目标措施是否清晰明确？实现目标的步骤是否直截了当？②变动性原则。目标或措施是否有弹性或缓冲性？是否能依据环境的变化而调整？③一致性原则。主要目标与分目标是否一致？目标与措施是否一致？个人目标与组织发展目标是否一致？④挑战性原则。目标与措施是否具有挑战性，还是仅保持其原来状况而已？⑤激励性原则。目标是否符合自己的性格、兴趣和特长？是否能对自己产生内在激励作用？⑥合作性原则。个人的目标与他人的目标是否具有合作性与协调性？⑦全程原则。拟定生涯规划时必须考虑到生涯发展的整个历程，作全程的考虑。⑧具体原则。生涯规划各阶段的路线划分与安排，必须具体可行。⑨实际原则。实现生涯目标的途径很多，在作规划时必须要考虑到自己的特质、社会环境、组织环境及其他相关的因素，选择确定可行的途径。⑩可评量原则。规划的设计应有明确的时间限制或标准，使自己随时掌握执行状况，并为规划提供参考的依据。

职业生涯规划的步骤：①自我评估。自我评估包括对自己的兴趣、特长、性格的了解，也包括对自己的学识、技能、智商、情商的测试，以及对自己思维方式、思维方法、道德水准的评价等。自我评估的目的，是认识自己、了解自己，从而对自己所适合的职业和职业生涯目标做出合理的抉择。②机会评估。主要是评估周边各种环境因素对自己职业生涯发展的影响，要充分了解所处环境的特点，掌握职业环境的发展变化情况，明确自己在这个环境中的地位及环境对自己提出的要求和创造的条件等。环境因素评估主要包括：组织环境、政治环境、社会环境、经济环境。③确定目标。在准确地对自己和环境做出了评估之后，我们可以确定适合自己、有实现可能的职业发展目标。合理可行的职业生涯目标的确立决定了职业发展中的行为和结果，是制定职业生涯规划的关键。④选择路线。在职业目标确定后，向哪一路线发展，此时要做出选择。因此在职业生涯规划中，必须对发展路线做出抉择，以便及时调整自己的学习、工作以及各种行动措施沿着预定的方向前进。⑤制订计划与措施。指落实目标的具体措施，主要包括工作、培训、教育、轮岗等方面的措施。职业生涯中的措施主要指为达成既定目标，在提高工作效率、学习知识、掌握技能、开发潜能等方面选用的方法。行动计划要对应相应的措施，要层层分解、具体落实，细致的计划与措施便于进行定时检查和及时调整。⑥评估与回馈。影响职业生涯规划的因素很多，有的变化因素是可以预测的，而有的变化因素难以预测。在此状态下要使职业生涯规划行之有效，就必须不断地对职业生涯规划执行情况进行评估。依据评估结果对计划进行修订与完善。如果有必要也可考虑对职业目标和路线进行修正，但一定要谨慎考虑。

4. 人力资源保养

人力资源存在磨损问题。人力资源在使用中会出现有形磨损和无形磨损，例如劳动者自身的疾病和衰老就是有形磨损，劳动者知识和技能的老化就是无形磨损。当今社会的人力资源磨损与传统的农业社会和工业社会有很大不同。首先，磨损的表现形式不同。传统的农业社会和工业社会人力资源的磨损更多地表现为有形磨损，未来社会则更多地表现为无形磨损；其次，磨损的速度快慢不同。与传统的农业社会和工业社会相比较，当今社会的一个重要特征是新技术不断取代原有技术，而且更新周期越来越快，技术进步的加快致使员工的知识和技能老化加剧，人力资源的磨损速度越来越快。最后，人力资源补偿的难易程度不同，由于当今社会的人力资源磨损主要表现为无形磨损，而无形磨损的补偿比起有形磨损要困难得多。同时人力资源的磨损速度的加快，也使得补偿的费用越来越高。所以重视人力资源的保养在当今社会人力资源管理工作中就显得非常重要。

每一个企业都有对员工的福利保障体系，对劳动者自身的疾病和衰老等有形磨损也有相应的补偿措施，例如养老保险制度、医疗保险制度、工伤保险制度等。但是这都属于事后保障，事前的保养却没有相应的制度保障，更没有具体的保障措施。人力资源得不到有效地及时地保养是当前人力资源管理工作的突出问题。造成人力资源得不到有效保养的原因：

（1）主观原因。人们在生产劳动过程中，或多或少都会产生某种疲劳。疲劳一般表现为生理性疲劳和心理性疲劳。①生理性疲劳表现为：局部性疲劳，即仅仅表现为身体个别器官或肢体的疲劳；全身性疲劳，即全身参与比较繁重的体力劳动所造成的疲劳；技术性疲劳，即随着生产力的发展而产生的脑力、体力和神经精神紧张所引起的疲劳。②心理性疲劳则往往是劳动内容的单调和人们对工作的效果期望值过高造成的。无论什么疲劳，在其早期人体内都会出现某种预防疲劳的抑制过程，这种过程带有很强的保护作用。同时早期的疲劳也有许多表现特征，例如，全身无力、头晕眼花、思想不集中、语言不流畅等。此时若劳动者对这些症状能够引起足够的重视，自身则能得到很好地、及时地保护。但是由于劳动者个人对自身保养的忽视，缺乏自我保护意识，往往以工作忙、自己还年轻、没必要担心等理由回避身体需要保养的客观事实。

（2）客观原因。①没有相应的法律措施对劳动者的身体健康予以预防和保护。②一部分企业经济效益不好，企业不可能有多余的资金去改造严重老化的设备，更不用说去购置新的生产设备和改善劳动条件了。劳动者在这样的条件下工作，无疑会增加身体受损的可能性。③劳动组织制度的不合理，例如，劳动强度过大、劳动时间过长、劳动速度过快、工作单调重复等。④不良的劳动环境条件，例如，工作场所的高温、高湿、低温、噪声和照明不足等。⑤市场竞争激烈造成的精神紧张，例如，情绪焦虑、抑郁、不安和工作场所的人际关系的紧张等。⑥企业过分追求经济利益，而忽视人力资源保护的必要投入，也是重要的客观原因。⑦政府为了增加地方财政收入，只关注企业经济效益而放松了对企业监管和对劳动者的保护，最终造成了人力资源得不到有效保养。

专家对人力资源保养的建议：①建立类似于社会中介机构的生产安全监督员制度。劳动者在生产过程中的安全保护问题，人力资源的保养问题，不仅政府主管部门要高度重视，同时劳动者个人、企业劳动组织也不能忽视。建立劳动安全的预防制度应充分调动政府、企业和劳动者三方的力量，尤其应注重社会力量的参与。②建立定期的人力资源检查制度。企业应该有具体的人力资源保养计划，以利于减少因病误工的工时损失，有利于充分利用和扩大人力资源的产出能力，最终实现企业的可持续发展。所以企业应该根据工作的需要，按照定期或不定期的方式，对企业员工进行身体素质检查，及时地掌握和了解员工工作情况和身体思想情况。③改善劳动组织，注意劳逸结合。根据人体内存在生物钟这一生理特点，制定合理的轮班制度，科学地安排劳动时间，根据企业的生产状况试行较为灵活的工作时间制度，例如实行弹性工作制、非全时工作制、分职制等；通过增加劳动过程间的休息次数、采用多种职务制等措施，扩大劳动者的工作范围，消除劳动者在生产过程中的乏味感和单调感。国家应尽快落实覆盖所有企业的带薪休假制度，从制度上保证人力资源的保养和恢复。④提高企业和劳动者的安全防范意识。人力资源的保养应该强调从源头上管理。企业必须进行职业病危害预测评价，并通过卫生行政部门检查验收合格。同时采取严格的管理措施，对劳动者进行职业卫生培训，提高劳动者的安全卫生保护意识，督促劳动者使用防护设备和个人防护用品，以便尽可能地减少生产过程对劳动者的损伤，保证劳动者的身心健康和合法权益不受侵害。最终真正建立人力资源的保养机制，这样才能真正实现商业利益和人的利益的平衡发展。

八、盖洛普路径

盖洛普对健康企业的成功要素的相互关系进行了深入研究，并据此建立了一个模型来描述员工个人表现与公司最终经营业绩——公司整体增值——之间的路径。对于上市公司而言，最佳评测无疑是股票增值。盖洛普向客户公司提供工具，帮助它们在盖洛普路径的前五个阶段达到国际先进水平。在这五个阶段的每个阶段达到国际水平将改进后三个阶段的关键业绩。前面的五个推动后面的三个，见图5-6。

实际利润增长推动股票增值。有许多因素影响一个公司的市值，其中实际利润增长是驱动股票增值的最重要的变量。我们之所以强调“实际”，是因为一家公司可以采取许多行动来提高短期利润。有的行动是实实在在的经营举措，如提高运作效率或降低成本，而另一些行动则是一些财会游戏。然而，唯有正常运作

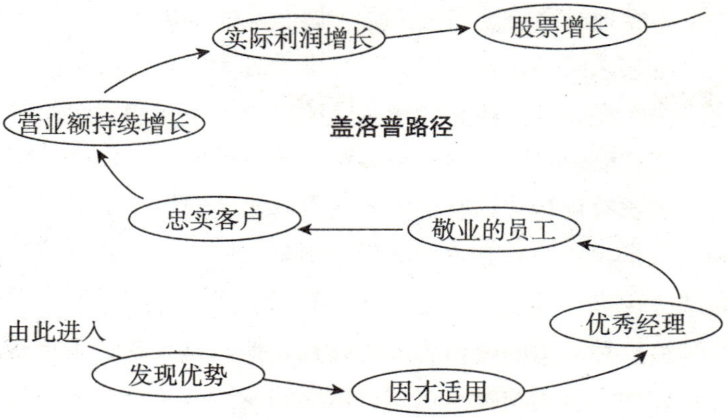

图 5－6　盖洛普路径

而获得的利润持续增长才能驱动股票持续增值。

可持续发展驱动实际利润增长。可持续发展与“买来的发展”绝然不同。一家公司可以通过各种技术来买发展：收购另一家公司的收益渠道，大幅度削价，或使用许多快速膨胀的餐馆和零售连锁店惯用的伎俩，在尽可能短的时间内开设尽可能多的分店。所有这些技术都会使收益突然膨胀，但对如何维持收益却毫无用处。衡量持续发展的是一系列脚踏实地的指标，如每家店的收益、每件产品的收益或每个顾客使用的服务等。这些指标衡量一家公司的收益渠道是否强劲，是否能持久。

忠实顾客驱动可持续发展。驱动可持续发展的最关键的因素是不断扩大的忠实客户群。在有的行业，还必须不断增加愿意多花钱的忠实客户群。更为理想的是，使这些忠实客户成为公司的义务宣传员。通过有效的促销和营销宣传，固然能够说服顾客尝试某种产品和服务，但是唯有向顾客提供高水平的产品和服务，才能培养顾客的忠诚。只有在顾客的品牌经历达到或超过公司的品牌承诺时，一家公司才能不断增加其忠实客户群。

敬业的员工驱动顾客忠实度。对于服务业来说这格外重要，因为公司的几乎所有价值都由每个员工提供给顾客，即使是纯粹的制造业，如果没有敬业的员工，就很难生产出高质量的产品。根据我们的定义，一个“完全敬业”的员工对盖洛普工作环境监测（GWM）调查的 12 个核心问题会作出完全肯定的回答。这 12 个问题将员工的态度与公司基层的四个经营业绩指标相联系。这四个业绩指标是员工保留、生产效率、顾客满意度和利润率。

在优秀经理领导下发挥员工所长驱动员工敬业度。路径的第一步是发现员工的独特优势。盖洛普所谓的“优势”或“才干”主要指一个人的思维、感知或行为的模式，其次才是后天学得的技能和知识。在确定了一个人的优势后，就实施路径的第二步：经理必须将这名员工派去做能发挥其优势的工作。如果前两步走错，那么无论后来如何鼓动和培训员工都将无济于事。盖洛普认为在选拔员工时，公司往往花费太多的时间和资金来考核员工的技能和知识，而忽视他们的内在优势。在成功完成前两步后，你就来到路径的关键岔口：你必须设法在这些有才干的员工身上培养敬业精神。有很多方法可以短期奏效：例如，多付薪金或提供优厚的福利，但是我们的研究表明这些都不是长期方案。使有才干的员工敬业的唯一途径是选拔优秀的经理，来营造 GWM 调查所评测的 12 个方面的良好工作环境。无法营造这种环境的公司将偏离路径，他们将大量失去优秀员工，他们将错派、错提、低估和滥用留下的员工。由于缺少能在工作中尽其所能的优秀员工，这些公司将不得不靠投机取巧来竞争——过分依赖营销技巧、不假思索地收购、不顾一切地“买”发展。面对高超的竞争对手，这些公司靠这种策略将难以奏效，由于缺乏能把握方向的优秀经理，这些公司最终将陷于失败。

盖洛普的 Q12 是测评一个工作场所的优势最简单和最精确的方法，也是测量一个企业管理优势的 12 个维度。它包括 12 个问题：

Q01：我知道公司对我的工作要求。要求是我们衡量自身进步的里程碑，知道公司对自己的要求如同知道通往成功的路径。

Q02：我有做好我的工作所需要的材料和设备。向员工提供做好工作所需的材料和设备是支持员工工作的首要行为，同时也是最大限度发挥员工潜力的前提基础。

Q03：在工作中我每天都有机会做我最擅长做的事。员工只有在工作中用其所长时，才能充分实现其潜力。当一个员工的天生优势与其所任工作相吻合时，他就可能出类拔萃。知人善任是当今公司和经理们面临的最重要挑战。

Q04：在过去的七天里，我因工作出色受到表扬。认可和表扬如同建设良好的工作环境的砖和瓦。我们作为个人都需要获得认可，以及由此而生的成就感。盖洛普在研究中发现，表扬已成为一种与员工有效的沟通方式。

Q05：我觉得我的主管或同事关心我的个人情况。离职的员工并不是要离开公司，而是要离开他们的经理和主管，在现在的公司管理中，经理和主管对员工的影响很大。对员工的关心可以增加双方的信任度，而这种信任会左右员工对公司的看法。

Q06：工作单位有人鼓励我的发展。我们的工作使我们有机会每天接触新情况和发现新方法来迎接挑战。盖洛普发现，在今天的工作场所，终生受雇于一家公司已过时。新的重点是终生就业机会。优秀的经理们会挖掘员工的自身优势、才干并鼓励他们在适合自己的方向上发展。

Q07：在工作中我觉得我的意见受到重视。所有员工都希望他们的意见受到公司的重视，而是否使员工有此种感觉又取决于公司如何倾听和对待他们的意见。这个问题往往被称为员工的“内部股价”。它测量员工对工作和公司所产生的价值感，并能增强员工对公司的信心。

Q08：公司的使命/目标使我觉得我的工作很重要。员工如果能将公司的价值、目标和使命与他们自己的价值相联系，就会有很强的归属感和目标感。如果员工认为他的工作对公司整个目标很重要，这将加大他的成就感。

Q09：我的同事们致力于高质量的工作。盖洛普在研究中还发现，员工对工作质量的精益求精也是影响团队业绩的关键因素。员工高质量的工作能增强团队精神，继而在整体上提高效率和改进质量。

Q10：我在工作单位有一个最要好的朋友。高质量的人际关系组成一个良好的工作场所，良好的工作场所会帮助员工建立对公司的忠诚度。公司往往关注员工对公司的忠诚度，然而最优秀的公司领导认识到，忠诚度同样存在于员工之间。员工之间关系的深度对员工的去留会产生决定性的影响。

Q11：在过去的六个月内，工作单位有人和我谈及我的进步。员工往往并不了解他们的才干在具体行为中会如何表现，他们需要从经理那里获得反馈来发挥才干和产生效益。优秀经理常常会不断地与员工进行工作交流，并会谈及员工的进步，帮助员工认识和理解他具有的才干及如何在每天工作中发挥出来。

Q12：过去一年里，我在工作中有机会学习和成长。学习和成长是人类的天然需要。学习和成长的一个途径就是寻找更有效的工作方法。对于员工来说，只要有机会学习才能更好地、更有效地工作，获得快速成长。

Q12 局限性在于：虽然企业中层领导者在执行决策与管理一般员工发挥重要作用，但是毕竟是高层领导者决定着企业的发展方向与战略。过度地强调一线经理的作用可能导致矫枉过正。

盖洛普 CE11 测评工具是盖洛普发明的一个客户忠诚度测量工具（见图 5－7）。“C”指的是顾客（Customer），“E”指的是忠实（Engagement），“11”就是争取忠实顾客而必须达到的 11 个情感结果，分为“L3”（忠实的 3 个维度）和“A8”（情感依附的 8 个维度）两个部分。而“A8”又分为“信心”（confidence）、“诚信”（integrity）、“自豪”（pride）和“激情”（passion）4 个层次及其所属的 8 个侧面。其最高境界是“激情”。如上所述，就是通过不仅满足顾客的理性需求，而且满足其情感需求，让顾客爱你没商量——“无法想象世界上没有你”。CE11 模型作为一种高级工具，还可用于开发品牌战略和方案，吸引那些能带来丰厚利润的客户。作为品牌管理、细分和定位的基础，CE11 可以帮助品牌经理开发有效的策略，从而吸引那些能带来丰厚利润的客户群体。

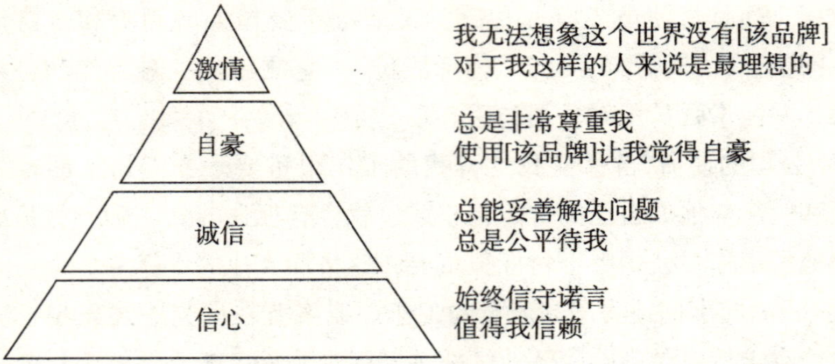

图 5－7　盖洛普 CE11 模型

盖洛普优势识别器是运用成功心理学原理评测正常人格特征的网络评测系统，目的是保持或提高有效的功能。优势识别器的 34 个主题：成就、行动、适应、分析、统筹、信仰、统率、沟通、竞争、关联、回顾、审慎、伯乐、纪律、体谅、公平、专注、前瞻、和谐、理念、包容、个别、搜集、思维、学习、完美、积极、交往、责任、排难、自信、追求、战略、取悦。

◇ 案例 1. 团结的罗斯柴尔德

罗斯柴尔德是一个神秘而古老的金融家族，当 250 年前第一代罗斯柴尔德开始创业的时候，他只不过是法兰克福的一个普通犹太商人，仅仅用了不足 100 年的时间，罗斯柴尔德家族控制了整个欧洲的金融命脉，在其鼎盛时期势力范围遍布欧美，所控制的财富甚至占了当时世界总财富的一半，达到 50 万亿美元，相当于目前美国全年 GDP 的四倍，世界主要经济体的国债由他们发行，每天黄金交易的开盘价由他们来确定，世界各国的股市都随着罗斯柴尔德资金的走向而波动，他们被称为当时欧洲凌驾于英国、法国、德国、俄国和奥地利之上的第六帝国，他们五箭齐发的族徽也成为世界金融权力的象征。家族创始人麦耶·罗斯柴尔德出生在具有经商传统的犹太族家中，在 18 世纪的反犹浪潮中度过了苦难的童年时期。在麦耶大约 10 岁的时候父亲便开始传授他做生意的方法，麦耶不但从父亲那里学到了赚钱的技巧，也培养了对古钱币和其他古董的兴趣。一天他成为小名气的古币收藏家的消息传到了比海姆公爵的耳朵里，并引起了他的浓厚兴趣，于是召见麦耶·罗斯柴尔德。一直在等候着机会的麦耶以近乎赠送的价格，不惜血本地向公爵卖出了他收藏的珍贵的古代徽章和钱币。正是因为他通过向王公贵族出售古币，逐渐进入了上流社会的活动圈。在麦耶 25 岁那年获得了“宫廷御用商人”头衔，在麦耶 45 岁的时候法国大革命爆发，比海姆公爵作为欧洲最大的金融家之一，他大规模地从事军火买卖，并把他庞大的资金借给缺少军费的君主和贵族以赚取高额利息。在此期间麦耶经过数年的卧薪尝胆，逐步积累了4亿英镑的惊人财产，一个在欧洲有举足轻重影响的金融家族开始悄然崛起。

麦耶有5个儿子，长子雅姆在德国法兰克福，次子萨洛蒙在奥地利维也纳，三子尼桑在英国伦敦，四子查尔斯在意大利拿波里，五子在法国巴黎，分别建立了罗斯柴尔德家族的银行，后来都成了举世罕见的金融奇才，他们在欧洲各国翻云覆雨，并共同建立了罗斯柴尔德国际金融王国，使罗斯柴尔德家族金融王国的触角几乎遍及了整个欧洲大陆，被人们称为“罗氏五虎”。保持家族的和谐是这个家族的一贯传统，雅姆·罗斯柴尔德永远记着父亲临终前的情景，父亲麦耶·罗斯柴尔德临终前将子女召集起来，处在弥留之际的父亲告诫他们：“只要你们团结一致，你们就所向无敌；你们分手的那一天，将是你们失去繁荣的开始。”雅姆·罗斯柴尔德永远也没有忘记父亲的临终遗训。后来在雅姆·罗斯柴尔德自己临终的时候，在家规中第一条就写上了“要保持家族的和谐”的语句告诫子孙后代。

作为第四代的居伊·罗斯柴尔德经历了第一次和第二次世界大战，他的家族使命感比历史上任何一个时期都要强烈。在战争期间他曾经责无旁贷地担当起挽救银行的重任，并通过不懈的努力和艰难的斗争，终于保住这个银行。第二次世界大战结束后，他唯一的任务就是恢复银行的元气，重塑家族的辉煌。在此关键时刻，从德国战俘营中回来的堂弟阿兰·罗斯柴尔德和埃利·罗斯柴尔德开始对居伊·罗斯柴尔德鼎力相助，后来他们三人成为“罗斯柴尔德兄弟银行”的三个股东。令罗斯柴尔德感到棘手的是资金不足，战后罗斯柴尔德兄弟银行无法进行有规模的投资和金融活动，使得银行的营业额十分有限，受困境所扰的银行效益很差，居伊·罗斯柴尔德意识到必须扭转这种不利局面。经过苦思冥想他找到解决问题的方法，那就是把目光瞄准先前由罗斯柴尔德家族投资并兴旺发展起来的许许多多的企业，在居伊·罗斯柴尔德耐心细致的劝说之下，他的愿望得到了令人满意的实现，罗斯柴尔德财团投资的企业同意把自己手下的现金如数存到罗斯柴尔德兄弟银行。为了罗斯柴尔德家族的复兴，所有家族成员也都众志成城地支持银行业务的发展。为了适应现代条件下存款业务的发展，他将有150年历史的古老银行改组为商业银行，建立了遍布法国全国的分行网。他领导的罗斯柴尔德财团奉行多元化战略，各种经营活动互相补充、互相协调、互相促进，形成一体，大大降低了经济活动的风险。这也促使他不仅成为金融界巨子，同时在实业界享有盛誉。他还非常重视人才的选任提拔，并一贯坚持知人善任的原则。他最为欣慰的是曾经在他的子公司担任董事长的乔治·蓬皮杜后来成了法国总理，并在1969年当选为法兰西共和国总统。1981年密特朗总统执政后，根据法国政府的国有化政策，罗斯柴尔德家族的巨大产业被国有化，其中包括银行、工业、商业、矿业等许多部门，资产数值将近400亿法郎。

进入现代后罗斯柴尔德银行集团的业务主要是并购重组，帮助大企业收购兼并其他的企业或者对其资产结构进行重组。罗斯柴尔德的并购重组业务主要在欧洲，在2006年世界并购排行榜上可以排到第13位。不过经过250多年的变迁，罗斯柴尔德家族表面上看是变小了，实际上却变得更大了。与张扬的美国资本主义不同，罗斯柴尔德家族行事低调，一般人现在只是在读历史书的时候才能碰见它，但实际情况是它无所不在。直到现在罗斯柴尔德家族的银行都拒绝上市，这意味着它根本不用公布年报。二百多年来他们一共在地球上投资了多少生意，赚了多少钱，只有家族核心成员才清楚。它在世界经济界的影响，也只有极少数细心的专业人士才能发现。试想一般人哪能从几年前的铁矿石价格暴涨中看出罗斯柴尔德家族的影子？同样，对于以互联网为代表的新经济，罗斯柴尔德家族到底参与多深，也只有极少数人才能发觉蛛丝马迹。正如福特是美国汽车业的代名词一样，罗斯柴尔德家族早已成为金融业的象征，经历了250年的风雨变迁，这个家族依然兴旺发达，和财富为伴，与权贵为伍。物换星移并没有令它的成功之道发生丝毫改变。

◇ 案例2. 郭广昌的创业五人组

郭广昌是上海复星高科技（集团）有限公司董事长。复星集团创建于1992年，是中国最大的综合类民营企业，是中国市场经济改革中涌现出的企业代表之一。目前，复星的业务主要涉足医药健康、房地产、钢铁、矿业，同时亦通过投资，分享零售、服务等高度受益于中国内需发展的行业的快速成长。2008年复星国际实现营业收入402.50亿元、净利润13.28亿元；复星投资企业合计上缴税收51.77亿元。目前，复星已稳居中国企业前100强，并连续多年名列中国民营企业纳税总额前茅。2010年，复星位列福布斯全球2000强第1264位，中国民营企业500强利润第2位、资产第4位、纳税第4位、营收第14位。

1989年郭广昌毕业后留在复旦大学校团委工作，然而他渴望更广阔的天空，于是准备出国，先后通过了TOFEL和GRE考试，而且还向亲戚借好了出国所需的资金。1992年上海变成投资和创业的热土，他看到了机遇放弃了出国的机会。郭广昌下海创业，与梁信军、汪群斌、范伟和谈剑组成了后来的复星集团创业五人组，他们用从老师、亲戚、朋友们那里借来的钱，办起了广信科技咨询公司，郭广昌骑着自行车不断地去找项目，太阳神、乐凯胶卷、天使冰王等诸多品牌成为公司的客户，公司成立10个月后他们赚到了人生第一个100万元。这时郭广昌突然发现了一个机会，郊区一家房地产公司的房子卖得不是很好，于是决定做房产销售。当时上海卖房子的通常做法就是在工地附近挂块售楼广告，而且喜欢将房一栋栋地卖给企业客户，郭广昌卖房子的不同之处是打广告，在报纸上登，夹报广告也做，还有邮递广告，房子也不是一栋栋地卖给企业客户，而是一间间、一套套地卖给个人消费者，现在看来很平常的办法，在当初却很新鲜。为把当时一些“海归”的家庭情况打听清楚，他们还跑到出入境管理部门去查，把广告送上门，结果房子的销售量一下就上去了，复星赚来了第一个1000万元。在这一过程中，郭广昌慢慢找到了市场的感觉。1993年上半年，他们决定放弃自搞产品，回到母校，找到生命科学院一种新型基因诊断产品——PCR乙型肝炎诊断试剂，开始了介入生物医药产业的第一步。在合作方式上，复星提供基因诊断检测设备和技术人员，医院提供场地，利润两家分成。从PCR上，复星赚到了第一个1亿元，那是在1995年。

1998年复星实业（复星医药前身）在上海上市，成功融得资金3.5亿元，复星走上了进军资本市场的道路。2007年7月16日复星集团母公司复星国际（00656.HK）在香港联交所主板整体上市，融资128亿港元，成为当年香港联交所第三大IPO，同时也是香港史上第六大IPO，复星集团也成为市值800多亿元中国最大的民营企业集团。至此郭广昌的复星系已经形成了涉及生物制药、钢铁、房地产、信息产业、商贸流通、金融等多个领域的庞大产业规模，直接、间接控股和参股的公司逾100家，旗下的上市公司包括A股的南钢股份、复星医药、豫园商城等，在港上市的H股则有上海复地和招金矿业等公司。现在郭、梁是复星集团的正副董事长，汪、范、谈三人则分别是复星医药、地产、信息技术方面的掌门人，这五个人的“不离不弃”，成为中国民营经济史上一个奇迹。

郭广昌认为复星过去最大的成功就是抓住了机遇。在郭广昌看来改革开放以来中国有四次机遇，最早的开放搞活，出现了很多个体户；然后是1992年邓小平南巡后，知识分子可以下海办公司；第三次就是资本市场的发展，让一些业绩不错的公司特别是民营企业有了机会；第四次是1998年国有企业退出非竞争性行业的机会。后面这三个机遇，复星全部都抓住了，也就造就了今日的复星。复星坚持扎根中国，投资于中国成长的根本动力，探索实践中国动力嫁接全球资源，努力成为具备全球能力的中国专家，积极把握中国经济向内需转型所带来的消费升级、工业化升级及城市化等时代机遇，践行价值投资，持续为社会和股东创造价值。复星凭借持续发现和把握中国投资机会的能力，持续优化管理提升企业价值的能力和持续建设多渠道融资体系对接优质资本的能力，形成了以认同复星文化的企业家团队，并以上述三大核心能力为基础创造价值链的正向循环，促使集团旗下各项产业业绩稳定增长，在各行业内细分市场处于领先地位。同时复兴集团亦积极投身中国商业生态和自然生态的改善，支持中国经济和中国文化的复兴。

◇ 案例3. 詹姆斯·麦肯锡的精英团队

詹姆斯·麦肯锡是麦肯锡管理咨询公司的创始人，同时他也开创了现代管理咨询的新纪元。现在麦肯锡公司已经成为全球最著名的管理咨询公司，在全球52个国家和地区开设了94间分公司或办事处，目前拥有9000多名咨询人员，分别来自78个国家，均具有世界著名学府的高等学位。1926年芝加哥大学杰姆斯·麦肯锡教授创立麦肯锡咨询公司时，这家以他的姓氏命名的公司以会计及工程的顾问服务为主，到了20世纪30年代麦肯锡已逐渐把自己的企业形象塑造成一个“精英荟萃”的“企业医生”，把麦肯锡的远景规划描绘成致力于解决企业重大管理问题的咨询公司，聚集最优秀的年轻人，恪守严格的道德准则，以最高的专业水准和最卓越的技术，为客户提供一流的服务，并不断提高公司在行业中的地位。在招聘咨询人员时，麦肯锡着眼于杰出的品格，解决问题的能力，卓越的智慧，有效地同各层次人士交往的能力。麦肯锡多数咨询人员在加入麦肯锡之前，已具有相当的业务经验。

许多咨询行业的公司很早就知道，他们不可能在所有他们涉及的领域都处于世界先进水平，因此没有必要拥有那些在偶然情况下才会用到的专家。然而麦肯锡公司的目标是打造能够吸引、培育和激励杰出人才的优秀组织机构。麦肯锡的经验是找那些企业的领导们，他们能够认识到公司必须不断变革以适应环境变化，并且愿意接受外部的建议，这些建议在帮助他们决定作何种变革和怎样变革方面大有裨益。麦肯锡采取“公司一体”的合作伙伴关系制度。在麦肯锡职位级别和成就直接挂钩，在咨询人员的职业生涯中对咨询人员的业绩进行评审，评估其解决问题的质量和对客户的影响。在发展过程中麦肯锡将公司理念传递给每一个合伙人和同事，并把各地的分支机构组织成一个紧密合作的整体，打破公司内的地域分割，强调所有的雇员无论其身在何地，都是在为整个公司而工作；而每一位顾客，无论是哪一个分支机构对其提供的服务，整个公司都必须对其负责；利润则在全公司范围内进行分配，而不是由各地的分支机构自负盈亏，以此来确保公司上下团结一致，增强公司的凝聚力。麦肯锡公司在20世纪50年代实现了快速发展，成为美国国内咨询业首屈一指的领先者，到60年代末麦肯锡公司已成为一家在欧洲和北美市场享有盛誉的大型咨询公司，现在已经是世界级的著名咨询企业集团。

麦肯锡公司的内部管理风格也沿用合伙人制，公司的所有权和管理权完全掌握在近600位在位的高级董事（资深合伙人Director）和董事（合伙人Principal）手里，所有的董事在加入公司时都曾担任过咨询人员（Associate），他们作为工作人员分布在不同的国家和地区。公司所有权制度确保了独立性和客观性，因此公司只对客户和公司自己负责。公司执行董事是由高级董事们选举出来的，任期为三年。公司严格奉行不进则退的人事原则，凡未能达到公司晋升标准的人员，公司会妥善劝其退出公司。公司几乎所有的高级董事和董事都是通过了6~7年的严格培训和锻炼后，从咨询人员中精心挑选出来的，成为董事的概率大约是每5~6个咨询人员有一个有可能会晋升为董事。许多董事最终将会决定离开麦肯锡并加入其他大公司担任要职，例如，IBM公司、西屋电气公司、美国运通公司等许多跨国公司的CEO高管都是来自麦肯锡公司。

第六章　决策的背后

一、怎样进行战略决策

1. 重视信息价值

信息是企业家制定制胜战略的基础，从海量的信息中分析预测未来。信息是人类文明赖以发展的基础，人类所有的知识、所有的故事都是信息。信息就是人类的一切生存活动和自然存在所传达出来的消息，信息的积累和传播是人类文明进步的基础。人类社会赖以生存发展的三大基础是物质、能量和信息。世界是由物质组成的，能量是一切物质运动的动力，信息是人类了解自然及人类社会的凭据。

2. 分析未来趋势

企业家经营运作必须具备未来意识。未来是相对于现在我们所处的这个时刻而言的未来时间，它是一个时刻，也可以是一个时间段。相对而言，明天只是未来的一部分。趋势表示事物发展的动向，在市场经济中表示各类商品变化的方向。趋势概念的起源为股票市场，一般认为股价倾向于以趋势运动；交易量跟随趋势；一轮趋势一旦确立以后，倾向于继续起作用。趋势的方向有三个：上升方向、下降方向和水平方向。趋势的类型有主要趋势、次要趋势和短暂趋势三种。一个典型的趋势运动过程的主要特征：首先趋势的发展尚未确认；其次一旦趋势被确认，这种认定将加强趋势的发展，并导致一个自我推进的过程。在趋势形成和强化的初期，会多次发生怀疑，但又多次被消除，如果在多次怀疑的冲击之后，趋势的发展依然如故，那么趋势必然会出现一个加速的过程。接着市场开始出现极端的现象，市场行为严重扭曲，市场进入非理性状态，也预示着高潮即将到来；最后大众对市场的看法高度一致，市场在疯狂中其自我推进停滞不前，一个反向运动即将来临。因此企业家要立足未来，掌握市场变化的趋势，特别是大型企业的领导人，更应该注意对整个社会经济整体变化苗头的捕捉，及时制定相应的战略对策，才能真正防止企业的失败衰落，有时还能发现并创造出新的市场机遇。

3. 进行革命性思维

要想作为行业领导企业的企业家，就必须以革命性的角度思考问题，没有从根本上挑战现状的战略就不叫战略，大多数企业使用的所谓战略通常缺乏想象力并毫无结果。一个能够进行革命性思考的企业家，可以找到隐藏在组织内部的新颖的想法，但怎样判断一个想法是否具有革命性是需要企业家的境界。把故意与众不同作为企业战略的革命也有一定的道路。

4. 战略路径选择

战略决策需要企业家必须能够精确预测或预见未来，包括消费者的爱好、消费需求及未来的组织生产所需要的技能等。真正有预见性的企业家，他们的预见是很多人都认为无法达到的。创造未来比预见远景更具说服力。团队成员的普遍参与，可以帮助企业家创造出现在还不存在的环境。企业家必须对企业未来5～10年的发展状况做出预测，并且决定怎样才能使企业走上一条优势发展的道路。而且企业家必须意识到，要想使企业将来在行业中处于优势地位，现在就必须学习相应的技能，提供实际工作的能力。企业家也要学会能够把与现有状况不合适的机会转化为资本。

5. 创造科学愿景

一个经过深思熟虑、紧密衔接的愿景，可以帮助人们认清自己，可以指出哪些事情我们做得成功、哪些做得失败、哪些行为应该提倡、哪些应该避免。那些重视长期战略、广泛沟通和接受愿景及务实经营的企业家，最有确定性能够成功。

二、几种决策的类型

1. 个体决策与群体决策

个体决策一般包含理性思考和科学规范的步骤，同时也体现出企业家的鲜明的个人特征。群体决策的最优选择是使群体效用利益达到极大或社会福利达到极大。群体决策中的关键词：①不可能定理。②偏好分析。③社会选择理论。④委员会决策理论。⑤群体决策支持系统。

2. 理性决策与有限理性决策

理性决策的程序：①企业家面临的问题是最重要的；②做出决定的目的、价值或目标是明确的，而且按他们的重要性依次排序；③所有解决方案一一列举进行选择；④对每个方案进行评估，并对执行结果进行预测；⑤比较每个决策方案，比较优缺点，并按优劣排序；⑥正确选择最大程度实现目标的最佳方案。

有限理性决策的程序：①情报活动，收集信息；②设计活动，寻找科学的行动方案；③选择活动，比较每个方案进行选择；④审查活动，实施选择的方案，并给予评价。

3. 渐进决策与综合扫描决策

渐进决策的重点：①渐进主义；②极小变大；③稳中求变。激进变革带来人们心理的不适应和行为的抵制，危及企业和社会稳定，渐进决策比较容易获得支持。综合扫描决策是既要突出传统理性决策的困难，又修补渐进决策的不足，把它们中符合决策规律和现实要求的内容融合，在实践中运用。

4. 程序性决策与非程序性决策

程序性决策也叫常规性决策，是指决策者对所要决策的问题有法可依，有章可循，有先例可参考的结构性较强，重复性的日常事务所进行的决策。程序性决策亦称例行决策、常规决策、定型化决策和重复性决策。非程序性决策也叫非常规性决策，是指决策者对所要决策的问题无法可依，无章可循，无先例可供参考的决策，是非重复性的、非结构性的决策。非程序性决策针对非结构性问题。非结构性问题有依次性（偶发）、开创性（无先例）、不重复、突发、不确定等特征。它无可借鉴，难以量化，甚至不能预测，因此不能用固定程序、常规办法处理。非程序性决策比程序性决策更重要，它对决策者能力强弱、才能高低、性格素养和知识经验，均是严峻的考验。

5. 逆境决策

逆境的分类包括简单与复杂、短期与长期、可以处理与难以驾驭等，处理原则：①临界质量原则；②社会改造原则；③有选择激进主义；④产出价值优先原则；⑤积极干预原则。

6. 4W 思考模式

这一思考模式使人类能够在许多环境中生存下去，并克服复杂的逆境。①发生什么事。面对复杂状况，能够评估、澄清、分类及赋予秩序。②这事为什么发生。使我们能将事件与结果，成因与结果加以关联。③采取哪一条行动路线。选择产生三种活动：决定目的（做这项选择的目的何在）；考察可供选择的方案（他们对于完成目的而言，能多有效）；对这些可供选择的方案的相对风险加以评估（哪一样行动可能是最安全，而且是有生产力的）。④前途如何。预料未来。

7. 头脑风暴法

头脑风暴法是所有参与者都应该具有较高的联想思维能力，在进行“头脑风暴”（即思维共振）时，应尽可能提供一个有助于把注意力高度集中所讨论问题的环境。往往是在前一个提出设想的基础之上，经过“思维共振”的头脑风暴迅速发展起来的，以及对两个或多个设想的综合。

三、资源是决策的基础

资源是指自然界和人类社会中一种可以用以创造物质财富和精神财富的具有一定量的积累的客观存在形态，如土地资源、矿产资源、森林资源、海洋资源、石油资源、人力资源、信息资源等。当然对于企业家来说最重要的是社会资源，那么社会资源有什么特点？

1. 社会性

不同的社会生产方式产生不同的种类、不同的数量、不同的质量的社会资源。社会资源是可超越国界、超越种族关系的，谁都可以掌握和利用它创造社会财富。

2. 继承性

社会资源的继承性特点使得社会资源不断积累、扩充、发展。知识经济时代就是人类社会知识积累到一定阶段和一定程度的产物，就是积累到“知识爆炸”，使社会经济发展以知识为基础，这种积累使人类经济时代发生了一种质变，即从传统的经济时代飞跃到知识经济时代，这是信息革命、知识共享必然的结果。

3. 主导性

社会资源决定资源的利用、发展的方向。把社会资源变为社会财富的过程中，它表现贯彻了社会资源的主体——人的愿望、意志和目的。

4. 流动性

劳动力可以从甲地迁到乙地，技术可以传播到各地，资料可以交换，学术可以交流，商品可以贸易。可以通过相应的政策和手段，把他国的技术、人才、资金引进到自己的国家。

因此企业家需要具备的资源新观念包括：

（1）资源系统观。资源系统观是资源观中最核心的观点。只有当人类充分认识到自己是人与自然大系统的一部分的时候，才可能真正实施与自然协调发展。而且，也只有当人类把各种资源都看成人与自然这个大系统中的一个子系统，并正确处理这个资源子系统与其他子系统之间的关系时，人类才能高效利用这种资源。

（2）资源辩证观。以新的资源观看待资源问题时，我们应当正确处理几个重要的资源矛盾关系：①资源的有限性与无限性问题。自然资源就其物质性而言是有限的，然而人类认识、利用资源的潜在能力是无限的。片面的悲观和盲目乐观都是不正确的。②资源大国与资源小国问题。分析一国的资源情况既要看到宏观上综合经济潜力巨大的因素，又要清醒地认识到在微观上人均可利用资源限度的现实问题。③资源的有用性与有害性问题。④资源的量与质问题。

（3）资源层次观。资源是相对于人类认识和利用的水平来区分层次的，材料—能源—信息是现实世界三项可供利用的宝贵资源，而整个人类的文明又可根据人类对这三项资源的开发和利用划分层次。人类从学会利用材料资源到能量资源，再到信息资源，推动了人类社会从农业时代向工业时代再向信息时代的不断迈进，材料能源信息“三位一体”成为现代社会不可或缺的宝贵资源，只有全面地开发和综合利用三大资源，才能不断地推动社会进步和发展。

（4）资源开放观。知识经济是世界一体化的经济，资源的开放观是从地区到全球，从微观到宏观，从局部到整体，在不同层次上都要确立的一种基本观点。资源的开放观就是要打破地区经济封锁以实现产业结构动态优化，合理配置资源。

（5）资源动态平衡观。资源动态平衡观是可持续发展的理论基础。在人与自然大系统中，人的发展变化要依靠开发利用自然资源，而自然资源系统由于自身动因和人的作用也在发展变化，在发展过程中人与自然要达到动态平衡，防止资源组合错位的差距。

四、没有资本就没有主义

在经济学中资本是投入生产资料的一部分，投入包括劳务、土地、资本。根据宏观经济学观点，资本可以划分为物质资本、人力资本、自然资源、技术知识。物质资本是指用于生产物品与劳务的设备和建筑物存量。人力资本是经济学家用来指工人通过教育、培训和经验而获得的知识与技能。自然资源是自然界提供的生产投入。技术知识是对生产物品与劳务的最好方法的了解。按照马克思主义政治经济学的观点，资本是一种可以带来剩余价值的价值，它在资本主义生产关系中是一个特定的政治经济范畴。今天我们来单独研究宏观经济存量核算时，“资本”泛指一切投入再生产过程的有形资本、无形资本、金融资本和人力资本。从投资活动的角度看资本与流量核算相联系，而作为投资活动的沉淀或者累计结果，资本又与存量核算相联系。价值规律告诉人们，资本总是流向高利润行业。从企业会计学理论来讲，资本是指所有者投入生产经营，能产生效益的资金。

按资本所处的领域不同可分为产业资本、商业资本、借贷资本和银行资本等。产业资本是企业家投入物质生产部门的资本，亦即投在工业、矿业、农业、交通运输业和建筑业等的资本；商业资本是在流通领域中独立发挥作用的职能资本，是从产业资本中分离出来的独立的资本形式，是专门从事商品买卖，以获取商业利润为目的的资本；借贷资本是为了获取利息而暂时贷给企业家使用的货币资本；银行资本是金融家为经营银行业务而拥有的资本，主要由现金和各种有价证券构成。资本的不同形式形成利益阶层的不同集团，它们同企业家一起分享剩余价值。在生产的总过程中，资本采取不同的具体形式，剩余价值也转化为利润、利息、地租等多种具体形式。资本的运动表现为依次经过购买、生产和售卖3个阶段，依次采取货币资本、生产资本和商品资本3种职能形式。资本只有顺利地从一种职能形式转变为另一种职能形式，顺利地通过购买、生产、售卖3个阶段，才能生产并实现剩余价值。资本一旦停止运动，实现价值增值的目的就会丧失，资本的生命就会停止。

资本是企业经营活动的一项基本要素，是企业创建、生存和发展的一个必要条件。企业创建需要具备必要的资本条件，企业生存需要保持一定的资本规模；企业发展需要不断地筹集资本。企业家的根本是要有自己的企业，那么企业就必须要注册资本，注册资本是公司从事经营活动的物质基础和前提条件。无论公司所在的行业、部门或经营的范围有何不同，都要从事经营活动，并在该活动中享有权利和承担义务，这就要求公司必须拥有一定的资本，注册资本就是这一要求在法律上的体现。公司有了注册资本才能生存，才能从事生产经营活动。公司是一种法人组织，公司的活动是财产性的活动，或者说是市场交换活动，这种活动只有财产者才有资格参加，因此公司作为一种法人民事主体必须有自己的财产，公司的人格以其财产为基础。在民法上无财产既无人格，财产是一切人格的基础，公司与自然人不同，它不仅要拥有财产，而且要拥有独立的财产。注册资本就是公司独立财产的集中体现，它独立于其他法人和自然人的财产，独立于其出资人的其他财产，使之成为公司存在和从事经营活动的物质基础和前提条件。

主义是指最高理想和准则，某某主义指以某某为最高理想和准则的思想体系。比如，拜金主义就是把追求金钱作为最高理想和基本原则，一切活动都是为了金钱；极权主义把追求权力的最大化作为最高准则；自由主义就是把人的自由作为最高理想和准则的思想体系；社会主义是把社会团体的价值和利益作为最高理想和准则的思想体系；马列主义就是把马列理论作为最高理想和行为原则；无政府主义就是把无政府状态作为最高理想和行为原则。从人类发展的历程看，某种意义上是资本而非其他的东西创造了人类的近现代史，创造了美国经济的成功。1868年詹姆士戈登贝内特说，人们已经不再试图用剑来统治天下了，取而代之的是金钱，金钱这一武器同样锋利无比，同样可以进行权力的独裁。这一洞见即便到了今天，也是那么的掷地有声。把金钱变活，让钱生出更多的钱，这钱就成了资本。资本的本性在于自我增值，它天生就是要去创造新的更多的资本，从而成为社会经济发展的驱动力，成为推动社会进步的变革性力量。

五、突破条件的限制

根据是决定事物存在、发展的内部原因，是事物内部固有的根本矛盾和事物运动的根源；条件是制约和影响事物存在、发展的外部因素。两者互相联系，互相制约。根据在事物发展中起主要的或根本的决定作用，不同的根据决定事物的不同的特征和不同的发展可能性。条件只有通过根据才能起作用。根据与条件的区分是相对的，在一定条件下两者可互相转化。企业家要分析，条件、必要条件、充分又必要条件的重要性，不能冲动，不能固执，更不能死板，既要认识条件限制的客观性，又要发挥人类的智慧能动性和主动创造性，解决限制，创新思维，找到新的适合企业家自身的发展道路。

其实企业家运营与厨师做菜，道理有些相似。精明能干的企业家，不需要什么特殊的资源和条件便能白手起家，平中建奇，灵活机动地调动身边普通常见的资源，迅捷机敏地发现别人熟视无睹的商机。当然巧妇难为无米之炊，厨师手艺的发挥总会受到资源与条件限制的。最严格的限制，应该是厨师必须根据现有的原材料做出一桌可口的饭菜。比较松散一点的限制，则是厨师有机会去菜市场根据自己的需求买菜，然后根据可以买到的东西制作一场宴席。而最为自我实现的境况，当然是厨师可以根据自己的想象力设计一套菜系，逐渐地寻找、扶植、培育和尝试所需的原材料。

企业家们同样面临着资源与机会的双重约束，有些企业家非常善于对现有资源进行组合或者分拆，对现有的技术标准进行模仿、替代。他们从不抱怨环境的贫瘠，也不在乎资源的有限，而是从自身条件出发，以现有资源为基点，摸索、学习、创新、实践，他们的强项是内省性创新。即使给定企业的资源约束，如果一个企业家善于观察、总结、领悟、借鉴，他也可以像厨师到菜市场自己去采购所需原材料一样，发现和利用外部环境中的各种机会，引进新的材料，设计新的菜式，启发新的烹饪方式。此时创业的焦点是不断寻找外部的机会与刺激，而不是被动地束缚于自身资源的不足。这类企业家善于向外部环境寻求机会，他们的专长是外向型创新。如果企业家既不忙于寻求时下的机会和时髦，也并不直接面临资源极为窘迫的尴尬，那么他们还可以比较从容地感知未来的发展趋势，打磨自己的远见，酝酿自己的愿景。这就像厨师发明新的菜品或菜系一样，根据某种点子和想象去准备资源、寻找资源，等待合适新菜品推出的恰当机会与环境。此类企业家善于有准备地寻求运气。他们的特点是前瞻型创新，远见不远不近，愿景不燥不钝，资源机会并谋，行动适度分寸。

六、决策的路线图

1. 计划路线

企业家无论做什么，首先要有计划，计划不仅是一种工作方法，更是一种思维方法。管理学中计划具有两重含义：其一是计划工作，是指根据对组织外部环境与内部条件的分析，提出在未来一定时期内要达到的组织目标以及实现目标的方案途径；其二是计划形式，是指用文字和指标等形式所表述的组织以及组织内不同部门和不同成员，在未来一定时期内关于行动方向、内容和方式安排的管理事件。从计划的重要性程度上来看，企业家可以将计划分为战略计划和作业计划，应用于整体组织的，为组织设立总体目标和寻求组织在环境中的地位的计划称为战略计划；规定总体目标如何实现的细节的计划称为作业计划。按计划的时期界限分为长期、中期和短期。

2. 目标系统

计划是目标的一种，但目标系统内涵更加丰富。目标是个人、部门或整个组织所期望的成果。梦想、理想通常是大目标的另一称呼。目标是指企业或组织所指向的终点。目标设定应符合明确的、可测量的、行动导向的、务实的、有时间表的原则。企业家要构建目标体系：①确立企业年度总体目标，企业年度总体目标源于企业的战略目标，总体目标的内容要科学、全面，反映企业的关键业绩指标。②进行“纵向”的目标整合。公司级目标确定以后，按照一定的原则和程序进行分解，形成单位和个人目标，便建立起公司的目标体系。③建立横向协同机制。部门之间，岗位任职人员必须进行相互有效的支援，并整合企业的资源。企业家目标管理是以目标为导向、以人为中心、以成果为标准，而使组织和个人取得最佳业绩的现代管理方法。目标管理的方法：①明确目标。②参与决策。上级和下级共同参与目标的选择和对如何实现达成一致意见。③规定期限。每一个目标的完成都有一个明确的时间界限。④反馈绩效。目标管理寻求不断将事情的进展情况反馈给个人，以便他们能够调整自己的行动，也包括正式的评估会议，上下级共同回顾和检查进展情况。

3. 光荣使命

企业家做好事业，仅有计划和目标是不够的，必须要有使命感，如此才能做出伟大的事。企业使命是企业生产经营的哲学定位。企业使命是指对自身和社会发展所作出的承诺，是公司存在的理由和依据，是组织存在的原因。彼得·德鲁克认为，为了从战略角度明确企业的使命，应系统地回答问题：①我们的事业是什么；②我们的顾客群是谁；③顾客的需要是什么；④我们用什么特殊的能力来满足顾客的需求；⑤如何看待股东、客户、员工、社会的利益。当前中国企业家的使命就是首先成为本土的社会标杆。企业家要不断寻找和研究同行业一流公司的最佳实践，并以此为基准与本企业进行比较、分析、判断，从而使自己企业得到不断改进，赶超一流公司，创造优秀业绩的良性循环过程，其核心是向业内或业外的最优秀的企业学习，企业家通过学习，重新思考和改进经营实践，建立自己的独特使命，努力成为各行各业的标杆。

4. 愿景魅力

使命是愿景的一部分。愿景目前已经成为企业家所必需的一种职业期许，企业家必须具备并树立自己的“愿景”才能让员工更好地得到一种发展的设想与空间，才能更好地建立团队稳定性与战斗力，从一定程度上延长团队寿命。对于企业家来说愿景就是个人在脑海中所持有的意象或景象。对于一个组织来说，愿景必须是共同的，共同的愿景就是组织成员所共同持有的意象或景象。现在我们可以说，没有阶级、没有压迫、没有贫穷、没有失业、人人幸福的共产主义社会，其实就是共产党人的共同愿景。革命年代里共产党员们秉持这样的坚定信念，为了实现愿景甘愿抛头颅洒热血，前仆后继。企业家要学习愿景管理，就是结合个人价值观与企业目的，透过开发愿景、瞄准愿景、落实愿景的三部曲，建立团队迈向成功，促使企业力量极大化发挥。企业愿景主要考虑的是对企业有投入和产出等经济利益关系的群体产生激励导向和投入作用，让股东、员工和各种利益相关者等产生长期期望和现实行动，让这些群体通过企业使命的履行和实现，在感受到实现社会价值的同时，自己的利益得到保证和实现。

七、胆识是决策的本质

胆识是影响企业家成功的重要因素。胆怯退缩是人们生活中的一大障碍，树立自信心是战胜胆怯退缩的重要法宝。提高胆识心理，还需要学会对失败进行总结，主动与人交往，注意身体语言。人人都渴望成功，人人都具有成功的潜能，但生活中的成功者却总是极少数人。这些人为什么能够走向成功，他们究竟是依靠什么力量建立了成功事业？有人说成功靠恒心、靠天赋，有人说成功靠信念、靠机遇，有人说成功靠习惯、靠心态。然而我们要告诉你，是胆识造就了古今中外名声显赫的成功者。

胆识其实是一种决断。决断是企业家依据自己的知识、经验，直接对非规范性事件及重大问题所做的决定和判断。决断是一种生活态度。生活中我们会与自己的不良喜好决断，与自己的不良想法决断，与对自己发展不利的事件决断，与自己平庸的步伐决断，与自己的无知决断，与自己低贱的品性决断……只要是对自己设定的发展目标不利的人和事件都需要我们去作决断，这是企业家都可能遇到的决断。企业家的“决断”看似简单的两个字，却是最难的工作，所有伟大的决断就成就在这环环相扣的决断过程中，决断能力的高低决定了企业家成功与否，也决定了组织中其他人的命运。决断和决策既有区别，又有联系。其联系在于决策的每一个过程都贯穿着一系列的决断，如目标的提出、方案的筛选等。决断的基本要求是及时和明确。

怎样才能使决断及时明确呢？①要博采众议，戒主观武断。决断就其形式来看是企业家个人的决心。但从决断的内容和过程来看，除了运用自己已有的知识和经验外，应尽量多听听各方面的意见，博采众家之长，以弥补自己知识和经验的欠缺，使自己定下的决心更加正确。②要权衡利弊，戒好大喜功。企业家作任何决断，都要权衡利弊。两利相较取其大，两弊相较取其小，做到不以小利害大利，不以小局害大局，不以眼前害长远。③要顺势而断，戒逆理而为。古代兵法上说智者顺势而谋，因势而动。这里说的“势”是指事物的发展趋势和其他客观条件，就是说在决断时要顺应和利用事物的发展规律。顺势而断才能收到预期的效果，逆理而为必然会失败。④要是非分明，戒模棱两可。一个高明的企业家的智慧表现在回答下属问题时，能肯定哪些是正确的，哪些是错误的；对事物的理解上，入木三分，精辟深刻。⑤要断之在独，戒疑虑重重。企业家在做决断时，很重要的一点就是要有自己的见解，能够凭借自己的知识与经验，通过缜密的思考，作出独立的决断，也就是我们常说的拿得起放得下。⑥要顾大抓本，戒琐碎过细。企业家要抓住那些带根本性、全局性的东西，顾大抓本，要抓大事，不要婆婆妈妈地什么事情都想抓，都想管。⑦要深思熟虑，戒草率匆忙。要尽量做到对所决断的事情有透彻的了解，把利弊得失都考虑清楚，然后再做决断，即“三思而后行”。深思熟虑的标志就是看是否抓住了问题的根本，是否掌握了事物的本质和规律。⑧要善择时机，戒过迟失机。机会对于一个决断者来说十分重要，机不可失，时不再来，企业家在选择时机时要持重待机。要决断某件事，一定要认真研究该事件的各个要素，在诸多矛盾当中把握主要矛盾，再在影响主要矛盾的各个方面中把握住主要方面。⑨要留有余地，戒处置过头。在决断时要留有一定的余地，不要满打满算，有时因为情况不明、判断不准或情况发生了变化，需要进行某些修正或更改，留有余地修正起来较容易，否则就比较困难，应特别注意决断时不要过头。⑩要标新立异，戒墨守成规。决断的生命力在于它的创造性。创造性思维必须有新意，敢于想前人所未想、做前人所未做的事。标新立异建立在科学的基础上，要切实可行，不能搞花架子，我们讲不要墨守成规，并不是反对运用过去的成功经验。

◇ 案例 1. 拯救美国的 J. P. 摩根

约翰·皮尔蓬·摩根（John Pierpont Morgan）是美国历史上最伟大的金融家。1892 年他撮合了爱迪生通用电力公司与汤姆逊－休士顿电力公司合并成为通用电气公司。在出资成立了联邦钢铁公司后，他又陆续合并了卡内基等几家钢铁公司，组成美国钢铁公司。他为美国电报电话公司等大型工业公司和美国铁路业发展提供融资，可以说 J. P. 摩根建立了美国工业的雏形，在整个美国工业的发展过程中起着关键的作用。J. P. 摩根 1913 年 3 月 31 日于意大利罗马过世，其后遗体送回纽约，华尔街降半旗以示敬意。

1861 年美国南北战争爆发，战争债券备受青睐，交易十分红火，华尔街证券交易所因此身价倍增。随着战争的推进，美国联邦政府出现了严重的财政危机。联邦政府为了稳定日趋恶化的经济和支付购买武器的开支，决定发行 4 亿美元的公债。摩根凭借自己敏锐的嗅觉，预感到发财的机会又来了。政府的代表找到了已经小有名气的摩根，摩根则是信心十足，他答应政府承担 2 亿美元的国债发行。开始，摩根并不急于发行公债，而是不断向美国的报界和新闻界施加影响，频繁参加新闻界举办的各种聚会。在各种场合摩根对美国经济的发展趋势以及战局的变化侃侃而谈，他的主张和言论不断地见诸报端，此时发行国债的条件日趋成熟。万事俱备后摩根进行了一系列慷慨陈词的演讲，大讲爱国主义，主张每个人都要为民族和国家的命运贡献力量，而且自己在一路演说的同时慷慨解囊。因此摩根发行国债的活动异常顺利，奇迹般地为美国政府发行了 2 亿美元的公债，而他在从政府获得大笔发行费的同时，还成了美国的民族英雄。

1884 年 11 月美国财政部的黄金开始大量外流，市场上掀起了抢购黄金的风潮。当时有个谣言说美国政府不得不放弃以黄金支付货币的做法，克利夫兰总统担保这不是事实，但是用抛售美国证券换回黄金的做法仍在进行，致使国库告急，落到了几乎无力偿清债务的地步。为了救济金库空虚带来的经济恐慌，必须立即筹集到一笔巨额资金，财政当局估计至少要 1 亿美元。摩根知道在这股抢购黄金的风潮中，政府已到了无计可施的地步，于是他同贝尔蒙商定由他们两家银行组成一个辛迪加，承办黄金公债，这样他们既可解救财政部危机，又可获得高额利润。但因为他们的苛刻条件，美国国会并没有通过这个建议，总统也难以接受。为筹集资金当时的财政部长卡利史尔使出苦肉计，以超出面额的 117 点公开募集 5000 万美元公债，这一招打破了投资金融界的惯例，欺骗了投资银行，所以当这位财政部长匆匆忙忙赶赴纽约召集银行家寻求帮助时遭到了冷遇。不久后当摩根再次被总统召入白宫时，得知国库存金只剩下900万美元，于是对白宫宣称除了他和罗斯查尔组成辛迪加使伦敦的黄金重新流入国内，似乎没有第二种办法来解救陷于破产中的国库了。克利夫兰总统在走投无路的情形下，答应摩根提出的条件。当夜摩根即取出大量美元交给财政部，帮助财政部渡过了难关。同时摩根在向政府承包的公债价格与市场差价中净赚了1200万美元，并且还安排了一项国际协议，在公债发行结束前不用美元兑换英镑，也不购买美国的黄金。这时候摩根在金融界的声誉无人能比，是名副其实的金融界第一号人物。

进入20世纪以来美国的经济逐渐好转，美国经济进入一个高速发展期，一些新兴工业崛起，如电力、汽车、化学等，这一轮高潮本来可以持续时期比较长，但是创业投机猖獗，大量的个人企业转变为股份公司，发行掺水股票，从中牟取暴利，这种泡沫最终引起了经济危机的发生。1907年美国第三大信托公司尼克伯克信托公司大肆举债，在股市上收购联合铜业公司股票，但是此举失利，引发了尼克伯克即将破产的传言。纽约一半的银行贷款都被信托投资公司作为抵押投在高风险的股市和债券上，银行纷纷收回贷款，股市暴跌，民众挤兑，几家大银行濒临倒闭，到10月24日股市交易几乎陷于停盘状态。当纽约证交所主席来到摩根的办公室求救时，表示如果不能在下午三点之前筹集到2500万美元，至少50家交易商将会破产，他除了关闭股票市场将别无选择。下午两点摩根紧急召开银行家会议，在16分钟里银行家们筹足了钱，摩根立即派人到证交所宣布借款利息将以10%敞开供应，交易所里立即一片欢呼。但仅过了一天紧急救助的资金用完，利息再度疯长，8家银行和信托公司已经倒闭，摩根赶到纽约清算银行要求发放票据作为临时货币以应付严重的现金短缺。11月2日摩根开始他的下一步"拯救"计划，对象是风雨飘摇之中的摩尔斯莱公司，摩根将纽约金融圈的大腕悉数请到他的图书馆共商救援计划。银行危机使大批企业倒闭，失去一生积蓄的成千上万愤怒的人民形成了巨大的政权危机，老罗斯福不得不借重摩根的力量来稳定大局。11月3日，星期天，晚上摩根派人赶往华盛顿，要求务必在星期一上午股票市场开盘之前拿到总统老罗斯福的批准，将美国财政部2500万美元资金交付给摩根，就这样摩根担当了美国央行的角色，摩根和其他金融大腕制定了一套救市计划，在数周后这次大恐慌最终结束。

根据美国实施的银行法案中商业银行业务和证券业务必须分离的决定，J. P. 摩根公司于1935年决定维持原有的商业银行业务，而部分高级合伙人和职员退出公司，成立摩根士丹利证券公司。1959年已经成为上市公司的J. P. 摩根公司与纽约担保信托公司合并，成立美国摩根银行。20世纪70年代以后为了适应国内外金融市场的变化，先后建立了一些新的附属机构，其中包括摩根社会发展公司、摩根期货公司、J·P·摩根证券公司等。2000年J.P.摩根公司与大通银行及富林明集团完成合并，成立摩根大通。现在J.P.摩根公司是在世界上享有盛誉的一家综合性金融公司，主要提供商业银行、投资银行和其他各种金融服务。目前，J.P.摩根公司的资产规模名列《财富》美国500家大企业的前20位，而且是全球金融机构中信用评级最高的公司之一，公司经营商业银行业务的子公司是美国惟一获得AAA信用评级的商业银行。

◇案例2. 布局中国的郭鹤年

郭鹤年一人身兼“两王”，先是享有“亚洲糖王”的美誉，后来又有“酒店大王”之称，他创建了一个庞大的商业王国，也创造了无数的奇迹。在其鼎盛时期，他控制了国际市场上每年食糖贸易总量的1/10。他打造的香格里拉酒店集团，全球共有72家香格里拉酒店，中国有34家，全球兴建当中有45家，已成为亚太区最大的酒店集团之一。他旗下的丰益国际有限公司，是全球最大的农产品加工集团之一。他在香港的旗舰嘉里集团，从英国人手中收购香港英文报《南华早报》及香港无线电视等媒体，成为举足轻重的传媒大亨。他连续多年高居福布斯马来西亚富豪榜榜首，2010年全球富翁排行榜第33位，个人财富145亿美元。

1948年郭鹤年自新加坡莱佛士学院毕业不久后，在新加坡创办了利克务公司，主要经营轮船航运及一般商务，这是郭鹤年创业之始。创立公司的第二年父亲去世，郭家经过开会决定，当时只有廿五岁的郭鹤年正式执掌家族事业。1949年4月与叔伯堂兄在新山创办郭氏兄弟私人有限公司，从事米、糖、面粉贸易。1952~1955年郭鹤年考察了伦敦商品交易所与当地企业的经营，尔后在大马北部设立糖厂、面粉厂及种甘蔗等。1970年他在世界糖价上升之前，进行白糖期货投机赚了不少钱，此后他控制了大马原糖市场的80%，世界糖市场的10%，享有“亚洲糖王”之称。

20世纪70年代初郭鹤年开始携资进军香港，1974年1月他在香港成立嘉里贸易公司，从事期货买卖，注册资本4000万港元，并在其下成立了贸易、房地产、金融服务等事业部门，在当地展开大规模投资行动。郭鹤年对1997年回归祖国的香港充满信心，郭氏控制的嘉里及香格里拉酒店集团，在此时进行大手笔的房地产投资，先后与林绍良在尖沙咀东部地区兴建了拥有720个房间的香格里拉酒店，与黄廷方在尖东建写字楼，与中资的侨光置业合资发展杏花村，与华润合资建港岛香格里拉酒店。以“人弃我取”的精神成功地投资地产，令郭鹤年名声大噪，打响了进军香港的第一炮。

中国实行改革开放政策以后，郭鹤年积极与中国大陆开展经贸合作。20 世纪 80 年代初香格里拉酒店集团看中内地市场，开始全面布局。1984 年杭州人耳熟能详的杭州饭店的招牌不见了，一家五星级酒店经过重新装修全新亮相，取而代之的名字是“杭州香格里拉”。这是香格里拉酒店集团第一次试水内地，香格里拉酒店集团拥有杭州香格里拉 45% 的股权，也正式开始了在内地带资管理，这也是当时唯一采用此方式的国际酒店管理集团。80 年代末期郭鹤年决定大举投资中国，投下数以十亿计的巨资，其中主要为植物油、粮食、饮料加工系列；香格里拉酒店系列；房地产系列。郭鹤年在中国的私人投资总额已达 50 亿美元，其项目遍布大江南北。

第七章　通往权力之路

一、能力是权力的基础

权力的功能是使用，使用的目的是实现目标，如果没有能力做基础，权力就不可能得到良好的使用，更不可能实现真正的目标。那么能力是什么？能力是指顺利完成某一活动所必需的主观条件，能力是直接影响活动效率，并使活动顺利完成的个性心理特征。能力总是和人完成一定的活动相联系在一起的，离开了具体活动，既不能表现人的能力，也不能发展人的能力。胜任力模型也叫做能力素质模型，是指担任某一特定的任务角色所需要具备的能力素质的总和，它是由美国著名的组织行为研究者大卫·麦克利兰提出“能力素质”概念之后逐步发展起来的。麦克利兰将能力素质界定为能明确区分在特定工作岗位和组织环境中杰出绩效水平和一般绩效水平的个人特征，分五个层次：知识、技能、自我概念、特质、动机。麦克利兰应用冰山理论，把属于海平面上的知识和技能称为通用性素质，而真正能区分优秀者与一般人的深层次因素，是潜伏在海平面以下的自我概念、特质、动机，这些被称为鉴别性素质。

能力分为：①一般能力和特殊能力。一般能力是指观察、记忆、思维、想象等能力，通常也叫智力。它是人们完成任何活动所不可缺少的，是能力中最主要最一般的部分。特殊能力是指人们从事特殊职业或专业需要的能力。人们从事任何一项专业性活动，既需要一般能力，也需要特殊能力。两者的发展也是相互促进的。②流体能力和晶体能力。流体能力与基本心理过程有关的能力，是一种以生理为基础的认知能力，如知觉、记忆、运算速度、推理能力等，流体能力随年龄的老化而减退。流体能力是一个人生来就能进行智力活动的能力，即学习和解决问题的能力，它依赖于先天的禀赋，随神经系统的成熟而提高的。晶体能力主要指学会的技能、语言文字能力、判断力、联想力等，晶体能力不随年龄的老化而减退，一直保持相对稳定。③模仿能力和创造能力。模仿能力指通过观察别人的行为活动来学习各种知识，然后以相同的方式做出反应的能力。而创造能力则是指产生新思想和新产品的能力。能力是人依靠自我的智力和知识、技能等去认识和改造世界所表现出来的心身能量，各种能力的有机结合，起质的变化的能力称为才能，才能的高度发展，创造性地完成任务的能力称为天才。④认知能力、操作能力和社交能力。认知能力指接收、加工、储存和应用信息的能力，它是人们成功地完成活动最重要的心理条件，知觉、记忆、注意、思维和想象的能力都被认为是认知能力。认知能力有 3 种：①言语信息，回答世界是什么的问题的能力；②智慧技能，回答为什么和怎么办的问题的能力；③认知策略，有意识地调节与监控自己的认知加工过程的能力。操作能力指操纵、制作和运动的能力，劳动能力、艺术表现能力、体育运动能力、实验操作能力都被认为是操作能力，操作能力是在操作技能的基础上发展起来，又成为顺利地掌握操作技能的重要条件。认知能力和操作能力紧密地联系着，认知能力中必然有操作能力，操作能力中也一定有认知能力。社交能力指人们在社会交往活动中所表现出来的能力，组织管理能力、言语感染能力等都被认为是社交能力。在社交能力中包含有认知能力和操作能力。

企业家需要具备的重要的能力类型：①决策能力。企业家的决策能力是根据既定目标认识现状，预测未来，决定最优行动方案的能力，是管理者的素质、知识结构、对困难的承受力、思维方式、判断能力和创新精神等在决策方面的综合表现。决策能力的培养从以下几个方面入手，拓宽知识面，认识发展的客观规律，培养创新精神，勇于变革，并能随机应变，尊重科学和事实，敢于坚持真理，养成虚心求教的精神，从善如流，进行科学决策。科学的决策程序包括深入基层，进行调查研究，尊重知识，重视人才，发扬民主，集思广益，善于决断，敢于负责。②用人能力。知人善任首先要知人，知人是企业家善任的前提、基础和先决条件。知人就是要通过各种方式去感知人、了解人、认识人、熟悉人、把握人，对人的情况做到心中有数、了如指掌，全面地看人。所谓全面，一是要着眼于大多数人，而不要只是盯着自己身边的人，自己熟悉的人，自己有好感的人；二是要知人的全面情况，要全面了解人，就要了解人的思想品质、道德操守、工作能力、业务水平，还要了解兴趣爱好、脾气秉性，以及为人处世等情况，而不以人的一举一动、一时一事做判断、得结论。要历史地看人，对人才，不仅要看他的现在，还要了解他的过去。人才是在实践中一步一步成长起来的，一个人的经历、经验就是这个人成长过程的轨迹和积淀，就是这个人的成长史。善任就是讲究用人之道，精于用人艺术，善于使用人才，就是要把合适的人在合适的时机用到合适的岗位。要发现每个人的优点和特长、缺点和短处，把他们放在最能发挥其特长的岗位，从事最能发挥其特长的工作，扬长避短。要破除求全责备的观念，“尺有所短，寸有所长”，人才也会有这样那样的缺点和不足，有某些方面的欠缺。企业家用人的责任是用其所长，避其所短。③组织能力。组织能力是指企业家在与竞争对手投入相同的情况下，具有以更高的生产效率或更高质量，将其各种要素投入转化为产品或服务的能力。组织能力包括企业所拥有的一组反映效率和效果的能力，这些能力可以体现在公司从产品开发到营销再到生产的任何活动中。精心培养的组织能力可以成为竞争优势的一个来源。组织能力的表现形式包括：人力资源开发与管理、资源与信息共享的流程与机制、业务模式、核心价值观等。④代表能力。企业家是企业的代表，他必须代表企业理顺与各部门、上级组织、下属、公众等方面的关系，在处理这些关系时，企业家要具备公关社交能力，在组织内部塑造个人形象，在公共场合塑造企业形象。⑤指导能力。在当代社会非权力影响力在领导过程中作用越来越重要，一个优秀的企业家必须具备与其职务相应的业务知识和学术专长，这样方能形成较强的指导能力。⑥支持能力。企业家对供应商和分销商及企业下属和相关方顺利完成他们的职责和任务的支持非常重要，这是一个企业家成功与否的重要能力。⑦变革能力。变革能力包含创造性和革新性，不断地学习，进行外部洞察，保持灵活性，提高适应能力，进行工作激励，提升战略思维，维系组织观念。变革的基础是应变。应变能力是指自然人或法人在外界事物发生改变时，所做出的反应，可能是本能的，也可能是经过大量思考过程后所做出的决策。应变能力需要必要的知识、出色智慧、敏捷的头脑和丰富的经验；要想能够随机应变，就要养成事先策划、周密计划的习惯，做任何事情都须尽量如此。⑧沟通能力。沟通能力看起来是外在的东西，而实际上是企业家个人素质的重要体现，它关系着一个人的知识、能力和品德。恰如其分和沟通效益是人们判断沟通能力的基本尺度。恰如其分指沟通行为符合沟通情境和彼此相互关系的标准或期望；沟通效益则指沟通活动在功能上达到了预期的目标，或者满足了沟通者的需要。企业家沟通能力强，有一个重要的标准就是你能实时把握对方的思维，而提前做出反应，使你们的交流从语言层面上升到思维层面。

二、常见的权力类型

1. 决策权

决策权是企业家各种权力中最重要最基本的权力。企业家工作的过程就是制定决策和解决决策的过程，决策直接关系企业家工作的得失和事业成败，不可掉以轻心，贻误大事，所有权力中的其他权力都可阶段性或长时间委托他人，但决策权绝不能旁落。

2. 组织权

组织权是企业家根据事业和工作需要，对机构设置、权力分配、岗位分工、人员使用等做出安排的权力。主要包括：设计合理的组织编制，规定必要的组织制度，配备合适的人员。组织权是企业家意图能够实现的机构和人员的保障。组织编制就是把企业家的总任务分解成若干层次和方面，设置相应的部门和机构，规定其相应职责，授予其相应的权力。因此合理的组织编制就是强调组织的专业分工，又要相互配合，受到统一指挥，去共同完成企业目标。

3. 指挥权

指挥权是企业家为实现决策规定的目标和任务，向其下属部门和个人下达命令、指示、并有效进行各项活动的权力，是实现决策、规划、计划等的必要保障。指挥是将决策具体化为行动的关键措施和步骤，是实施企业家决策和意志的实际行动的开始，是对下级组织和个人开展工作的推动和促进。强制性是指挥的一般特征。指挥权具体形式可分为命令、说服和示范三种。命令是由具有正当权威或权利的人所下的特定或日常指示。说服是用充分理由劝导，使人心服，是指好好地向对方说理，使之接受，试图使对方的态度、行为朝特定方向改变的一种影响意图的沟通。示范是做出榜样或典范，供人们学习。

4. 人事权

人事权是独立行使人事聘用、选拔、培养、升降、调配、任免的权力，这样企业家就把下属人员的岗位、职责、前途、待遇等和企业家的认识和目标联系起来，是企业家强化自己的威严，贯彻自己意志的一种重要手段。当然团队成员总是希望遇到一个能够理解自己、关注自己成长和发展的企业家，这种心愿也是企业家人事权发挥作用的一种客观基础。

5. 监督权

监督权是企业家根据确定的目标和任务，对下属的工作进行检查监督，及时发现和纠正各种可能产生的偏差和错误，保证任务顺利完成的权力。

6. 控制权

企业家动用各种手段，通过不断调整和协调，以保证组织状态的有序化，促进决策目标实现的权力就是控制权。企业家不仅要指挥，而且要控制全局，使各个部门、各项工作的各个环节，都能步调一致和谐配合，以便顺利完成任务，达到企业目标。

7. 奖惩权

企业家根据下属的功过表现进行奖励和惩罚的权力，这种权力是企业家对其下属进行引导、控制、使用、培养，发挥其才干的重要手段，适时适度的奖惩对满足个人需求、激发个人潜能、改善人际关系、弘扬正气、推进工作等有重要的作用。

三、学会科学的授权

授权是指由企业家根据工作需要，将自己所拥有的一部分权力和责任委授给下属去行使，使下属在一定制约机制下放手工作的一种领导方法和艺术。科学授权是一种很重要的现代领导方法，是领导者智慧与能力的扩展与延伸，具体原则如下：

（1）合理授权是指通过合理的程序，为实现合理的目的而进行的正当授权，是企业家授权应当首先坚持的基本原则。坚持这一原则要求领导者给其下属授权要做到适当。企业家把大小权紧紧地握在自己手中，事无巨细都亲自过问拍板，必然会变成一个事务主义者；相反，如果把职责都转让给下属，又会使自己成为一个“空头司令”，难免发生问题。这个原则是对授权的范围来说的，即授什么权、授多大权的问题。授权作为一项政策性、原则性很强的工作，对下属的授权既不能过轻，也不能过重，授什么权、授多大权都要有所把握。

（2）以能授权。能就是下级的能力。选定授权对象后，应注意根据其能力大小和个性特征授予相应的权力。授权不是单纯的权力和利益的再分配，而是对下属德才素质有较为详尽的了解后，根据每个人的才能和特长授予相应的权力，保证权能相等。授权之前领导者应对被委授的人员进行全面考察，对其要承担工作的难易程度做仔细分析。一般来讲，工作难度应比承担工作者平时表现出的个人能力大些，使其产生压力感，完成工作才有成就感。

（3）权责明晰。企业家应明白而确定地将权责授予受权者，这样不仅有助于部属完成其工作，更可避免为部属推卸责任提供借口。授权要保证被授权者权力与责任相一致，有多大权力就应担负多大责任，做到权责一体。当然领导权力下授后，要进行随时指导、考核及监督，发现偏差，及时引导和纠正。

（4）授权留责。授权只是把一部分权力分散给下属，而不是把与“权”同时存在的“责”分散下去。领导者把权力授给下级以后，下级如果在工作中出了问题，下级要负责，但同时领导者也要负领导责任。授权刚刚启动，下属初次决策完成任务时，失败和错误总是在所难免的。领导者应该意识到自己对这些错误的后果有义不容辞的责任，预见到并接受下属所犯的一些错误。

（5）层层授权。授权者与被授权者只能是单一的直接的上下级关系，即领导者只能对自己的直接下属授权，绝对不可越级授权，否则必然造成中层人员的被动。

（6）相互信赖。授权本身就是信任的标志，监督控制是出于上级的责任、关心和爱护。企业家向下级授权以后，就应信任下级，不得干预下级在职权范围内独立处理问题的权力，更不能随意另行决定和下达指令。在目标和大政方针已定的情况下，对于工作方法和措施，下级根据具体情况灵活处理，比上级直接干预的效果往往要好得多。

（7）适当控制。权力是领导的核心，企业家因缺乏适当控制制度，而造成授权的无效及授权的过度或不足，因此企业家在实施授权之前，必须先设置一套健全的监督、检查、考核制度，制定可行的工作标准和适当的报告制度，以便进行全过程的有效控制，在被授权者不能胜任或偏离目标时及时补救或纠正。

（8）防止揽权与越权。揽权是企业家把属于下级的权利揽到自己身上，插手去管属于下属职权范围内的事情的现象，这样大大束缚和打击了下属的积极性和创造性，并且给下属推脱责任的空间。越权是团队成员中个别人超越自己的权限或权力范围，伸手去做属于上级职权的事情的现象，这样做的结果造成职权界限混乱，削弱上级权力，造成不良后果。

（9）警惕抗衡与架空。抗衡主要来自下级，有时作为下级对企业家的决定命令进行某种抵制或拒绝执行，这时企业家一定要高度重视，进行问题分析，看问题责任是在上级还是下级，并进行合理妥善解决。架空主要来自团队的高层管理人员，个别管理人员进行联合行动，使企业家或上级徒有虚名，不能行使有效权力，不能进行正常企业经营管理。产生这种情况的原因可能很复杂，但企业家要绝不姑息，进行坚决处理，平时要防范这种情况发生。

四、行使权力的辅助概念

1. 研究

研究是企业家钻研探索事物，主动寻求根本性原因与更高可靠性依据，从而提高事业的可靠性和稳健性而做的工作。研究是一个主动和系统方式的过程，是为了发现、解释或校正事实、事件、行为或理论，或把这样事实、法则或理论作出实际应用。“研究”一词常被用来描述关于一个特殊主题的资讯搜集，研究如同“自动改正”的过程。新的知识会透过三种研究过程而得到：①试探性研究。发掘问题、弄清问题。②建设性研究。为问题提供解决方法。③经验性研究。为解决方法的可能性提供实质证据。

2. 预测

预测是通过对客观事实历史和现状进行科学的调查和分析，由过去和现在去推测未来，由已知去推测未知，从而揭示客观事实未来发展的趋势和规律。预测程序：①确定预测目标。根据社会要求和现实所需要解决的具体问题，提出预测的课题，明确预测目标。②制订预测计划。主要确定预测的范围、期限、基本假设、需要搜集的资料，可供选择的预测方法以及组织工作。③搜集预测资料。④选择预测方法。⑤建立预测模型。⑥计算预测数据。⑦检验和修正预测结果。

3. 构思

构思就是神思，是一个呈现着系统性的、有中心及层次的、物化的整体性思维活动。构，在这里不仅指结构，而且指整体。思，是以抽象思维为主导，包括形象思维、潜意识思维和灵感思维等的心理活动。构思的特点：①客观性。这是构思的前提，也就是搜集材料，不管是有目的有计划的调查，还是从生活经历中的观察和体验而得到。构思建立在对客观而又全面的材料进行分析的坚实基础之上。②创造性。这是构思的灵魂，是最显著的特性，构思的创造有大中小三级。最大的创造是原创，这是个性化、独创性都极强的创造。一般的创造是创新，这是在既有主题意蕴上的改造和革新。最简单的创造是新颖，是在形式上或者某些次要方面不同于众。要想构思中灵感泉涌而出，首先要从人生观的根本上着力，要有一种强烈的使命观，还要开发想象力，学习科学新方法。③总体性。这是构思的气魄。构思，一是对整个事物进行思考，二是在中国和世界的宏观背景中思考，以抽象思维为主导，逐步进入显意识和潜意识的心灵大宇宙去引爆灵感。④指导性。这是构思的功效所在。构思的作用是对整体创作及活动起到指导、观照的作用，构思的成果主题意蕴将成为整个活动的核心，并不断现身。

4. 独立思考

独立思考是企业家成功最重要的力量。独立是指不依赖于别人的存在，思考是指开动脑筋想问题。独立思考，就是遇到问题，希望通过自己的理解和思考得到真正答案，形成独到的见解。独立思考是创造精神与创新精神存在的基本前提。独立思考的基本要求：①勤于思考，强化怀疑和求异思维，注意从不同的角度看问题，培养发现问题的能力。遇到问题要学会追根寻底，多问几个为什么，然后做出自己的独立判断。②逐渐学会搜集整理信息资料，进而理出自己的思路，形成自己的观点，建构自己的框架。要勤于动脑，也要勤于动手，把自己作为辩论的正方或者反方，强迫自己去思考，批驳不倒对方，就树立不起自己的观点。③主动表达自己的观点。要积极发挥自己的主动性和创造性，真正把思想活跃起来，这样就不会感到无所事事，也不会感到迷茫。吸收别人的经验智慧，提出自己的独到见解，超越别人，实在是最大的享受。

企业家提高独立思考能力的生活原则：①与习惯性思想的来源相隔离。不要先从电视、电脑或者是去图书馆找答案，先自己想想。你尽管不能与世界相隔绝，但是你可以通过限制习惯性观点的摄入量来增加你独立思考的量。独立思考者不一定是异类，但是他们不因循守旧，他们尝试以一种新的标准来看世界，而不是仅仅从电脑屏幕前获取一切。②将自己置放于与自己现有观点矛盾的经历中。不要总是以一个新一点的习惯性思维去替换掉旧的，你可以主动寻找与自己的观点不一致的经历。它们可能存在于外国文化、不寻常的亚文化中，或是在你不赞同的书中。③以旁观者的眼光看进程。把你的平常生活抛在脑后可以赋予你这样一种自由，从另一个角度看问题，观察这个世界将带给你一种思考自我的平和，静静地站一会，任时光流逝，这可以给你嘲笑自己所持的信念寻找一片新大陆的机会。④随机化你的生活圈。不要总去相同的场所，与相同的人谈天，你可以积极地追寻新的经历。许多人习惯了这种简单的决定，这样可以带来安全感，但如果你想独立地思考，你需要跳出你所习惯的圈子。⑤学会质疑。你可以尝试养成本能的质疑的习惯，但不要成为犬儒主义者，不要认为那些“真理”是不证自明的，只有当自己确信在逻辑的后面还有事实来支持它们之后，再做出判断。

5. 换位思考

企业家要时时进行换位思考，设身处地为他人着想，即想人所想。人与人之间要互相理解信任，并且要学会换位思考，这是人与人之间交往的基础。换位思考是人对人的一种心理体验过程，将心比心，设身处地，是达成理解不可缺少的心理机制，它客观上要求我们将自己的内心世界，如情感体验、思维方式等与对方联系起来，站在对方的立场上体验和思考问题，从而与对方在情感上得到沟通，为增进理解奠定基础，它既是一种理解，更是一种关爱。

五、用好权力的思维方法

1. 唯物辩证法

辩证法是关于自然、社会和思维发展的最一般规律的科学，是科学的世界观和方法论。唯物辩证法的基本规律是对立统一规律、质量互变规律、否定之否定规律。对立统一规律揭示了事物内部对立双方的统一和斗争是事物普遍联系的根本内容，是事物变化发展的源泉和动力。质量互变规律揭示了一切事物运动、变化、发展的两种基本状态，即量变和质变及它们之间的内在联系和规律性。否定之否定规律揭示了事物由矛盾引起的发展，即由肯定—否定—否定之否定的螺旋式的前进运动。同时唯物辩证法还有诸多范畴，例如，本质与现象、内容与形式、原因与结果、必然性与偶然性、可能性与现实性等，这些范畴都是客观事物自身的本质关系的反映，它们从不同的侧面揭示了事物的本质联系，人们借助这些范畴能正确地把握客观世界的本质联系。

2. 发散与收敛

发散思维是指大脑在思维时呈现的一种扩散状态的思维模式，它表现为思维视野广阔，思维呈现出多维发散状。想象是人脑创新活动的源泉，联想使源泉汇合，而发散思维就为这个源泉的流淌提供了广阔的通道。发散思维还与情感有密切关系，如果思维者能够想办法激发兴趣，产生激情，把信息情绪化，赋予信息以感情色彩，会提高发散思维的速度与效果。收敛思维的特点是使思维始终集中于同一方向，使思维条理化、简明化、逻辑化、规律化。收敛思维与发散思维，如同“一个钱币的两面”，是对立的统一，具有互补性，不可偏废。

3. 逆向思维

背逆通常的思考方法，从相反方向思考问题的方法，也叫做反向思维。那么如何进行逆向思维呢？①就事物依存的条件逆向思考，如小孩掉进水里，把人从水中救起，是使人脱离水，司马光救人是打破缸，使水脱离人，这就是逆向思维。②就事物发展的过程逆向思考，如人上楼梯是人在走路，而乘电梯是人不动。③就事物的位置逆向思考，如开展假如“我是某某”活动。④就事物的结果逆向思考。

4. 超前与后馈

超前思维方法是用将来，用可能出现的情况对现在进行弹性调整的思维方法，它是一种预测性的思维方法。超前思维是一种根据客观事物的发展规律，先于客观事物的发展变化而出现的符合事物发展趋势、具有科学预见性的意识。它的作用表现在以下几个方面：①它可以对创造前景进行预测性的思考。超前思维是人通过大脑对事物发展的趋势或未来的大致情形进行的推断和估计，是对未来的一种瞻望。②它可以帮助我们调整现实事物的发展方向。③它可以帮助我们制订正确的计划、目标，实施正确的决策。后馈思维方法是用历史联系传统的力量和以前的原则来制约现在，使现在按照历史的样子继续重演的思维方法，或根据事物活动的结果反思事物发展的原因和过程，总结经验、提高认识的思维过程。其特点是：滞后性、非现实性、保险性。后馈思维的积极作用是有助于提高领导者的思维素质和水平，领导者能够从一个事例中举一反三，从而处理好其他许多复杂事务。

5. 定性与定量

定性思维是在认识对象时首先就对事物的性质进行确定，从而把事物的属性确定下来，看做是不能再改变的，而不管量的情况，这往往就形成一种习惯性思维。因此我们强调在定性思维的基础上有定量思维，定量思维不直接对事物进行简单的最后定性，而是从多方面进行数量上的科学分析，得出的结果就更加客观可靠，从而可以打破日常生活中的偏见，而仅仅坚持定性思维就是坚持这种偏见。

六、实现目标的工作方法

1. 系统法

我们可以从三个方面理解系统的概念：①系统是由若干要素（部分）组成的，这些要素可能是一些个体、元件、零件，也可能其本身就是一个系统（或称为子系统）。②系统有一定的结构。一个系统是其构成要素的集合，这些要素相互联系、相互制约，系统内部各要素之间相对稳定的联系方式、组织秩序及失控关系的内在表现形式，就是系统的结构。③系统有一定的功能，或者说系统要有一定的目的性。系统的功能是指系统与外部环境相互联系和相互作用中表现出来的性质、能力和功能。系统工程大致可分为系统开发、系统制造和系统运用等3个阶段，系统工程的基本方法是：系统分析、系统设计与系统的综合评价。

2. 统筹法

统筹法是以网络图反映表达计划安排，据以选择最优工作方案，组织协调和控制生产项目的进度时间和费用成本，使其达到预定目标，获得更佳经济效益的一种优化决策方法。统筹法最适用于大规模工程项目，工程愈大，非但人们的经验难以胜任，就是用以往的某些管理方法，例如，反映进度与产量的线条图等方法，来进行计划控制也愈加困难；在项目繁多复杂的情况下，网络计划却可以大显身手，鉴于这类方法共同具有“统筹兼顾、合理安排”的特点，我们把它们称为统筹法，也称为统筹图。统筹法基本思想就是：向关键路线要时间，向非关键路线要资源，以达到预期目标的最优。统筹法主要由互相关联的三部分内容组成：①统筹图概念及绘图规划；②统筹图各参数的计算法；③统筹图的调整与优化。

3. 控制论法

在控制论中“控制”的定义是为了“改善”某个或某些受控对象的功能或发展，需要获得并使用信息，以这种信息为基础而选出的在该对象上的作用，就叫作控制。控制论的三个基本部分：①信息论，主要是关于各种通路（包括机器、生物机体）中信息的加工传递和贮存的统计理论。②自动控制系统的理论，主要是反馈论，包括从功能的观点对机器和物体中（神经系统、内分泌及其他系统）的调节和控制的一般规律的研究。③自动快速电子计算机的理论，即与人类思维过程相似的自动组织逻辑过程的理论。控制论是研究各类系统的调节和控制规律的科学，它研究生物体和机器及各种不同基质系统的通信和控制的过程，探讨它们共同具有的信息交换、反馈调节、自组织、自适应的原理，改善系统行为，使系统稳定运行的机制，从而形成了一大套适用于各门科学的概念、模型、原理和方法。

4. 木桶理论法

“木桶理论”也叫做“水桶定律”，其核心内容为：一只水桶盛水的多少，并不取决于桶壁上最高的那块木块，而恰恰取决于桶壁上最短的那块。根据这一核心内容，“木桶理论”还有两个推论：①只有桶壁上的所有木板都足够高，那水桶才能盛满水。②只要这个水桶里有一块木板不够高度，水桶里的水就不可能是满的。具体到企业家的经营管理中，其实方法总是多于困难。企业家工作中会出现一些困难，面对困难我们会想一些办法去解决困难。可当我们绞尽脑汁，又受了一些委屈还不能解决的时候，我们会怎么样呢？这时也许就是一个分水岭，一个成功者与失败者的分水岭。渴望成功而又能够成功的人，总会想出解决问题的办法，而不是逃避，因为他深知办法总能想到的，困难解决不了只是因为办法还没想到。而渴望成功不一定能成功的人会想着丢弃这个困难，去寻找下一个机会；而渴望成功却不能成功的人则会失去信心，受到打击，从此不再涉足面对困难的这个行业。企业家需要用心去正视所有工作生活中所遇到的每一个困难，办法总是有许多的。

七、激励的基础知识

1. 内容型激励

内容性激励理论重点研究激发动机的诱因。主要包括马斯洛的“需要层次论”、ERG 理论、赫茨伯格的“双因素理论”和麦克莱兰的“成就需要激励理论”等。该理论认为各个层次的需要受到的满足越少，越为人们所渴望；较低层次的需要者越是能够得到较多的满足，则较高层次的需要就越渴望得到满足；如果较高层次的需要一再受挫折，得不到满足，人们会重新追求较低层次需要的满足。这一理论不仅提出了需要层次上的满足到上升趋势，而且也指出了挫折到倒退的趋势。

（1）马斯洛的需要层次理论。该理论认为人的需要可以分为五个层次：①生理需要——维持人类生存所必需的身体需要。②安全需要——保证身心免受伤害。③归属和爱的需要——包括感情、归属、被接纳、友谊等需要。④尊重的需要——包括内在的尊重，如自尊心、自主权、成就感等需要，外在的尊重，如地位、认同、受重视等需要。⑤自我实现的需要——包括个人成长、发挥个人潜能、实现个人理想的需要。

（2）赫兹伯格的双因素论。激励理论——保健因素理论是美国的行为科学家弗雷德里克·赫茨伯格提出来的，保健因素的满足对职工产生的效果类似于卫生保健对身体健康所起的作用。保健从人的环境中消除有害于健康的事物，它不能直接提高健康水平，但有预防疾病的效果，它不是治疗性的，而是预防性的。保健因素包括公司政策、管理措施、监督、人际关系、物质工作条件、工资、福利等。那些能带来积极态度、满意和激励作用的因素就叫做“激励因素”，这是那些能满足个人自我实现需要的因素，包括成就、赏识、挑战性的工作、增加的工作责任以及成长和发展的机会。如果这些因素具备了，就能对人们产生更大的激励。

（3）戴维·麦克利兰的成就需要理论。美国哈佛大学教授戴维·麦克利兰把人的高级需要分为三类，即权力、交往和成就需要。在实际生活中一个组织有时因配备了具有高成就动机需要的人员使得组织成为高成就的组织，但有时是由于把人员安置在具有高度竞争性的岗位上才使组织产生了高成就的行为。麦克利兰认为前者比后者更重要。这说明高成就需要是可以培养出来的，并且已经建立了一整套激励员工成就需要的培训方法来提高生产率，和为在出现高成就需要的工作时培养合适的人才。

（4）奥德弗的ERG理论。“ERG”理论是生存——相互关系——成长需要理论的简称。奥德弗认为职工的需要有三类：生存的需要、相互关系需要和成长发展需要。

2. 过程型激励

过程型激励理论着重研究人们选择其所要进行的行为的过程，即研究人们的行为是怎样产生的，是怎样向一定方向发展的，如何能使这个行为保持下去，以及怎样结束行为的发展过程。过程型激励理论包括：①期望理论。这种理论认为当人们有需要，又有达到目标的可能时，其积极性才会高。激励水平取决于期望值和效价的乘积，即：激励水平的高低 = 期望值 × 效价。为了激励员工，管理者应当一方面提高员工对某一成果的偏好程度；另一方面帮助职工实现其期望值。②公平理论。公平理论认为激励中的一个重要因素是个人的报酬是否公平，如果人们觉得自己所获得的报酬不公平，就可能产生不满，降低产出的数量和质量，或者离开这个组织；如果人们觉得报酬是公平的，他们可能继续在同样的产出水平上工作；如果人们认为个人的报酬比认为的公平的报酬要大，人们可能更加努力地工作。

3. 综合型激励

综合型激励理论是对已有的激励理论进行概括与综合，试图全面揭示人在激励中的心理过程。综合型激励理论包括波特尔和劳勒的激励模式、迪尔的激励模式和罗宾斯综合激励模式。

1968 年美国心理学家彼特尔和劳勒提出了一种激励模式，他们在“需要理论”、“双因素理论”和“期望理论”、“公平理论”的基础上，把激励的心理过程依次排列，并标明努力（动机所驱使的行为力量）与绩效、报酬之间的联系，也考虑到行为结果对后继行为的反馈作用。这一激励模式表明要使人们在工作或学习上取得较好成绩，首要一步是要激励、激发人的行为动机；第二步当人经努力取得绩效时，这绩效又成为对人的激励，此时应予恰当的评价并给予报酬；第三步报酬的公平与否会影响人的满意度，满意度又会成为新的激励。如此往复运动使人不断取得新的成绩。在此激励模式中除了“动机”、“努力”之外，人的工作或学习绩效及满意度还会受到其他因素影响，这些因素是：①角色概念。即人对自己所担负职责的认识。角色概念明确者会尽心尽职，在位谋政，有助于努力取得成绩。②技术、能力。一般地说在努力程度相等时，技术、能力水平越高，绩效越大。③评价公正。评价是报酬的前提条件，必须公正客观。

4. 实战的教练理论

教练技术的基本理论：①教练技术的对象是人，是人的心态与信念。②人面对改变有两个模式：一是批判→抗拒、否定；二是启发→接受、学习。③什么时候与采取什么方式。④作用：表现 = 潜能 - 干扰。⑤人是有改变的能力，会为自己作出最好的选择。⑥聆听、区分、发问、回应。⑦教练步骤：厘清目标→反映真相→心态改善→行动计划。⑧生命计划：教练时第一步是要明确是客户自己的目标，不是灌输或强加的。第二要知道他为什么想做，目标背后的价值。⑨使用技巧：计划的架构、成功要素、价值、负责任的心态、动力的来源、有承诺去创造成果、加强信心及坚定立场。⑩教练理论实施过程：清晰沟通，建立关系，给予反馈，积极倾向，情绪支持，去除障碍，称赞好结果。

八、信任是最好的激励

在社会科学中信任被认为是一种依赖关系，值得信任的个人或团体意味着他们寻求实践政策、道德守则、法律和其先前的承诺。尼克拉斯·卢曼给信任定义为：信任是为了简化人与人之间的合作关系。无论是在人际间、团队间、组织间的层次上。在现代社会体系中，无论是从经济上还是社会生活上，信任已经被赋予了新的含义，对可能存在的危机或者潜在的困难依然保持的正面期待就叫信任。人际信任的经验是由个人价值观、态度、心情及情绪交互作用的结果，纯粹是一组心理活动的产物。信任他人意味着必须承受对方伤害行为的风险，因此承担易受伤害之风险的意愿也是人际信任之核心。在心理学中信任是社会影响概念中不可或缺的一部分，因为影响或说服一个信任你的人是容易的。因此这个概念已被广泛地应用于预测组织（如政府机构）的行为。企业家现在面对的管理环境存在一种严重的信任危机，现在人们的生活越来越优越，但是人与人之间的人情味却越来越淡。信任危机作为近几年来频繁出现的一个新词，表示社会人际关系产生了大量虚伪和不诚实，人与人的关系发生了严重危机，一定社会或群体的道德原则和规范不被人们所遵守，人与人之间缺乏一种道德的联系和约束，彼此都无法相信对方的真诚和忠诚，因此不敢委以对方以重任。丧失了信任将很难修复信任，因此建设信任与破坏信任有一个明确的对称性。

善意让信任者确信被信任者不会伤害自己且会保护自己的利益，因而愿意信任对方。善意的表现再更进一步就是慈悲心的流露，慈悲心是指被信任者不以自利为导向，而会以信任者或共同利益为优先，善意可以被视为人际信任产生之关键；缺乏善意之信任，只可被视为信心，善意的谎言是好的，对于不同的时刻、不同的人，有着不同的作用和效果。如果仅是一厢情愿地相信他人而无任何的怀疑，将会导致危机或加剧信任滥用的情形，当信任者在交换过程中获得被信任者值得信任的证据，如口碑、意图、能力、可靠性及前述的善意等，然后信任者会依其信任倾向来决定是否信任对方。个人的情感状态会影响信任经验，并影响对被信任者可信任性的判断。认知性及情感性的元素同时存在于人际信任之中，如果只有情感而没有理性认知，信任就成了盲目的信心，反过来说如果只有理性认知而没有情感性元素，则信任只是冷血的预测，因此信任通常是情感及理性思考的混合体。

信任是一种关系，反映的是组织中人与人的关系。换句话说，信任是一种人际关系，而不是指人本身，虽然组织中的人决定了组织是非凡的还是普通的，但是人际关系比人更重要，因为关系的质量意味着组织的成功或者失败。关系对组织来说如此重要，以至于我们从来不对它多加考虑。我们只是知道在组织中有一些人很好相处，另外一些人不好打交道。如果我们再仔细考虑一下为什么会这样，我们的结论往往是因为人的不同，例如，玛丽很好相处，因为她很果断；彼得很难一起共事，因为他永远作不了决定。但是这样的分析方法让你漏掉了重要的一点："两个人才能跳探戈"，如果你想弄明白什么行得通而什么行不通，你不能只看个人，而是要更加注意人与人之间的关系。

信任是艰巨的任务。在信任的关系中，人们能完成一项任务的原因是他们乐意这样做，但是，如果他们不愿意会怎么样呢？在信任的关系中是否存在控制呢？答案是肯定的，而且对责任心的强调是信任的关系中非常重要和与众不同的一点。在权利关系当中，控制是大强度和频繁的。但是在信任关系中只有一种制裁，如果信任破裂了，关系也就终止了。在信任的基础上，在信任的关系中，员工按照你的要求做某件事，不是因为他们不得不这样做，也不是因为他们希望这样做的结果对他们有好处，而是他们真正地想这样做。那么为什么会有人愿意为你做这些事呢？一方面是因为他们相信你会为他们着想——你知道他们的需要；另一方面他们这样做只是因为他们认同你的价值观和信仰，公司的员工信任他们的公司，他们相信公司会为他们着想，更加重要的是公司的员工认同公司在客户服务方面的理念和价值观。这些可能看起来太近乎理想主义，但是世界上越来越多的企业发现，如果能够达到这样的一种境界，可以为企业带来很多收益。

信任的基础：①信任需要时间。信任首先需要投资，一旦信任的关系建立了，这些投资会有可观的回报；但是，如果信任的关系无法建立，投资同样存在问题。②信任需要严格的要求。无论从哪个角度说，低信任组织通常都可以容忍低效率的表现，让人觉得意外的是，这些低信任组织往往可以特别地容忍高层较差的表现。高信任组织尽量使员工可以达到高的标准，但是，如果最后分析出某个人并不能达到要求，高信任组织会迅速地、坚决地将这个人从组织中剔除。③信任需要训练。信任需要很多的技巧、练习，要凭借坚定的意志力才能取得成功。

信任关系的四种原则：①有能力。有能力是指可以将某项工作完成得很好，你必须值得信任，他们必须相信你是有能力的——你有判断能力，把他们的双手交给你是放心的。②公开。你待人坦诚，尽可能地增加透明度，你还要相信别人。公开、诚实和对别人说真话就是信任，也可以说你必须行为正直。③可靠。只有有能力和公开是不够的，你还必须按照你的承诺去做，只有你是可靠的、可以信赖的和言行一致的人，人们才会信任你。④公平。人们理所当然地会关注他们的每一项商业交易的结果，从信任的角度来看，人们真正关心的是这项交易是否公正和平等。

那么企业家可以从信任别人的四个实际的行动开始做起，有能力是选择合适的人，公开是告诉他们你需要的数字分值，可靠是使他们负责，公平是了解他们关心什么。或者换个角度，企业家要做到，公平是你果断地领导，可靠是你的行为正直，公开是信息能够及时反馈，有能力是企业家需要不断学习。

九、冲突、沟通与合作

冲突是在企业组织发展中不可避免的行为，它的发生是企业组织内外某些关系不协调的结果，主要表现为冲突行为主体之间的矛盾激化和行为对抗。实践证明组织冲突的存在对企业组织的运行和发展具有一定的影响，有的影响是积极的、具有建设性的，有的则具有明显的破坏性。企业组织冲突的一般原因可概括为以下方面：个性差异的客观存在、个人或群体价值观的不同、个人文化与组织文化匹配的不协调、组织沟通的不畅、企业经营活动中的竞争、企业组织结构上的功能缺陷、资源的稀缺性、利益分配上的不信任和不合理、个人与组织及社会目标统一下的对立等。了解冲突的起因，既有利于管理者对症下药，克服消极影响，也方便管理者因地制宜，激发适度的冲突以利于组织的健康发展。

根据冲突的主体差异和客体内容不同可把冲突划分为以下类型：①目标型冲突。目标型冲突是指冲突双方或多方因所希望达到的结果和目标互不相容、不可调和时所发生的冲突。目标型冲突是生活中最常见的冲突类型，它往往涉及冲突双方或多方的利益问题，因此处理目标型冲突是比较困难的。②情感型冲突。情感型冲突是指冲突双方或多方因在情感或情绪上无法达到相一致、不可调和时所发生的冲突。情感型冲突主要因在人际交往过程中，由于认知错误、沟通不及时或是第三者的错误信息产生误解，直至信任失效，彼此之间相互猜疑，必然会产生情感抵触，导致情感冲突。情感型冲突的解决需要冲突双方或多方的积极沟通和了解，增强信任，加固感情基础，以消除彼此之间的隔阂。③强势型冲突。强势型冲突是指冲突双方中的一方凭借着自己的绝对优势对另一方进行强行压制而发生的冲突。强势型冲突在管理过程中极易引起员工的反抗，影响工作效率，因此这也是成功的管理者应尽量避免的。④背景差异型冲突。背景差异型冲突是指冲突双方或多方由于个性、立场、价值观、教育程度等方面的差异而导致的冲突。这种冲突在日常生活中也是较常见的，需要管理者能够全面把握，在异中求同，寻求冲突的解决。⑤实质型冲突。实质型冲突是指冲突的双方或多方由于规章制度、职责、任务、方法、程序、工作的分配等问题而引发的冲突。这种实质型冲突，在管理过程中能够得到有效的解决，甚至是可以预防的。

冲突管理一般包括：①冲突诊断。冲突诊断包括以下内容：了解冲突历史，以初步把握冲突的来龙去脉和引发冲突的源泉；了解冲突类型，为寻求针对性的解决对策做准备；了解冲突数量，以确定企业目前冲突是否太多、适中或者过量；了解冲突结构，以确定根本性与次要性冲突；了解冲突的破坏性，以确定冲突影响的范围；了解人们在冲突中使用的方式和手段，以做好必要的应对措施，尤其是针对激烈冲突手段的应急措施。一个复杂的诊断过程应包括冲突的测量、冲突的来源及它们关系的分析。②冲突分析。冲突分析是对于诊断得来的资料的进一步理解、深化，通过分析建立起关于企业冲突的基本因果关系，以便找到冲突管理的基本要点和思路。分析明确以下要点：冲突原因与冲突特点的因果关系，即某一特定的原因与冲突的数量、结构、方式、影响等方面的关系；已经采用的冲突解决方式与冲突特点的因果关系，以便了解对于某一特定企业，哪些方式是比较可行的，哪些是根本行不通的；冲突特点与冲突破坏性的因果关系，该关系揭示了冲突破坏性的基本决定因素，从而为控制其破坏程度奠定基础。③干预冲突。在诊断和分析的基础上，如果发现不应该干预目前的冲突，则应该暂时允许冲突继续存在和发展。对于确实需要进行干预的冲突，应从过程干预和结构干预两个方面着手：过程或人员过程法干预，即试图通过改变组织成员处理冲突的不同风格来提高组织的有效性。其核心是通过帮助组织成员学会把不同风格的处理冲突的方式与不同的冲突情形结合起来管理冲突；结构或技术结构方法干预，其着眼点是通过改变调整企业结构，从长远根本上解决冲突问题。冲突管理中经常调整的企业结构包括组织结构、工作流程、薪酬结构、决策结构、权力结构等。结构调整的最终目的是替冲突设置结构性限制，使其数量、方式、功能都能最大限度地有利于企业而不是破坏企业。

冲突管理策略。①回避。在冲突发生后管理者可能选择一种消极的处理办法，如无视冲突的存在，希望双方自己通过减少群体间的相互接触次数来消除分歧。即不问冲突的原因而允许冲突有控制地存在下去，其目的只是缓和冲突，使矛盾不致激化。虽然对于群体间某些不太严重的冲突，回避方法是合适的，但是领导者在处理群体间的冲突时，往往还得采取较主动的态度。②妥协和让步。通过冲突双方的谈判和沟通寻求解决的途径，也就是在双方能够容忍的范围内寻求化解消极冲突的办法。当冲突双方势均力敌争执不下，而双方都有解决冲突的愿望时，往往只好双方都做出一些让步实行妥协。③诉诸上级领导。企业在变革过程中由于各项规章制度都还在完善中，沟通渠道也还不够畅通，各部门由于拥有相对等的职权而无法彼此控制，使得在光靠企业制度化的力量和他们自身的力量，无法解决他们之间较为激烈的冲突与矛盾时，只有移交给上级领导去解决。④改变任务依存关系。这种途径的目标是改变各职能或事业部门间的相互依赖关系，以去除冲突的来源。根据组织业务流程依存性定义，分为集合性、序列性和相互性。集合性依存是组织依存性的最低形式，工作不能在部门间流动，每个部门的工作是独立的。序列性依存是一个部门的产出成为另一个部门的投入，部门间的依存关系类似于流水线作业关系。最高水平的依存是相互依存，这是一种相互依赖的关系。在企业变革过程中去除不必要的业务依存关系，是消除组织冲突的有效方法。

冲突的发生意味着需要进行管理沟通。沟通类型有几种：①信息沟通。信息沟通是指可解释的信息由发送人传递到接收人的过程。具体地说，它是人与人之间思想、感情、观念、态度等信息的交流过程，是情报相互交换的过程。②情感沟通：研究并满足沟通对象的社会心理需要，如语言交流的需要、归属感的需要、受尊敬的需要、快乐心情的需要、优越生活的需要、理解的需要；真诚、热情、助人为乐的沟通态度；运用心理规律，进行角色换位，拉近相似性、相近性、互补性心理，促进感情融合。沟通还包括行为态度沟通、文化沟通、知识沟通。沟通的形式有：①横向沟通和纵向沟通。横向沟通：又称平行沟通，是指处于同一级的组织、单位或个人之间的信息传递和交流。纵向沟通：上行沟通；下行沟通。②单向沟通和双向沟通。单向沟通指信息的发出者与接受者两者之间地位不变的沟通方式，双向沟通指信息的发出者与接受者两者之间的地位不断变化的沟通方式。③语言沟通和非语言沟通。语言沟通可细分为口头沟通和书面沟通。非语言沟通：声音的魅力；面部表情；身体姿态与手势行为。④正式沟通与非正式沟通。

沟通的原则：①准确性原则。当沟通所用的语言和传递方式能被接受者所理解时，这才是准确的信息，这个沟通才具有价值。②完整性原则。信息沟通是手段而不是目的，必须以保证维护组织的完整性为前提。③及时性原则。④非正式组织策略性运用原则。

沟通障碍：①主观障碍。包括：个性心理差异引起的沟通障碍；知识、经验水平、文化背景的差距引起的沟通障碍；沟通能力缺陷引起的沟通障碍。②客观障碍。包括：信息沟通渠道和沟通方式选择不当引起的沟通障碍；组织结构不合理引起的沟通障碍；信息沟通过量引起的沟通障碍；沟通环境的影响。沟通的目标是协调解决各种事务的矛盾、问题和差异，事务协调时机分为事前、事中、事后，事务协调相关因素包括权利、利益、心理、时间、空间，事务协调原则要和谐一致，配合得当。事务协调实质就是正确处理组织内外各种关系，为组织正常运转创造良好的条件和环境，促进组织目标的实现。

企业家需要与人合作，企业经营的实质就是交易，因此合作既是理性，又是智慧。合作是个人与个人、群体与群体之间为达到共同目的彼此相互配合的一种联合行动。①合作的基本条件：一致的目标，任何合作都要有共同的目标，至少是短期的共同目标；统一的认识和规范，合作者应对共同目标、实现途径和具体步骤等有基本一致的认识，在联合行动中合作者必须遵守共同认可的社会规范和群体规范；相互信赖的合作气氛，创造相互理解、彼此信赖、互相支持的良好气氛是有效合作的重要条件；具有合作赖以生存和发展的一定物质基础，必要的物质条件，包括设备、通信和交通器材工具等，是合作能顺利进行的前提，空间上的最佳配合距离，时间上的准时有序，都是物质条件的组成部分。②合作的类型：按合作的性质可分为同质合作与非同质合作。同质合作即合作者无差别地从事同一活动，如无分工地从事某种劳动。非同质合作即为达到同一目标，合作者有所分工，如按工艺流程分别完成不同的工序的生产。按照有无契约合同的标准，合作分为非正式合作与正式合作。非正式合作发生在初级群体或社区之中，是人类最古老、最自然和最普遍的合作形式，这种合作无契约上规定的任务，也很少受规范、传统与行政命令的限制。正式合作是指具有契约性质的合作，这种合作形式明文规定了合作者享有的权利和义务，通过一定的法律程序，并受到有关机关的保护。按合作的参加者分为个人间的和群体间的合作等。

企业家的合作精神不仅在于善于盘活自己的资源，更善于与更多的合作伙伴共享。占有不等于拥有，固守着自己小圈子的人，他的世界会越来越小，打开胸怀面向世界的人，他的天地会越来越宽广。当这些认识越来越强烈地涌动在人们内心深处的时候，雨后的彩虹已经浮现在地平线上了。企业家的合作精神，不仅善于把握自己的角色，更善于为更多伙伴的合作搭建平台；不仅善于利用自己的优势，更善于为更多的合作伙伴整合优势。那么怎样发展合作呢？首先要善于吸纳别人的优点，指出别人不足，与他人共同奋进；其次要注意自己的行为是否对他人构成影响，从别人的角度出发，才能更好地使个体融为整体，从而与别人将心比心，共同前进；再次合作可不能光合而不做，与他人一起前进，就更需要自觉行事，让别人欣然地接受你；最后必须把集体当做个人一样爱护，让集体越发团结，让合作越来越充实，让每个人都能从中得到快乐和收获。

◇ 案例 1. 不断攀越顶峰的王石

20 世纪 80 年代初王石的第一桶金是靠做饲料中介商，通过倒卖玉米赚了 300 万元，1983 年到深圳经济特区发展公司工作，1984 年用倒玉米赚来的钱组建“现代科教仪器展销中心”，经营从日本进口的电器、仪器产品，同时还搞服装厂、手表厂、饮料厂、印刷厂等。用王石的话来说，“就是除了黄、赌、毒、军火不做之外，基本万科都涉及到了”。1988 年企业更名为“万科”，那时候王石正忙着对“万科”进行股份化改造，忙着倒腾家电，忙着生产录像机配件，忙着折腾遥控电气开关。1988 年 11 月万科参加了深圳威登别墅地块的土地拍卖，拍卖场上万科经过白热化争夺终于胜出。在签订土地出让合同时，负责拍卖的官员望着王石劈头就是一句：“怎么出这么高的价？简直是瞎胡闹。”按照拍卖的价格计算，楼面价格已经高于周边地块的住宅平均价格。万科就这样懵懂鲁莽地冲入了房地产行业，这一年王石 37 岁。1989 年初万科完成了股份化改造，成功募集到了2800万元资金。1991年1月29日，万科正式在深圳交易所挂牌上市，代码0002。在众多地产大腕的公司中，万科是最早完成股份化并成功上市的。在1991年的环境下能做到这一点，确实具备一些高瞻远瞩的意味，也正是因为这样才保证了以后在发展过程中，能有一条宝贵的资金渠道，这对资金密集型的房地产企业来讲，其重要性怎样强调也不为过。由此拉开了万科万亿市值的伟大征程。2010年万科实现销售金额1081.6亿元，同比增70.5%，站上千亿级巅峰，是世界最大房地产公司。

王石从来不安分。用他的话说，他是继承了母亲的民族血液里的勇敢成分，他的母亲是锡伯族，一个在历史上曾经能征善战的游牧民族。1999年2月王石辞去总经理职务，只任董事长，然后背上了行囊，飘然远行。1999年5月玉珠峰6178米，登顶。2000年4月章子峰7143米，登顶。2000年7月雪宝顶5445米，登顶。2001年8月慕士塔格7546米，登顶。2002年1月非洲乞利马扎罗山5895米，登顶。2002年6月北美洲麦金利山6194米，登顶。2002年10月大姑娘山5025米，登顶。2003年2月哈巴雪山5385米，登顶。2003年5月珠穆朗玛峰8848.13米，登顶。2003年12月27日成功登顶南极最高峰——海拔5140米的文森峰。2004年1月23日成功登顶南美海拔6964米的阿空加瓜峰。2004年6月登顶欧洲最高峰海拔5624米的厄尔布鲁士峰。2004年7月欧洲最高峰厄尔布鲁士峰海拔5642米，登顶。2004年7月28日登顶大洋洲最高峰查雅峰。2004年7月澳洲最高峰科修斯科峰，海拔2228米，登顶。2005年4月滑雪抵达北极点；2005年12月，顺利抵达南极点；2006年12月24日印度尼西亚的查亚峰，海拔5030米，登顶。2009年9月27日马纳斯鲁峰海拔8156米，登顶。2010年5月22日珠穆朗玛峰南坡成功登顶，将世博旗帜首次带上峰顶，60岁的王石也改写了中国人最大年纪登顶珠峰的纪录。

不过现在的王石正在攀越企业接班人这个世界性的难题的高峰，他的后备人选是现在的总裁郁亮。1965年出生的郁亮，北京大学国际经济系毕业，1990年加入万科。1993年任万科下属财务顾问公司总经理，1996年任万科公司副总经理，1999年任万科公司常务副总经理，2001年任公司总经理。这十几年万科的日常经营管理就是郁亮在具体打理。郁亮学财务出身，要求快速开发销售、快速复制和高周转率。郁亮解释取得千亿销售的业绩是因为万科有三大“法宝”：①主流定位。面向自住购房者，开发中小户型为主。②快速周转。就是不囤地、不捂盘、快速开发、快速销售。③战略纵深。就是谨慎投资、分散风险、不当地王。不过郁亮并不愿意多谈“千亿”，淡定地说：“就如同农夫种地，努力耕耘，加上风调雨顺，自然就会丰收。”郁亮表示，后千亿时代万科将“走内涵增长的道路”，不依赖资本规模扩张，通过增加周转率提高股东的回报。郁亮在内部号召大家向制造业学习。他说，就是要忘记自己是房地产，只希望赚做房子的钱，而不是赚地价上涨的钱。如手机行业，虽然功能越来越强大，性能越来越多，价格却越来越便宜，大家都去买，这样就挺好。2011 年 8 月 9 日万科发布中报显示，上半年万科共实现销售额 656.5 亿元，同比增长 78.6%，实现净利润 30 亿元。同时万科预收账款达到创纪录的近 1200 亿元，提前锁定 2011 年业绩。

万科方面表示王石出国留学之后，个人生活状态虽有变化，但在万科的角色没有变化。“作为董事会主席，他仍然把握战略性和前瞻性的事项。万科的经营建立在制度化的基础上，公司的发展策略是稳定的延续的，并不存在交接一说。”接近王石的人士透露，尽管万科内部并不承认“改朝换代”，但王石已经做出种种安排。“他靠自己的驾驭能力，让很多高管都配合郁亮，做这个安排是万科必须的动作。”王石也在不断释放出 59 岁将要退休的消息。“他需要为郁亮创造一个舞台，而这样做的必要条件是把人事权交给郁亮，王石也希望郁亮变得更加强势。这个情况下郁亮在不断适应自己的角色，王石也在调整自己的思路。”

一位熟悉万科的人士表示，万科仍在按照王石的思路往前走，但执行过程中允许郁亮做自己的判断选择。“也许有对有错，但需要检验过程。不能要求郁亮完全按王石的做，也不可能不给郁亮实现自己思路的机会。”万科在商业地产上的尝试印证了这一点。分析人士表示王石的战略是专一的住宅开发商，而郁亮觉得只做住宅会丧失一些机会，这是他们比较大的一个分歧。郁亮的尝试脚步并不停歇，2011 年 6 月中旬深圳市万科商业管理有限公司单独成立，此前郁亮公开授权深圳、上海、北京等大区作为“改革特区”，成立商业筹备小组先行先试，以便总结商业地产的运营经验，万科也接连拿下商业地块。一时间业内都认为万科要转型，郁亮却称：“万科是为了做好住宅才开始做商业的。万科做的是为更好提高业主居住品质的社区商业，房地产行业发展到现阶段，如果不学会做商业，住宅也做不好。”

◇ 案例 2. 埃文·威廉姆斯的民主时代

埃文·威廉姆斯 1972 年 3 月 31 日在内布拉斯加州出生，是美国著名企业家，已建立了数家互联网公司。21 世纪初威廉姆斯和梅格·休利汉共同创立的 Pyra 实验室，研发项目管理软件，其中笔记记录功能分拆为 Blogger，第一个 Web 应用程序，用于创建和管理博客，并且在有效地使用中普及了它。尽管休利汉和其他雇员先后离职，但 Pyra 仍然存活了下来，并最终在 2003 年 2 月 17 日被谷歌收购。2004 年 PC Magazine 杂志将 Blogger 小组的成员埃文·威廉姆斯、保罗·博士伦和梅格·休利汉评为该年的年度人物。威廉姆斯于2004年10月离开谷歌，与他的Noah Glass开办了一家播客公司Odeo。在2006年年底威廉姆斯与Biz Stone及其他前Odeo员工共同创立了Obvious Corp公司，Obvious Corp公司已经拥有了Odeo公司先前的所有性能，包括Odeo和另一个由威廉姆斯创办的项目Twitter。

Twitter是一个社交网络及微博客服务的网站，它利用无线网络、有线网络、通信技术，进行即时通信，是微博客的典型应用。它允许用户将自己的最新动态和想法以短信形式发送给手机和个性化网站群，而不仅仅是发送给个人。在最初阶段这项服务只是用于向好友的手机发送文本信息，2006年年底Obvious对服务进行了升级，用户无须输入自己的手机号码，而可以通过即时信息服务和个性化Twitter网站接收和发送信息。在2007年4月埃文·威廉姆斯将Twitter剥离成一个独立的公司，而Sonic Mountain于2007年5月收购了Odeo。原Odeo工程师杰克·多尔西有邮寄与分发领域的经验，为Twitter的发展贡献了自己的理念，将Twitter打造成通过手机和互联网向朋友发送短信的社交网络。Twitter是博客网站合理发展的下一步，网民认为键入140个字并发送到网络上更为便捷，因此Twitter实现了信息的流程化。就像威廉姆斯所言，Twitter"降低了门槛"，"它是迈向信息民主化的又一步，我坚信如果能让人们更便捷地共享信息，未来会更美好"，威廉姆斯再次成为"发布革命"的代言人。Twitter2007年一亮相，就成为美国南部地区网民寻找聚会的最佳途径，在美国大选中它出尽风头，在孟买恐怖袭击案爆发后Twitter更是声名鹊起，《福布斯》称为"Twitter时刻"。公司高管斯通说，"Twitter并不是技术的成功，而是人类精神的成功，我们在这里是为了影响人们的生活，我们承认在这里拥有领袖地位。"2009年1月19日纽约当地时间12：33分，一位名叫"manolantern"的网民在《纽约时报》网络版发帖称，"我刚看到一架飞机坠入了曼哈顿附近的哈德逊河中。"随后跟帖不断。此新闻发布前15分钟一位名叫JanisKrums的人在飞机坠河时碰巧在哈德逊河的摆渡船上，他立刻拍下照片并贴到了TwitPic上，留言说，"哈德逊河上有架飞机，我正在前往救人的摆渡船上，疯狂中"。目击美航1549次航班坠河的Twitter用户不断实时更新。他们的所作所为就是信息共享的文化，这也是Twitter所依赖的文化。

目前Twitter上成熟运用的商业和社会服务功能有：①客户服务。当乔纳森在纽约国际机场等待登机时，通过Twitter写下了一些疑问，博客发出10秒后，他竟然收到了美国捷蓝航空公司的邮件，为其问题作出响应。原来捷蓝使用扫描工具对Twitter用户进行实时跟踪，以发现解决用户的问题。无论是购买机票、电脑或咨询主机托管问题，不需要打电话给该品牌在线的客服人员，直接上Twitter就能找到。同时Twitter可以为企业提供用户追踪服务，缩短了企业对客户需求的响应时间。②信息传播。Twitter开发了“品牌频道”，企业可以在Twitter构建品牌页面，同时组建多种品牌小组，同一品牌的粉丝能够聚合在一起。而企业通过平台可以向用户发送各种新品、促销信息，Twitter的即时性和分享性让一个消息可以迅速遍布有相同兴趣爱好的group、team，甚至用户之间也发生互动，他们也可能把信息转发给其他好友。据悉戴尔从2007年3月开始使用Twitter企业平台，目前戴尔官方网站上已拥有65个Twitter群组。这种方式增加了公司品牌直接接触消费者的机会，有利于维护品牌认知和客户忠诚度。③CRM对话。美国大选中希拉里和奥巴马都在Twitter上建立了个人主页，但最终奥巴马获得了15万follower的支持，而希拉里仅有6000多。仔细分析发现虽然他们都经常更新消息，差别却是希拉里主动追踪回复别人的数量为0，而奥巴马的following高达15万！这说明奥巴马营销团队在即时跟踪十余万人的消息更新，当有人对奥巴马支持时，团队就通过Twittter向用户进行信息反馈，这样支持者感受到的是：奥巴马跟我对话了！④硬广形式。由于火爆的人气，Twitter每天都能接到各大企业的电话，要求购买Twitter的媒体广告，但是Twitter一直不希望主推赤裸裸的硬广形式，打搅用户的浏览体验。不过有趣的是，Twitter允许个人用户可以通过在个人页面中插入广告获利，用户可以自主邀请广告主购买个人网页的广告位，双方协商投放时间和收取费用。Twitter仅仅收取5%作为服务费。这种开放的心态，愿意将所得营销费用的绝大部分让利给用户，的确能让用户欢呼雀跃，更大地激发了用户的参与热情。⑤舆情监测。社会化媒体的到来使得传播由“教堂式”演变为了“集市式”，每个草根用户都拥有了自己的“嘴巴”，Twitter自然是“品牌舆情”的重要阵地。越来越多的公司都在Twitter上追踪对其品牌的评价，监测舆论情况。Twitte这些真实的声音，可以帮助企业迅速触摸到消费者心理、对产品的感受，以及最新的需求，获取市场动态乃至公关危机的先兆。Comcast、戴尔、通用汽车、H&R Block、柯达就是光顾Twitter的常客。⑥互动活动。一家葡萄酒公司在Twitter上举办了TwitterTasteLive，5款雨果葡萄酒分别提供给使用Twitter的葡萄酒爱好者品尝。然后主办方确定一个时间，在Twitter上和葡萄酒爱好者进行互动交流，并用视频直播来辅助这次体验活动，加强了活动的直观性。用Twitter的形式将品酒会现场搬到网上，只要Twitter用户将自己的想法以文字由网站、短信息等发送给订阅者和好友，双方就可及时反馈。Twitte体验方式可以使葡萄酒爱好者突破品酒时间地域人数的限制，全国甚至全球品酒成为可能；更重要的是来自不同地区的葡萄酒爱好者实时沟通，更加深度的交流，品牌的烙印会在体验与关系互动中“发酵”。⑦危机公关。强生在Motrin. com上发布一段广告推广其止疼药，但是由于创意不当，遭到网民们的强烈抗议与反感，仅仅几天针对强生Motrin的批判主题成了Twitter上最热的话题之一，Google搜索结果中出现了大量的Motrin负面信息，Motrin因此卷入了一场公关危机。面对Twitter社会化媒体，一个不起眼的小消息都有可能被无限放大，对企业来说在危机之前如何预警，危机产生后如何公关处理都非常重要。

截至2011年4月2日Twitter拥有约1.75亿注册用户。当向两位创始人问及公司营收状况时，他们都会提示Twitter还是一家年轻的公司，他们首先要考虑到产品无懈可击，随后他们都会异口同声地说，在1998年没有人会问谷歌如何盈利。威廉姆斯表示，“我们有自己的产品，我们正为之努力，我们会有现金流”。他们忽略了Twitter创业之初只有30名员工的事实，Twitter的最重要的任务是获得更多的用户，Twitter的投资者有耐心。美国风险投资公司Biltmore Ventures总经理霍华德·林德泽称，是否赢利并不重要，目前是Twitter选择IPO的完美时机。对于Twitter而言，比赢利更重要的事情是市场需求和一份干净的资产负债表。

第八章　驾驭市场的诺亚方舟

一、分析你的市场

市场细分的目的：①使同一细分市场内的消费个体之间的差异降低到最小，使不同细分市场中消费个体间的需求和欲望差距增加到最大。②针对不同的细分市场，采取不同的产品和市场营销组合策略，以求获得最大的效益。

市场分析内容：①市场需求预测分析。市场需求预测分析包括现在市场需求量估计和预测未来市场容量及产品竞争能力。通常采用调查分析法、统计分析法和相关分析预测法。②市场需求层次和各类地区市场需求量分析，即根据各市场特点、人口分布、经济收入、消费习惯、行政区划、畅销牌号、生产性消费等，确定不同地区、不同消费者及用户的需要量及运输和销售费用。一般可采用产销区划、市场区划、市场占有率及调查分析的方法进行。③估计产品生命周期及可销售时间，即预测市场需要的时间，使生产及分配等活动与市场需要量作最适当的配合。

市场分析的要点：①客观性问题。强调调研活动必须运用科学的方法，符合科学的要求，以求市场分析活动中的各种偏差极小化，保证所获信息的真实性。②系统性问题。市场分析是一个计划严密的系统过程，应该按照预定的计划和要求去搜集、分析和解释有关资料。③资料和信息。市场分析应向决策者提供信息，而非资料。资料是通过营销调研活动所搜集到的各种未经处理的事实和数据，它们是形成信息的原料。信息是通过对资料的分析而获得的认识和结论，是对资料进行处理和加工后的产物。④决策导向。市场分析是为决策服务的管理工具。

市场分析的方法：①系统分析法。市场是一个多要素、多层次组合的系统，既有营销要素的结合，又有营销过程的联系，还有营销环境的影响。运用系统分析的方法进行市场分析，可以使研究者从企业整体上考虑经营发展战略，用联系的、全面的和发展的观点来研究市场的各种现象，既看到供的方面，又看到求的方面，并预见到它们的发展趋势，从而做出正确的营销决策。②比较分析法。比较分析法是把两个或两类事物的市场资料相比较，从而确定它们之间相同点和不同点的逻辑方法。对一个事物是不能孤立地去认识的，只有把它与其他事物联系起来加以考察，通过比较分析，才能在众多的属性中找出本质的属性。③结构分析法。在市场分析中通过市场调查资料，分析某现象的结构及其各组成部分的功能，进而认识这一现象本质的方法称为结构分析法。④演绎分析法。演绎分析法就是把市场整体分解为各个部分、方面、因素，形成分类资料，并通过对这些分类资料的研究分别把握特征和本质，然后将这些通过分类研究得到的认识联结起来，形成对市场整体认识的逻辑方法。⑤案例分析法。案例分析就是以典型企业的营销成果作为例证，从中找出规律性的东西。市场分析的理论是从企业的营销实践中总结出来的一般规律，它来源于实践，又高于实践，用它指导企业的营销活动，能够取得更大的经济效果。⑥定性与定量分析结合法。任何市场营销活动，都是质与量的统一。进行市场分析，必须进行定性分析，以确定问题的性质；也必须进行定量分析，以确定市场活动中各方面的数量关系，只有使两者有机结合起来，才能做到不仅问题的性质看得准，又能使市场经济活动数量化，从而更加具体和精确。⑦宏观与微观分析结合法。市场情况是国民经济的综合反映，要了解市场活动的全貌及其发展方向，不但要从企业的角度去考察，还需从宏观上了解整个国民经济的发展状况。⑧物与人的分析结合法。市场分析的研究对象是以满足消费者需求为中心的企业市场营销活动及其规律。作为企业营销的对象是人，因此要想把这些物送到所需要的人手中，就需要既分析物的运动规律，又分析人的不同需求，以便实现二者的有机结合，保证产品销售的畅通。⑨直接资料法。直接资料法是指直接运用已有的本企业销售统计资料与同行业销售统计资料进行比较，或者直接运用行业地区市场的销售统计资料同整个社会地区市场销售统计资料进行比较。通过分析市场占有率的变化，寻找目标市场。⑩必然结果法。必然结果法是指商品消费上的连带主副等因果关系，由一种商品的销售量或保有量而推算出另一种商品的需求量。⑪复合因素法。复合因素法是指选择一组有联系的市场影响因素进行综合分析，测定有关商品的潜在销售量。

有效的细分市场的特征：①细分市场应该足够大，并保持稳定，以保证企业有利可图。②细分市场必须是可以识别的，即可以通过人口统计学、情感价值数据和行为方式数据等来描述。③不同的细分市场对同一市场营销组合的反应必须是不一样的，否则就没有进行市场细分的必要了。④细分市场必须具有合理的一致性，即细分市场中的消费个体应有非常相似的需求和欲望。⑤各细分市场容量的大小应该是稳定的。⑥该细分市场不应该大部分被竞争对手所占据，这样很有可能会使自己的产品遭到淘汰。

市场细分的步骤：①选定产品市场范围。选定产品市场范围即确定企业进入什么行业，生产什么产品。产品市场范围的确定应以顾客的需求为标准，而不是产品本身的特性。②列举出潜在顾客的基本需求。企业通过调查列举潜在顾客的基本需求。③了解不同顾客的不同需求。对于列举出来的基本需求，不同顾客强调的重点可能是不一样的。④选取重要的差异需求为细分标准。可以抽掉顾客的共同要求，而把顾客的特殊需求作为市场细分的标准。⑤根据所选标准细分市场。营销时根据潜在顾客需求上的差异性，将顾客划分为不同的群体或者子市场。⑥分析各个细分市场的购买行为。进一步分析各个细分市场的需求和购买行为，并找到其原因，以便在此基础上决定是否可以合并这些细分市场或者对细分市场进行进一步的细分。⑦评估各个细分市场的规模。在仔细调查的基础上，评估每一细分市场的顾客数量、购买频率、平均每次购买数量等，并对细分市场上产品的竞争状态及发展趋势作分析。

利益细分法：人们在消费某一特定产品时寻求的利益（效用）是细分市场存在的真正原因。利益细分变量比人口特征及其他细分变量对消费者行为所起到的决定性作用要更为直接、更为精确、更具可预测性。首先要知道消费者真正需要的是什么，也就是要找到消费者的真正利益需求，只有这样才能够俘获消费者的心。利益细分法为企业提供了一种区分消费者利益需求的有效方法，这毫无疑问会使企业的营销活动更有针对性。利益细分市场的基本法则：①创造新的细分市场，不如维护老的细分市场。许多企业致力于生产和竞争对手截然不同的产品，期望能够开辟新的细分市场。这样做本无可厚非，但是与维护现有的细分市场相比，它显得过于昂贵且效果并不与投入成正比。企业应更加重视对现有细分市场的研究，掌握已熟悉消费者的更多的信息，制定更加切实有效的营销策略，这样将使企业获得更为令人满意的益处。②一种品牌不可能满足所有顾客的需要。这一法则是在告诉企业，要使产品覆盖更大范围的市场，就要为顾客提供多种品牌。如今市场上新品牌不断涌现，可视为对这一法则的回应。③属于同一公司的多种品牌，应尽量避免相互竞争。经常会出现同一公司旗下的品牌相互竞争现象，诚然这有利于提高企业的活力，但谁也不能够否认这将造成极大的内耗，造成资源的浪费。④产品的设计应能满足既定细分市场的需求。企业必须针对具体的顾客群进行产品的设计，要瞄准既定的细分市场设计产品。反之，如果同时瞄准两个或者两个以上的细分市场，必然会犯市场细分定位模糊的错误，使产品左右不讨好。

选择目标市场的基础是评估细分市场。评估细分市场就是在确定细分市场的有效性之后，对细分市场作进一步的评估，以明确哪一个或者哪几个细分市场是企业值得进入的。评估细分市场从两个方面进行：①细分市场的规模和成长可能性。细分市场的规模是指这一市场内购买能力的总和。企业选择何种规模的细分市场，应视自己的能力而定，一般来说，大型企业不愿意费力去开发过小的细分市场，而小企业不敢涉足规模过大的细分市场。细分市场成长的可能性是指细分市场的待开发潜力，一般来说，儿童和年轻人的细分市场成长可能性较高。②细分市场的市场结构吸引力。任何一个细分市场的结构吸引力都取决于五大因素：产业竞争者、潜在进入者、供应商、产品替代品、购买者；理想的细分市场市场结构应为：产业竞争者少且弱、新竞争者的进入壁垒高、供应商和购买者的议价能力薄弱、产品无替代品。

目标市场选择的 5 种模式：①密集单一市场，即选择一个细分市场集中营销。这样做一方面有利于企业巩固在该细分市场的地位；另一方面企业通过生产、销售和促销的专业化分工也能够获得更多的经济效益。企业都通过深耕细作，在各自的领域内获得了成功。但是把所有鸡蛋放在一个篮子里显然要比把鸡蛋分散开来放在几个篮子中的风险要大得多，因此大多数公司通常同时经营若干个细分市场。②有选择的专门化，即企业同时经营若干个有极大赢利可能的细分市场，而且这些细分市场之间缺乏或者根本没有联系。这样做可以分散企业的风险，即使在某个细分市场遭到了损失，企业也可以从其他市场上挽回。③产品专门化，指的是企业集中生产一种产品，但向不同的细分市场供应不同类型的产品。企业可以通过这一模式树立起某个产品非常高的声誉。④市场专门化，指专门为某个顾客群体的各种需要服务。公司专门为一个特定的群体服务，这有助于企业在该群体中获得很高的声誉，并成为这一群体所需各种新产品的销售代理商。⑤完全市场覆盖，即企业利用各种产品去满足各种顾客群体的需要。这种模式通常只有超大规模的企业才能采用。

二、客户关系和顾客满意

1. 客户关系管理

客户关系管理（CRM）是一个不断加强与顾客交流，不断了解顾客需求，并不断对产品及服务进行改进和提高以满足顾客需求的连续的过程。客户关系管理为企业提供全方位的管理视角，赋予企业更完善的客户交流能力，最大化客户的收益率，是一种新的运作模式，它源于“以客户为中心”的新型商业模式，是一种旨在改善企业与客户关系的新型管理机制，是一项企业经营战略，企业据此赢得客户，并且留住客户，让客户满意。客户关系管理是企业为提高核心竞争力，达到竞争制胜、快速成长的目的，树立客户为中心的发展战略，并在此基础上展开的包括判断、选择、争取、发展和保持客户所需的全部商业过程；是企业以客户关系为重点，通过开展系统化的客户研究，通过优化企业组织体系和业务流程，提高客户满意度和忠诚度，提高企业效率和利润水平的工作实践；也是企业在不断改进与客户关系的全部业务流程，最终实现电子化、自动化运营目标的过程中，所创造并使用的先进的信息技术、软硬件和优化管理方法、解决方案的总和。客户关怀是 CRM 的中心，包括以下方面：客户服务、产品质量、服务质量、售后服务。对客户关怀意义最大的四个实际营销变量是：产品和服务（这是客户关怀的核心）、沟通方式、销售激励和公共关系，客户关怀的目的是增强客户满意度与忠诚度。

客户关系管理的主要方面：①客户概况分析。包括客户的层次、风险、爱好、习惯等。②客户忠诚度分析。指客户对某个产品或商业机构的忠实程度、持久性、变动情况等。③客户利润分析。指不同客户所消费的产品的边缘利润、总利润额、净利润等。④客户性能分析。指不同客户所消费的产品按种类、渠道、销售地点等指标划分的销售额。⑤客户未来分析。包括客户数量、类别等情况的未来发展趋势、争取客户的手段等。⑥客户产品分析。包括产品设计、关联性、供应链等。⑦客户促销分析。包括广告、宣传等促销活动的管理。

应用 CRM 给企业带来的好处：①销售人员每天为现实的客户花的时间更多。需要考虑计算销售人员每天拨打的服务电话或与现实的客户面对面接触的时间。②销售代表追求的客户数量的提高。请记住多数销售代表更愿意与现实的客户打电话，并与之发展关系，但是未来新的客户也在不断增加。为此需要计算每人、每星期、每月、每季度销售代表接触的新老客户的数量。③销售经理与客户接触，就客户问题与销售代表一同工作的时间增多。为此需要考虑计算每天销售经理与新老客户接触的时间及与销售代表讨论客户问题的时间。④客户服务增加。客户服务是那些领先的公司和那些对此尚不知晓的公司之间的识别标志。为此需要计算客户服务问题的解决时间，以及由于错误信息导致的客户服务误差的数量。⑤与客户和有望成为客户的人的联系的及时性增强。为此应计算与客户和有望成为客户的人联系所间隔的时间及给他们送发信息所间隔的时间。⑥每一销售代表每月收入的增加。由于自动化而节省了大量时间，为此能有效地销售更多，需要计算每月每一代表比基本收入所增加的收入。⑦总体业绩的提高。销售经理基于 CRM 系统的使用在销售人员之间开展竞争，销售人员之间的良性竞争导致总体销售业绩的显著提高。为此可计算一下每月整体销售队伍所增加的销售额。

⑧您公司的名字在您的客户和有望成为客户的人的面前出现的频率将会提高。可计算一下由销售和市场营销人员给客户和有望成为客户的人发出的信函的数量。⑨顾客满意程度的提高。考虑使用关于顾客满意的调查评比，并将评比结果张贴以供所有员工了解。⑩公司内部交流的增多。随着越来越多的员工在客户及潜在客户领域倾注时间，确保员工之间有效地交流的需要也在增强。为此可计算在地区、区域及总部办公室之间提供和获取信息所花费的时间。

分析型 CRM 是以改善业务管理为目的的分析活动。包括以下内容：①客户分析。如区段分析、风险分析、嗜好分析。②促销活动分析与管理。促销业务活动的有效性分析。③客户关注点分析。客户接触与客户服务的分析。④客户信任程度分析。客户的持久性、牢固性及稳定性分析。⑤销售分析。按产品、类型、销售渠道、销售方式等进行分析。

一个典型的分析型 CRM 系统包括 4 个阶段，如图 8－1 所示：①客户分析。客户分析需要很多可以定量化的信息，这些信息通常来自各种不同的数据源。对于这些信息必须加以整合，并以合理的方式放到客户数据仓库中，以便于对其作分段或挖掘处理。客户分析所需要的信息来自 3 个方面：企业与其客户的主要“接触点”（客户服务中心、Web 和自动柜员机）、关键收益点（POS、电子商务、订单录入）和外部数据（客户的地域分布、生活方式等信息）。客户分析阶段所需的关键信息包括客户服务历史信息、客户市场历史信息、销售信息、收益信息、客户的地域分布数据及生活方式数据等。为了在客户数据仓库中形成一个完整的视图，必须对这些不同的信息源加以整合与清理。在进行分析之前，必须了解信息的可用性、信息的质量、信息的整合与清洗程度，是否符合向客户数据仓库提交的要求。这里的侧重点是信息的质量，而不是它的完备。因为任何决策支持系统总处在不断得到新的信息源，不断地补充新的信息，并且不断地对信息实施清洗的过程中。另外这类系统还要求根据当前的业务与市场的需要，对原有的信息持续地作出评估。一旦完成了这个过程，则反映产品采购、收益、服务、客户地域分布及生活方式的信息就已具备。这时就可以对客户的行为及收益率进行统计处理，并借此建立能够预报客户未来行为的种种模型。②市场区段。在客户数据仓库准备就绪之后，就可以对当前客户及预期的客户群作区段分析，判断不同区段的优势与弱势。市场区段分析中常见的问题是：哪些客户购买产品 A 而不购买产品 B？对某个特定的市场活动而言，最感兴趣的是哪些客户？对商家最有价值的是哪些客户？客户的价值是否因其地域分布和人口学特征的不同而不同？对客户群实施区段分析时，可以利用客户数据仓库所积累的大量有用信息。对这些信息的分析与数据挖掘，有助于发现和评价各种可变因素的不同排列组合会导致什么样的后果。③一对一的市场。在找到最具价值的市场区段后，就可以为不同区段设计并提交适应其特定需要的成套服务。有针对性的市场开拓工作，可以促使企业瞄准更有前景和更有商机的领域。如果能够使企业的产品和服务被本来可能并不需要它们的客户所接受，就可能为本企业赢得最具价值的客户。通过对很多业务细节的分析，可以对那些为不同领域所设计的做法作全局性的考察，将相似的处置策略集中起来并加以提炼。在条件成熟的时候，推广这些做法到新的用户群。当我们将产品与服务也延伸到那些本来并不需要它们的用户群时，可以针对这个群体中那些最具可能和最有价值客户的特定需要，构建特定的市场策略。④事件模型。事件模型是一种技术手段，旨在帮助企业使其市场活动与处理策略准确，并最终取得成功。事件模型可以“刻画”客户的行为和客户的反应，还可以预见未来市场活动的后果。事件模型提供了一种可能，让我们能从客户生活中的某些事件，如生日、买房、买车等中找到新的商机。这些事件不仅形成不同的市场区段，而且也是对客户实施评估并预期未来收益的有利工具。事件模型有助于发现使企业利润最大化的方法，如减少促销活动的次数、提高客户对促销活动的回应和控制业务策划的费用等。与事件模型有关的一些典型问题有：哪些年龄段的客户对降价处理最感兴趣？哪些客户更喜欢通过个人渠道购物？针对高收入客户的市场策略是否达到了预期的目的？提出此类问题的目的，在于发现影响客户反应的主要因素，然后才能将客户按照他们的特征加以标识与分类。在很多情况下可以运用有关购买特征的新发现的知识，对各种不同的处置策略加以检验。如果这方面的工作进一步细化，必然会因这些策略的正确运用而提高客户的满意程度。

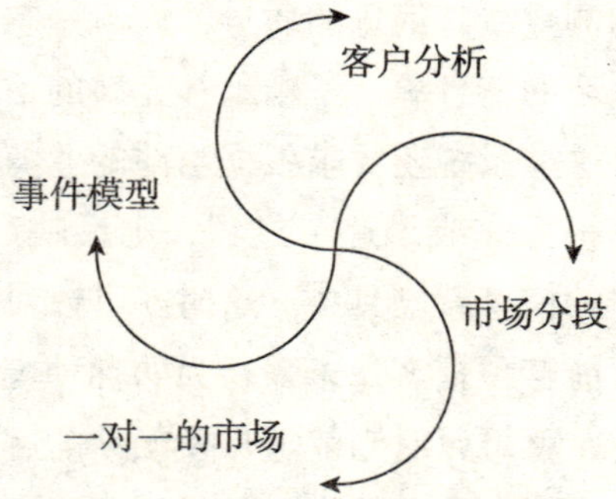

图 8－1　分析型 CRM 系统图

2. 顾客满意战略

顾客满意度反映的是顾客满意程度，也就是顾客满意的水平。顾客满意度既可以测量顾客个体的满意水平，也可以测量顾客群体的满意水平。满意是顾客通过对使用产品的感知的效果与他的期望值相比较后所形成的心理状态。如果感知效果低于期望顾客就会不满意，如果感知效果与期望相匹配顾客就满意，如果感知效果超过期望顾客就会高度满意或感到欣喜。由此可见顾客满意度是和顾客的期望与感知密切相关的。而期望与感知是顾客的心理活动，这种心理活动的模糊属性是绝对不容忽视的。顾客满意度除了具有顾客满意的全部特性外，还具有以下特性：①集合性。对于企业来说顾客满意度既是针对某一位顾客的，又是针对全部顾客的，全部顾客的满意是若干个顾客满意集合起来的。②抽样性。在相当多的情况下对顾客满意度只能进行抽样测量和监控，由于抽样方法的变化测量到的顾客满意度，往往并不能完全反映顾客整体的满意度。③否定性。顾客向企业提供的往往是不满意的意见信息，这种不满意的意见对企业可能更有价值，因而更要大力收集。④隐含性。顾客满意与否往往隐含于顾客的意识之中，只有在企业进行调查时才可能得到确认，当然特殊情况下也可能是公开的，例如，顾客主动向企业投诉，包括提供好的意见和建议等，但大多数顾客的满意情况则是隐含的。⑤复杂性。顾客满意度测评时，不同的顾客，同一顾客对不同质量特性，同一顾客对同一质量特性的不同方面，都存在不同评价，而且这种评价的强弱程度又各不相同，因而顾客满意度指数往往不能只用一个百分比来表示，而可能用多个数据来表示。⑥下降性。顾客的需求和期望总是发展提高的，因而在企业质量相对稳定的情况下，顾客满意度就会呈现出下降的趋势。要保持顾客的满意度，只有不断改进和提升产品质量。

顾客满意战略的目的：①把潜在顾客变为现实顾客。潜在顾客是针对现实顾客而言的，是可能成为现实的顾客，企业要扩大顾客队伍。潜在顾客包括 4 个层面：某个地区是潜在的销售市场，该地区的组织或个人成为潜在顾客；某个阶层的组织或个人成为潜在顾客；对于某个组织或个人来说，如果其有购买本企业产品或服务的需求和期望，也可能是本企业的潜在顾客；虽然已经购买或使用过本企业的产品，在他第二次购买或使用之前，他既是现实顾客，又是潜在顾客。②对顾客不满进行补救。任何企业都不大可能使 100% 的顾客满意，总会有顾客不满意，表示满意的顾客中也总会有对某些质量特性不满意。顾客之所以不满意，主要是产品从设计、制造到服务过程中的缺陷或疏忽造成的，或者是顾客期望值过高企业不能给予满足造成的。顾客不满意会出现下列情况：可能会拒绝再次购买；可能会向企业投诉；可能向其他顾客包括新闻媒体散布企业的负面信息；可能采用其他手段，例如向消费者协会投诉、向法院起诉等，来挽回自己的损失。因此顾客不满意对企业是一个风险，应当对顾客不满意进行补救，为此企业应当采取措施：弄清顾客不满意的原因，迅速采取纠正措施，清除存在的缺陷、不足或隐患，防止类似问题再发生；用最短的时间与不满意的顾客取得联系，表示歉意，尽可能采取相应的补救措施；通过感情投资，取得顾客的谅解，尽最大可能挽回离去的顾客，把他再拉回来；尽可能与离去的顾客保持联系，千万不要恶言相待，更不能采用报复手段，要等待时机再把他“挖”回来。

顾客满意战略的内容包括：①站在顾客的立场上研究和设计产品。尽可能地把顾客的“不满意”从产品本身去除，并顺应顾客的需求趋势，预先在产品本身上创造顾客的满意。②不断完善服务系统，包括提高服务水平、质量等方面。③十分重视顾客的意见，及时听取，妥善处理，适度反馈。④千万百计留住老顾客，他们是最好的“推销员”。⑤建立与顾客为中心相应的企业组织。要求对顾客的需求和意见具有快速反应机制，养成鼓励创新的组织氛围，组织内部保持上下沟通的顺畅。⑥分级授权。这是及时完成令顾客满意服务的重要一环，如果执行工作的人员没有充分的处理决定权，什么问题都须等待上级命令，顾客满足是无法得到保证的。

超越顾客的需求和期望。超越表现在以下几个方面：①提前满足顾客未来的需求和期望。顾客的需求和期望如果能提前予以满足，实际上就是一种超越。这就涉及到预测顾客的需求和期望的问题。在调查顾客的需求和期望时，企业获得的是顾客现在的或现实的需求和期望，如果对其现在的或现实的需求和期望能有所理解，也就可以在这方面做出某种预测，只要企业有能力且顾客在价格上又能接受，那么满足这种未来的需求和期望的产品就会给顾客一个欣喜。当然在预测时一定要注意准确，并要分析其风险、效益和成本，不能盲目。②将少数顾客的需求和期望变为对全部顾客的需求和期望而加以满足。在调查顾客的需求和期望时，有少数顾客可能提出一些“离奇的”“怪异的”“超前的”“不合理的”“异想天开的”“苛刻的”“无理的”要求，对这些要求切不可等闲视之，说不定把这些要求作为一种需求和期望输入，就可以刺激企业在某一方面创造发明。少数顾客的需求和期望，对于大多数顾客来说可能只是潜在或未来的需求和期望，因此若能满足就可以使大多数顾客感到欣喜。③引进国内外先进的产品。除了文化背景和地区差异之外，人们的需求和期望总是有其共同性，国内外先进的产品或服务，对于尚未使用或接受过的顾客来说，满足的正是他们潜在的需求和期望，因而也可以给他们一个欣喜。④力争比竞争对手“多”一点、“好”一点。顾客在市场上有选择任何产品的自由，如果企业的产品比所有的竞争对手“多”一点（如功能）、“好”一点（如质量）、“省”一点（如使用费用），也可以给顾客带来欣喜。

三、顾客的价值和资产

1. 顾客价值管理

顾客价值是由于供应商以一定的方式参与到顾客的生产经营活动过程中而能够为其顾客带来的利益，即指顾客通过购买商品所得到的收益和顾客花费的代价（购买成本和购后成本）的差额。客户价值分为5类：功能性价值、社会性价值、情感性价值、认知价值和条件价值。结合客户评价过程，也可以把客户价值分为产品价值、使用价值、占有价值和全部价值。顾客价值管理以核心顾客价值作为重点，通过对顾客价值链的分析，有些价值因素相比之下可能会带来更大的利润，所以顾客价值管理的内容之一是衡量价值要素对顾客价值的作用，其标准要看该要素在顾客对企业产品消费的增加潜力及其对企业的长期价值方面的作用。以利润最大化为目标的企业经营战略，往往在遭遇顾客价值与企业当前盈利发生矛盾的情况下，追逐企业利润，牺牲顾客价值和企业的社会责任，导致脱离顾客，危害社会，最终损害企业长远利益。

菲利普·科特勒是从顾客让渡价值和顾客满意的角度来阐述顾客价值的，其研究的前提是顾客将从那些他们认为提供最高认知价值的公司购买产品。顾客让渡价值是指总顾客价值与总顾客成本之差。总顾客价值是顾客从某一特定产品或服务中获得的一系列利益，它包括产品价值、服务价值、人员价值和形象价值等。顾客总成本是指顾客为了购买产品或服务而付出的一系列成本，包括货币成本、时间成本、精神成本和体力成本。顾客是价值最大化的追求者，在购买产品时总希望用最低的成本获得最大的收益，以使自己的需要得到最大限度的满足。

客户价值模型是一个复杂的财务模型，该模型是建立在彻底调查卖方产品所有的构成因素，尤其是卖方产品对其客户的成本构成和利润的影响的基础上。这是对现实中的客户在产品使用过程中进行的系统研究，因此它为与竞争产品比较提供了真实的数据信息。建立“客户价值模型”的意义：通过定量的价值数据向客户证实了产品价值，所以它是一个非常强大的销售工具，使制造商定价更有科学依据，优秀的定价策略是基于对客户价值的了解；通过该模型制造商可以发现产品的哪些方面没有达到客户价值期望，从而有机会改进和删除该部件；该模型使制造商有机会发现通过新产品、新系统、新服务为客户创造更多价值的方法；该模型帮助制造商深化其对客户需求和客户价值的理解，使制造商能够更有效地细分市场，选定目标客户，确定产品定位。或者说这个模型将帮助卖方明确为什么客户（加工厂、零售商或其他制造商）应该和他们做生意，而不是与其竞争对手做生意。

客户价值模型该如何建立呢？首先成立一个由来自销售、市场、客户服务等部门的 4～5 人组成的价值调查小组。小组的任务是针对产品/服务的价值进行研究。①与客户进行初步沟通。一旦调查小组成立，制造厂就应该与现有及潜在客户进行初步沟通，了解产品/服务主要通过哪些途径影响客户的成本。②进行价值研究。初步沟通之后还需要现场考察，需要安排与客户方面了解如何使用产品/服务的人员的会议，对方可以是工厂经理、生产主管或者车间的工人。现场考察的目的是对使用产品给客户带来的利益（如降低成本）进行更细致的衡量。③得出结论并与客户沟通。有些制造厂在进行这项研究以后发现他们的产品/服务为客户节约了大量成本，制造厂在说服客户同意使用这种产品/服务时，就需要通过一些有效的数据和分析方法表达出他们的节约将会为顾客带来哪些实惠。通常最有效的途径就是将有关结论以电子数据表格表达出来。有这些研究结果做后盾，制造厂可以通过提高产品价格或者扩大市场份额来提高其利润。

关于客户价值模型的常见问题。

问题 1：如果研究显示我们没有创造突出的价值怎么办？

回答：知道总比不知道好。至少你明白应该对产品/服务做出哪些改进来提高你所创造的价值。

问题 2：建立客户价值模型需要多长时间？

回答：通常需要 8～10 个星期。

问题 3：建立客户价值模型需要与客户共同完成。我们该怎样争取到客户的参与？

回答：在与客户沟通之前，调查小组首先应该考虑他需要从客户那里得到什么，并且对客户采取一些激励措施。这就是一个“付出和获得”的模式。

问题 4：需要投入多少人力和物力？

回答：要根据不同的情况。许多公司认为通过这项研究可以使员工发现和了解产品的价值，尤其是销售、市场、客户服务和产品开发部门的员工。通常员工平均每星期要用 3～6 个小时来参与这项工作。另外一些公司，尤其是资源相对紧缺的公司，倾向于聘请专业的顾问来进行数据采集等工作。

2. 顾客资产管理

顾客资产管理（Customer Asset Management，CAM）是一种新的管理理念，CAM 的关键之处在于将顾客纳入企业资产，并以顾客资产为核心，优化配置企业资源，提升顾客忠诚度/满意度和顾客价值。顾客资产的管理模型主要包括两类：①管理框架。管理框架旨在说明顾客资产与企业价值之间的联系，把向顾客的不同活动与顾客资产和企业竞争力联系起来，例如，Paul DBerger 和 Ruth NBolton 等提出基于 4 要素：构建数据库、顾客细分、顾客终身价值预测和资源分配的顾客资产管理模型。②营销框架。营销框架旨在理解顾客行为的作用方式及其与顾客总资产的联系，努力探索面向顾客的活动对顾客行为的影响。典型代表有 Berger 等提出识别基于顾客终身价值的营销模型，以及 Bell 等人在剖析了顾客资产管理模式的诞生和实施过程中的七大障碍，并提供了“基于顾客资产的营销模型”。

顾客资产管理的意义：①深化顾客关系管理。基于顾客忠诚的顾客资产管理从双重角度来考虑顾客关系，一方面顾客忠诚度的提高必须以提供顾客所看重的价值为途径；另一方面企业也可以通过提高顾客忠诚度，从顾客那里获取更多的经济收益与各种非经济收益。可见基于顾客忠诚的顾客资产管理理论比传统的顾客关系管理理论又前进了一步。②丰富顾客资产管理。基于顾客忠诚的顾客资产管理以顾客忠诚为切入点，详细建立了顾客资产管理的框架体系，并对现今研究中所存在的热点与难点问题进行了探究和剖析，所以可以有效地丰富顾客资产管理领域的内容。③提高企业绩效。通过对基于顾客忠诚的顾客资产管理，可以使企业获取更多的忠诚顾客，并通过提高顾客忠诚度来长期维持顾客，获取更多的顾客货币价值与非货币价值。或者说基于顾客忠诚的顾客资产管理可以以更有效的营销沟通和更有效的顾客终生价值管理手段，来最大化顾客资产，从而使企业获得更高的赢利。④为企业制定营销决策方案提供依据。企业应根据营销投资对顾客资产的影响，衡量营销投资效果，因为顾客资产往往更关注企业将来的业绩，所以基于顾客忠诚的顾客资产管理不仅关心营销投资如何影响企业目前的绩效，而且也考虑营销投资对企业将来绩效的影响。它所提供的营销资源分配方法可以更准确地识别最合适的顾客与制定最合适的营销活动，更有效地管理源于顾客各种经济与非经济收益，从而为企业制定营销方案提供决策依据。⑤增加企业竞争优势。通过顾客资产管理所形成的企业忠诚顾客资源，企业吸引新顾客、保持与升级老顾客，并全面管理顾客关系的能力和积累的知识，成为企业可持续发展的重要核心因素。而这种宝贵的资源、能力与知识可以有效对抗企业外部力量的影响，从而使顾客资产管理成为企业竞争优势的重要来源。

顾客资产管理理论的研究主要有：①顾客资产的财务计量流派。该流派认为顾客资产会给企业带来超过同行企业的经济利益，但这种经济利益与有形资产相比，具有一定的不确定性，所以可把这种资产归结为无形资产，该类研究者试图用计量和会计核算的方法来对顾客资产进行计量。然而用财务计量法计量顾客收入和成本是一种面向“过去”的顾客获利能力分析，然而在有效市场中信息流通便捷，对企业产品和服务满意的顾客不仅自身会重复购买，而且会成为免费宣传企业的中介，从而影响他人的购买决策，其他顾客满意后会再影响另外的顾客采取行动，在这种良性循环的预期下，企业的顾客数量呈几何级数增长；反之则呈几何级数减少。因此顾客获利能力分析应该面向未来，考虑顾客的预期影响力，不能依靠短期的获利能力分析来做决策，而需要考虑长期和未来的利益。②顾客资产的资源与能力流派。该流派旨在理解顾客资产与企业价值之间的联系，把面向顾客的不同活动与顾客资产和企业竞争力联系起来，该流派的最大贡献就是将顾客资产管理与企业的竞争能力联系起来，并以顾客资产管理的效果来度量企业的绩效，但是目前该流派的研究没有对于顾客资产管理能力培育问题的理论探讨，也没有旨在识别顾客资产管理关键能力及其影响效果的实证分析。③顾客资产的营销架构流派。该流派旨在探讨营销对顾客行为的作用方式及其与顾客资产的联系，努力探索面向顾客的活动对顾客行为的影响。从其研究的营销领域分为三个方面：一是研究顾客资产的获得与保留的最优投资、资源分配、营销预算、绩效进行测定，或研究顾客资产的获得与保留的方法与策略；二是研究顾客资产管理的先行因素，包括顾客终生价值、顾客生命周期、顾客资产的驱动要素、顾客资产的形成机制、顾客资产的构成与测量、顾客资产的质量分析等；三是在顾客资产管理先行因素识别的基础之上就营销活动工具对顾客资产及顾客赢利性的关系等进行研究。

四、搞定你的对手

在激烈的市场竞争中，超越竞争对手无疑是企业的战略重点。因此企业超越竞争对手、实现战略目标的前提是，正确地界定竞争对手。界定竞争对手的标准有 4 种：①顾客导向。顾客是谁、顾客什么时候使用产品或服务——时间和注意力的竞争。②营销导向。分销策略、价格策略、媒体策略、沟通策略、广告和促销。③资源导向。人力资源、财务资源等。④地理区隔。

界定竞争对手的方法：①根据已有的分类标准来界定竞争对手。国际上流行的分类标准主要有 3 类，即标准工业编码、北美工业分类系统、邓白氏编码。这些分类标准把世间的各行各业进行详细的归纳分类，企业很容易找到所属的行业，从而锁定自己的竞争对手。②根据产品的相互替代性来界定竞争对手。③由管理者作出判断。即管理者根据自己的经验、市场报告、分销商或者其他的渠道来界定当前和潜在的竞争对手。④根据顾客购买信息界定竞争对手。顾客的购买信息通常包括两种：一是真实购买或使用的数据，二是判断数据。这种数据只适合评估当前的市场结构，而不能反映未来的市场结构。为了方便数据的使用，企业可根据品牌转换、交叉需求弹性等要素对顾客的购买信息进行分类。⑤根据顾客的意见界定竞争对手。根据顾客意见界定竞争对手的方法主要有四类，即整体相似、部分相似、产品删除和替代使用。

竞争对手分析工具是一个系统性地对竞争对手进行思考和分析的工具，分析的主要目的在于估计竞争对手对本公司的竞争性行动可能采取的战略和反应，从而有效地制定企业自己的战略方向及战略措施。这里的竞争对手通常意味着一个比现有直接竞争对手更广的一个组织群体。在很多情况下是因为客户未能正确识别将来可能出现的竞争对手，才导致了盲点出现。需要评价的竞争对手包括如下：①直接竞争对手，尤其是那些与自己同速增长或比自己增长快的竞争对手，必须注意发现任何竞争优势的来源。一些竞争对手可能不是在每个细分市场都出现，而是出现在某特定的市场中，因此不同竞争对手需要进行不同深度水平的分析，对那些已经或有能力对公司的核心业务产生重要影响的竞争对手尤其要密切注意。②潜在的竞争对手。进入壁垒低的企业、有明显经验效应或协同性收益的企业、前向一体化或后向一体化企业、非相关产品收购者，进入将给其带来财务上的协同效应、具有潜在技术竞争优势的企业，对竞争对手的信息进行例行的、细致的、公开的搜集是非常重要的基础工作，竞争信息的主要来源包括年度报告、竞争产品的文献资料、内部报纸和杂志。这些通常是非常有用的，因为它们记载了许多详细信息，如重大任命、员工背景、业务单位描述、理念和宗旨的陈述、新产品和服务及重大战略行动等。竞争对手分析工具有一个专用模型，见图 8－2。

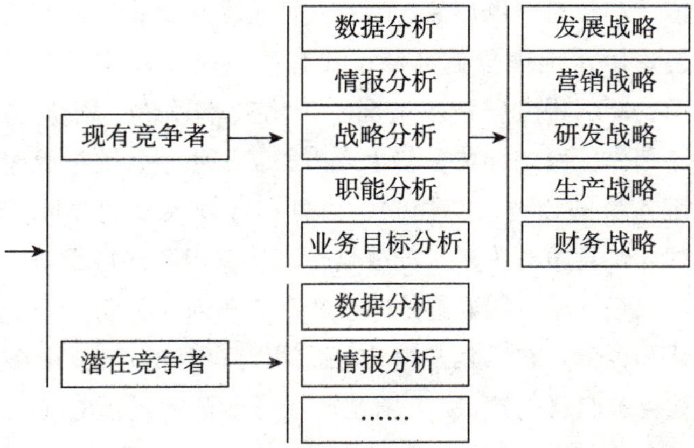

图 8－2　竞争者分析模型

竞争对手分析的内容：①竞争对手的历史。这对了解竞争对手文化、现有战略地位及内部系统和政策的详细信息是有用的。②广告。从这里可以了解主题、媒体选择、花费水平和特定战略的时间安排。③行业出版物。这对了解财务和战略公告、产品数据等诸如此类的信息是有用的。④公司领导的论文和演讲。这对于获得内部程序细节、组织的高级管理理念和战略意图是有用的。⑤销售人员的报告。虽然这些经常带有偏见性，但地区经理的信息报告提供了有关竞争对手、消费者、价格、产品、服务、质量、配送等此类的第一手资料。⑥顾客。来自顾客的报告可向内部积极索要获得，也可从外部市场调研专家处获得。⑦供应商。来自供应商的报告对于评价诸如竞争对手投资计划、行动水平和效率等是非常有用的。⑧专家意见。许多公司通过外部咨询来评价和改变它们的战略。对这些外部专家的了解是有用的，因为他们在解决问题时通常采用一种特定的模式。从竞争对手简报中获得有用的操作性的细节，同样行业研究也可能提供有关某一竞争对手在特定国家或地区的有用信息。⑨雇佣的高级顾问。可以雇佣从竞争对手那里退休的管理人员作为自己的咨询人员，有关他们以前雇主的信息可以在要求他们在特定工作领域提供帮助时起到有效的决定性作用。

竞争对手分析数据库。竞争对手分析数据库应当收集的数据包括：①竞争对手或潜在竞争对手的名字；②作业场所的数量和位置；③每个单位的人员数量和特征；④竞争对手组织和业务单位结构的详细情况；⑤产品和服务范围情况，包括相对质量和价格；⑥按顾客和地区细分的市场详情；⑦沟通策略、开支水平、时间安排、媒体选择、促销活动和广告支持等详情；⑧销售和服务组织的详情，包括数量、组织、责任、重要客户需求的特殊程序、小组销售能力和销售人员；⑨市场的详情，顾客忠诚度估计和市场形象，包括重要客户需求的确认与服务，顾客忠诚度的估计和相对市场形象；⑩有关研发费用、设备、开发主题、特殊技能和特征的详情，以及地理覆盖区域；⑪有关作业和系统设备的详情，包括能力、规模、范围、新旧程度、利用情况、产出效率评价、资本密集度和重置政策；⑫重要顾客和供应商的详情；⑬生产力、工资水平、奖惩政策；⑭在竞争对手组织内部关键人员的详情；⑮控制、信息和计划系统的详情。利用这个数据库，可以分析和评价竞争对手未来的战略行动，获得和保持竞争优势。

竞争对手的战略评价：①职能战略分析。竞争对手的每一个业务的主要职能战略都必须确认和评价。在营销战略方面，相对自己的产品/服务策略，竞争采用了什么样的策略？自己的产品/市场顾客细分市场的规模有多大？在服务的细分市场上，每个竞争对手的市场份额是怎样的？每种产品/服务的细分市场的增长如何？细分市场上的每个竞争对手的增长是怎样的？市场细分的集中程度和趋势怎样的？每个竞争对手的产品/服务线战略是什么？是全线战略还是独辟蹊径市场战略？每个竞争对手对新型服务采取什么策略；每个竞争对手的相对服务产品质量怎样的？每个竞争对手在产品/服务线上或顾客细分市场上的定价策略是什么？每个竞争对手的相对广告促销战略是什么？竞争对手是如何服务于每个产品细分市场的？每个竞争对手的明显营销目标是什么？竞争对手对市场变化的反应速度如何？竞争对手的营销策略是如何适应其客户文化的？在过去职能部门是否是关键管理人员的来源？在生产作业战略方面，每个竞争对手的生产/作业单位的数量、规模和位置是怎样的？它们之间是如何比较的？每个单位生产的产品范围是怎样的？它们的估计生产能力是多少？生产能力利用率如何？债务人、债权人和股市上的营运资本各有多少？每个单位有多少人？工资水平如何？相对生产力是怎样的？向客户内其他业务单位的销售有多少？接受了多少来自客户内其他业务单位的供应？采用了什么样的激励制度/报酬制度？什么样的服务需要外包？外包的业务在增加还是在减少？每个竞争对手的生产是怎样适应其组织的？生产/作业单位是否是关键管理人员的来源？每个竞争对手应变市场变化的灵活性如何？每个竞争对手对市场变化作出反应的速度有多快？研究和开发战略新的服务在何处开发？预计的研发经费是多少？这是怎样比较的？又是如何变化的？研究部门有多少人，开发部门有多少人？每个竞争对手近期新产品引进和专利的记录如何？每个竞争对手对革新作出反应的速度如何？作出的反应一般有哪些？与行业平均水平相比竞争对手的增长率怎样？是否有足够的现金可用于维持业务的发展和扩张？现金和营运资本的管理如何？②业务单位战略分析。对每个竞争对手，都需要在业务单位的水平上对其进行分析和评价，以便看清在竞争对手的整体战略中每个业务适合哪一个部分。要回答这一问题，就必须分析业务单位的作用、它的目标、组织结构、控制和激励系统、战略地位、环境限制和机遇、领导的地位，以及业务单位的业绩表现等。每个业务在竞争对手整体投资组合中的地位也需要分析。可能影响业务单位行为的问题有：整个集团财务目标的评价，增长能力和股东期望增长率，关键优势和劣势，变革的能力和总体组合投资的特点；战略关键决策者尤其是客户领导的价值观和期望；历史上对竞争性行为的反应；对竞争对手的信心和期望。

竞争性路径分析：

（1）判定竞争对手的当前目标。有利于企业据此制定具有针对性的应对策略。一般来说，竞争对手的基本目标无外乎 3 种：①成长性目标，就是指企业注重产品市场份额的增加以及品牌知名度和美誉度的提升，而对产品的利润不十分关注。采用这种目标的企业，其营销活动通常会出现如下现象：产品升级、价格降低、广告投入增加、促销活动频繁、分销投入增多等。竞争对手如若采用这一基本目标，其活动很容易被产品经理、广告代理和其他评估竞争品牌活动的部门所掌握。②保持性目标，即企业在市场逐渐萎缩的情况下，采用有效的措施，减缓其下降速度，以期挽救市场。要判断竞争对手是否采用保持性目标，企业也无须进行大量的市场调研，可通过观察和销售电话报告等方式来保持对竞争对手活动的敏感性。③收获性目标，也被称为奶油目标，即企业已打算退出市场，从而采取各种活动来最大限度地获取收益。竞争对手如若采取这一策略，其营销活动会表现出如下特征：提高产品价格、削减营销预算。企业可通过对上述活动的分析，作出正确的判断。

（2）判断竞争对手当前的策略。可以从3个方面来进行判断：①判断竞争对手的营销策略。营销策略包括3个要素，即目标市场选择、核心策略制定和策略实施。对于目标市场选择要素，企业应着重分析竞争对手的目标市场；对于核心策略制定要素，企业应分析竞争对手的核心竞争力是什么：价格或成本优势，抑或是产品差异化优势；对于策略实施，企业应重点分析竞争对手的定价策略、促销策略和分销策略。②分析竞争对手的产品或服务的竞争策略。物理构成在短期内还是决定产品或服务竞争力强弱的关键因素，企业应仔细分析竞争对手产品的物理属性描述，以对其可能采取的策略进行判断。③判断竞争对手的技术策略。可从6个方面进行分析和判断，即研发组织和政策、研发投入水平、竞争力来源、企业能力水平、技术专门化和竞争时效。

（3）评估竞争对手当前的竞争力。可以从五个方面来进行：①竞争对手的创意和设计能力，这关系到新产品开发成果的质量高低。具有强大产品开发能力的企业要比没有创新能力的企业更具长久威胁性。②竞争对手的财务能力，竞争对手的资金是否雄厚势必会影响到其在市场上的竞争力。③竞争对手的管理能力，竞争对手主要管理者的特征往往是竞争对手采取某种策略的信号。④竞争对手的生产能力，生产能力包括竞争对手产能潜力和产品生产质量保证体系的情况。生产能力强的企业其威胁性也更大。⑤竞争对手的市场能力，市场能力包括分销渠道完善情况、营销人员是否有创造性的营销能力等方面。市场能力非常重要，就算竞争对手的产品开发能力非常强大，如果其在市场能力方面一无是处，它的市场竞争力也会微不足道。

（4）分析竞争对手的市场意愿。主要内容：①某一产品对竞争对手的重要程度如何？通常该产品的销售量和利润所占的比重越大，该产品生产线的员工人数越多，其对企业战略的影响就越大，竞争对手也就越大力发展该产品。②竞争对手对市场认同度如何？一般来说，企业的高层管理者很难承认自己是错的。③竞争对手是否拥有优秀的经理和一流的团队？优秀的员工是企业获得成功的基础。

（5）预测竞争对手未来的策略。两种方法：①在资源变量和策略之间建立因果联系。企业要把资源变量和能力同所要追求的策略联系起来。②站在竞争对手的角度考虑问题。企业可以在收集到的信息的基础上，尝试着扮演竞争对手的角色，设想一下竞争对手在面对这样一个市场环境时，会采取什么样的策略。

五、两种竞争的策略

1. 竞争态势矩阵（Competitive Profile Matrix，CPM）

竞争态势矩阵用于确认企业的主要竞争对手及相对于该企业的战略地位，以及主要竞争对手的特定优势与弱点。CPM 矩阵中的因素包括外部和内部两个方面的问题，评分则表示优势和弱点。竞争态势矩阵的分析步骤：①确定行业竞争的关键因素。②根据每个因素对在该行业中成功经营的相对重要程度，确定每个因素的权重，权重和为 1。③筛选出关键竞争对手，按每个因素对企业进行评分，分析各自的优势所在和优势大小。④将各评价值与相应的权重相乘，得出各竞争者各因素的加权平分值。⑤加总得到企业的总加权分，在总体上判断企业的竞争力。CPM 中的关键因素更为笼统，它们不包括具体的或实际的数据，而且可能集中于内部问题；CPM 中的因素不像 EFE 中的那样划分为机会与威胁两类；在 CPM 中竞争公司的评分和总加权分数可以与被分析公司的相应指标相比较，这一比较分析可提供重要的内部战略信息。CPM 的分析步骤见图 8－3。

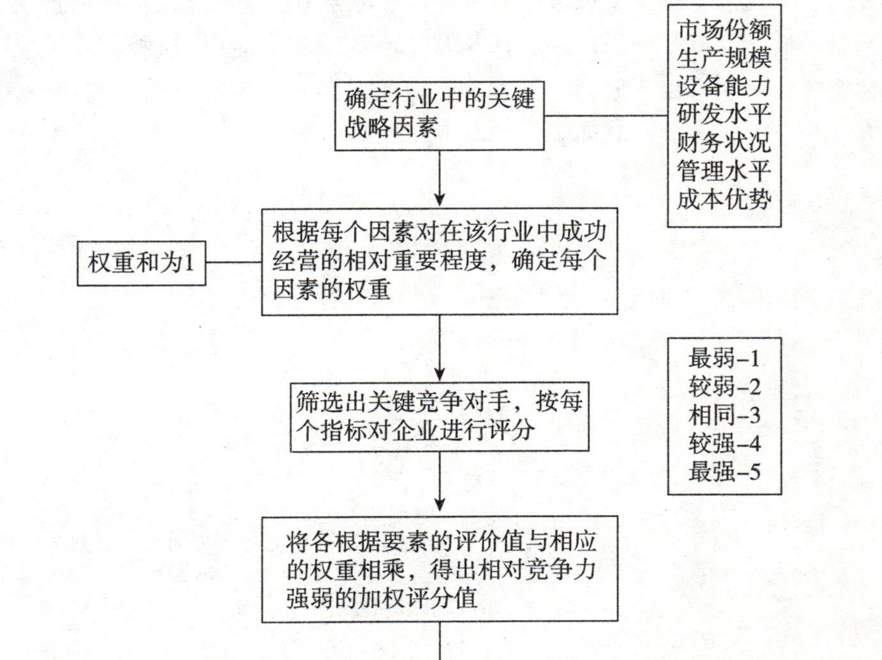

图 8－3　竞争态势矩阵分析的步骤

表 8－1 是一个简单的 CPM 矩阵实例：评分值涵义：1＝弱，2＝次弱，3＝

次强，4 = 强。为了简化这里仅包括五个因素，这比实际矩阵中的因素要少得多。在这个实例中，财务状况被当做最为重要的关键因素。

表 8 - 1 CPM 矩阵实例

关键因素	权重	被分析的公司		竞争对手 1		竞争对手 2	
		评分	加权分数	评分	加权分数	评分	加权分数
市场份额	0.2	3	0.6	2	0.4	2	0.4
价格竞争力	0.2	1	0.2	4	0.8	1	0.2
财务状况	0.4	2	0.8	1	0.4	4	1.6
产品质量	0.1	4	0.4	3	0.3	3	0.3
用户忠诚度	0.1	3	0.3	3	0.3	3	0.3
总计	1.0		2.3		2.2		2.8

2. 战略钟模型（Strategic Clock Model）

战略钟模型是由克利夫·鲍曼（Cliff Bowman）提出的，是分析企业竞争战略选择的一种工具，提供了思考竞争战略和取得竞争优势的方法。战略钟模型假设不同企业的产品或服务的适用性基本类似，那么顾客购买时选择其中一家而不是其他企业，可能有以下原因：①这家企业的产品和服务的价格比其他公司低；②顾客认为这家企业的产品和服务具有更高的附加值。

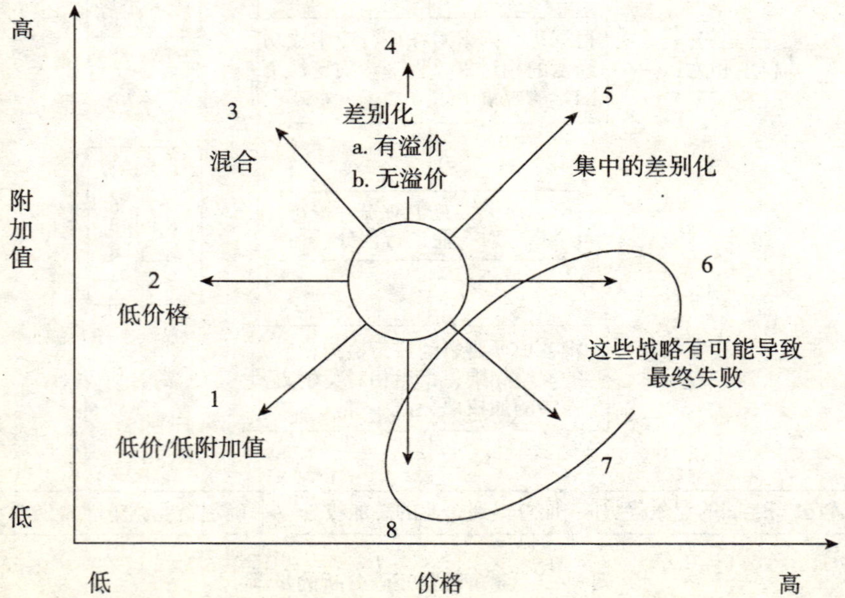

图 8 - 4 战略钟模型

战略钟模型将产品/服务价格和产品/服务附加值综合在一起考虑，企业实际上选择8种途径中的一种来完成企业经营行为：①低价低值战略。采用途径1的企业关注的是对价格非常敏感的细分市场的情况，企业采用这种战略是在降低产品或服务的附加值的同时降低产品或服务的价格。②低价战略。采用途径2的企业是建立企业竞争优势的典型途径，即在降低产品或服务的价格的同时，保障产品或服务的质量。但是这种竞争策略容易被竞争对手模仿，也降低价格。在这种情况下如果一个企业不能将价格降低到竞争对手的价格以下，或者顾客由于低价格难以对产品或服务的质量水平做出准确的判断，那么采用低价策略可能是得不偿失的。要想通过这一途径获得成功，企业必须取得成本领先地位，因此这个途径实质上是成本领先战略。③混合战略。采用途径3的企业在为顾客提供可感知的附加值同时保持低价格，而这种高品质低价格的策略能否成功，既取决于企业理解和满足客户需求的能力，又取决于是否有保持低价格策略的成本基础，并且难以被模仿。④差别化战略。采用途径4的企业以相同和略高于竞争对手的价格向顾客提供可感受的附加值，其目的是通过提供更好的产品和服务来获得更多的市场份额，或者通过稍高的价格提高收入。企业可以通过采取有形差异化战略，如产品在外观、质量、功能等方面的独特性；也可以采取无形差异化战略，如服务质量、客户服务、品牌文化等来获得竞争优势。⑤集中差别化战略。采用途径5的企业可以采用高品质高价格策略在行业中竞争，即以特别高的价格为用户提供更高的产品和服务的附加值。但是采用这样的竞争策略意味着企业只能在特定的细分市场中参与经营和竞争。⑥高价撇脂战略。采用图8－4中途径6、7、8的企业一般都是处在垄断经营地位，完全不考虑产品的成本和产品或服务的附加值。企业采用这种经营战略的前提是市场中没有竞争对手提供类似的产品和服务。否则竞争对手很容易夺得市场份额，并很快削弱采用这一策略的企业的地位。

六、重构竞争的优势

现在重构竞争优势是一个企业家的工作重点，在众多方案中新7S原则模型是一种优秀的工具。新7S原则模型的架构包括：①更高的股东满意度（Stockholder satisfaction）。这里的“股东”是一个十分广泛的概念，即客户的概念，包括过去企业的股东、市场导向的顾客及人本管理的主角——员工。②战略预测（Strategic soothsaying）。要做到客户满意，公司就必须用到战略预测，了解市场和技术的未来演变，就能看清下一个优势会出现在哪里，从而率先创造出新的机会。③速度定位（Speed）。在如今超强竞争环境下，成功与否在于能否创造出一系列的暂时优势，所以公司快速从一个优势转移到另一个优势的能力非常重要。速度让公司可以捕捉需求，设法破坏现状，瓦解竞争对手的优势，并在竞争对手采取行动之前就创造出新的优势。④出其不意的定位（Surprise）。企业家要做的工作是探寻价值创新的道路，不是整天去控制和管理现有的业务运作。⑤改变竞争规则（Shifting the rules against the competition）。改变竞争规则可以打破产业中既有的观念和标准模式。亦步亦趋是被动应战，常常得不到好的效果。⑥告示战略意图（Signaling strategic intent）。向公众及产业内同行公布你的战略意图和未来行动，有助于告诫竞争对手，不要侵入你的市场领域，同时还可以在顾客中有效地形成“占位效应”，即有购买意图的顾客会等待告示公司的该种产品研制生产出来后再购买，而不去购买市场上已有的其他公司的同类产品。⑦同时的一连串的战略出击（Simultaneous and sequential strategic thrusts）。仅有静态的能力，或是仅有优良的资源是不够的，资源需要有效地加以运用，公司战略成功的关键在于将知识和能力妥善运用，以一连串的行动夺取胜利，并将优势迅速移到不同的市场。

新7S原则模型是建立在企业处于一种优势迅速崛起并迅速消失的超强竞争环境下，为了建立起永恒的竞争优势，企业通过一连串短暂的行动来建立一系列暂时的竞争优势，而每个行动又是结合竞争对手及自身的特点来策划与评判。其中前两个S，即更高客户满意度和战略预测在于建立一种愿景，打破市场现状，它包括确立目标、制定企业打破现状的战略、找出企业打破某一市场所必需的核心能力。接下来的两个S是速度和出其不意，二者着眼于多种关键能力，可用来采取一系列行动以图打破现状。最后三个S即改变竞争规则、宣示战略意图和同时发起持续不断的策略冲击，主要是超强竞争环境中打破市场现状的战术和行动。

新7S原则模型是以破坏性的快速制胜方式来表现的，如图8－5所示，它分为三个部分：①破坏的远见。在超强竞争环境下企业必须不断地打破现状，向客户提供比对手更好的服务以占据优势。创造更高的股东满意度是目的，战略预测则是寻找并制造破坏机会的方法。②破坏的能力。在组织中建立快速行动能力，才能将破坏变成现实，建立让对手惊奇的能力，增强破坏的力量。③破坏的战术。改变动态竞争中的规则，利用告示作为影响未来的动态策略互动，实施战略出击是动态竞争攻防的方法。

破坏的远见	破坏的能力	破坏的战术
• 更高的股东满意度 • 战略预测	• 速度 • 出其不意	• 改变竞争规则 • 告示 • 战略出击

图8－5　破坏性新7S原则模型

七、灵捷竞争的新思路

灵捷竞争是关于企业在一个动荡的、竞争激烈的经营环境中，如何积极创造新的顾客机会和快速响应未曾预料的机会，获得利润的战略过程。企业转向“灵捷”经营，实际上是对迅速变化、不断细分、高质量、高性能的顾客订制产品和服务型的全球市场的经营挑战作出的全面反应。灵捷竞争的实施重点：①发展“丰富顾客价值”的核心能力。顾客的需求和购买，越来越从“产品功效”转向“产品、信息、服务”的价值享受。②通过“内外合作”提高竞争力。其目的在于以尽可能低的“费用——效用比”，极大地缩短“观念——现金”的时间，将灵捷产品投向市场。③建立“适应或征服变化”的组织。④发挥“人员和信息”的杠杆作用。在一个灵活多变的竞争环境里，企业之间的差异正是存在于有知识、有技能、有创造力的人员和具有独特价值的信息上。

灵捷竞争的策略：①灵捷营销，以增加“顾客价值”为核心。以“顾客产品”为中心的传统营销正在被以“顾客价值”为中心的营销原则所取代。企业的利润越来越取决于它们确定顾客需求的价值内涵，并将其转化为产品、信息和服务的价值组合能力。灵捷时代的营销产品是以实体产品为载体的信息和服务的价值综合体，灵捷营销的竞争力取决于企业是否或怎样丰富顾客价值的核心能力。一个灵捷企业只有以特殊能力或巧妙方式使顾客价值更丰富，才能使企业自身更富有。而“出售解决方案”、“专门化设计”、“大众化商品特殊化”等就是灵捷营销的主要战略。“出售解决方案”是在营销观念上向灵捷竞争的重要转变。出售的方案为顾客增加的价值是多维度的，它包括能适应方案运用时各种变化要求的产品功效、信息和服务。“专门化设计”与“大众化商品特殊化”在灵捷营销中有共同的特点。比如以前胶底运动鞋是全功能的，适于任何用途，它们以低廉的价格大量地在各种商店销售。后来“奇迹”出现了，普通低价的大众商品市场变成了高价的“特制品”市场，它们与各种不同的用途相匹配，由运动鞋精品鞋店出售。②灵捷生产，以满足个性化需求为动力。灵捷生产的根本特点是通过有效满足顾客个性化订制需求来提高竞争力。要做到灵捷生产，可通过“开放式设计”，“任意批量订单生产”，“插换兼容”等灵捷方式实现顾客订制的要求，增强其市场竞争力。开放式设计就是使产品从最开始便被设计成一种载体，它的最终用户可以对其进行改进、升级或重新配置，而不是将它简单地替换掉，其结果便是连续的产品换代。因此企业越能够提供解决问题的开放式产品，顾客越不可能转向使用其竞争者的产品，他们反而更愿意与现有企业保持密切合作，定义出新的换代产品以满足他们不断发展的需求。插换兼容是灵捷生产的另一种方式。今天无论对于飞机、汽车这类产品，还是像电视机、音响等消费品，其实体产品的自然寿命期可能会很长，但随着功能革新速度的加快，它们的市场寿命却越来越短了。为了丰富顾客变化的价值和满足一些个性化顾客的需求，以及充分利用资源和降低顾客整体成本，灵捷性的“插换兼容”生产方式已流行开来。比如，飞机就可以做很多明显的换型——机身的加长、发动机的改换、机翼的调换、机舱的变化及控制系统的改换等。③灵捷组织，以内部创业外部合作为原则。灵捷竞争要求企业以尽可能低的“费用——效用比”，极大地缩短“观念——现金”的时间，将丰富顾客价值的产品投向市场，而合作是实现这些要求的有效方式。因为通过企业内部的，特别是企业之间的合作，可以极大扩展和充分利用企业竞争所需的各种资源——无论它在哪里或由谁拥有它，以形成资源与优势互补的灵捷组织。在灵捷竞争中无论是从财务还是营销方面来看，企业单独行事都远不如建立合作的灵捷组织来得有效。功能交叉小组、授权、商业流程再造、虚拟组织，甚至同直接的竞争对手建立伙伴关系都是通过合作来利用资源的方式。对于灵捷组织而言，最值得一提的是它“速动”的运作机制和“虚拟”的组织方式。虚拟组织已成为灵捷竞争者手中精密的战略武器，它反映和推进了灵捷竞争中的三个主旨：灵捷竞争者要迅速创造或集聚新的生产性资源。由于个性产品或服务的可获利寿命期的逐渐缩短，灵捷竞争者要频繁地、同步地创造或集聚新的生产性资源。现今最具获利能力的产品往往需要广泛的核心能力——研制、定型、生产、设计、市场营销、分销渠道、服务等，这样的核心能力不是任何一个企业可以长久维持或在机会到来之前可事先确定的，而需要多个企业各自贡献出部分核心能力、资源，共同建立一个完整的产品系统，既能以最快的速度或最低的成本响应和享有这一市场机会的潜在利润，也不影响他们追求其他的经营机会。④灵捷管理，以发挥“三大优势”为杠杆。灵捷企业的管理与传统管理的着力点是有所不同的，灵捷管理的支点是充分利用“机遇、人员和信息”的杠杆作用，其主要特点体现于管理职责、管理目标和管理手段的某些变化中。一是机遇最优化。决定企业灵捷竞争力的驱动力在于尽量缩短“观念——现金”的时间，努力创造和充分利用顾客机遇，因此其管理的着力点将从管理职能的发挥最优化转向顾客机遇利用的最优化。灵捷管理将围绕顾客机遇以各种灵活的方式组织起来，加上其他企业补充的竞争力，这些竞争力的组合便是方案产品产生的素材。所以灵捷管理最基本的职责是处理好现有的，由市场拉动的竞争力储备，保证企业具备或通过联合能够直接获得所需的资源，从而使积极地利用顾客机遇成为可能。二是发挥人员能动性。灵捷竞争一改强调指挥和控制的管理思想，而转换到领导、激励、支持和信任上来。灵捷企业最基本的管理目标：保证人力资源队伍是由一支有知识、有技能、善创新的员工队伍组成；为员工提供他们所需的资源，以应付变化的市场机会及个别顾客的要求；适时变革组织的“壁垒墙”，因为这些“墙”有可能限定企业的资源分配，同时也限定了控制权与优先权的分配。三是用比特代替砖块。这就是要充分利用信息的杠杆作用。在灵捷竞争中信息已成为最富有价值潜力的重要资源，一方面信息已经成为消费品与商品中越来越重要也越来越有价值的组成部分；另一方面信息在企业整个经营流程中越来越起着创造价值的杠杆作用，这种作用使虚拟的网络信息价值转变为实在的顾客产品价值。

八、独特的核心竞争力

企业家必须要有自己最核心的东西，而且这些东西是其他人没有的东西，这是企业家存在的根本，也是企业家市场恒胜的法宝。核心是指事物或事情的最重要，赖以支持其存在的那一部分。核心竞争力的定义是，在一个组织内部经过整合了的知识和技能，尤其是关于怎样协调多种生产技能和整合不同技术的知识和技能。从与产品或服务的关系角度来看，核心竞争力实际上是隐含在公司核心产品或服务里面的知识和技能，或者知识和技能的集合体。核心竞争力首先，应该有助于公司进入不同的市场，它应成为公司扩大经营的能力基础。其次，核心竞争力对创造公司最终产品和服务的顾客价值贡献巨大，它的贡献在于实现顾客最为关注的、核心的、根本的利益，而不仅仅是一些普通的短期的好处。最后，公司的核心竞争力应该是难以被竞争对手所复制和模仿的。分析企业哪些竞争力能够成为核心竞争力，具体操作可分为三个步骤：①资源和能力分析。建立企业核心竞争力分析指标体系，测度企业内外部资源和技术能力及支撑能力指标的表现。②竞争力分析。比较该企业与同行业其他企业的表现，找出相对于其他企业的优势资源和能力，从中界定出该企业的竞争力组合。③核心竞争力分析。对竞争力组合因素逐一检验是否符合核心竞争力的特征。

现代企业的核心竞争力是一个以知识和创新为基本内核的企业某种关键资源或关键能力的组合，是能够使企业、行业和国家在一定时期内保持现实或潜在竞争优势的动态平衡系统。竞争优势是一个企业或国家在某些方面比其他的企业或国家更能带来利润或效益的优势，源于技术、管理、品牌、劳动力成本等。竞争优势的七个要素：①先前或已获得的资源。这里的资源是独特的竞争对手不具备的资源，并且竞争对手难以复制这种资源。②革新能力。一些公司在革新方面比其他公司有更强的能力，这些公司理所当然具备竞争优势。革新能力是非常重要的，通过它常常能够找到获取竞争优势的真正突破点，而使竞争者在长期的竞争中处于不利地位。③真正的竞争差距。实际上任何资源相对于竞争者来说都存在真正的优势，仅仅强调识别出存在真正强势的资源是不够的，还必须比对手更具竞争力。④替代能力。如果资源不能被替代，那么它通常就拥有更大的竞争力。有时独特的资源能够被全新发明的资源所代替，这种情形一旦出现，竞争优势就会消失。⑤合适性。任何一种资源都必须能够把它本身的优势传递给公司，而且尽量不能让竞争对手及他人获得。资源具备优势，并不意味着它的所有者将会获得这一优势，这就是合适性问题，拥有不是最重要的，最重要的是拥有而且合适。⑥经久力。有用的资源及其他竞争优势必须能够持续一定的时期，不具备可持续性的资源是没有意义的，而且在未来时期内具有竞争力的优势通常是不可再生的竞争优势。⑦模仿力。资源如果具备竞争优势，就不易被模仿。一切竞争归根结底都是为更好地满足顾客的需求，都必须使产品具有顾客认可的价值。一般来说，企业核心竞争力具有对于竞争对手而言越高的进入壁垒，核心竞争力结构中的智能化成分所占的比重越大，企业便可凭借其核心竞争力获得越长期的竞争优势。

构建企业核心竞争力的八个方面：①企业的规范化管理。企业的规范化管理是基础竞争力的管理，基础管理差、管理的混乱使得企业的成本居高不下。②资源竞争分析。通过资源竞争分析，明确企业有哪些有价值的资源可以用于构建核心竞争力，它们具体应该怎样运用。③竞争对手分析。对竞争对手的分析能够让企业知道自己的优势和劣势，企业平时要留意收集竞争对手的信息和市场信息，及时掌握对手的动态。④市场定位分析。对市场的理解直接影响到企业的战略决策，如果对市场把握不准，就会给企业带来很大的危机。⑤无差异竞争。无差异竞争是指企业在其他方面都不重视，只强调一项，那就是价格，也就是打价格战，分析结果会怎么样？⑥差异化竞争。差异化竞争与无差异竞争相反，是指企业不依靠价格战，而是另辟蹊径，出奇招取胜。⑦标杆竞争。标杆竞争就是找到自己有哪些地方不如竞争对手，在超越竞争对手的时候设立标杆，每次跳过一个标杆，再设新的标杆，这样督促自己不断进步。⑧人力资源的竞争。人力资源的竞争直接关系到企业的核心竞争力，尤其是在21世纪人才最重要，企业必须重视人才、培养人才、留住人才。

现代企业的竞争力类型：①决策竞争力。这种竞争力是企业家辨别发展陷阱和市场机会，对环境变化作出及时有效反应的能力。不具有这一竞争力，核心竞争力也就成了一具腐尸。决策竞争力与企业决策力是一种同一关系。决策频频失误的企业，肯定没有决策竞争力，没有决策竞争力的企业，也就是企业决策力薄弱。②组织竞争力。企业市场竞争最终得通过企业组织来实施，也只有当保证企业组织目标的实现，必须完成的事务工作事事有人做，并且知道做好的标准时，才能保证由决策竞争力所形成的优势不落空。③员工竞争力。企业组织的大小事务，必须有人来承担，也只有当员工的能力充分强，做好工作的意愿充分高，并且具有耐心和牺牲精神时，才能保证事事都做到位，否则企业的决策力和执行力也就成了无源之水的空话。④流程竞争力。流程就是企业组织各个机构和岗位角色个人做事方式的总和，它直接制约着企业组织运行的效率和效益。如果一个企业组织的做事方式没有效率，也就是企业组织运行没有效率和效益，这直接是企业没有执行力。⑤文化竞争力。文化竞争力就是由共同的价值观念、共同的思维方式和共同的行事方式构成的一种整合力，它直接起着协调企业组织的运行，整合其内外部资源的作用。共同的价值观念、共同的思维方式和共同的行事方式，不统一，并且腐朽落后，决策就不免频频失误，工作就不免效率低下。⑥品牌竞争力。品牌需要以质量为基础，但仅有质量却不能构成品牌，它是强势企业文化在社会公众心目中的折射体现，因而它也直接构成企业整合内外部资源的一种能力。品牌一旦形成，又直接是一种资源，因而它是构成企业支持力的一个重要内容。⑦渠道竞争力。企业要赚钱、赢利、发展，就必须有充分多的客户接受他的产品和服务。如果没有宽阔有效的渠道，沟通企业与客户之间的关系，企业与客户隔离，也就必然会惨败无疑。⑧价格竞争力。便宜是客户寻求的价值之一，没有不关注价格的客户。在质量和品牌影响力同等的情况下，价格优势就是竞争力，没有价格优势最终都会被消费者淘汰。⑨伙伴竞争力。人类社会发展到今天，要为客户提供全面超值的服务和价值满足，就必须建立广泛的战略联盟。如果一个企业失去了合作伙伴的支持，也就无法适应客户价值满足集中化的要求，也就必然在残酷的市场竞争中处于不利地位。⑩创新竞争力。一招鲜吃遍天，这是市场竞争中的不二法门。要一招鲜就必须有不断的创新，谁能不断地创造出这一招鲜来，谁就能在这市场竞争中立于不败之地。

核心竞争力提升方法：①坚守主业，审慎对待多元化。导致核心竞争力丧失的第一个常见原因是盲目过度多元化，背离自己的核心专长，结果喧宾夺主，优势不再。成功企业大都恪守两个字——专注。②运用核心优势，正确把握商机。导致核心竞争力丧失的第二个常见原因是相信什么赚钱做什么，四处寻求商机，盲目追逐热门产业、热点地区。商机并不一定都属于自己，只有当商机与自己的核心专长碰巧吻合时，那才属于自己。③守成与创业结合，防止核心刚度。导致核心竞争力丧失的第三个常见原因是核心刚度，核心刚度就是把企业既有优势或一时的成功经验固化、神话、教条化，今天对昨天只能照抄照搬，不得越雷池一步。核心刚度会使企业产生惰性、迟钝、保守和“路径依赖性”，扼杀创新与活力，使之丧失市场应变能力和环境适应能力。正确的做法是将守成与创新结合起来，在坚持原有优势和核心专长的基础上创新，在不断创新的过程中强化自己的核心专长和优势，提升自己的核心竞争力。④分类分级管理，防止关键要素流失。导致核心竞争力丧失的第四个常见原因是关键要素流失。比如，核心团队成员被挖走，以及由此引起的核心技术流失、核心经营管理方法流失、核心价值观流失等。防止关键要素流失的方法是对其实行分类分级管控。对核心技术、核心商业机密、核心信息、核心资料、核心计划、核心设备等实行一级管控，知晓和掌握的范围愈小愈好；建立健全核心要素的内控机制，就如同财务上的会计出纳制一样，不可让一人或一个部门独立掌控企业的全部核心要素；对核心团队成员和核心人才建立利益关联机制，如让其持股、行使股票期权、建立内部补充养老保险等。⑤适度扩张，避免核心能力过度稀释。导致核心竞争力丧失的第五个常见原因是企业过快过度低成本扩张，结果核心能力被稀释。低成本并购和扩张是企业做强做大的捷径，但并购和扩张需将自己的核心能力输往对方，所以你兼并得越多，你就输出得越多，你输出的东西就越稀释，你的扩张效果就越差；一旦超出自己的承受能力，你自己就会被拖垮。所谓适度扩张就是企业的扩张速度与规模要与自身的承受能力、消化能力相适应，要循序渐进、滚动发展。⑥完善制度，保证权利传承。导致核心竞争力丧失的第六个常见原因是企业核心能力过分依赖个人，随着企业家的更迭或能力衰退而不再。由于企业家在培植企业核心能力的过程中起关键作用，企业家的离任或能力退化往往从根本上动摇企业的核心能力，解决此问题有赖于建立和完善现代企业制度。

九、品牌创造的 B/W 模式

品牌创造 B/W 模式是一种品牌创造模式。这种模式是从引起客户产生购买决定的价值、情感、规范、身份、习惯五大动机而衍生的新型推广模式。

1. 价值模式

消费者之所以喜欢你们公司的产品，是因为他相信它给他带来的价值比同类竞争产品更大。成功品牌的成就证明，一种产品打开市场销路越来越少取决于它的事实上的质量，而是更经常地取决于消费者感知到的潜在的质量。在消费者的头脑中，潜在的产品价值跟事实的产品价值一样，也是实实在在和令人满意的。不仅短期如此，长期也是如此。这种潜在的价值必须是独特的，对购买决定是重要的、可信的，相对于竞争产品是独立的。

（1）诉诸需求的广告战略。消费者的某种需求受到越多的刺激，他就越迫切地想满足这一需要。①树敌手段。给你们公司的品牌最擅长对付的难题赋予一个可怕的面貌，或者起一个可怕的名字，或者以最糟糕的形式将它展示在众人面前。成功要素："敌人"的危险性；可战胜性；产品特征的支持。②后期效应手段。假如消费者无法解决一个表面无危险的问题，那么你去将他必然陷入的处境戏剧化。成功要素：后期效应的危险性；可信度；解决的能力。③社会惩罚手段。假如消费者不能很快地解决他的问题，那你就把他所面对的重要的社会后果戏剧化。成功要素：社会惩罚的重要性；可信度；解决问题的能力。必须让消费者相信，品牌有能力解决问题。否则会适得其反，消费者会因此回避制造恐怖的品牌。④问题类比手段。进行类比，参照物最好来自大自然，给看似无害的问题带来一个戏剧性的转折点。

（2）诉诸指标的广告战略。从产品的产生、发展或使用范围提炼出一个特别的特征指标加以宣传，让消费者从中得出你们公司的产品质量优异的结论。哪些外在指标适于达到潜在质量优势？使用者的有效认定、产地、制造方法。成功要素：①指标的说服力。一种指标在消费者的头脑中轰然引起质量优越的联想时，效果最好。如果一定要解释这种关联，指标就不管用。②指标的戏剧化。指标必须成为广告的中心，所有其他信息都从属于它。

（3）诉诸情感的广告战略。向消费者说明直接使用你们公司的产品能产生积极的情感作用，可能是个人情感或社会情感。个人情感包括舒适、轻松、自信、独立、冷静、安全感等。社会情感包括与各界的关系、男女的吸引力、社会认可、事业生涯、新朋友、社会圈子等。成功要素：①明确的承诺。仅想占据某种情感并不够，情感必须变成真正的承诺。②解决问题的程式。③可信度。产品的情感价值越直接、越可信，出自其基本价值就越好。④独特性。真正的情感与陈词滥调是格格不入的，一种品牌必须把它承诺的情感转化成自己的图像世界和品牌世界，并尽可能与顽固的陈词滥调划清界限。

（4）诉诸引导的广告战略。所有的广告表现元素，图像、声音、风格和语言都调动起来，经引导出唯一的对购买决定特别重要的广告论点。①纯粹引导手段。用所有表现因素有目的引导出唯一的价值承诺，这一承诺对购买决定极为重要。成功要素：引导特性的重要性；焦点：每个附加的信息都会削弱引导的力量，因此所有表现成分都尽可能有的放矢地引导所希望的价值承诺；独特性：避免用陈旧的方式来表达引导的价值。②黄金标准手段。让你们公司的品牌占据最好的产品性能这一关键形象（即黄金标准），从而引导一种优越的质量。成功要素：焦点，黄金标准必须自觉地进入广告的中心；可信度；技术成熟性。③超常测试。在极端状态下表现产品的功能，即可引导优越质量。成功要素：极端情形的戏剧性；产品作为主人公。极端的情形只有通过产品才可克服。④夸张手段。

以自我嘲讽的眼光把产品夸张到怪异离奇的程度，从而引导优越的质量。这种手段与其说是战略性的，不如说是表现性的，但无损它的特别效果。成功要素：夸张的戏剧性；自我嘲讽，用眨眼睛表演夸张就可达到很高的可信度，避免消费者对引导进行批评性思考。⑤隐匿承诺手段。将优越的价值当做普通的特性隐匿起来，而不明确地指向你们的公司产品，这样就引导优越的价值。成功要素：针对性；重要性，对购买决定，引导特性越重要，这样战略就越会成功。

结论：

①潜在的价值对于一个品牌的促销来说越来越重要。②可替代产品可以通过一个纯粹潜在的质量优势成为成功品牌。③潜在的价值甚至比一个产品事实的优点更硬气、更稳定、更牢固。产品事实上的优点只有克服了消费者的疑虑之后才会发挥影响作用。潜在的价值则相反，它可以避开消费者的理解，并在其下意识中扎根。

在实践中如何应用潜在的价值战略。①产品层面。分析产品产生、发展和现实市场状况的来龙去脉，有事实上的产品优点吗？或者说有诉诸指标的价值战略的切入点吗？②消费者层面。检讨哪些是消费者头脑中有关我们的产品类别的最重要的购买标准、要求、需求和问题？当然还有情感需求，从中找出诉诸引导的和诉诸情感的价值战略。③情景层面。我们的产品在消费者面对合作伙伴、家庭和亲朋好友时起了什么样的作用。这里也许可以找出诉诸情感价值战略的切入点。

2. 规范模式

消费者之所以优先选购你们公司的产品，是为了消除或避免与其规范和价值相左的内心冲突。规范是我们头脑中所有道德行为规范的总和，这些规则操纵着我们很大一部分的日常行为方式。规范的面孔，因义务感而行动，因理智而行动，因原则而行动，因团结而行动，因礼貌而行动，因形式而行动或不行动。规范控制着我们的日常生活，若要故意违背规范，人们会感到十分为难。规范比价值更强大，是一个有效的行为操纵机制（良心的价值），影响消费行为。

（1）合乎规范的广告战略。向消费者证明你们的产品非常符合对他们十分重要的规范和价值。成功要素：①规范的相关性。合乎规范广告战略呼唤迫切需要规范时，成功机会较大。②产品的适应性。产品多大程度上合乎广告所诉求的规范？对环境特别友好和与良好用途相关的品牌成功机会大。

（2）良心广告战略。戏剧性地渲染消费者如何借助你们公司的产品来消除对他人的内疚或不安。良心是社会义务、责任感、信守诺言等。成功要素：①内疚感的强度。你在消费者心中唤起的内疚感有多深？他对谁感到内疚？通常令他感到内疚的人是父母、爱人、孩子、朋友、邻居等。原则上讲，他越可爱、越无辜，就越应该得到我们更多的呵护。②可信度。证明你的产品对他能履行对他人的义务。③三部曲。首先我们看到一个人因对他人感到内疚倍受煎熬，接着产品英雄般地登场，将内疚感一扫而空。最后，我们看到人们为解决方案而满心欢喜。良心决定扎根于人们的心理之中，让一个人违背良心，通常比要他放弃某种情感价值更难，情感 + 良心 = 正确的策略。

（3）惩罚广告战略。戏剧性渲染目标顾客只有使用你们公司的产品，才能达到他们对自己的较高要求，如呼唤自豪感、自尊心、虚荣心。成功的要素：①行使惩罚的机构要有权威。通常是由品牌或广告中的人物来行使惩罚，他们在消费者眼中具有很大权威。②惩罚力度。惩罚对他的触动越大，他将来改变行为的可能性就越高。③可信度。惩罚需要一个客观的基础，否则就变成随意的仇恨。

（4）不和谐广告战略。向目标顾客传递一种不安的感觉，让他们感到其行动与个人的规范和价值观尖锐对立。每个人都力求自己的生活与个人的规范和价值观协调一致，如果有人让我们注意到不和谐，我们就会内心不安，而不安可以改变购买行为。成功要素：①不和谐的产生。广告所提示的不和谐必须挑衅目标顾客，使他们感到震惊，甚至在道德上折磨他们。但弦绷得太紧，则可能产生反面效果。②适当的解决办法。运用不和谐战略引起不安，必须同时提出一个适当的、消费者能够接受的解决办法，即告诉他们该如何改变其行为。

（5）冲破常规的广告战略。以尽量咄咄逼人的方式向目标顾客说明，贵公司的产品是一个普通的生活用品，以此消除社会禁忌，如避孕套、壮阳药、卫生巾、成人尿布、痔疮膏等。成功要素：①禁忌越强，冲破常规广告战略越能取得市场成就。②禁忌的破除。禁忌越是以令人意外的、引人注目的和咄咄逼人的方式打破，广告宣传就越具有说服力。

结论：规范不仅决定日常行为，更影响购买决策，规范对人们的影响甚至大于价值。在选择最佳品牌广告战略时应该考虑，是否存在基于规范的销售潜力或购买障碍，产品层面是否存在销售规范，消费者层面提出的规范性要求。

3. 习惯模式

消费者之所以优先购买我们公司的产品，是因为他在不自觉中形成了这样的消费习惯。条件反射是习惯的最好例证，习惯的作用不可低估，日常生活中常常是我们根本无法解释的潜移默化的固定行为方式起着决定性作用。一个产品能否销售成功，主要取决如何对目标顾客的认知条件进行引导。

（1）分类广告战略。把公司的产品划归与消费者认知习惯不同的另一个判断中。从大家习以为常的“概念抽屉”中取出来，把它转到另一个抽屉中。成功要素：①适应能力。公司的产品真的能在新的分类中生存吗？②市场规模。新的分类能提供比现有分类更大的市场潜力吗？③竞争形势。新分类到底与什么样的产品竞争？竞争压力是不是比现有的分类小？在新的分类中公司的产品是不是有更广阔的空间？

（2）分级广告战略。把产品归到一个新的更高的等级中去，从而避免与现在竞争产品展开激烈的竞争。成功因素：①可信度。在目标顾客中新的更高级的产品是通过哪些特征与现在的产品区别开来的。②市场规模。高级产品的市场潜力是否够大。③竞争形势。在高档品市场竞争可能比现在的市场更激烈，你们公司的品牌能够满足消费者的很高的预期吗？

（3）替代广告战略。为你们公司的产品树立一个令人意外的可以替代的新"对手"，拿你们公司产品优点与对手的弱点比较。成功要素：①对手的实力。替代广告战略的市场潜力主要来自一个惟一的竞争对手，对手越强大，自己的产品的增长潜力就越大。②对手的薄弱之处。对手弱点越大，你的胜机越多。③本身的优势。与对手的弱点对比，你们公司的产品能不能表现出明显的令人信服的优势。

（4）新目标顾客广告策略。尽可能以意外的方式让新的目标顾客发现你们公司的产品，从而赢得这批新目标顾客。成功的要素：①新目标顾客的选择。新目标顾客对产品竟然适合自己越感到意外，本战略效果越好。②新目标顾客的重要程度，不要让他们失望。③新旧顾客的相互兼顾。常犯的错误是赢得新客户时吓走了老目标顾客。对身份、品位、习惯完全不同的两类人，不要试图把他们强拉在一起。

（5）情景化广告战略。在消费者本来不使用你们公司产品的情景中，向他们展示该产品的成功使用示范。成功要素：①新情景是否简明。新情景与现在消费行为区别越明显，本战略在目标顾客潜意识中留下的印象就越深。②新情景出现频率。出现频率越高，使用你们公司的产品的诱因越多。③信号的效果。选定某种图像、语言或声音作为关键刺激信号。一旦生活中出现这种信号，消费者就会联想到你们公司的品牌。

结论：一种产品的市场成就的决定性依赖于消费者对它的习惯认知，用简单的手段把消费者认知引导到预期的方向。对于那些处在同类产品竞争中的产品，这种战略有一种杠杆效应，它能让这些产品销量翻番，习惯改变产品命运。

4. 身份模式

消费者之所以优先选购你们公司的产品，是因为产品能够帮助他在自己和他人面前显露理想中的身份，成功品牌不再满足于让消费者认同其品牌，而是让品牌赋予消费者某种身份，产品能赋予人一种强大的身份。身份对一个品牌的成功意味着什么？意味着购买产品是为了身份，不购买产品也是因为身份。一个成功品牌给顾客赋予何种身份比给他们带来何种价值更重要。

（1）信条广告战略。用一个简明扼要不合常规的信条，通常是一个短语，来标榜你们公司的品牌，让这一信条赋予消费者一种明显无误的身份。信条能给人以形象、个性和身份。成功要素：①信条的冲击力。品牌信条必须具有尽可能强的冲击力，同时尽可能争取更多的消费者，注意两者的平衡，使其统一到一个信条中。②焦点。信条越简单、越明确、越集中，它的效果就越好。

（2）性格广告战略。让你们公司的品牌有的放矢地传递目标顾客最渴望拥有的那种性格。一个品牌赋予客户某种强烈的性格，它便提供诱人的购买动机。性格广告的基础是缺憾补偿法则。成功要素：①性格的魅力。取决于品牌性格能在多大程度上弥补顾客的心理缺憾。一般性格广告对年轻人最有效，年轻人还在寻找一个稳定的身份，因此对许诺强大性格的品牌反应特别敏锐。②性格的承受能力。一种有承受能力的品牌身份必须具有社交能力，打破常规有助于品牌冲破社会的束缚，最终达到更成功的目标。③真实性。品牌性格必须表现出来，能够让人体验。如一个品牌“酷”，其整个广告表现包括拍摄、灯光、语言和演员都必须要“酷”。④性格的独立性。一种品牌的性格与同类品牌的典型性格区别越大，它赋予消费者的性格就越强。⑤与产品的协调性。

（3）明星广告战略。根据好莱坞通行的法则，把公司的品牌变成一个明星。明星通常体现着目标顾客理想中的品格，并由此产生巨大的吸引力。明星制造包括：①人物。与目标顾客基本相似，能够弥补缺憾，有鲜明个性，外在特征令人过目不忘。②环境。明星所处环境与目标顾客的日常生活保持尽可能远的距离，这样环境才变得“大”起来。③剧情。越是险境越是能够体现明星的过人品质。剧情要有冲突、牺牲品、强大对手、正面化解冲突、取得胜利。

结论：显露身份是人的基本心理需要，或者为了证明自己，或者为了争取社会成就。品牌能传递关于其消费者身份的十分明确的信息。营销成功的机会在于有的放矢地让品牌表现某种可爱的个性特征，以便请消费者“对号入座”。仅凭鲜明的个性或者身份是无法被人喜爱的，对人如此，对品牌亦是如此。我们必须依照明确的法则对性格“量体裁衣”。

5. 情感模式

消费者之所以优先选购你们公司的产品，是因为他“爱”你们的品牌。情感操纵着人的行为，对品牌的强烈的爱，使客户可以达到绝对忠诚的地步。

（1）情感转移广告战略。刺激消费者头脑中已存在的“感情结”，使之与你们公司的品牌融合在一起，包括生理的感情结和文化的感情结。成功要素：①自然联系。看看在你们公司的品牌和承载情感的动机之间是否存在自然的联系。切忌通过文字游戏强行建立联系。②真实性。只有诚实的感情才能发挥最佳广告效应，平淡的、太职业化的、太矫揉造作的情感场面会使消费者反感，略欠完美恰恰能表现情感的伟大。

（2）憧憬广告战略。如果一个品牌成功地表现出其目标客户某种热切的憧憬，那么消费者就会喜爱并购买这个品牌。成功要素：①憧憬的强度。广告战略越是准确地表达消费者现在的真实的渴望，其效果就越好。②与产品关联。情感广告战略只适用于富有情感的产品，否则会贻误笑大方。③戏剧性。憧憬与憧憬的实现之间的反差越大，所产生的情感就越强烈。④自身特点。所选择的憧憬广告战略与竞争对手习惯的广告传统区别越大，其取得成功的机会就越大。

（3）生活方式广告战略。用公司的品牌体现消费者对一种可以实现的理想生活的全面憧憬，理想生活的憧憬依托一整套的憧憬。成功要素：①憧憬的潜力。筛选出情感负荷高的生活方式，不必独特高雅，不必具有最大娱乐价值，只要它们深深扎根目标顾客的意识中；不必时尚，但可以更加深沉。②真实性。尽量真实，时间完整，忠于细节，有一定环境位置。③人物。必须有血肉联系的人物，不一定是一个英雄人物。④日常生活插曲。不是戏剧性的故事。⑤布景。每种生活方式的故乡不可替代。⑥意义或使命。一种理想的生活具有什么样的意义，能够决定广告的成败。⑦开放的终结状态。理想的生活方式已经达到至善至美的程度，不需要任何修改，并且有一种永恒的保障，没有世界末日的阴影。⑧其他。安全感、生活的艰难或乐趣。

（4）小说式广告战略。以小说家们撰写发行百万、风靡全球的畅销书的法则为基础，给公司的品牌营造强烈的情感。无中生有地创造一种品牌感情，成功要素：①主人公。非常可爱，但容易受到伤害。②挫折。命运不济，悲伤不幸。③转折点。一位无名行善者出现。④结局圆满。

结论：即使是可替代的产品，只须通过有的放矢地诉诸情感，就可以取得突破性的成就。然而停留在“同情”层面的广告宣传是达不到目标的，对品牌的“爱”可以依照经过验证的心理学规律系统地建立起来。情感广告战略适用于所有的情感产品，尤其是适合时装、香烟、化妆品和饮料等。

◇ 案例 1. 科技狂徒劳伦斯·埃里森

劳伦斯·埃里森已连续33年担任甲骨文（Oracle）公司CEO，他是该公司的创立者。甲骨文公司连续多年是《财富》杂志世界500强企业之一，2011年市值1466.43亿美元，年收入268.2亿美元，雇员数量108429人，Oracle公司是世界上最大的企业软件公司，公司主要的产品目前分为两大类。①服务器及工具。主要竞争对手是IBM、微软。数据库服务器：2007年最新版本Oracle 11G。应用服务器：Oracle Application Server。开发工具：Oracle JDeveloper，Oracle Designer，Oracle Developer等。②企业应用软件。主要竞争对手SAP公司。企业资源计划（ERP）软件。已有10年以上的历史，2005年并购了开发企业软件的仁科软件公司以增强在这方面的竞争力。客户关系管理（CRM）软件。自1998年开始研发这种软件，2005年并购了开发客户关系管理软件的希柏软件公司。目前甲骨文公司向遍及145个国家的用户提供数据库、工具和应用软件以及相关的咨询、培训和支持服务。自1977年在全球率先推出关系型数据库以来，甲骨文公司已经在利用技术革命来改变现代商业模式中发挥关键作用。甲骨文公司同时还是世界上唯一能够对客户关系管理——操作应用——平台设施进行全球电子商务解决方案实施的公司。2011年埃里森甚至公开表示甲骨文将与IBM和惠普进行硬件市场的竞争。

埃里森在32岁以前还一事无成，读了三个大学，没得到一个学位文凭，换了十几家公司，老婆也离他而去，开始创业时只有1200美元。“你们都会成为百万富翁，我确信！”埃里森经常向他的员工宣传，只要采用他的市场策略，他们都会成为百万富翁，事实上早期的员工基本上都达到了这一目标。埃里森的主要对手是Ingres，1984年甲骨文的销售额是1270万美元，Ingres是900万美元，1985年两者销售额都翻了一倍以上，只是Ingres增长得更快，如果照此发展，Ingres将会超越对手。但这时IBM又帮了埃里森一把，1985年IBM发布了关系数据库DB2，采用了和Ingres不同的数据查询语言SQL，Ingres用的是QUEL。埃里森抓住了市场机会，到处宣传Oracle和IBM的兼容性，结果从1985年到1990年，虽然Ingres的销售额每年增长高于50%，但甲骨文远远跑在了前面，每年增长率超过100%，SQL在1986年成为正式工业标准，Ingres的老板简直无法相信埃里森的运气，但这正是埃里森的精明之处，“跟着蓝色巨人，永远不会错。”但数据库的战争远未结束，Sybase和Informix也加入了竞争的行列。

埃里森说，“我的目标是杀死对手”。埃里森的市场竞争策略是销售产品时强调甲骨文的三大特性：可移植性，和其他数据库产品，特别是IBM的兼容性，支持广泛网络连接。Ingres犯了一个致命的错误，就是很晚才开发PC机上的版本，而埃里森看到了PC的巨大潜力，甲骨文很快就有了一个PC机上的廉价版本，但它几乎没有任何用处，可是埃里森和销售人员却有了有力的宣传武器：甲骨文能运行在PC机上，Ingres不能。这满足了用户的需要，虽然他们实际得到的比期望的要少，埃里森的对手攻击他总是销售气泡软件，气泡软件指的是功能还未完成的软件产品。埃里森听说Ingres发明了一种新技术：分布式查询，十天后甲骨文就刊登广告宣布了SQL之星：第一个分布式查询数据库，事实上没有任何这样产品。埃里森就是这样，想象产品应该怎样，然后再去实现，如果成功了，他是成功的预言家，失败了他就是骗子。埃里森以不择手段的经营手腕和强力甚至欺骗的市场竞争手段，击败了一个又一个的对手。1986年Oracle股票公开上市，Oracle的上市给埃里森带来了9300万美元的身价，微软在第二天也公开上市，微软和甲骨文在同一年成立，比尔·盖茨拥有的股票价值超过了3亿美元，埃里森这时发现了他一生中最强大的对手。1988年甲骨文推出了6.0版本，这是当时功能最强大的产品，不过它的匆忙上市对公司简直是一场灾难，使用6.0版本的最初用户都遭遇了频繁死机和数据库毁坏，直到6.0.27版本，产品质量才基本稳定，这表示6.0版本经过了27次大的修改。既然这样用户为什么不选择其他的产品呢？主要原因是如果用户选择其他厂商的产品，他们就得重写所有应用程序，这是非常巨大的工作量，所以一旦选用了某种数据库平台进行开发，你就得依赖它。甲骨文公司连续十二年销售额每年翻一番，成为世界上第二大的软件公司，他拥有的甲骨文是世界上最大的数据库软件公司。

劳伦斯·埃里森在创立甲骨文时想在公司尽可能地创造这种文化，一方面很好斗；另一方面很谦虚，如果能平衡这两者，在竞争中取得成功的机会就会大大增加，这对个人和集体都一样。“当我创立甲骨文时，我想建立一个让我喜爱工作的环境，这是最主要的目的，当然我也要通过公司养家糊口，但没想到会成为现在这么富有。钱不是最主要的，我真的是想和我喜欢或者佩服的人一起工作。甲骨文公司招聘有一个原则，如果这个人你不喜欢一周有三次和他一起午餐，就不要他加入。我真正想建立的环境不只是要有能力的人，这样我才可以相信你的能力和努力精神，我们才能像团队一样工作，你才会完成你承诺要做的工作。从个人关系上我也会喜欢你，你的成功不会让我烦恼，我会为你而高兴，就像我自己成功一样。”甲骨文公司原来的一位销售副总裁说：“为埃里森工作就像骑着老虎，不管路程如何危险艰难，你必须紧贴老虎背，如果你掉下来老虎会把你吃掉。其他人对于他而言，只有两种人：朋友和敌人。”埃里森曾经多次公开发表自己的言论：“我一个人成功不算成功，我要让所有人都失败。”同样劳伦斯·埃里森一向怀疑所谓“传统的智慧”，不相信权威的观点，特别是那些人云亦云的权威，对于他来说事情必须合理才行。这种思考方式在企业经营上非常有价值，比如你看到“传统的智慧”的错误，即使每个人都说那是对的，可是事实并非如此，那就成为进入市场的绝好机会。因为你将第一个有机会做不同事情，同时占据市场先机。

劳伦斯·埃里森在耶鲁大学有一次最牛的演讲，从中我们可以发现他是怎样的一个人，以下是主要内容："耶鲁的毕业生们，我很抱歉，如果你们不喜欢这样的开场白。我想请你们为我做一件事。请你好好看一看周围，看一看站在你左边的同学，看一看站在你右边的同学。请你设想这样的情况：从现在起 5 年之后、10 年之后或 30 年之后，今天站在你左边的这个人会是一个失败者，右边的这个人同样也是个失败者，而你，站在中间的家伙，你以为会怎样？一样是失败者。失败的经历，失败的优等生。说实话今天我站在这里，并没有看到一千个毕业生的灿烂未来，我没有看到一千个行业的一千名卓越领导者，我只看到了一千个失败者。为什么？我，埃里森，一个退学生来告诉你原因。因为我，埃里森，这个行星上第二富有的人，是个退学生，而你不是。因为比尔·盖茨，这个行星上最富有的人也是个退学生，而你不是。因为艾伦，这个行星上第三富有的人，也退了学，而你没有。再来一点证据吧，因为戴尔，这个行星上第九富有的人，也是个退学生，而你不是。你们非常沮丧，这是可以理解的。你们将来需要这些有用的工作习惯。你将来需要这种'治疗'。你需要它们，因为你没辍学，所以你永远不会成为世界上最富有的人。当然你可以以你的方式进步到第 11 位，就像 Steve。不过我没有告诉你他在为谁工作。根据记载他是研究生时辍的学，开化得稍晚了些。现在我猜想你们中间很多人，正在琢磨我究竟有没有前途，当然没有。太晚了，你们已经吸收了太多东西，以为自己懂得太多。你们有了内置的帽子，我指的可不是你们脑袋上的学位帽。所以，现在可能是讨论实质的时候啦，你们已经被报销，不予考虑了。我想你们就偷偷摸摸去干那年薪 20 万美元的可怜工作吧，在那里工资单是由你两年前辍学的同班同学签字开出来的。事实上我是寄希望于眼下还没有毕业的同学，我要对他们说，离开这里。收拾好你的东西，带着你的点子，别再回来。退学吧，开始行动。我要告诉你，一顶帽子一套学位服必然要让你沦落。就像保安马上要把我从这个讲台上撵走一样必然。"此时劳伦斯·埃里森被带离了讲台。

◇ 案例 2. 胜利之神菲尔·耐特

1938 年一个普通的男孩子出生在美国，和当时大多数的同龄人一样，他喜欢运动，打篮球、棒球、跑步，他的名字叫菲尔·耐特。耐特一直很喜欢运动，他高中的论文几乎全都是跟运动有关的，就连大学也选择的是美国田径运动的大本营——俄勒冈大学。毕业后耐特继续到斯坦福大学攻读 MBA 学位，期间他在一个调查报告中看到，很多体育名将和普通运动员其实都有一个共同的目标，打败阿迪达斯，让越来越多的运动员穿上日本生产的高质量低价格的Tigers跑鞋。1960年耐特MBA毕业了，毕业后的耐特决定到日本去寻找一个机会，在日本的展览会上耐特碰到了日本的虎牌运动鞋厂家，他自称是来自美国的“蓝丝带运动公司”，刚好虎牌需要一个代理商来打入美国市场，于是就把代理权给了这个初出茅庐的小伙子。拿到代理权的耐特立即找到了鲍尔曼，他们两个人出资500美元组成真正的蓝丝带运动公司，成为虎牌运动鞋在美国的独家经销商，开始了最初的创业。

1968年经鲍尔曼改制过的Cortez鞋成为虎牌运动鞋的最畅销产品，而耐特为公司的发展打下坚实的财务基础。公司的生意开始逐渐好转起来。不久日本总公司察觉产品销路不错，便要求他们先汇款后发货，这样鲍尔曼他们的成本就大大地提高了，只好加倍努力推销，但日本方面还常常不按期交货，甚至把一等品偷偷地留在日本销售，把次品送往美国。一次鲍尔曼他们收到一批鞋，顾客穿了两个星期，鞋底鞋帮就分家了。他们只好忍气吞声，为了维护信誉，及时给顾客退换了。更可气的是虎牌又派代表来到尤金市，提出购买鲍尔曼公司51%的股份，并在5个董事中占两席，如果拒绝这个要求，立即停止供货。受尽日商刁难的鲍尔曼和耐特忍无可忍，断然拒绝这一非分的要求。耐特和鲍尔曼决定开一家属于自己的公司，他起名为NIKE（耐克），这是根据希腊胜利之神的名字而取的。而NIKE这个名字在西方人的眼光里是很吉利，易读易记，很能叫得响。他们很快推出了以“耐克”命名的运动鞋，并目设计了精美的商标，那个著名的“一勾”商标十分醒目，具有视觉上的吸引力，以及运动鞋和其他体育用品应具有的那种动感，象征力量和速度。

1975年一个星期天的早晨，鲍尔曼在烘烤华夫饼干的铁模中摆弄出一种尿烷橡胶，用它制成一种新型鞋底，在这种华夫饼干式的鞋上装上小橡胶圆钉，使得这种鞋底的弹性比市场上流行的其他鞋的弹性都强，这种看上去很简单的产品改进，成为耐特和鲍尔曼事业的起点。在这些改进中耐克气垫给人留下了很深的印象，耐克气垫是用来嵌入鞋跟部的充气垫，它是公司制鞋技术上的一张王牌，它能比泡沫海绵或橡胶保持更长时间的弹性，穿着舒适平稳，现在几乎所有耐克公司出品的正宗的耐克运动鞋都嵌有这种气垫。1976年耐克的销售额从前一年的830万美元猛增到1400万美元，它像野火一样发展起来。公司为开发新样式跑鞋而花费巨资，在随后的两年里耐克的销售额紧跟着就翻了两番。到70年代末耐克公司有将近100名研究人员，其中许多人有生物、化学、实验生物学、工程技术、工业设计学、化学和多种相关领域的学位，这雄厚的研究力量开发出140余种不同式样的产品，其中不少产品是市场最新颖和工艺最先进的，这些样式是根据不同脚型、体重、跑速、训练计划、性别和不同技术水平设计的，这些风格各异、价格不同和多种用途的产品，吸引了成千上万的跑步者，使他们感到耐克是提供品种最齐全的跑鞋制造商，数百万各式各样、各种能力的跑步者都有了这种观念。1985 年春天，美国数以百万计的电视观众看到了这样一段广告：一个篮球飞快地滚向球场一端，等候在那里的一位英俊小伙子轻松地用穿着彩色运动鞋的脚将球勾入掌中，开始带球移动，与此同时传来发动机引擎的刺耳噪音，引擎的咆哮声越来越响，小伙子随之一飞冲天，广告的最后 10 秒是“云中漫步”，即使从未看过篮球比赛的观众，也会感叹于他精湛的技巧。在这个广告中那个神奇的小伙子就是著名的 NBA 运动球星迈克尔·乔丹，他脚下的那双运动鞋就是著名的品牌耐克。退役前乔丹由衷地感叹：“菲尔·耐特和耐克把我变成了一个梦幻人物。”这里面的耐特就是耐克的创始人，是他把一个小公司变成了大集团，把曾经默默无闻的乔丹推到了巨星的位置。

耐特是一个非常有控制力的人，他在公司说一不二，对于耐克来说，他是精神领袖，也是企业的发动机。由此很多人想，如果耐克没有了耐特会怎样？在 20 世纪 90 年代中期耐特曾经短暂隐退，在他退隐过程中，耐克就遇到了许多麻烦，1999 年耐克的销售额跌到了 96 亿美元，前全球运动营销主管史蒂夫·米勒回忆说，尽管原因也可以归咎于乔丹退役，经济疲软，但 66 岁的耐特仍然在耐克总部面对数千名员工发表了讲话，坦率地承认了自己和管理层的失误。耐特重新出山后，耐克似乎开始从一个酷产品制造者逐渐向一个稳重的收购者转变，从 90 年代开始它先后收购了 Cole Haan 登山鞋、匡威运动帆布鞋，以及轮滑极限等品牌，令人不禁怀疑耐特先前的固执形象是否是一种成功的伪装，他甚至允许耐克进入曾经鄙视的足球、高尔夫甚至时装领域。2010 年耐克总资产 132 亿美元，销售收入 191 亿美元，利润近 15 亿美元，员工 3 万多人，是多年的《财富》杂志世界 500 强企业。

第九章　抓紧管理的命脉

一、基本的管理行为

企业家的五项基本活动：①寻找途径——头功能。企业家寻找新的更佳的途径和方法，推动团队成员共同行动，以实现企业的愿景目标。因此企业家就需要思考、想象、询问、判断等思维过程，其角色就像人体的大脑。②指明道路——口功能。企业家要向工作团队指明前进的方向，并向团队成员说明为完成总体任务而需要的信念和方法，需要进行宣传，就像人体口的功能。③鼓励员工——需要真心。如果员工自愿承担额外风险与责任，那么企业家就必须鼓励他们，让他们大胆放手去干，并真心关心他们，一旦他们完成额外任务，就应该进行表扬，企业家做的就是在此过程中使员工树立信心。④辅导员工——手功能。企业家要伸出援助之手，帮助员工能够做出相应职责的决策，并管理自己职权的工作，最终使员工自己完成相关事情。⑤清理道路——脚功能。企业家清理道路需要跑腿，要想方设法寻找和吸引各种外部资源，将各种信息带回企业，同时与外界建立互助关系。

管理的基础流程：①了解企业和员工。企业家应了解你的企业每天都在做什么，你的员工在做什么，工作进行得怎么样，在开展工作的过程中遇到哪些问题，现在是否找到正确的解决办法等。企业家要建立执行力文化，要真诚坦率地与员工沟通，用开阔的胸怀在企业中和人们接触，进行面对面交谈，并坚持不懈地做下去。②现状评估分析。要想使你的企业变得卓越并且基业长青，你就必须做到两点：一点是坚持实事求是，勇敢面对现实；一点是在企业进行的各种活动都以现实为基础。③设定目标顺序。任何企业都不可能同时完成很多目标，更不可能全部做好，因此企业家要确定目标的先后顺序，使每个人都明白自己的任务，集中精力做好一部分事情，事实证明集中精力做三四个目标一般能够最有效利用资源。④跟踪目标，解决问题。企业家要在工作计划开始实施后，不断检查，确认结果，关注各种问题发生，并及时找到办法解决问题。⑤论功行赏，奖优罚劣。企业家必须注意企业的薪酬框架，必须将薪酬与业绩绩效挂钩，加大优秀员工的奖励力度，使优秀员工与普通员工的薪酬有明显差距，这样激励大家更多地为公司做出业绩。⑥培养员工。企业家有责任和义务让员工不断学习、进步、成长，并在他们遇到问题时给予帮助指导，对他们进行培训教育，与员工一起分析解决问题，提高组织的执行能力。⑦完善自我。要完善自己，就要有全面分析自己的能力，要全面看待自己的优势和弱势，只有在了解自己的前提下，才能够不断完善自己。

管理的基本模式：①确定目标。一个企业家最明显的职能就是必须对自己行为的目标有着很清楚的认识。当然这些目标有可能是来自他的下属而不是出自本人，事实上领导者的不少目标都是下属建议或者提供的，但这并不影响领导者确定目标的品质。②运用方法。实践中经常会发现在实现目标的过程中，那些没有特殊技术能力的企业家可以有效地指导相关技术的操作，而那些有着特殊技术能力的人却并不一定能成功地指导。通常从领导者的表现中可以看出，即使企业家不是相关技术领域的专家，他们对所指导的那些技术工艺，特别是与之相关的一些活动和条件还是有着充分的了解的。③控制手段。企业家指导并控制组织的协作行为是领导行为的一个重要部分，这是紧接着在确定实现目的的方法之后的一个重要程序。因为在确定方法之后，紧接着就进入具体操作阶段，而这些具体的操作行为很显然是离不开企业家的指导、控制和协调的，但是大家通常并没有感觉到这一点。④激励协作。要想组织成员在协作行为中都发挥出自己的潜力，企业家必须采取相应的激励性措施，企业家的这种行为很容易让人感觉到，其行为方式一般都是外在的表现出来，而手段各异，通常的“说服”是较常见的一种，还有给予各种诱因，例如，职位升迁、鼓舞信心、提高报酬等。但所有这些手段只有一个目的，那就是要提高大家的协作积极性，更好地为组织服务。⑤信息交流。信息交流是协作系统的普遍要素。

企业家管理的内容：

（1）战略流程。战略流程是企业家规划和开拓未来的流程，如战略规划、新产品开发和新流程开发等。战略流程是通过一个要素一个要素的方式开发出一套具体的战略，而且可以保证每个要素的可执行性都能得到具体的测试。任何战略的基本目标其实都很简单：赢得客户的青睐，创造永续性的竞争优势，同时也为股东赚到足够的钱。战略界定了企业家的方向与定位，并让企业得以往这个方向行动。

（2）经营流程。经营流程是指为达到或完成企业某种目标或任务而进行的一系列逻辑相关的跨越时间和空间的作业的有序集合，是产生某一结果系列、连续、循环的操作步骤和动作。企业经营流程包括从企业内部的工作流程到企业外部的对接和交易流程，界定经营的范围。①职能界定：分析经营流程主要分几个阶段；每个阶段需要的具体步骤是什么，进行动作分解和界定。②岗位界定：需明确每个阶段或步骤具体由什么部门或岗位来操作，把职责落实到岗位。③经营执行的标识：在对经营流程进行职能界定和岗位界定的基础上，通过规范的符号标识，绘制两纬经营流程图，把职能界定和岗位界定进行一一对应，体现出职能和岗位的有效统一。④经营执行的定期优化。企业在按流程进行经营的过程中企业家要定期（每季度、半年、全年）对这些流程的合理性、适宜性、有效性进行评审，每个流程都是由一系列活动组成的，但并不是每一个活动都需要改进。因此需要根据对运营效率和效果的诊断分析，找出这些流程中导致工作质量或效率低下的关键点，然后分析造成问题的原因，从而进行流程的优化。

（3）人员优化。人员优化流程是指企业组织内关于人的选、用、育、留等工作流程。优化流程就是要把合适的人放到合适的岗位，做到量才适用。健全的人员流程有三项目标：首先是准确而深入地评估每位员工；其次是提供一个鉴别与培养各类领导人才的架构，以配合组织未来执行策略的需要；第三则是充实领导人才储备管道，以做为健全接班计划的基础。健全的人员流程提供一种有效的架构，能确保组织的长期人才需求无误。

二、构筑你的供应链

供应链是围绕核心企业通过对信息流、物流、资金流的控制，从采购原材料开始，制成中间产品及最终产品，最后由销售网络把产品送到消费者手中，这样将供应商、制造商、分销商、零售商直到最终用户连成一个整体的功能网链结构。

供应链管理的目的：①提升客户的最大满意度，提高交货的可靠性和灵活性。②降低公司的成本，降低库存，减少生产及分销的费用。③企业整体流程品质最优化，错误成本去除，异常事件消除。供应链管理的四个领域：供应、生产计划、物流、需求。职能领域主要包括产品工程、产品技术保证、采购、生产控制、库存控制、仓储管理、分销管理。辅助领域主要包括客户服务、制造、设计工程、会计核算、人力资源、市场营销。

供应链管理的实施步骤：①分析竞争环境，识别市场机会。②分析顾客价值。③确定竞争战略。④分析本企业的核心竞争力。⑤评估选择合作伙伴。

对于供应链中合作伙伴的选择原则：①合作伙伴必须拥有各自的可资利用的核心竞争力。②拥有相同的企业价值观及战略思想。③合作伙伴必须少而精。

供应链的发展阶段：①物流管理阶段。早期的观点认为供应链是指将采购的原材料和收到的零部件，通过生产转换和销售等活动传递到用户的一个过程。因此供应链仅仅被视为企业内部的一个物流过程，它所涉及的主要是物料采购、库存、生产和分销诸部门的职能协调问题，最终目的是为了优化企业内部的业务流程、降低物流成本，从而提高经营效率。②价值增值链阶段。进入20世纪90年代，人们对供应链的理解发生了新的变化：由于需求环境的变化，原来被排斥在供应链之外的最终用户（消费者）的地位得到了前所未有的重视，从而被纳入了供应链的范围，这样供应链就不再只是一条生产链了，而是一个涵盖了整个产品运动过程的增值链。③网链阶段。随着信息技术的发展和产业不确定性的增加，今天企业间关系正在呈现日益明显的网络化趋势。与此同时人们对供应链的认识也正在从线性的单链转向非线性的网链，供应链的概念更加注重围绕核心企业的网链关系，即核心企业与供应商、供应商的供应商的一切向前关系，与用户、用户的用户及一切向后的关系。供应链的概念已经不同于传统的销售链，它跨越了企业界限，从扩展企业的新思维出发，并从全局和整体的角度考虑产品经营的竞争力，使供应链从一种运作工具上升为一种管理方法体系，一种运营管理思维和模式。

供应链的具体流程：①物资流通。这个流程主要是物资商品的流通过程，这是一个发送货物的程序。该流程的方向是由供货商经由厂家、批发与物流、零售商等指向消费者。由于长期以来企业理论都是围绕产品实物展开的，因此目前物资流程被人们广泛重视。许多物流理论都涉及如何在物资流通过程中在短时间内以低成本将货物送出去。②商业流通。这个流程主要是买卖的流通过程，这是接受订货、签订合同等的商业流程。该流程的方向是在供货商与消费者之间双向流动的，目前商业流通形式趋于多元化：既有传统的店铺销售、上门销售、邮购的方式，又有通过互联网等新兴媒体进行购物的电子商务形式。③信息流通。这个流程是商品及交易信息的流程。该流程的方向也是在供货商与消费者之间双向流动的，过去人们往往把重点放在看得到的实物上，因而信息流通一直被忽视，甚至有人认为国家的物流落后与人们把资金过分投入物质流程而延误对信息的把握不无关系。④资金流通。这个流程就是货币的流通，为了保障企业的正常运作，必须确保资金的及时回收，否则企业就无法建立完善的经营体系，该流程的方向是由消费者经由零售商、批发与物流、厂家等指向供货商。

供应链管理的关键要素：①以顾客为中心，以市场需求的拉动为原动力。②强调企业应专注于核心业务，建立核心竞争力，在供应链上明确定位，将非核心业务外包。③各企业紧密合作，共担风险，共享利益。④对工作流程、实物流程、信息流程和资金流程进行设计、执行、修正和不断改进。⑤利用信息系统优化供应链的运作。⑥缩短产品完成时间，使生产尽量贴近实时需求。⑦减少采购、库存、运输等环节的成本。

供应链管理的主流技术：①全方位连接技术。②语音及 GPS 技术。③语音识别技术。④数码成像技术。⑤便携式打印技术。⑥二维条码技术。⑦RFID 技术。⑧实时定位系统（RTLS）技术。⑨远程管理技术。⑩安全技术。

供应链成功的七种方法：①供应链网络的战略化和最优化。包括识别最低成本外包战略，决定制造点数量，最低成本的转换战略，决定具有最低成本外包总成本的位置，通过网络决定库存存放位置，决定所需要的新的基础设施，对具体的客户层来说决定合算的服务方式。②实现功能最佳。包括采购效率、生产效率、运输效率、销售效益等。③整合需求和供应。使用需求/供应规划软件，优化销售/运营规划流程。④整合技术和系统架构。把规划/调度技术同他们的 ERP 系统以及客户和供应商的系统联系起来，从而建立端对端供应链视窗。⑤针对供应链的效率进行组织和考评。一要使供应链的功能与流程合理化；二要使跨业务部门更加合理化；三要提高人员和结构水平，四要注重绩效评估和基准比较。⑥灵活获取各项能力。这主要指的是供应链能力，一部分要从企业内部去获取，大量的必须从企业外部去获取。⑦延伸供应链。一是延伸传统的供应链，包括产业合作，针对分散生产的供应链进行合作，协同规划和供应链同步化。二是延伸到传统供应链以外，包括发展供应链枢纽，建立物流供应商联盟，集成电子采购市场，实施企业横向联结的一站式服务等。

三、有效实施标杆管理

标杆管理是一种有目的、有目标的学习过程，通过学习企业家重新思考和设计经营模式，借鉴先进的模式和理念，再进行本土化改造，创造出适合自己的全新最佳经营模式。标杆管理是企业家站在全行业甚至更广阔的全球视野上寻找基准，突破了企业的职能分工界限和企业性质与行业局限，它重视实际经验，强调具体的环节、界面和流程，因而更具有特色。同时标杆管理也是一种直接的、中断式的渐进的管理方法，其思想是企业的业务、流程、环节都可以解剖、分解和细化。企业家可以根据需要，或者寻找整体最佳实践，或者发掘优秀“片断”进行标杆比较，或者先学习“片断”再学习“整体”，或者先从“整体”把握方向，再从“片断”具体分步实施。这实际上就是一个模仿和创新的过程，通过标杆管理企业能够明确产品、服务或流程方面的最高标准，然后做必要的改进来达到这些标准。标杆管理为组织提供了一个清楚地认识自我的工具，便于发现解决问题的途径，从而缩小自己与领先者的距离。标杆管理具有渐进性，对标杆管理策略的贯彻落实是一个需要长期努力的渐进过程，需要在员工交流与培训上进行投资。企业家可从初级到高级分阶段确立循序渐进的改善管理。

标杆管理的作用：①通过标杆管理，企业可以选择标杆，确定企业中、长期发展战略，并与竞争对手对比分析，制订战略实施计划，并选择相应的策略与措施。②标杆管理可以作为企业业绩提升与业绩评估的工具。标杆管理通过设定可达目标来改进和提高企业的经营业绩。目标有明确含义，有达到的途径，可行、可信，使企业可以坚信绩效完全有办法提高到最佳。而且标杆管理是一种辨识世界上最好的企业实践并进行学习的过程，通过辨识行业内外最佳企业业绩及其实践途径，企业可以制定业绩评估标准，然后对其业绩进行评估，同时制定相应的改善措施。③标杆管理有助于企业建立学习型组织。学习型组织实质是一个能熟练地创造、获取和传递知识的组织，同时也要善于修正自身的行为，以适应新的知识和见解。而实施标杆管理后有助于企业发现，在产品、服务、生产流程以及管理模式方面存在哪些不足，并学习“标杆企业”的成功之处，再结合实际将其充分运用到自己的企业当中。

标杆分类：①通用性标杆。在专注于直接竞争对手的做法的同时，企业还可以将眼光拉离现存的产业中，去看看外部其他产业领导者的作业方式，分析它们之所以能获得领导地位的原因，找出它们成功的关键流程，并且尝试去整合这些最佳作业典范到自身的流程内。只专注于竞争者作业方式的排外性标杆研究反而会对企业本身追求最佳作业典范带来障碍。②内部标杆。内部标杆是各种标杆瞄准活动的起点，也是任何企业开始对外部企业进行考察之前所应该完成的工作。跨国性企业都会有数间分公司或是事业单位分布在不同的地点，因此可能会有许多性质相似的企业功能在不同的单位中运作，那么这些企业便可以由进行内部作业方式的比较来开始他们的标杆管理活动。企业进行内部性标杆研究的目的在于发现企业内不同的单位之间涉及产品品质、获利能力或是满足顾客需求能力的不同点，另外除了比较这些企业经营的关键成功因素外，也可以进一步去分析未来可能需要与外部企业进行比较的作业项目，因此内部性标杆研究可以帮助企业去定义外部标杆管理的明确范围与主题。③竞争性标杆。标杆伙伴是行业内部直接的竞争对手。由于同行业竞争者之间的产品结构和产业流程相似，面临的市场机会相当，竞争对手的作业方式会直接影响企业的目标市场，因此竞争对手的信息对于企业在进行策略分析及市场定位有很大的帮助，搜集的资料具有高度相关性和可比性。但正因为标杆伙伴是直接竞争对手，信息具有高度商业敏感性，难以取得竞争对手的积极配合获得真正有用或是准确的资料，从而极有可能使标杆管理流于形式或者失败。④非竞争性标杆。标杆伙伴是同行业非直接竞争对手，即那些由于地理位置不同等原因虽处同行业但不存在直接竞争关系的企业。非竞争性标杆管理在一定程度上克服了竞争性标杆管理资料收集和合作困难的弊端，继承了竞争性标杆管理信息相关性强和可比性强的优点，但可能由于地理位置等原因而造成资料收集成本增大。⑤功能性标杆。标杆伙伴是不同行业但拥有相同或相似功能、流程的企业，其理论基础是任何行业均存在一些相同或相似的功能或流程，如物流、人力资源管理、营销手段等，跨行业选择标杆伙伴，双方没有直接的利害冲突，更加容易取得对方的配合；另外可以跳出行业的框框约束，视野开阔，随时掌握最新经营方式，成为强中之强。但是投入较大，信息相关性较差，实践需要较为复杂的调整转换过程，实施较为困难。

标杆管理步骤：①成立小组，确定主题。标杆管理首先需要组建标杆瞄准项目推动小组，小组成员担负发起和管理整个标杆瞄准流程的责任。在许多大型组织当中该小组通常扩建为一个独立的部门，从而能够更有效地为所有的标杆瞄准活动提供平台支持。标杆瞄准项目推动小组成立后，首先需要确认标杆学习的需求和主题，学习的主题必须是对企业的经营或获利成果有重大的影响，只有瞄准企业的这些关键成功因素，从众多的关键成功因素中找出需要补强的弱项，这样企业投入资源来从事标杆学习才有意义。②内部数据收集分析。标杆研究一个基本而重要的原则，就是在了解另一个研究对象的作业方式、产品、服务等信息之前，先彻底了解自己本身。企业必须收集分析自己的内部作业信息，了解目前的作业方式，并且进行检讨，找出需要改进的部分。这个步骤是企业到外界收集资料前的准备工作。唯有如此，企业才能正确地评估自己能够改善的程度。③选定研究对象。企业可以通过报纸、期刊、国家级奖项名录或者咨询公司来找到标杆学习的对象，在选定标杆学习的对象后企业可以通过电话访谈、问卷调查、书刊、当面访问、数据库查询等资料收集的方法来收集所需要的资料。必要时可以购买竞争对手的产品，对竞争对手的产品进行倒序制造。在内外部资料信息收集的基础上将自身作业方式、产品、服务进行比较，找出之间关键性的差异，以确定需要对什么进行改进和改进的程度和方向。④采取变革行动。在找到需要改进的方向和程度后，选择制订出变革的最佳方案，并进一步明晰变革的具体实施步骤及如何对改进效果进行评价。实施计划的重要任务应包含一份组织变革管理计划，从而一方面尽可能排除组织内部对待变革的种种抵触力量；另一方面促成组织成员对方案的理解、接纳与支持，以保证变革目标的达成。⑤持续改进。标杆瞄准要求对其进行持续的改进，方可获得理想的效果。为了使标杆瞄准过程中所付出的心血与汗水获得更大的回报，应设计一个流程及时预警标杆项目的绩效可能在什么地方、在什么时候发生逆转，必须对标杆瞄准数据库进行及时更新，标杆项目的绩效改进过程是永无止境的。

标杆管理的五阶段流程模型：①决定向标杆学习什么流程的阶段。确认标杆学习资讯的使用者及他们的需求，从而界定标杆学习的明确主题。一旦知道标杆学习的主题和需求以后，就可以确认并争取需要的资源，成功地完成标杆学习的调查工作。②组成标杆学习团队。团队成员各有明确的角色及责任，团队也可引进专案管理工具，以确保每位参与者都清楚自己的任务，而且团队要制订出重要的阶段目标。③选定标杆学习伙伴。需要认定标杆学习的资讯来源，这些来源包括标杆组织的员工、管理顾问、分析人员、政府消息来源、商业及同业文献、产业报告及电脑化的资料库等，这个阶段也包括选定产业及组织最佳作业典范。④收集及分析资讯。团队必须选择明确资讯收集方法，而负责收集资讯的人必须对这些方法很熟悉。接下来是依据最初的顾客需求，分析标杆学习资讯，从而提出行动建议。⑤采取改革行动。影响这个阶段的因素是顾客的需求及标杆学习资讯的用途，团队采取的行动可能会有很多种，从制作一份报告或发表成果，到提出一套建议，甚至根据调查收集到的资讯具体落实一些变革。在这个阶段也要确认接下来是否有必要采取哪些步骤或适当的后续活动，如有必要可以建议标杆学习活动继续下去。

我们知识标杆管理的目的是提高企业的竞争力，特别是核心竞争力，下面列出一张企业竞争力战略标杆分析表，详见图 9－1。

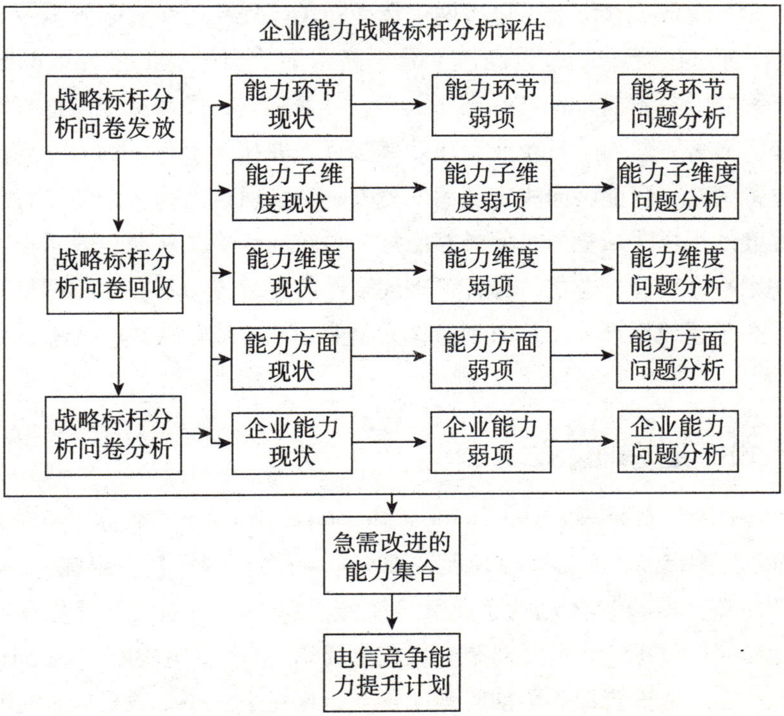

图 9－1　企业竞争力战略标杆分析表

标杆管理的局限：①标杆管理导致企业竞争战略趋同。标杆管理鼓励企业相互学习和模仿，因此在奉行标杆管理的行业中，可能所有的企业都企图通过采取诸如提供更广泛的产品或服务以吸引所有的顾客细分市场等类似行动来改进绩效，在竞争的某个关键方面超过竞争对手。模仿使得从整体上看企业运作效率的绝对水平大幅度提高，然而企业之间相对效率差距却日益缩小。普遍采用标杆管理的结果必然使各个企业战略趋同，各个企业的产品、质量、服务甚至供应销售渠道大同小异，市场竞争趋向于完全竞争，造成在企业运作效率上升的同时，利润率却在下降。②标杆管理陷阱。由于科技的迅速发展，使得产品的科技含量和企业使用技术的复杂性日益提高，模仿障碍提高，从而对实施标杆管理的企业提出了严峻的挑战：能否通过相对简单的标杆管理活动就能获得掌握复杂的技术和跟上技术进步的步伐？如果标杆管理活动不能使企业跨越与领先企业之间的“技术鸿沟”，单纯为赶超先进而继续推行标杆管理，则会使企业陷入繁杂的“落后—标杆—又落后—再标杆”的“标杆管理陷阱”之中。

标杆管理局限性的突破方向。从企业竞争的角度，企业应该由“效率—成本”竞争模式转向“战略—价值”竞争模式。价格和成本之间的差额就是企业的盈利空间。企业改善绩效可以有两个选择：①以提高运作效率降低成本为取向的“效率—成本”模式。②以高差异化—高附加价值—高价格为取向的“战略—价值”模式。标杆管理的选择在于前者，尽管在远离效率极限时标杆管理带来的利益非常显著，然而一旦企业运作效率接近当前技术水平下的效率极限，企业想继续改善绩效，只能转向决定利润的另外一端，通过为顾客创造独特价值而赢得某种程度的市场垄断势力，使顾客愿意支付较高价格，从而企业可以获得高于行业平均水平的利润。总之，标杆管理局限性的突破方向不在于标杆管理自身的完善，而在于超越标杆，把价值创造作为企业的根本战略抉择，才能获得持久竞争优势。

四、ERP是基础设施

ERP（企业资源计划）是Enterprise Resource Planning的简称。ERP是针对物资资源管理（物流）、人力资源管理（人流）、财务资源管理（财流）、信息资源管理（信息流）集成一体化的企业管理系统。ERP的核心管理思想是实现对整个供应链的有效管理：①体现对整个供应链资源进行管理的思想。在知识经济时代，仅靠自己企业的资源不可能有效地参与市场竞争，还必须把经营过程中的有关各方如供应商、制造工厂、分销网络、客户等纳入一个紧密的供应链中，才能有效地安排企业的产、供、销活动，满足企业利用全社会一切市场资源快速高效地进行生产经营的需求，以期进一步提高效率和在市场上获得竞争优势。②体现精益生产和敏捷制造思想。ERP 系统支持对混合型生产方式的管理，当市场发生变化，企业遇有特定的市场和产品需求时，企业的基本合作伙伴不一定能满足新产品开发生产的要求，这时企业会组织一个由特定的供应商和销售渠道组成的短期或一次性供应链，形成“虚拟工厂”，把供应和协作单位看成是企业的一个组成部分组织生产，用最短的时间将新产品打入市场，时刻保持产品的高质量、多样化和灵活性。③体现事先计划与事中控制的思想。ERP 系统中的计划体系主要包括主生产计划、物料需求计划、能力计划、采购计划、销售执行计划、利润计划、财务预算和人力资源计划等，而且这些计划功能与价值控制功能已完全集成到整个供应链系统中。ERP 系统通过定义事务处理相关的会计核算科目与核算方式，以便在事务处理发生的同时自动生成会计核算分录，保证了资金流与物流的同步记录和数据的一致性，从而实现了根据财务资金现状，可以追溯资金的来龙去脉，并进一步追溯所发生的相关业务活动，改变了资金信息滞后于物料信息的状况，便于实现事中控制和实时做出决策。此外计划、事务处理、控制与决策功能都在整个供应链的业务处理流程中实现，要求在每个流程业务处理过程中最大限度地发挥每个人的工作潜能与责任心，流程与流程之间则强调人与人之间的合作精神，以便在有机组织中充分发挥每个人的主观能动性与潜能。

一个典型的企业资源计划（ERP）系统包括的内容架构见图 9-2。当然 ERP 系统架构中，最重要的主体基础是物料需求计划，见图 9-3。

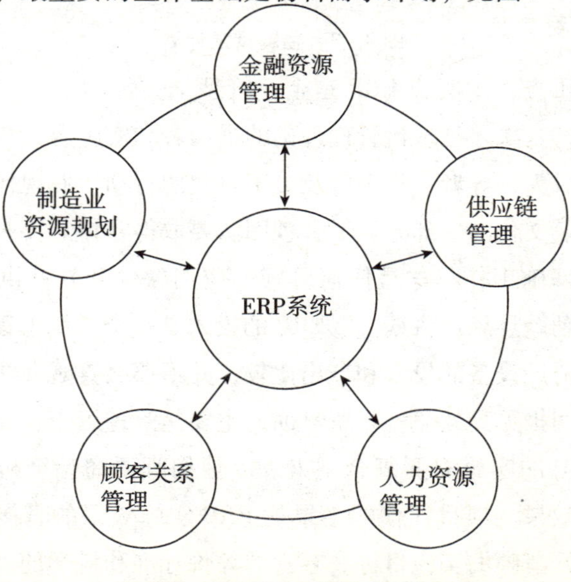

图 9-2　ERP 系统架构图

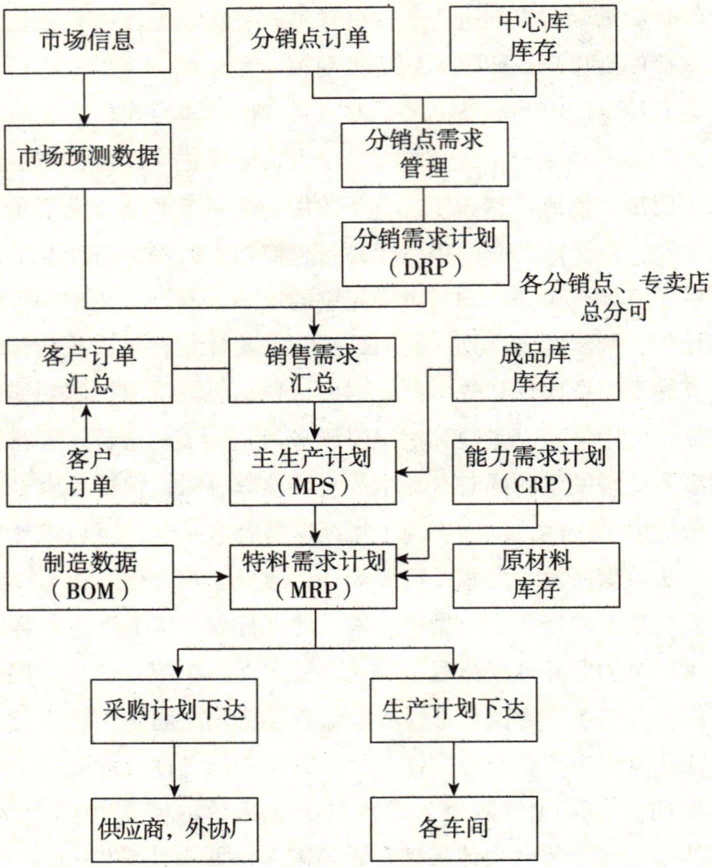

图 9－3　物料需求计划

ERP 实施的重点：①实施 ERP 是企业管理全方位的变革。企业领导层应该首先是受教育者，其次才是现代管理理论的贯彻者和实施者，规范企业管理及其有关环节，使之成为领导者、管理层及员工自觉的行动，使现代管理意识扎根于企业中，成为企业文化的一部分。②管理团队要取得共识。要眼睛向内，练好内功，做好管理的基础工作，这是任何再好的应用软件和软件供应商都无法提供的，只能靠自己勤勤恳恳地耕耘。③ERP 的投入是一个系统工程。ERP 的投入和产出与其他固定资产设备的投入和产出比较，并不那么直观、浅显和明了，投入不可能马上得到回报见到效益。它所贯彻的主要是管理思想，在不断深化中向管理要效益。④ERP 的实施需要复合型人才。他们既要懂计算机技术，又要懂管理。⑤项目实施效果。项目评估的结果是 ERP 实施效果的直接反映，正确地评价实施成果离不开清晰的实施目标、客观的评价标准和科学的评价方法。⑥系统安全管理。系统安全包括操作系统授权、网络设备权限、应用系统功能权限、数据访问权限、病毒的预防、非法入侵的监督、数据更改的追踪、数据的安全备份与存档、主机房的安全管理规章、系统管理员的监督等。

ERP 应用成功的标准：①系统运行集成化。这是 ERP 应用成功在技术解决方案方面最基本的表现。为了达到预期设定的应用目标，最基本的要求是系统能够运行起来，实现集成化应用，建立企业决策完善的数据体系和信息共享机制。②业务流程合理化。这是 ERP 应用成功在改善管理效率方面的体现。ERP 应用成功的前提是必须对企业实施业务流程重组，实现 ERP 应用的最终目标，企业竞争力得到大幅度提升，企业面对市场的响应速度大大加快，客户满意度显著改善。③绩效监控动态化。ERP 的应用将为企业提供丰富的管理信息，在 ERP 系统完全投入实际运行后，企业应根据管理需要，利用 ERP 系统提供的信息资源，设计出一套动态监控管理绩效变化的报表体系，以期即时反馈和纠正管理中存在的问题。④管理改善持续化。随着 ERP 系统的应用和企业业务流程的合理化，企业管理水平将会明显提高和持续改善。

五、六西格玛的精神

6σ（六西格玛）管理法是一种统计评估法，核心是追求零缺陷生产，防范产品责任风险，降低成本，提高生产率和市场占有率，提高顾客满意度和忠诚度。6σ 管理既着眼于产品服务质量，又关注过程的改进。6σ 管理关注过程，特别是企业为市场和顾客提供价值的核心过程。因为过程能力用 σ 来度量后，σ 越大过程的波动越小，过程以最低的成本损失、最短的时间周期、满足顾客要求的能力就越强。为了达到 6σ，首先要制定标准，在管理中随时跟踪考核操作与标准的偏差，不断改进最终达到 6σ。6σ 的流程模式：①界定。确定需要改进的目标及其进度，企业高层领导就是确定企业的策略目标，中层营运目标可能是提高制造部门的生产量，项目层的目标可能是减少次品和提高效率，界定前需要辨析并绘制出流程。②测量。以灵活有效的衡量标准测量和权衡现存的系统与数据，了解现有质量水平。③分析。利用统计学工具对整个系统进行分析，找到影响质量的少数几个关键因素。④改进。运用项目管理和其他管理工具，针对关键因素确立最佳改进方案。⑤控制。监控新的系统流程，采取措施以维持改进的结果，以期整个流程充分发挥功效。

6σ 管理的特征：①对顾客需求的高度关注。6σ 管理以更为广泛的视角关注影响顾客满意的所有方面，6σ 管理的绩效评估首先是从顾客开始的，其改进的程度用对顾客满意度和价值的影响来衡量。②高度依赖统计数据。统计数据是实施 6σ 管理的重要工具，以数字来说明一切，所有的生产表现、执行能力等都量化为具体的数据，成果一目了然。决策者及经理人可以从各种统计报表中找出问题在哪里，真实掌握产品不合格情况和顾客抱怨情况等，而改善的成果，如成本节约、利润增加等，也都以统计资料与财务数据为依据。③重视改善业务流程。6σ 管理将重点放在产生缺陷的根本原因上，认为质量是靠流程的优化，而不是通过严格地对最终产品的检验来实现的。企业应该把资源放在认识、改善和控制原因上，而不是放在质量检查、售后服务等活动上。质量不是企业内某个部门和某个人的事情，而是每个部门及每个人的工作，追求完美成为企业中每一个成员的行为。6σ 管理有一整套严谨的工具和方法来帮助企业推广实施流程优化工作，识别并排除那些不能给顾客带来价值的成本浪费，消除无附加值活动，缩短生产经营循环周期。④积极开展主动改进型管理。掌握了 6σ 管理方法，就好像找到了一个重新观察企业的放大镜。人们惊讶地发现，缺陷犹如灰尘，存在于企业的各个角落。这使管理者和员工感到不安，要想变被动为主动，努力为企业做点什么。员工会不断地问自己：现在到达了几个 σ？问题出在哪里？能做到什么程度？通过努力提高了吗？这样企业就始终处于一种不断改进的过程中。⑤倡导无界限合作，勤于学习的企业文化。6σ 管理扩展了合作的机会，当人们确实认识到流程改进对于提高产品品质的重要性时，就会意识到在工作流程中各个部门、各个环节的相互依赖性，加强部门之间、上下环节之间的合作和配合。由于 6σ 管理所追求的品质改进是一个永无终止的过程，而这种持续的改进必须以员工素质的不断提高为条件，因此有助于形成勤于学习的企业氛围。

实施 6σ 管理的好处：①提升企业管理的能力。6σ 管理以数据和事实为驱动器，过去企业对管理的理解和对管理理论的认识更多停留在口头上和书面上，而 6σ 把这一切都转化为实际有效的行动。6σ 管理法成为追求完美无瑕的管理方式的同义语。②节约企业运营成本。对于企业而言所有的不良品要么被废弃，要么需要重新返工，要么在客户现场需要维修调换，这些都增加企业成本。③增加顾客价值。实施 6σ 管理可以使企业从了解并满足顾客需求到实现最大利润之间的各个环节实现良性循环，公司首先了解掌握顾客的需求，然后通过采用 6σ 管理原则减少随意性和降低差错率，从而提高顾客满意程度。④改进服务水平。由于 6σ 管理不但可以用来改善产品品质，而且可以用来改善服务流程，因此对顾客服务的水平也得以大大提高。⑤形成积极向上的企业文化。在传统管理方式下人们经常感到不知所措，不知道自己的目标，工作处于一种被动状态，通过实施 6σ 管理，每个人知道自己应该做成什么样，应该怎么做，整个企业洋溢着热情和效率。

6σ 管理的组织结构：①6σ 管理委员会。6σ 管理委员会是企业实施 6σ 管理的最高领导机构。该委员会主要成员由公司领导层成员担任，其主要职责是：设立6σ管理初始阶段的各种职位；确定具体的改进项目及改进次序，分配资源；定期评估各项目的进展情况，并对其进行指导；当各项目小组遇到困难或障碍时，帮助他们排忧解难等。成功的6σ管理有一个共同的特点，就是企业领导者的全力支持。②执行负责人。6σ管理的执行负责人由一位副总裁以上的高层领导担任，这是一个至关重要的职位，只有具有较强的综合协调能力的人才能胜任。其具体职责是：为项目设定目标、方向和范围；协调项目所需资源；处理各项目小组之间的重叠和纠纷，加强项目小组之间的沟通等。③绿带。绿带的工作是兼职的，他们经过培训后，将负责一些难度较小的项目小组，或成为其他项目小组的成员。④黑带。黑带是6σ变革的中坚力量，对黑带的认证通常由外部咨询公司配合公司内部有关部门来完成，黑带由企业内部选拔出来，全职实施6σ管理。⑤黑带大师。这是6σ管理专家的最高级别，其一般是统计方面的专家，负责在6σ管理中提供技术指导。他们必须熟悉所有黑带所掌握的知识，深刻理解那些以统计学方法为基础的管理理论和数学计算方法，能够确保黑带在实施应用过程中的正确性。

6σ管理的实施程序：

（1）辨别核心流程和关键顾客。①辨别核心流程。核心流程是对创造顾客价值最重要的部门或者作业环节，如吸引顾客、订货管理、装货、顾客服务与支持、开发新产品或者新服务、开票收款流程等，它们直接关系顾客的满意程度。与此相对应，如融资、预算、人力资源管理、信息系统等流程属于辅助流程，对核心流程起支持作用，它们与提高顾客满意度是一种间接的关系。不同的企业核心流程各不相同。②界定业务流程的关键输出物和顾客对象。在这一过程中应尽可能避免将太多的项目和工作成果堆到“输出物”栏目下，以免掩盖主要内容，抓不住工作重点。对于关键顾客，并不一定是企业外部顾客，对于某一流程来说，其关键顾客可能是下一个流程，如产品开发流程的关键顾客是生产流程。③绘制核心流程图。在辨明核心流程的主要活动的基础上，将核心流程的主要活动绘制成流程图，使整个流程一目了然。

（2）定义顾客需求。①收集顾客数据，制定顾客反馈战略。缺乏对顾客需求的清晰了解，是无法成功实施6σ管理的。即使是内部的辅助部门，如人力资源部，也必须清楚了解其内部顾客——企业员工的需求状况。建立顾客反馈系统的关键在于：一是将顾客反馈系统视为一个持续进行的活动，看做是长期应优先处理的事情或中心工作。二是听取不同顾客的不同反映，不能以偏概全。三是除市场调查、访谈、正式化的投诉系统等常规的顾客反馈方法之外，积极采用新的顾客反馈方法，如顾客评分卡、数据库分析、顾客审计等。四是掌握顾客需求的发展变化趋势。五是对于已经收集到的顾客需求信息，进行深入的总结和分析，并传达给相应的高层管理者。②制定绩效指标及需求说明。顾客的需求包括产品需求、服务需求或是两者的综合，对不同的需求应分别制订绩效指标，如在包装食品订货流程中，服务需求主要包括界面友好的订货程序、装运完成后的预通知服务、顾客收货后满意程度监测等，产品需求主要包括按照时间要求发货、采用规定的运输工具运输、确保产品完整等。一份需求说明是对某一流程中产品和服务绩效标准简洁而全面的描述。③分析顾客各种不同的需求并对其进行排序。确认哪些是顾客的基本需求，这些需求必须予以满足，否则顾客绝对不会产生满意感；哪些是顾客的可变需求，在这类需求上做得越好，顾客的评价等级就越高；哪些是顾客的潜在需求，如果产品或服务的某些特征超出了顾客的期望值，则顾客会处于喜出望外的状态。

（3）针对顾客需求评估当前行为绩效。如果公司拥有雄厚的资源，可以对所有的核心流程进行绩效评估。如果公司的资源相对有限，则应该从某一个或几个核心流程入手开展绩效评估活动。评估步骤如下：①选择评估指标。标准有两条：这些评估指标具有可得性，数据可以取得；这些评估指标是有价值的，为顾客所关心。②对评估指标进行可操作性的界定，以避免产生误解。③确定评估指标的资料来源。④准备收集资料。对于需要通过抽样调查来进行绩效评估的，需要制订样本抽取方案。⑤实施绩效评估，并检测评估结果的准确性，确认其是否有价值。⑥通过对评估结果所反映出来的误差，如次品率、次品成本等进行数量和原因方面的分析，识别可能的改进机会。

（4）辨别优先次序，实施流程改进。对需要改进的流程进行区分，找到高潜力的改进机会，优先对其实施改进。如果不确定优先次序，企业多方面出手，就可能分散精力，影响6σ管理的实施效果。业务流程改进遵循5步循环改进法：①定义。定义阶段主要是明确问题、目标和流程，需要回答以下问题：应该重点关注哪些问题或机会？应该达到什么结果？何时达到这一结果？正在调查的是什么流程？它主要服务和影响哪些顾客？②评估。评估阶段主要是分析问题的焦点是什么，借助关键数据缩小问题的范围，找到导致问题产生的关键原因，明确问题的核心所在。③分析。通过采用逻辑分析法、观察法、访谈法等方法，对已评估出来的导致问题产生的原因进行进一步分析，确认它们之间是否存在因果关系。④改进。拟订几个可供选择的改进方案，通过讨论并多方面征求意见，从中挑选出最理想的改进方案付诸实施。实施6σ改进可以是对原有流程进行局部的改进；在原有流程问题较多或惰性较大的情况下，也可以重新进行流程再设计，推出新的业务流程。⑤控制。根据改进方案中预先确定的控制标准，在改进过程中，及时解决出现的各种问题，使改进过程不至于偏离预先确定的轨道，发生较大的失误。

（5）扩展整合6σ管理系统。当某一6σ管理改进方案实现了减少缺陷的目标之后，如何巩固并扩大这一胜利成果就变得至关重要了。①提供连续的评估以支持改进。在企业内广泛宣传推广该改进方案，以取得企业管理层和员工的广泛认同，减少进一步改进的阻力；将改进方案落实到通俗易懂的文本资料上，以便于执行；实行连续的评估，让企业管理层和员工从评估结果中获得鼓舞和信心；任何改进方案都可能存在着需要进一步改进之处，对可能出现的问题应提前制订应对的策略，并做好进一步改进的准备。②定义流程负责人及其相应的管理责任。采用了6σ管理方法意味着打破了原有的部门职能的交叉障碍，为了确保各个业务流程的高效畅通，有必要指定流程负责人，并明确其管理责任，包括维持流程文件记录、评估和监控流程绩效、确认流程可能存在的问题和机遇、启动和支持新的流程改进方案等。③实施闭环管理，不断向6σ绩效水平推进。6σ改进是一个反复提高的过程，5步循环改进法在实践过程中也需要反复使用，形成一个良性发展的闭环系统，不断提高品质管理水平减少缺陷率。此外，从部分核心环节开始实施的6σ管理，也有一个由点到面逐步推开、改进成果、扩大改进范围的过程。

六、坚实的质量管理体系

质量管理体系是企业内部建立的为保证产品质量或质量目标所必需的系统的质量活动，它根据企业特点选用若干体系要素加以组合，加强从设计、生产、检验、销售、使用全过程的质量管理活动，并予以制度化、标准化，成为企业内部质量工作的要求和活动程序。建立完善质量体系一般要经历质量体系的策划与设计、质量体系文件的编制、质量体系的试运行、质量体系审核和评审四个阶段，每个阶段又可分为若干具体步骤。实施质量管理体系有八项原则：①以顾客为关注焦点；②领导作用；③全员参与；④过程方法；⑤管理的系统方法；⑥持续改进；⑦基于事实的决策方法；⑧与供方互利的关系。

质量管理体系的特性：①质量管理体系具有符合性。欲有效开展质量管理，必须设计、建立、实施和保持质量管理体系。组织的最高管理者，对依据ISO9001国+际标准设计、建立、实施和保持质量管理体系的决策负责，对建立合理的组织结构和提供适宜的资源负责；管理者代表和质量职能部门对形成文件的程序的制定和实施、过程的建立和运行负直接责任。②质量管理体系具有惟一性。质量管理体系的设计和建立，应结合组织的质量目标、产品类别、过程特点和实践经验。因此不同组织的质量管理体系有不同的特点。③质量管理体系具有系统性。质量管理体系是相互关联和作用的组合体，包括：组织结构——合理的组织机构和明确的职责、权限及其协调的关系；程序——规定到位的形成文件的程序和作业指导书，是过程运行和进行活动的依据；过程——质量管理体系的有效实施，是通过其所需请过程的有效运行来实现的；资源——必需、充分且适宜的资源包括人员、资金、设施、设备、料件、能源、技术和方法。④质量管理体系具有全面有效性。质量管理体系的运行应是全面有效的，既能满足组织内部质量管理的要求，又能满足组织与顾客的合同要求，还能满足第二方认定、第三方认证和注册的要求。⑤质量管理体系具有预防性。质量管理体系应能采用适当的预防措施，有一定的防止重要质量问题发生的能力。⑥质量管理体系具有动态性。最高管理者定期批准进行内部质量管理体系审核，定期进行管理评审，以改进质量管理体系；还要支持质量职能部门（含车间）采用纠正措施和预防措施改进过程，从而完善体系。⑦质量管理体系持续受控。质量管理体系所需过程及其活动应持续受控。⑧质量管理体系应最佳化。组织应综合考虑利益、成本和风险，通过质量管理体系持续有效运行，以使其最佳化。

七、重视并购管理

并购的内涵非常广泛，一般是指兼并（Merger）和收购（Acquisition）。兼并又称吸收合并，即两种不同事物，因故合并成一体，指两家或者更多的独立企业合并组成一家企业，通常由一家占优势的公司吸收一家或者多家公司。收购指一家企业用现金或者有价证券购买另一家企业的股票或者资产，以获得对该企业的全部资产或者某项资产的所有权，或对该企业的控制权。与并购意义相关的另一个概念是合并（Consolidation），是指两个或两个以上的企业合并成为一个新的企业，合并完成后多个法人变成一个法人。并购分为三种基本类型：①横向并购。横向并购的基本特征就是企业在国际范围内的横向一体化。近年来由于全球性的行业重组浪潮，结合我国各行业实际发展需要，加上我国国家政策及法律对横向重组的一定支持，行业横向并购的发展十分迅速。②纵向并购。纵向并购是发生在同一产业的上下游之间的并购。纵向并购的企业之间不是直接的竞争关系，而是供应商和需求商之间的关系。因此纵向并购的基本特征是企业在市场整体范围内的纵向一体化。③混合并购。混合并购是发生在不同行业企业之间的并购。从理论上看混合并购的基本目的在于分散风险，寻求范围经济。在面临激烈竞争的情况下，我国各行各业的企业都不同程度地想到多元化，混合并购就是多元化的一个重要方法，为企业进入其他行业提供了有力、便捷、低风险的途径。并购的实质是在企业控制权运动过程中，各权利主体依据企业产权作出的制度安排而进行的一种权利让渡行为。并购活动是在一定的财产权利制度和企业制度条件下进行的，在并购过程中某一或某一部分权利主体通过出让所拥有的对企业的控制权而获得相应的受益，另一部分权利主体则通过付出一定代价而获取这部分控制权。企业并购的过程实质上是企业权利主体不断变换的过程。

产生并购行为最基本的动机就是寻求企业的发展，寻求扩张的企业面临内部扩张和通过并购发展两种选择。内部扩张可能是一个缓慢而不确定的过程，通过并购发展则要迅速得多，尽管它会带来自身的不确定性。具体到理论方面，并购的最常见的动机就是协同效应，并购交易的支持者通常会以达成某种协同效应作为支付特定并购价格的理由。并购产生的协同效应包括经营协同效应（Operating Synergy）和财务协同效应（Financial Synergy）。在具体实务中并购的动因归纳起来主要有：①扩大生产经营规模，降低成本费用。通过并购企业规模得到扩大，能够形成有效的规模效应。规模效应能够带来资源的充分利用，资源的充分整合，降低管理、原料、生产等各个环节的成本，从而降低总成本。②提高市场份额，提升行业战略地位。规模大的企业，伴随生产力的提高，销售网络的完善，市场份额将会有比较大的提高，从而确立企业在行业中的领导地位。③取得充足廉价的生产原料和劳动力，增强企业的竞争力。通过并购实现企业的规模扩大，成为原料的主要客户，能够大大增强企业的谈判能力，从而为企业获得廉价的生产资料提供可能。同时高效的管理，人力资源的充分利用和企业的知名度都有助于企业降低劳动力成本，从而提高企业的整体竞争力。④实施品牌经营战略，提高企业的知名度，以获取超额利润。品牌是价值的动力，同样的产品，甚至是同样的质量，名牌产品的价值远远高于普通产品。并购能够有效提高品牌知名度，提高企业产品的附加值，获得更多的利润。⑤实现发展战略。通过并购取得先进的生产技术、管理经验、经营网络、专业人才等各类资源。并购活动收购的不仅是企业的资产，而且获得了被收购企业的人力资源、管理资源、技术资源、销售资源等。这些都有助于企业整体竞争力的根本提高，对公司发展战略的实现有很大帮助。⑥通过收购跨入新的行业，实施多元化战略，分散投资风险。这种情况出现在混合并购模式中，随着行业竞争的加剧，企业通过对其他行业的投资，不仅能有效扩充企业的经营范围，获取更广泛的市场和利润，而且能够分散因本行业竞争带来的风险。

一般来说企业并购都要经过前期准备阶段、方案设计阶段、谈判签约和接管整合四个阶段。①前期准备阶段。企业根据发展战略的要求制定并购策略，初步勾画出拟并购的目标企业的轮廓，如所属行业、资产规模、生产能力、技术水平、市场占有率等，据此进行目标企业的市场搜寻，捕捉并购对象，并对可供选择的目标企业进行初步的比较。②方案设计阶段。方案设计阶段就是根据评价结果、限定条件及目标企业意图，对各种资料进行深入分析，统筹考虑，设计出数种并购方案，包括并购范围、并购程序、支付成本、支付方式、融资方式、税务安排、会计处理等。③谈判签约阶。段并购方案确定后并以此为核心内容制成收购建议书或意向书，作为与对方谈判的基础；若并购方案设计将买卖双方利益拉得很近，则双方可能进入谈判签约阶段；反之，若并购方案设计远离对方要求，则会被拒绝，并购活动又重新回到起点。④接管与整合阶段。双方签约后，进行接管并在业务、人员、技术等方面对目标企业进行整合。并购后的整合是并购程序的最后环节，也是决定并购是否成功的重要环节。

企业并购存在大量风险：①融资风险。企业并购通常需要大量资金，如果筹资不当就会对企业的资本结构和财务杠杆产生不利影响，增加企业的财务风险。同时只有及时足额地筹集到资金才能保证并购的顺利进行。按筹资的方式不同可分两种情况：一是债务性融资风险，多数企业通过负债筹资的方式，一般为长期借款，但是银行信贷资金主要是补充企业流动资金和固定资金的不足，没有进行企业并购的信贷项目，因此难以得到商业银行支持。另一种负债筹资的方式是发行企业债券，虽然资金成本较低，但筹资时间长，筹资额有限。二是权益性融资风险，发行普通股是企业筹集大量资金的一种基本方式，而且没有固定利息负担，筹资风险小。但是股利要从净利润中支付，资金成本高，而且无法享受纳税利益。②目标企业价值评估中的资产不实风险。由于并购双方的信息不对称，企业看好的被并购方的资产，在并购完成后有可能存在严重高估，甚至一文不值，从而给企业造成很大的经济损失。并购过程中人的主观性对并购影响很大，并购并不能按市场价值规律来实施。并购本身是一种商品的交换关系，所以需要建立服务于并购的中介组织，降低并购双方的信息成本且对并购行为提供指导和监督。③反收购风险。如果企业并购演化成敌意收购，被并购方就会不惜代价设置障碍，从而增加公司收购成本，甚至有可能会导致收购失败。④营运风险和安置被收购企业员工风险。企业在完成并购后，可能并不会产生协同效应，并购双方资源难以实现共享互补，甚至会出现规模不经济，整个公司反而可能会被拖累。而且并购方往往会被要求安置被收购企业员工或者支付相关成本，如果公司处理不当，往往会因此而背上沉重的包袱，增加其管理成本和经营成本。

企业在并购时要采取相应对策降低并购风险。①了解目标公司价值和情况。信息不对称是产生目标公司价值评估风险的根本原因，因此企业应在并购前对目标公司进行详尽的审查与评价。企业可以聘请投资银行根据公司的发展规划进行全面策划，对目标公司的产业环境、财务状况和经营能力进行全面的分析，从而对目标公司的未来收益能力做出合理的预期。要小心被并购方财务报表上的漏洞，多留意表外内容是否存在未决诉讼、大宗担保等预计负债，主要设施、关键设备是否被抵押等，以防资产不实风险。②看准时机速战速决。企业一旦确定了并购目标，就要看准时机，该进则进，该退则退，运筹帷幄。不宜战线过长，耗时费力，虚增并购成本，更有甚者，给目标公司钻了空隙，功亏一篑。所以要果断出击，速战速决。③统一战略方向，妥善安置员工。企业要从生产、技术、资源、市场等方面彻底融合，进行总体布局。另外，文化理念要统一，双方在并购前的发展目标、岗位要求、管理方法都不一样，并购后要统一到一个方向上来。最后要妥善安置员工，对被并购企业的员工一视同仁，给予相同的福利待遇和政治待遇，会激发被并购公司员工的工作热情，并购后的效益就可以得到保障了。

八、管理的预警

管理预警的主要依据是信息，因而必须建立灵敏的预警信息系统，建立完善、灵敏的预警信息系统是预警管理成败的关键。预警信息是原始信息向征兆信息转换的结果，信息的处理方法、转换方法在这个过程中显得尤为重要。原始信息包括企业营销的历史信息和即时信息，也包括实际信息和判断，信息还包括国内信息和国际信息及与企业营销相关的科技、经济、政治、人口、文化等。为了收集这些信息，作为预警系统需要有很强的信息网和科学的信息处理方法来进行支撑。信息网的作用是进行信息收集、统计与传输，中央信息处理系统的功能是储存和处理从信息网传入的各种信息，进行综合、甄别和简化，并且依靠信息推断系统对缺乏的信息进行推断，对征兆信息进行推断。

预警系统的功能是对未来进行预测，主要包括：①对现有信息的趋势预测。其预测方程是：$Y=f$。其中：Y 是预测变量，t 是时间。例如，若企业销售额逐年上升，对若干期的数据作图分析，它与时间呈线性相关的关系，则其表达式可写成：$Q=a+bT$，其中 Q 是销售额，T 是时间，a 和 b 是系数。②对相关因素的相互影响进行预测。其预测方程为：$Y=f$，其中：Y 是预测变量，X_1，X_2，X_3，…，Xn 是影响变量 Y 的相关变量。例如，企业的销售利润 R 受固定资产净值 P_1、平职工人数 P_2、产品质量等级 P_3 等的影响，则其关系可表示为：$R=aP_1+bP_2+cP_3$，其中 a、b、c 为各变量的系数，此时可以利用多元回归的方法进行计算。③对征兆信息的可能结果进行预测。④对偶发事件的发生概率、发生时间、持续时间、作用峰期及预期影响进行预测。

预警指标体系的目的是为了使信息定量化、条理化和可操作化。不同类型的企业，预警系统的指标体系有所差异，但最重要的是选择敏感指标和主要指标，以便预警指标体系能真正反映企业所面临风险的实际情况。预警指标体系可以分成两类：①潜在指标。它主要用于对潜在因素的定量化或对征兆信息的定量化。②显现指标。它主要用于显现因素的定量化或对现状信息的定量化。预警准则是一种判断标准和原则，用来决定在不同的情况下，是否应当发生警报及发生何种程度的警报。预警准则的设置标准要把握适度，如果准则设计过松，则可能有危险而不能发生警报，即造成漏警，从而削弱了预警的作用。如果预警准则设置过严，则会导致不该发出警报时却发出了警报，导致误警，往往会使企业虚惊一场。而频繁的虚惊又会产生不良效果，导致企业对警报信号失去信任，一旦逆境真的即将来临，而预警系统又正确发出了警报，企业也会认为是误警而未引起注意，结果遭受损失。

漏警是预警系统未曾发出警报的致错与风险因素最终发生了。其原因有：①小概率事件的发生，在风险因素中将属于小概率事件的因素排除在外，这种排除是有必要的，但小概率事件也有发生的可能性。②致错与风险因素的变化，随着时间的推移，一些原来不属于致错与风险的因素转化为致错与风险因素，而原预警系统不能监测此种因素的变化，不能发出警报。③预警准则设计过松，将安全区域设计过大，危险区域设计过小。误警包括两类：第一类误警是指发出了某一风险出现的警报，而该风险最终没有出现；第二类误警是指发出了某一风险出现的警报，该风险因素最终出现了，但其风险程度与预报的程度相差一个等级或者风险出现的时间与预报所提出的时间不一致。一般意义下的误警属于第一类误警。误警的原因主要有：①指标设计不当，如把一些对营销工作影响不大的因素或与此无关的因素设计为预警指标。②警报准则过严，即把安全区域设计得过小，而将危险区域设计得过大。③信息、数据有误。少量的误警和漏警属于正常现象，两者存在着此消彼长的关系。若放松警报准则，虽可以减少误警，但会增加漏警的可能性；反之亦然。

预警准则的设计有多种形式：①指标预警。指根据预警指标数值大小的变动发出不同程度的警报。设计进行警报的指标为 X，其安全区域为 a，初等危险区域为 b，高等危险区域为 c，以此类推，危险区域 d、e、f 等，则基本警报准则：当 $Xa < X < Xb$ 时，不发出警报；当 $Xc < X \leq Xa$ 或 $Xb \leq X < Xd$ 时，发出一级警报；当 $Xe < X \leq Xc$ 或 $Xd \leq X < Xf$ 时，发出二级警报；当 $X < Xe$ 或 $X \geq Xf$ 时，发出三级警报。②因素预警。在预警管理中既有可计量的因素，又有不可计量的因素，前者可以采用指标预警的方法，而后者则应采取因素预警法。因素预警有两

种形式：一种是当风险因素X出现时，发出警报；当风险因素X不出现时，不发出警报。若风险因素为随机变量，其发生的概率为P，则为第二种警报。模式：当$0<P<Pa$时，不发出警报；当$Pa\leqslant P<Pb$时，发出初等警报；当$P\geqslant Pb$时，发出高等警报。③综合预警。是将指标预警和因素预警相结合的一种方法。对于营销风险的预警我们采用综合警报模式。

预控对策系统的功能是事先准备好在各种风险条件下的应急对策或对策思路，一旦发出风险预报，则根据预警信息类型、性质和警报的程度采取相应对策。预警对策系统中的对策大多是思路性、提示性的，目的是警报发出时，指导企业按照预控对策系统的提示去寻求更具体的实施方案。管理预警的最大对象是企业家的腐败，企业家的腐败包括人的思想陈腐，行为堕落，制度、组织、机构、措施等混乱，企业政治黑暗。其中企业家的懒惰是最大的腐败，而且是一种不易觉察的危害深远的腐败。懒惰是一种心理上的厌倦情绪，它的表现形式多种多样，包括极端的懒散状态和轻微的犹豫不决，生气、羞怯、嫉妒、嫌恶等都会引起懒惰，使人无法按照自己的愿望进行活动。面对惰性行为，有的人混混噩噩，意识不到这是懒惰；有的人寄希望于明日，总是幻想美好的未来；而更多的人虽极想克服这种行为，但往往不知道如何下手，因而得过且过，日复一日。具体应该怎样同懒惰性做斗争呢？要学会微笑，不要只看结果，更重要的是自己是否充实和愉快，保持乐观的情绪，不要轻易生气，保持冷静和克制，学会肯定自己，勇敢地把不足变为勤奋的动力。对于企业家来说拖延最具破坏性，也是最危险的恶习，它使人丧失进取心，一旦开始遇事推拖，就很容易再次拖延，直到变成一种根深蒂固的习惯。

◇ 案例1. 冯国经的全球供应链

冯国经现任香港利丰集团主席，利丰是以香港为基地的跨国集团，旗下业务包括贸易、经销和零售。其中利丰有限公司、利和经销集团有限公司在香港联交所主板上市，而利丰有限公司为恒生指数及摩根史丹利香港指数成份股，利亚零售有限公司在香港联交所创业板上市。利丰集团是一家全球最大采购公司，负责大量消费物品供应链管理。美国财经杂志《福布斯》公布了2010年香港富豪榜，排名第9位和第10位分别是身家30亿美元的冯国纶和身家29亿美元的冯国经，首次打入十大排名的利丰冯氏兄弟是靠拓展全球采购业务而进入富豪榜，有别于靠地产及内地投资而增加家财的大部分富豪。冯国经2011年以43亿美元列福布斯全球富豪榜第247位。

冯国经是香港工业家冯汉柱的长子，祖父冯柏燎于1906年在广州与友人李道明合办利丰公司，当时由冯氏占51%股份，李氏占49%，经营进出口贸易。1906年中国局势日益紧张，冯氏派其三子冯汉柱到香港设立分公司。到抗日战争时期，广州的公司关闭了，冯柏燎亦在此期间去世。第二次世界大战后，利丰公司总部从广州迁至香港，而李道明亦将全部股权售予冯家了。冯汉柱一直在香港主理利丰公司，他有两个儿子，长子冯国经，次子冯国纶。冯国经1962年毕业于英皇佐治五世中学，后赴美留学，1966年获麻省理工学院电机工程硕士学位，1970年获哈佛大学商业经济博士学位。冯国经和弟弟冯国纶一起努力拼搏20多年，利丰打下了全球供应链整合的坚实基础。在接下来的15年期间35次并购，全球供应链终于达到极致。如今的利丰没有工厂，没有生产工人，它是一个广博的网络，遍及40多个国家，有1万多家工厂为其服务，200多万名员工为其工作。在供应链的运作过程中，利丰贸易需要保证不同国家的原材料能顺利运到装配制造的地方，令所有工厂的制成品和质量有如出自同一个工厂，因为在一般情况下一个工厂是没有足够的生产能力去完成整个订单的，通常需要三家以上工厂同时进行生产。现代全球性生产既符合经济效益，又对消费者带来不少好处，这全赖现代全球供应链系统，消费者可得到更加优质、更多元化和更廉价的商品，这就是自由贸易，亦即多边贸易制度所带来的好处。

利丰的供应链模式有几个要点：①供应链管理的过程。以美国一家商店说要1万件衬衣为例说明，利丰不会直接去找某家厂商说做1万件衬衣，而是从头进行逐个环节的分析：哪里的纱线最好，哪里的纺织最好，哪里染色最好，哪里缝制，哪里钉扣子等。这可能是不同的厂子，位于不同的地区，甚至不同国家。最后这一万件衬衣有可能是买的韩国的料子，在台湾染色纺织，再考虑到现在的贸易配额和生产状况，衬衣最终的缝制工作定在了泰国，而扣子从中国进。另外有一个关键，拿出这一万件衬衣来要尽快，速度快了你就不必提前很长一段时间购买东西，你的库存量不会太大，流动资金不会太受限制，货物运输费用也会下降。但更重要的一个原因是，如果你从事的行业对时间很敏感，如女士的服装一旦设计样式过时了，零售价格就会大大下跌。除了对订货的快速反应之外，还需要注意的一点是将你的每个订单的业务量控制到最小，这是另外一个主要发展方向。你不可能满足所有的人，只能想办法满足某一个小市场上的消费者。②从终端到终端。什么叫"从终端到终端"？以服装业为例，就是从纱线直接到消费者，而非从成衣到消费者；如果是一瓶洗发水，那就是从洗发水里的活性成分到消费者。如果芝加哥有人跟利丰订购洗发水，利丰就先弄清楚那里的洗发水都卖什么价，然后选择各种活性成分迅速生产，把成品一直送到芝加哥的消费者手中，这中间就是"从终端到终端"的供应链管理。③信息整合价值。比如整个生产过程涉及十个厂商，如果客户不知道这十个厂商，利丰会告诉他。利丰告诉他，他自己完全也可以找这十家厂商做，可是他不行。我们所做的是组织厂商合作生产，这才是价值的关键。你们要做的主要不是信息交流，是必须与你们的客户进行深入的亲密的接触，帮他们做出计划，组织各厂家的合作，保证整条供应链的透明度，利用因特网与客户建立亲密的关系。④“准制造商”的定位。利丰与制造商的差别在于通过不同的渠道达到相同的目的，利丰通过组织货源，他们通过制造。利丰的优势在于拥有近6000家工厂提供材料，又在世界范围内有300多家客户。利丰做几乎所有的工作，包括进原料、计划、生产、订货等，利丰管自己叫“准制造商”。但利丰尽量不直接管辖蓝领工人，那是非常专业的一个领域，由利丰的合作者们去完成，因此利丰的优势在于非常灵活。

现在利丰全球供应链面临几个非常根本性的变化，首先，非常重要的就是在东方购买在西方卖的想法一定要改变。跨国企业将会在中国及发展中国家进行更多的投资。他们目前的想法不仅仅是进行低成本的生产运到西方去，同时有更多的跨国企业关注生产产品提供给中国及发展中国家本土市场，将是有双向的流动。其次，全球的供应链现在由于高效供应链这块已经非常精简了，没有足够的灵活性应对外来冲击，整个体系并不是稳健的体系，外来的任何振荡都可能给外来的供应链带来动乱。另外一点，就是全球开始意识到了气侯变化及可持续发展的各个方面，就是怎么样能够有收入更加公平的分配，怎么样有更加平衡的增长，现在我们全球进入了一个拐点。供应链重组将把制造工作均匀地分配到世界各地。供应链已遭遇拐点，成本不再是首要因素，速度和较短的供货周期已上升为主要因素。

冯国经说供应链能够决定贸易的流向及投资的流向，因为贸易和投资两者是相辅相成的，投资决定了就业的流向和流量。因此供应链对就业产生非常大的影响。不幸的是过去五年到十年里边，多边贸易体系已经削弱，主要是由于有很多双边贸易的机制，包括自由贸易区，以及区域之间贸易的协定。做自由贸易没有问题，但是有太多的自由贸易区的话，双边也会削弱多边贸易体系的作用。双边协议带来非常麻烦的后果：A国与B国签署了一个双边协议，这个双边协议允许由A国生产的货品免税出口到B国，但所有原材料必须要在A国采购才符合出口B国的免税优惠。假若B国非常严格地执行原产地的规则，而A国的货品在生产过程中部分采用了邻近一些国家较优质的原材料或零部件，或在B国以外地区进行更有效率的生产，便可能得不到B国的免税。现实中这些原产地交涉的个案，正不断在进行双边贸易的国家之间发生。再用我们刚才的成衣订单为例，在双边协议中我们只可在指定的国家中挑选供应商，而不能在全球的供应商网络中物色最好的，因此一切供应链上的成员都可能是次选的。双边协议对全球生产设置了障碍，在全球性生产系统中制造了摩擦，减少了灵活性，提高了价格，并且妨碍了企业接纳新的国家加入采购网络。

冯国经认为，为了让现代全球经营策略派上用场，使未来的世界贸易能反映经济实况，多边贸易是唯一适合的贸易框架。对发达国家而言全球性生产促进知识型经济的发展，外包制造业可使它们集中于设计、推广品牌、了解消费者的需要和专注于知识密集的活动。发展中国家比以往更能进入全球性生产的供应链，因为全球性生产系统是在最适当的地点中安置每一项活动。由于全球性生产每一段生产的程序分得越来越细，这等于将大饼切成很多份，让不同的国家、地区和人民分享，这样世界贸易变得更民主化，小国家、小公司都可以参与，只要有能力执行供应链其中的一两道工序，便可加入国际贸易，并对就业和经济发展有明显的意义。这个情况在互联网普及后更为明显。一些落后地区的小企业，只要拥有熟练的生产技能或独到的产品，便可以通过低成本的互联网将产品推向国际市场。只要贸易开放，再配合先进的网络平台，落后地区或中小型企业也可在全球一体化中较公平地竞争。

◇ 案例 2. 世界第一 CEO 杰克·韦尔奇

1935 年 11 月 19 日杰克·韦尔奇出生在美国马萨诸塞州一个普通的家庭，杰克是家里惟一的孩子，身材矮小，还带点口吃，为此小时候很自卑。略带口吃的毛病并没有阻碍杰克的发展，实际上在后来注意到这个弱点的人大都对杰克很敬佩，因为他竟能克服这个障碍在商界出类拔萃。1960 年他在伊利诺伊大学获得了化工博士学位，随后进入通用电气公司。他的第一项任务是找到一个制造 PPO（一种用于化工的新材料）的示范场地，然后把工厂建立起来。杰克完成了任务，得到了很高的年度评语，但是让他失望的是通用电气公司只按照标准给他加了 1000 美元，因为无论表现得好与坏，每个人都获得了同样的加薪。在这一刻杰克感到这个公司的官僚主义是如此严重，体制是如此僵化，和他以前想象的完全不同，于是他准备辞职。当时作为部门负责人的鲁本·古托夫听到这个消息非常震惊，他决心不惜一切代价留住这位与众不同的年轻人，古托夫展开 4 个小时的说服攻势，他保证使韦尔奇不受官僚作风的纠缠，并将利用大公司的资源为韦尔奇创立一个小公司的工作环境，古托夫说："相信我，只要我在公司一天，你就能利用大公司最好的部分进行工作，最差的一部分将离你远远的。"第二天韦尔奇终于做出了肯定的答复。古托夫为韦尔奇创造了这种环境，韦尔奇又为更多的人创造了这种环境。在之后的几十年中，韦尔奇使大公司的实力和小公司的灵活性相结合的能力得到了验证。

1965年通用电气公司根据杰克的建议决定投资1000万美元，建立一座诺瑞尔加工厂，但是“诺瑞尔”的市场如何，谁都无法预料。于是在没人出头的情况下，杰克毛遂自荐，成为这个厂的负责人。杰克非常清楚这将是一场艰苦的战斗，但他对诺瑞尔充满了自信，当时所有的家用器具都是用金属制造的，用塑料代替金属能使产品变得既廉价又轻便，这将产生一次革命。为了保险起见，杰克推销的第一站就是通用的内部产业，但他们都对这个大胆的提法将信将疑，于是杰克在他的工厂里用诺瑞尔制造出了电动罐头起子，他把起子向人们展示，让人们相信塑料的用途远比人们想象的要多。他别出心裁，用一则巧妙的广告来推销产品：一对野牛冲进了一家瓷器用品店，结果店里其他的东西都摔得粉身碎骨，只有塑料制品完好无损。这个广告获得了空前的成功，聚碳酸胺脂的使用终于引发了制造业的材料革命，美国消费者对这种比金属和玻璃优点更多的材料十分青睐，它成了世界上最为重要的塑料。1968年因为推销诺瑞尔的成功，杰克成为聚碳酸胺脂和诺瑞尔两种塑料制品部门的领导人，成为通用电气公司最年轻的一位总经理。

1981年4月杰克成为通用电气公司历史上最年轻的董事长和首席执行官，那年他45岁，而这家已经有117年历史的公司机构臃肿，等级森严，对市场反应迟钝，在全球竞争中正走下坡路。韦尔奇在公司内部推行“六西格玛”质量标准、全球化和电子商务，实行了“无边界”管理模式，建立起综合的用人机制。最重要的是韦尔奇认为在全球竞争激烈的市场中，只有在市场上领先对手的企业，才能立于不败之地。韦尔奇的衡量标准是这个企业能否跻身于同行业的前两名，即任何事业部门存在的条件是在市场上“数一数二”，否则就要被整顿、关闭或出售。此后的几年间砍掉了25%的企业，削减了10多万份工作，将350个经营单位裁减合并成13个主要的业务部门，卖掉了价值近100亿美元的资产，并新添置了180亿美元的资产。在任通用电气（GE）CEO期间，杰克·韦尔奇策划了933次并购，出售了408项业务，他执著地改进效率，削减成本，提高企业绩效。韦尔奇初掌通用时，通用电气的销售额为250亿美元，盈利15亿美元，市场价值在全美上市公司中仅排名第十位。到1999年通用电气实现了1110亿美元的销售收入，世界第五位，107亿美元的盈利，全球第一，市值位居世界第二。韦尔奇初掌通用时通用旗下仅有照明、发动机和电力3个事业部在市场上保持领先地位，而如今已有12个事业部在其各自的市场上数一数二，如果单独排名，通用电气有9个事业部能入选《财富》500强。在韦尔奇执掌通用电气的19年中公司一路迅跑，并因此连续3年在美国《财富》杂志“全美最受推崇公司”

评选中名列榜首。

当然，执掌通用电气取得巨大成功的杰克·韦尔奇，也出现过重大失败。1986年4月韦尔奇在董事会上据理力争，最后博得大家一致同意收购华尔街最老的投资金融公司之一的基德公司。但基德公司先是陷入非法获取情报用于交易的丑闻，后又陷于负责政府债券业务的交易员由于虚报业务量以提高自己的奖金收入而导致3.5亿美元的窟窿，很快因之而失去明星公司头衔造成士气低落。进而发现公司员工在没有完成业绩承诺时视高额奖金为理所当然，更可怕的是在拿到奖金支票的当天一小时内就“人去楼空”了，就像朋友告诫韦尔奇的那样，“买下的不过是一堆家具”。韦尔奇只有忍受，他承认自己当时已经目中无人。虽然从内心深处来讲，他还在摸索对通用电气的一种正确的“感觉”，而由于身处公司收购的前线，他已经认为没有自己办不好的事情了。与记载辉煌战绩一样，韦尔奇也没有避讳他曾在并购战中遭遇过的“滑铁卢”，在自传中韦尔奇用唯我独尊进行了深刻的自我反省。

第十章　创新九重门

一、认识创新

企业家的核心是创新。创新是以新思维、新发明和新描述为特征的一种概念化过程。创新是人类特有的认识能力和实践能力，是人类主观能动性的高级表现形式。彼得·德鲁克被誉为“现代管理学之父”，他关于创新有一些经典论述。创新是一种赋予资源新能力的活动，并使资源创造出财富，事实上创新本身创造了资源。应该把创新精神放入管理了，现在管理者需要努力做好创业家应该做的事。创新是创业家的独特工具，创业家借助创新，把改变视为一个开创不同的事业的机会。创新可以视为一种学科，可以被学习，并且能被实际地运用。创新是一张可以让生意人承担新风险的保单。企业的创新必须永远以市场为焦点，如果只是把焦点放在产品上，虽然能创造出“技术的奇迹”，但只会得到一个令人失望的报酬。创新并非都是从无到有，创新的机会之一是发掘那些已经发生，但尚未造成经济冲击的事件，并且善用这些事件所产生的后续影响。所有创新机会的来源，包括意料之外的事、不一致的状况、工作流程所需、产业结构的改变、人口的变动、认知的改变及新知识等。只是对这些创新机会的来源提高警觉是不够的，而应该对这些来源做有系统地分析及研究，有组织地搜寻，并且要在一个规律并且系统的基础下进行。当前企业都会假设，现有的生产线、服务、销路、技术及制程都会历久不衰，但创新策略的主要假设则是现有的任何事物都正在老化。当前企业的策略主轴可能是“更好、更多”，而创新策略的核心应该是“新颖且独特”。熊彼特在《经济发展概论》中提出，创新是指把一种新的生产要素和生产条件的“新结合”引入生产体系，它包括五种情况：引入一种新产品，引入一种新的生产方法，开辟一个新的市场，获得原材料或半成品的一种新的供应来源，实现一种新的企业组织形式。

企业家需要清除创新的障碍：①合理解决优柔寡断。意识到这种忧虑的现实，准确分析实际情况，原来没有成功是哪个地方出错了，如何改进自己的工作，克服这种忧虑，必须强硬和坚定，因为忧虑阻止很多人去充分发挥自身的潜力。②创造积极的声音和形象。要积极地鼓励自己，相信自己是一个明智的有价值的人，能够成功的人，时间长了这些积极因素自然就是你思考的组成部分。③建立创新环境。要发现和创造有利于创新的自然环境和社会环境，与他人一起工作，有时会激发你的创新能量，有时一个工作不被打扰的私人空间也会促进你创新的灵感。不同环境适合不同的人或不同的时候，你必须找到最适合自己的，然后尽一切努力把工作干得完美。④想象与突破。大胆设想，大胆理解，有时有些会不切实际，但总会有创造性观点，或许有惊人发现。同时想象力会使你充满活力。

企业家需要有批判性思维。企业家应努力学会成为一个成熟的批判性的思考者，这是我们了解世界的必由之路，通过提问、探究和分析，对自己和他人的思想进行审视，以得出最满意的结论和决定。企业家要认识到批判也是一种建设的力量，可以帮助我们对飞速发展的世界有更清醒的理解和认识。进行批判性思考需要做好：①分析和评价你的信念，树立最正确的最适合你的；②从不同角度，深入分析问题；③用理由和论据支持你的看法和想法，结论有理、有据、有见识；④了解并克服自己看待世界的方式的局限性，进行批判和建设的思考；⑤结合各种信息，特别是最新的信息，做出最优的结论。

创造力是创新的根本。企业家创造力开发的方法有。①提升创造性解决问题的自我辅助技术：进行创造力练习；保持对机遇的敏感；使用多重感觉，如直觉、第六感觉等；保持热情；与领先者交流；随时记录自己的想法；进行多角色演绎。②建立一种引导创造性解决问题的氛围，确立一种包含创新的愿景和使命。这样企业家要做到：提供智力挑战；允许选择方法的自由；提供合适充足的资源；有效设计工作团队；对有创造力的下属进行鼓励；为创新提供组织支持。

企业家创新的关键点。①创新理想。创新理想的形成是动机、目的、需求的有机结合，动机反映在指向目的满足需求的过程中，需求和动机紧密地联系在一起，激起和维持人们的活动。然而并不是所有的需求都能产生动力，只有当明确地意识到并且努力实现这种需求时，需求才能成为人们活动的动力，这种由于人们为实现创新的需求达到创新的目的而产生的动机，便形成了创新理想。②创新情感。人的各种活动都必须具有积极性，而活动积极性的产生是以对活动的喜欢热爱和对活动结果的向往追求为前提的。特别是创造性的活动，没有强烈热爱该项事业的情感的支持是不可能成功的。有了这种情感就会对事业产生一种巨大的热情，它可以调动人的全部身心，使人精神振奋，精力旺盛，打破常规，冲破障碍，热情越高，力量越大，越是艰巨的工作，越需要高度的热情，从而促进创新的成功。③创新兴趣。一个人对于自己所从事的工作有兴趣，就会使自己的感知觉活跃起来。于是感知清晰，观察准确，思维敏捷，想象丰富，记忆力牢固，注意力集中而持久，因而有助于把自己的智慧和能力充分发挥出来。创新兴趣不仅是好奇心、求知欲的驱使，而且也是对创新乐趣的追求。④创新意志。在创新目的确定之后重要的是持久精神，坚定不移、坚持不懈、百折不回、不达到目的誓不罢休地去实现它。对于困难，既要看到它是一种消极因素——一种阻力，又要看到它是一种积极因素——一种动力。由于加倍努力地去克服困难，同时也就会获得成功，达到预想的目的。

企业家的创新能力：①创造性的认识能力。创造性的认识能力是指认识过程中产生的灵感。灵感的形成虽然在一刹那之间，但它与一个人的知识、经验及分析、综合、判断能力等有直接的关系。要从事实出发，从需要出发，去思考问题，去探索问题，去寻找新的方法、新的答案、新的结论。②创造性的实践能力。创造性的实践能力主要指创造过程中的设计能力、实验能力、应用知识解决实际问题的能力以及创造技能技法等，这里只谈应用知识解决实际问题的能力，即对事物能迅速、灵活、正确地理解和解决的能力。这种能力的发挥，最重要的在于对知识的熟练掌握，只有把知识学深学透，学到融会贯通运用自如的程度，才能够正确地应用它去分析实践中出现的问题，才能够洞察深邃，找出产生问题的症结所在，才能够切实地解决出现的问题。

二、欢迎变革管理

变革管理是当企业成长迟缓，内部不良问题产生，无法适应经营环境的变化时，企业必须做出组织变革，将内部层级、工作流程、企业文化等进行必要的调整与改善，以达到企业顺利转型。企业变革的核心是管理变革，而管理变革的成功来自于变革管理。变革管理的三项基本方法：①解冻。承认现况不好，释放原先被掩盖的组织不利讯息。②改变。利用沟通与引进学习型组织，使组织成员逐渐接受改变是正向价值的观念。③谋定而后动。先确定变革策略，拟定明确的目标，进行环境评估，确定行动方案与各种配套措施。变革管理的四大工具：①公司教育培训机构；②公司舆论宣传系统；③公司权力机构；④负责的顾问组织。变革管理的八个步骤：①制造紧迫感。认真考察市场和竞争现实，明确并讨论危机，包括潜在危机或主要危机。②组织一个强有力的领导联盟，鼓励这支队伍协同作战。③制订远景规划。建立远景规划以指导改革措施，形成策略以实现远景规划的目标。④传达远景规划。用所有可能的媒介手段把新的远景规划策略传达下去，用领导联盟的亲身实例教育人们养成新的行为习惯，授权他人按远景规划行事。⑤消除改革的障碍，改革严重损害远景规划的机制和结构，鼓励承担风险和非传统的观念、活动和行为。计划实现近期的成功，计划看得见的业绩改进。⑥实现那些改进，肯定并奖励参与改进的雇员，巩固改进成果并进行更多的改革。⑦聘用、提升和培养能够完成远景规划的雇员，用新的工程、主题方向和改革者来重新激励改革进程。⑧把新的方法制度化，明确新的行为方式和企业成功之间的关系，建立能够确保领导的顺利发展和交替的方法和制度。

变革管理的内容：①战略变革。转变企业生产经营和长期发展的战略和目标，这是企业变革管理的中心。在这种战略变革的前提下，企业长期发展的目标也随之转变，而且导致企业的组织、产品、服务、流程、市场发生根本性变革。企业的战略变革往往具有创新性的和革命性。②结构变革。企业组织结构的变革大多由于内部和外部环境因素引发的。外部因素如市场竞争环境愈加激烈、企业购并重组、客户需要；内部因素如新产品的生产和营销、技术变革、人的变革。原有的金字塔型组织结构将转变成扁平化结构，企业可以通过改变组织内部结构，改变组织效率低下、人浮于事、沟通困难的状况，从工作的分工、授权、管理层次，以及沟通效率方面进行调整和设计。③技术变革。技术变革包括生产技术和管理技术的变革。企业为了取得竞争优势，必须不断研发新的技术和产品，淘汰过时的技术、产品和生产线，这种变革包括产品、技术、品牌、质量的创新。这些将带来产品的更新换代，甚至企业的转型。从采购、生产、营销到服务的管理内容发生了变化，管理技术必须在组织结构、人员配置、分工授权、沟通的方式、绩效评估、目标定位方面进行变革。④流程变革。传统的管理流程是自上而下的，而在变革管理过程中，由于组织结构和技术的变革，流程必然发生变革。由于市场竞争的加剧，流程再造要求组织具有灵活性和适应性，这样工作方式和流程的变革是连续的，而且长期处于循环改进的状态。只有交互式多渠道的流程才能应对变革。⑤文化变革。战略变革、结构变革、技术变革、流程变革势必带来企业文化的变革，企业文化变革的核心是价值观的变革。在企业变革过程中，由于权力差距缩小，以及不确定性的增加，企业文化在文化的维度上发生改变，企业的管理者必须引导全体成员建立新的价值观。落后的企业价值观往往以自我为中心，管理层次繁琐复杂，办事效率低，相互排挤和缺乏信任，个人利益高于一切，在这种背景下企业无法进行有效的变革。管理者必须为企业建立新的价值观，以团队精神为核心，建立以团队导向、成果导向、相互信任、分工明确、企业利益高于一切的企业文化，这是企业成功变革的重要保证。

变革的基本流程：

（1）确定变革目标。变革目标主要分为：①改变企业成员的态度和价值。

这种目标假定新的态度和技能会导致员工行为向好的方面改变，为此采取的主要方法有劝导、呼吁、培训、团队建设或文化变革，同时辅之技术和人际关系技巧的培训。②改变工作的角色、互动的类型、绩效的标准和奖励的条件。改变工作角色的假设是当角色要求人们以不同的方式行动时，人们会改变自己的态度以便适应新的行为，新的角色要求会导致有效的行为，而评价和奖励体制会强化这种有效行为。主要方法有：重新设计工作岗位，使之包括不同的行为和职责；重新组织工作流程，调整权力关系；改变评价工作的标准和程序；改变奖励体制。③改变过去用于工作或支持关键工作行为的技术。为此采用新的工作设备，重新安排各种设施，采用新的信息和决策支持系统。当然新的技术不会自动被接受并有效使用，除非在工作角色、态度和技能出现相应的转变。④改变竞争策略。为此采取的措施包括引入新的产品或服务、进入新的市场、采用新的销售形式、在直接销售的同时启用网上销售、与其他组织结成联盟或合资公司及调整与供应商的关系等。策略的改变经常需要与人员、工作角色和技术的变革保持一致，否则策略变革就会失败。

（2）消除变革阻力。①帮助人们超越自我利益的眼界。企业家要会帮助团队成员从团队和组织发展的大局出发去考虑问题。如为了不增加更多人员，企业家一方面要对员工繁重的工作表示体谅；另一方面会向员工解释如果增加更多员工，成本就会增加，企业就会亏损。②让员工寻求自我实现。企业家要帮助人们超越对较小满足的关注，而去寻求自我实现。如要加班完成一项重要工作，会让员工牺牲休息时间，企业家一方面表示理解；另一方面说明完成这一工作就会使组织获得鲜明的收获，让员工拥有自我满足感。③让人理解变革的需要。企业家要会帮助员工从情感和理智两个方面理解变革的需要，使员工摆脱对过去的留恋，超越过去，开拓新的未来。④宣传变革的重大意义。变革的意义不仅带来利润，同时企业家向员工灌输了为客户服务和保证质量的愿望，让员工参与一些问题的决策，增加了他们的归属感和团队意识，还能提高员工的精神境界，增强他们和社会的沟通。

（3）设计变革步骤。①勒温（K. Lewin）模式。勒温认为成功的变革应遵循三个步骤：解冻现状——移动到新状态——重新冻结新变革使之持久。该模式主要是针对员工的心理态度和行为的。②卡斯特（Fremont E · Kast）模式。卡斯特将组织变革步骤分为六项：第一，对组织的反省和批评：对组织内外部条件环境进行深入分析。第二，觉察问题：认识到组织变革的必要性。第三，辨明问题：找出现存状态与所希望状态之间的差距。第四，探寻解决问题的方法：提出可供选择的多种方法，对它们进行评定，并研究如何实施及成果的测定方式，最后做出选择。第五，实施变革：根据所选择的方法及行动方案，实施变革。第六，根据组织变革的效果，实行反馈，评定变革效果与计划有无差异，如有反复循环加以修正。③吉普森（J. L Gibsun）模式。吉普森提出的计划性模式的步骤：第一，要求变革的压力来自组织内部和外部两个方面。第二，对问题的察觉与识别关键在于掌握组织内部的多种信息。第三，对问题的分析：包括需要纠正的问题、问题的根源、需要哪些变革、何时变革、变革的目标与衡量方法。第四，识别限制条件：即分析变革中的限制因素，包括领导作风、组织结构和成员特点等。第五，贯穿方案：通常考虑三个方面的问题：实施的时机、发动的地点、变革的深度。第六，评价变革的效果。第七，反馈：即反馈评价结果，使管理人员了解是否达到预期的目标。

（4）安排组织措施。企业的变革措施可以有许多不同的分类方法，按组织变革措施的作用对象来划分，可将组织变革措施分为以人为中心的变革措施，以任务和技术为中心的变革措施，以及以组织结构为中心的变革措施。变革组织措施主要有：确定反对者和支持者；组织广泛的同盟来支持变革；将有能力的变革实施者安排到关键岗位；采取特别工作组指导变革的实施；以引人注目、具有象征意义的改变来影响人们的工作，要突出企业家对新的愿景的承诺；在必要时以小规模的变革开始；改变组织结构；监控变革的进程。

（5）变革内容制度化。这项工作是最重要的，是巩固变革的成果，如果这个环节的工作没有做，一切改革的工作都将付之东流，甚至带来严重的反对者的反扑，带来更大的组织动荡和损伤。变革内容制度化工作有重要内容制度化、次要内容形成管理办法、再次内容融入平常的工作行为规范。

变革管理的原则：

（1）变革管理人性化。任何重大的变革都会产生人的问题，新的管理者被提升，工作内容随之变化，需要学习提高新的技巧和能力，而员工们态度暧昧，甚至可能会有抵触情绪。这时高级管理者的首要任务是建立一个领导团队，继而安插核心的职能人员和管理者。这种惯例的变革处理方式应在初期就尽早地发展完善，然后随变革在企业内部的深入，不断地进行调整。这样的方式就好像战略、系统或流程重组一样，需要大量的数据搜集分析、预先计划和不折不扣的实施准则。变革期间的管理方式，应该被完全地整合到项目设计和决策制度中，因为这两项内容体现并决定了企业战略的方向。

（2）从最高领导者开始。当变革即将到来时所有人的目光都会投向企业家，寻求来自领导层的力量、支持和指引，企业家要身体力行，积极采纳新的方式，给下属们以挑战和激励，他们必须统一号令，并以身作则。一般紧密协同工作的管理层团队，最容易获得成功，他们的团结形成了一股向心力，引领变革的方向，理解变革将带来的企业文化和员工行为的转变，并在这些变革的领域内身先士卒。只有当领导层团结起来，致力于推进变革的流程，表现出必达目标的决心，变革引起的下游效应，才能在员工中间广泛体现出来。

（3）将各个层面的员工都带动起来。变革将影响到整个公司的不同层面，在变革的措施中需要在内部明确指定各级层次的领导者，然后将设计和实施执行的责任层层下放，这样变革才能自上而下地顺利展开。在公司内部的每一个层面上，经过培训的被指定领导者，必须从公司愿景出发，严格执行自己的使命，让变革落到实处。

（4）将企业变革正规化。企业家需要将企业变革描述成一种正式的正规的重大事件，并将公司的愿景以书面形式公布出来，对于统一领导层与下属团队的思路，促进整体团队协作，都是非常好的机会。这个过程有三个步骤：首先，正视现实，着重强调变革的重要性；其次，对公司持续发展的未来和达成目标表现出坚定的信念；最后，为指导变革实施的行动和决策提供一张路线图。企业家需要针对公司内部的不同受众，用不同的方式传达变革的信息，使得即将到来的变革与企业中的每个人切身相关。

（5）培养主人翁意识。主持企业变革项目的领导者，需要在变革期间有超水平的发挥，一个企业变革倡导者甚至是狂热分子的形象，让大多数员工树立对变革的认同感，而非简单应允，甚至被动地接受。主持企业变革，需要高层管理者们拥有主人翁意识，在自己的影响力范围内承担起责任，这就要求他们引导员工发现问题并提出解决方案，同时附以刺激性的激励和回报。激励的形式既可以是物质的，也可以是精神上的。

（6）及时有效地沟通信息。变革的企业家都容易犯一个错误，他们认为公司里的其他人员也同他们一样，深刻地理解了变革的必要性，看清了变革的方向，然而事实并非如此。在最佳的变革方案中必定包含了经常及时地对核心问题进行重申和阐述，沟通需要自下而上顺畅地进行，在适当的时候向员工们传达适当的信息，同时征求意见和反馈。这可能需要通过多种渠道，进行大量甚至是重复性的沟通工作来完成。

（7）对公司文化进行评估。成功的企业变革计划在自上而下地开展时，会逐渐提升实施速度和强度，因而领导者在每一个层次上对企业文化的理解和主导变得十分重要。企业在变革期间常犯的错误是太晚或是从不进行企业文化的评估。彻底地评估企业文化，有助于评价是否为即将到来的变革做好了充分准备，找出主要问题，明确内部冲突。对企业文化的“诊断”能够确立核心价值、信念、行为和感知，这些都是实施成功的变革所必须考虑的因素。

(8) 明确地阐述企业文化。一旦企业文化为员工们所理解，就要像其他信息一样，在变革过程中不断地重申。企业的领导者们应当对自己的文化及其所代表的行为方式心中有数，并找寻机会树立激励那些体现企业文化的行为。这需要确立一个底线，明确变革所需要的状态和文化，并详尽规划，推动文化变革。

(9) 做好准备迎接突发状况。对于推进变革的高层来说，外部环境瞬息万变，员工们也可能会有始料未及的反应，原先预料会有抵制的地方可能风平浪静，原先以为顺利推进的部分可能会遇到意想不到的阻力。因此管理者需要对变革的后果、企业的态度和适应力不断地重新评估。他们可依赖实时收集的一手数据信息和坚实可靠的决策流程，随时对实施进行调整，保证变革的动力和效果。

(10) 看重与个人的交流。员工们每周投入数十个小时工作，许多人将同事看做第二个家庭中的一分子。个人或是由个人组成的集体，有理由知道他们的工作将如何变革，在变革的过程中和变革结束后公司期望他们做哪些工作，如何评价衡量他们的表现，变革的成功或失败对他们及周围意味着什么，团队领导人在这些方面应该尽可能地坦诚直率，提供诸如升职、赏识、奖金这类明晰可见的回报，这将在推广变革中起到奇效，而革除顽固阻碍者可以表明组织对于变革的决心。

三、强化科技创新

科技创新是原创性科学研究和技术创新的总称，是指创造和应用新知识和新技术、新工艺，采用新的生产方式和经营管理模式，开发新产品，提高产品质量，提供新服务的过程。科技创新可以被分成三种类型：知识创新、技术创新和现代科技引领的管理创新。原创性的科学研究或知识创新是提出新观点（包括新概念、新思想、新理论、新方法、新发现和新假设）的科学研究活动，并涵盖开辟新的研究领域、以新的视角来重新认识已知事物等。原创性的知识创新与技术创新结合在一起，使人类知识系统不断丰富和完善，认识能力不断提高，产品不断更新。过去的几百年可以说是蒸汽机与电改变了世界，没有蒸汽机就不可能造就资本主义，没有电就不会有发达的工业社会，然而这一切早已成为昨日黄花。21 世纪高科技是克敌制胜的法宝，它将成为经济增长新的“原动力”。中国经济要持续快速发展，就必须赶乘科技创新这趟快车。

企业科技创新活动要坚持以市场为导向，发挥市场在资源配置中的基础性作用。企业家要根据国民经济发展规划和产业政策，将国家发展与企业发展紧密结合统筹创新布局，要力争在涉及国民经济命脉的重要行业和关键领域、战略性新兴产业发挥作用。企业家要把握企业科技创新的内在规律，加强科技规划导向，确保组织机构落实、科技投入增长和重要研发平台建设，要努力激发科技创新体系中各要素的创新活力，增强企业创新的内生动力。企业家应该坚持立足当前和谋划长远相结合，要围绕主导产业，针对制约企业发展的技术"瓶颈"，确定科技创新方向，突破关键核心技术，满足企业当前发展需要，着眼提升长远竞争力，促进企业可持续发展。企业家要坚持掌握核心技术与提高系统集成能力相结合，坚持有所为有所不为，选择具有良好发展基础的重点领域，集中优势资源实现重点突破，掌握一批具有自主知识产权的核心技术。同时要注重系统集成能力的提升，完善企业功能和业务链，推动商业模式创新，增强工程化能力，实现从单项技术创新向系统化、集成化创新的转变。

企业家需要加强科技战略规划管理，坚持突出主业的方针，确立企业科技创新的发展路线，制订科技发展规划，依据企业不同的发展阶段，明确科技工作的目标、方向和任务，加强重点产业技术领域研究，确定重点科技专项和优先发展技术项目，切实做好科技规划的组织实施和跟踪评价，加强与国际一流企业的全面对标，制定并落实建设方案。企业家要建立适合企业发展需要的研发体系，明确在创新链条中的职责定位，形成工艺及技术开发、应用研究、基础研究相配套的梯次研发结构，加强企业内部研发机构建设和科研基础条件建设，提升试验研发手段。有条件承担国家重点研发任务的企业，要做好国家级基础和共性技术研发平台建设，有条件的企业可以组建"研究院"。企业家需要加强企业科技资源的优化配置、高效利用和开放共享，实现内外部资源有机结合。加大内部科技资源整合力度，着力解决企业科技资源分散、专业交叉重叠和技术重复开发等问题，完善创新链条，实现科技力量的有效协同。积极利用外部科技资源，通过合作研发、委托研发、并购等方式获取创新资源，积极吸收利用海外优质科技资源，探索建立海外研发机构，开展国际化研发。

科技创新必须保护创新的成果，放眼看世界当前发达国家在保护知识产权上可谓煞费苦心。在美国政府已把保护知识产权列入其全球贸易政策，并予以优先考虑，声称此举是为了确保美国在市场和技术创新上的现有优势。欧共体、日本则把保护知识产权作为保持强大竞争力的基本方略。亚洲新兴工业国家也纷纷出台有关法律，以维护国家利益。企业家要制定实施企业知识产权战略，提升知识产权创造、应用、管理和保护能力，完善知识产权管理的运作模式和工作机制，推动专利、专有技术等知识产权的集中管理，保持专利数量快速增长，提高发明专利比重。在主导产业和关键技术领域形成一大批核心专利与自主知识产权成果，建立知识产权信息检索、侵权预警和风险防范制度，探索建立"专利池"，有条件的企业要研究专利布局策略，加强知识产权成果运用，重视知识产权转让和许可，提高知识产权成果的资本化运作水平。企业家要发挥企业具备的标准工作基础和优势，推动科技创新活动与标准工作的良性互动，支持具有创新成果的企业联合开展标准的研究与制定，促进创新成果的转化和应用推广，推动自主知识产权的技术上升为技术标准，在国家标准和行业标准制定中发挥主导作用，积极参与国际标准制定，增强国际标准话语权。

企业家应该大力实施人才强企战略，加快建设一支结构合理、素质优良、创新能力强的科技人才队伍。加强对科技人才和高技能人才的培养，通过重大科技项目实施及深化产学研合作，培养造就一批具有世界前沿水平的科技领军人才和创新团队，建立健全科技带头人和科技专家制度，逐步加大对科技人才的激励力度，对作出突出贡献的科技人才给予特殊奖励。企业家需要加强企业创新文化建设，积极开展群众性创新文化建设活动，鼓励群众性技术革新和技术发明，调动群众积极性，群策群力解决生产中的技术难题。在企业中大力弘扬敢于创新、勇于竞争、诚信合作、宽容失败的精神，着力营造尊重知识、尊重人才、尊重劳动、尊重创造的文化氛围，把鼓励创新作为企业文化建设的重要内容，发扬开拓创新精神，培养研发人员潜心研究、甘于奉献的精神，激发创新热情和活力。

四、企业流程再造

企业流程再造（Business Process Reengineering，BPR），是为了飞跃性地改善成本、质量、服务、速度等现代企业的主要运营基础，必须对工作流程进行根本性的重新思考并彻底改革。需要实施业务流程重组的因素：①认识到竞争对手将在成本、速度、灵活性、质量及服务等方面产生优势。②增加运营能力所需的战略。③重新评估战略选择的需要。进入新市场或重新定位产品与服务。④核心运营流程基于过时的商业假设或技术建立。⑤企业的战略目标似乎无法实现。⑥市场上有了新变化。BPR 流程再造的特性有：①强调顾客满意；②使用业绩改进的量度手段；③关注更大范围的根本的全面的业务流程；④强调团队合作；⑤对企业的价值观进行改造；⑥高层管理者的推动；⑦在组织中降低决策的层级。

BPR 流程再造就是重新设计和安排企业的整个生产、服务和经营过程，具体内容包括：

（1）对原有流程进行全面的功能和效率分析，发现其存在问题。一般地说原来的作业程序是与过去的市场需求、技术条件相适应的，并由一定的组织结构、作业规范作为其保证的。当市场需求、技术条件发生的变化使作业程序难以适应时，作业效率或组织结构的效能就会降低。因此必须从以下方面分析现行作业流程的问题：①功能障碍。随着技术的发展技术上具有不可分性的团队工作，个人可完成的工作额度就会发生变化，这就会使原来的作业流程或者支离破碎增加管理成本，或者核算单位太大造成权责利脱节，并会造成组织机构设计的不合理，形成企业发展的“瓶颈”。②重要性。不同的作业流程环节对企业的影响是不同的，随着市场的发展顾客对产品服务需求的变化，作业流程中的关键环节以及各环节的重要性也在变化。③可行性。根据市场技术变化的特点及企业的现实情况，分清问题的轻重缓急，找出流程再造的切入点。为了对问题的认识更具有针对性，还必须深入现场，具体观测分析现存作业流程的功能、制约因素及表现的关键问题。

（2）设计新的流程改进方案，并进行评估。为了设计更加科学合理的作业流程，必须群策群力、集思广益、鼓励创新。在设计新的流程改进方案时可以考虑：①将数项业务或工作组合，合并为一。②工作流程的各个步骤按其自然顺序进行。③给予职工参与决策的权力。④为同一种工作流程设置若干种进行方式。⑤工作应当超越组织的界限，在最适当的场所进行。⑥尽量减少检查、控制、调整等管理工作。⑦设置项目负责人。对于提出的多个流程改进方案，还要从成本、效益、技术条件和风险程度等方面进行评估，选取可行性强的方案。

（3）制定与流程改进方案相配套的组织结构、人力资源配置和业务规范等方面的改进规划，形成系统的企业再造方案。企业业务流程的实施，是以相应组织结构、人力资源配置方式、业务规范、沟通渠道甚至企业文化作为保证的，所以只有以流程改进为核心形成系统的企业再造方案，才能达到预期的目的。

（4）组织实施与持续改善。实施企业流程再造方案，必然会触及原有的利益格局，因此必须精心组织，谨慎推进，既要态度坚定克服阻力，又要积极宣传形成共识，以保证企业再造的顺利进行。企业再造方案的实施并不意味着企业再造的终结，在社会发展日益加快的时代企业总是不断面临新的挑战，这就需要对企业再造方案不断地进行改进，以适应新形势的需要。

BPR 流程再造的原则：①横向集成活动。几个活动合并成一个活动。②纵向压缩组织。决策权力下放，鼓励员工进行决策。③过程多样化。组织根据不同市场、不同输入、不同形式识别确定过程，即确定最合适的过程，然后按过程运行，使输入的处理能通过最节约的过程完成。④减少检查、校对和控制。减少多重的检查和控制，避免部门之间不必要的互相牵制及付出大量的控制人力和成本，提高员工的积极性。⑤单点接触顾客。改变传统的多点接触顾客但实际上又无人负责的局面，组织过程与顾客之间只有一个联系点，即过程负责人，有利于提高服务质量和顾客满意程度。

五、用知识管理提升创新

知识管理（Knowledge Management）是在组织中建构一个量化与质化的知识系统，让组织中的资讯与知识，透过获得、创造、分享、整合、记录、存取、更新、创新等过程，不断地回馈到知识系统内，形成永不间断的累积个人与组织的知识成为组织智慧的循环，在企业组织中成为管理与应用的智慧资本，有助于企业做出正确的决策，以适应市场的变化。知识管理为企业实现显性知识和隐性知识共享提供新的途径，知识管理是利用集体的智慧提高企业的应变能力和创新能力。知识管理包括几个方面的工作：建立知识库，促进员工的知识交流，建立尊重知识的内部环境，把知识作为资产来管理。企业的成功越来越依赖于企业所拥有的知识的质量，利用企业所拥有的知识为企业创造竞争优势和持续竞争优势。

知识管理的基础理论：

（1）知识的产生。知识的生成包括产生新的想法、发现新的商业模式、发明新的生产流程及对原有知识的重新合成，企业内部的知识产生有多种模式，如知识的获取、综合、创新等，不同方式的知识产生模式有不同的工具对其进行支持。

（2）知识的编码。知识在产生出来后只有通过共享和交流才能发挥其巨大的价值。知识编码则是通过标准的形式表现知识，使知识能够方便地被共享和交流。以下介绍的是一种以知识的内容为依据对知识进行分类的方法。①流程知识。流程知识可以简单地认为是如何将工作做好的知识。这种知识通常通过基准管理和最佳实践这两种管理活动取得，这种知识有利于企业优化流程和提高效率。②事实知识。事实知识是存在于人脑中的关于人和事的基本知识，这种知识容易被文档化，但是，如果对这类知识不进行综合，其附加值将会很低。③编目知识。拥有编目知识的人知道事物在何处，在企业中编目知识通常被分类整理成为“黄页”，专业技能目录便是这种知识的一种。但是在现代社会中企业组织的高速变化，致使更多的编目知识存在于个人的知识中，而不是“黄页”中。④文化知识。文化知识包括了一个具体的任务如何在特定的组织中完成的知识，这是企业无价的财产，虽然文化知识和编目知识是组织小型化过程中最难处理的两个方面，但是它们却特别重要。如果没有这两种编码化知识，企业必须重新学习各种无形的制度和规范，这样会使企业的效率大大降低。尽管对不同类型的知识进行发掘和利用的难度不尽相同，可以采用的方式也多种多样，但是，只要是对企业的知识进行分类或使员工深入理解组织知识的努力，都会促进企业的知识发挥更大的作用。知识编码的工具有：①知识仓库。知识仓库是一种特殊的信息库，库中元数据有相关的语境和经验参考。②知识地图。知识地图是用于帮助人们知道在哪里能够找到知识的知识管理工具，知识地图的作用在于帮助员工在短时间内找到所需的知识资源。

（3）知识的转移。知识的价值在于流动，如果不同的部门相互利用各自的经验和知识，那将会产生巨大的效益，因此知识的传播对于知识发挥能量是十分重要的。企业的知识产生流动过程是这样的：隐性/个人知识——显性/个人知识——显性/集体知识——隐性/集体知识。在知识流动的过程中存在许多障碍，使知识不能毫无阻力地任意流动，我们将这些障碍分成三类：时间差异、空间差异和社会差异。企业需要根据各种障碍的特点，设计相应的制度和工具，使企业的知识更有效地流动。因为形式最为丰富的知识存在于人脑中，最有价值的知识传送还是在人与人的交流中发生，因此解决知识传送问题的注意力应当首先集中在如何促进员工之间相互交流知识。一种称为交流团队的概念用来描述组织内部的交互网，交流团队是企业的一种非正式组织，在交流团队中团队角色是根据成员的能力或技巧决定的，而不是根据成员在正式组织层级中的地位决定的，知识的传播能够在企业交流团队中发生。企业的交流团队与其他非正式组织不完全一样，它更强调员工共享知识和经验。因为在社区内的员工有相近的知识背景和工作经验，因此他们之间能够更好地理解知识的语境，使知识的交流更容易发生。从组织的本质来看交互网比其他组织更容易激励员工在企业中共享知识。

企业实施知识管理的原因：①竞争。市场竞争越来越激烈，创新的速度加快，所以企业必须不断获得新知识，并利用知识为企业和社会创造价值。②顾客导向。企业要不断地为客户创造价值。③工作流动性。员工的流动性加快，员工倾向于提前退休，如果企业不能很好地管理其所获得的知识，企业有失去其知识基础的风险。④环境不确定性。在动态的不确定环境下技术更新速度加快，学习已成为企业得以生存的根本保证，组织成员获取知识和使用知识的能力成为组织的核心技能，知识已成为企业获取竞争优势的基础，成为企业重要的稀缺资产。⑤全球化的影响。全球化经营要求企业具有交流沟通能力，以及知识获取、知识创造与知识转换的能力。知识创造、知识获取和知识转换依赖于企业的学习能力，学习是企业加强竞争优势和核心竞争力的关键。

知识管理的步骤：①认知。认知是企业实施知识管理的第一步，主要任务是统一企业对知识管理的认知，梳理知识管理对企业管理的意义，评估企业的知识管理现状，帮助企业认识是否需要知识管理，并确定知识管理实施的正确方向。主要工作包括：全面完整的认识知识管理，对企业中高层进行知识管理认知培训，特别是让企业高层认识知识管理；利用知识管理成熟度模型等评价工具多方位评估企业知识管理现状及通过调研分析企业管理的主要问题；评估知识管理为企业带来的长期和短期的效果，从而为是否推进知识管理实践提供决策支持；制定知识管理战略和推进方向等。②规划。知识管理的推进是一套系统工程，在充分认知企业需求的基础上，详细规划也是确保知识管理实施效果的重要环节。这个环节主要是通过对知识管理现状、知识类型的详细分析，并结合业务流程等多角度，进行知识管理规划。在规划中切记知识管理只是过程，而不能为了知识管理而进行知识管理，把知识管理充分融入企业管理之中，才能充分发挥知识管理的实施效果。主要工作包括：从战略、业务流程及岗位来进行知识管理规划；企业管理现状与知识管理发展的真实性分析；制订知识管理相关战略目标和实施策略，并对流程进行合理化改造；知识管理落地的需求分析及规划；在企业全面建立知识管理的理论基础。③试点。按照规划选取适当的部门和流程，依照规划基础进行知识管理实践，并从短期效果来评估知识管理规划，同时结合试点中出现的问题进行修正。主要工作内容：根据不同业务体系的任务特性和知识应用特点，拟订最合适的成本最低的知识管理方法，这称为知识管理模式分析。另外考虑到一种业务体系下有多方面的知识，如何识别关键知识，并判断关键知识的现状，进而在 KM 模式的指导下采取有针对性的提升行为，这可以称为知识管理策略规划。所以此阶段的重点是结合企业业务模式进行知识体系梳理，并对知识梳理结果进行分析，以确定知识管理具体策略和提升行为。本阶段是知识管理从战略规划到落地实施的阶段，应该考虑引入支撑知识管理落地的知识管理 IT 系统，选择适合企业现状的 IT 落地方法，如带知识管理功能的办公协同系统、知识管理系统、知识门户落地等。本阶段在知识管理系统实施中难度最大，需要建立强有力的项目保障团队，做好业务部门、咨询公司、系统开发商等多方面协调工作。④推广和支持。在试点阶段不断修正知识管理规划的基础上，知识管理将大规模在企业推广，以全面实现其价值。推广内容：知识管理试点部门的实践，在企业中其他部门的复制；知识管理全面地融入企业业务流程和价值链；知识管理制度初步建立；知识管理系统的全面运用；实现社区、学习型组织、头脑风暴等知识管理提升计划的全面运行，并将其制度化。难点：对全面推广造成的混乱进行控制和对知识管理实施全局的把握；知识管理融入业务流程和日常工作；文化、管理、技术的协调发展；知识管理对战略目标的支持；对诸如思想观念转变等人为因素的控制及利益再分配；建立知识管理的有效激励机制和绩效体系。⑤制度化。制度化阶段既是知识管理项目实施的结束，又是企业知识管理的一个新开端，同时也是一个自我完善的过程。要完成这一阶段企业必须重新定义战略，并进行组织构架及业务流程的重组，准确评估知识管理在企业中实现的价值。

知识管理的工具：①知识学习计划工具。知识管理平台（KMPRO）设置了基于知识数据库的学习计划制定工具。个人知识学习计划是个人可以根据自己的兴趣、业务类型、需要自我充电的需求，设置自我学习课程，提升个人能力适应企业需求。企业知识学习计划是人力资源部门或上级主管部门可以根据企业业务需要、发展需要，设置单位的学习计划，通过知识管理平台进行学习型培训。知识学习计划工具，会对用户浏览学习的时长、深入程度做记录和统计，保证学习效果。②数据备份还原工具。知识管理平台创建了自动和手动备份机制，通过数据备份确保知识管理的安全，避免知识灾难。数据库备份文件名采用日期时间进行保存，还原时选择备份文件即可。③文档存储管理工具。文件管理功能是使用独有的文档元数据元素，能够记录文档分类、摘要描述、文档来源和文档定义。内建强大的文档树管理机制，清晰记录文档的使用状况。支持多种资料来源，可将不同格式的资料（HTML/Word/TXT/PDF 等）存储于同一系统中，建立一致的索引及关联。可连接分布环境下的远程知识库，使分布环境下的知识库互联。④知识版本管理工具。知识版本管理工具每次对知识的修改或更新都将作为新版本的知识进行另存，工具引入了文件组的文档组织结构，用版本升级方式标明每篇文档的编辑及修正过程，每篇知识文档的所有版本都保存于一个文件组中。企业的知识文档会在不同员工、不同时段的修改升级，产生不同的版本，版本管理工具能够确保员工获得最新版本的文件或者任一版本的源文件。⑤知识采集发布工具。知识采集发布工具是所有用户均可以通过基于 Web 界面的知识采编系统，将他们收集到的知识录入系统中。用户可以是没有任何网页知识的业务人员，只要他们有一点计算机使用基础就可以使用系统。当然如果他们使用 Office 系列，那么他们可以使用知识采编系统中的高级功能，给录入的知识插入图片、FLASH 动画、表格等元素。⑥事后回顾（After action reviews）。事后回顾是由美国陆军总结形成并率先使用的知识管理工具，目前全球许多组织正在使用这种工具，借此在一项行动或项目进行的过程中（或之后）获取经验教训并学习知识。⑦实践社区。实践社区被广泛认为是知识管理应用领域的“杀手级”工具。特定领域的人员通过实践社区联系在一起，并围绕这一领域发展和分享知识。⑧知识审计。知识审计是一种识别组织的知识需求、知识来源和知识流的系统化过程，是了解组织中知识管理价值的基础。⑨关联资源。关联资源是组织的中心信息资源，借此可以共享组织中所有正在进行的项目和流程的信息和知识。⑩离职回顾。组织使用这一工具获取和沉淀将要离职的员工的相关知识。⑪识别和分享最佳实践。使用这一工具能获取和分享在组织的某一部门形成的最佳实践。⑫知识中心。知识中心与图书馆相类似，但有更宽广的外延。它能将组织中的人员相互联系在一起，并将人员与文档及数据库中的信息联系起来。⑬知识收获。知识收获工具可以获取组织中“专家”的知识，并供组织中其他人员共享。⑭知识学习和信息管理工具包。由美国卫生部发展形成的一种工具和方法，由组织中的一个推动者帮助工作组或团队评估并提高他们的知识管理实践。⑮同事学习。同事学习由英国石油公司发展形成，组织中的员工使用此工具在一项活动或项目开始前学习同事的相关方面知识。⑯社会网络分析。绘制人员之间、团体之间和组织之间的关系图，并分析这些关系如何促进或阻碍知识流动。⑰讲故事。使用古老的讲故事的方法，以这种更为有意义和有趣的方式分享知识。⑱员工黄页。员工黄页是在一般员工目录基础上的提升，它是一个在线资源，员工通过它可以找到拥有特定知识和技能的同事。

六、向冒险精神致敬

冒险是不顾危险从事某种活动，企业家在创业和经营之中敢于冒险，善于冒险，才能在险峰处欣赏无限风光。冒险精神对于企业家的重要作用不容忽视，成功的首要因素就是冒险。冒险是企业家区别于其他人群的显著特征，冒险精神是企业家难得的稀缺资源，冒险精神是企业家人格的主要构成要素，对于一个企业家来说，不敢冒险才是最大的风险，冒险精神是企业家精神的重要内涵。冒险精神本来是人类发展不可缺少的动力，然而长期以来受到“成王败寇”观念影响，冒险精神在中国传统文化的角度上却更多的是被视作异类的，在政策制度层面也很少获得具体的支持。由于冒险精神长期未能获得真正的尊重和支持，与之外表相似实际却有天壤之别的“投机”，正越来越成为一种流行，成为相当受信奉的人生哲学。关于“冒险”与“投机”，有一种总结很精辟，投机是一种不劳而获的心理，或者尽可能以较少的本钱换取巨大的收益；冒险则是把某些一般人看来很重要的东西押出去以博取一种成功。理性的冒险精神缺失，短视的投机心态盛行，正在成为社会良性发展的障碍。对冒险精神崇尚不够，或是中国创业者不足的直接原因，而对冒险者的制度和社会支持不够，又是企业寿命过短的重要影响因素。冒险不仅需要科学分析的头脑，同时还要兼具艺术的灵感。企业家的冒险精神主要表现在：①企业战略的制定与实施上；②企业生产能力的扩张和缩小上；③新技术的开发与运用上；④新市场的开辟上；⑤生产品种的增加和淘汰上；⑥产品价格的提高或降低上等。

当然应对冒险最有效的办法就是对风险进行管理。风险管理就是通过风险的识别、预测和衡量、选择有效的手段，尽可能降低成本，有计划地处理风险，以获得企业安全生产的经济保障。这就要求企业在生产经营过程中应对可能发生的风险，预测各种风险发生后对资源及生产经营造成的消极影响，使生产能够持续进行。风险管理主要分为两类：①经营管理型风险管理，主要研究政治、经济、社会变革等所有企业面临的风险的管理。②保险型风险管理，主要以可保风险作为风险管理的对象，将保险管理放在核心地位，将安全管理作为补充手段。对风险管理研究的方法采用定性分析方法和定量分析方法。定性分析方法是通过对风险进行调查研究，做出逻辑判断的过程。定量分析方法一般采用系统论方法，将若干相互作用、相互依赖的风险因素组成一个系统，抽象成理论模型，运用概率论和数理统计等数学工具定量计算出最优的风险管理方案的方法。德国和英国将企业风险管理的对象设定为企业的全部风险，包括了企业的静态风险（纯粹风险）和动态风险（投机风险），认为企业的风险管理不仅要把纯粹风险的不利性减小到最小，也要把投机风险的收益性达到最大。企业全部风险说是经营管理型风险管理的理论基础。

美国反欺诈交易委员会（COSO）委托普华永道开发《COSO 风险管理整合框架》中指出，企业风险管理基本框架包括八个方面内容：①内部环境。内部环境包含组织的基调，它为主体内的人员如何认识和对待风险设定了基础，包括风险管理理念和风险容量、诚信和道德价值观，以及他们所处的经营环境。②目标设定。必须先有目标，管理当局才能识别影响目标实现的潜在事项。企业风险管理确保管理当局采取适当的程序去设定目标，确保所选定的目标支持和切合该主体的使命，并且与它的风险容量相符。③事项识别。必须识别影响主体目标实现的内部和外部事项，区分风险和机会，机会被反馈到管理当局的战略或目标制订过程中。④风险评估。通过考虑风险的可能性和影响来对其加以分析，并以此作为决定如何进行管理的依据。风险评估应立足于固有风险和剩余风险。⑤风险应对。管理当局选择风险应对——回避、承受、降低或者分担风险——采取一系列行动以便把风险控制在主体的风险极限和风险容量以内。⑥控制活动。制订和执行政策与程序以帮助确保风险应对得以有效实施。⑦信息与沟通。相关的信息以确保员工履行其职责的方式和时机予以识别、获取和沟通。有效沟通的含义比较广泛，包括信息在主体中的向下、平行和向上流动。⑧监控。对企业风险管理进行全面监控，必要时加以修正。监控可以通过持续的管理活动、个别评价或者两者结合来完成。企业风险管理并不是一个严格的顺次过程，一个构成要素并不是仅仅影响接下来的那个构成要素，它是一个多方向的反复的过程，在这个过程中几乎每一个构成要素都能够也的确会影响其他构成要素。

安达信的风险分类：①市场风险。市场波动对于企业营运或投资可能产生亏损的风险，如利率、汇率、股价等变动对相关部位损益的影响。②信用风险。交易对手无力偿付货款或恶意倒闭导致求偿无门的风险。③流动性风险。影响企业资金调度能力的风险，如负债管理、资产变现性、紧急流动应变能力。④作业风险。作业制度不良与操作疏失对企业造成的风险，如流程设计不良或矛盾、作业执行发生疏漏、内部控制未落实。⑤法律风险。契约的完备与有效与否对企业可能产生的风险，如承接业务的合法性、外文契约及外国法令的认知。⑥会计风险。会计处理与税务对企业盈亏可能产生的风险，如账务处理的合适性、合法性、税务咨询及处理是否完备。⑦资讯风险。资讯系统的安控、运作、备援失当导致企业的风险，如系统障碍、停机、资料消灭、安全防护或电脑病毒预防与处理等。⑧策略风险。在竞争环境中企业选择市场利基或核心产品失当的风险。

风险管理包括风险的量度、评估和应变策略。理想的风险管理是一连串安排好优先次序的过程，使当中的可以引致最大损失及最可能发生的事情优先处理，而相对风险较低的事情则押后处理。现实情况里优化的过程往往很难决定，因为风险和发生的可能性通常并不一致，所以要权衡两者的比重以便作出最合适的决定。风险管理亦要面对有效资源运用的难题，这牵涉到机会成本的因素，把资源用于风险管理，可能使能运用于有回报活动的资源减低；而理想的风险管理，正希望能够花最少的资源去尽可能化解最大的危机。风险管理在降低风险的收益与成本之间进行权衡，并决定采取何种措施，就是确定减少成本收益权衡的方案和决定采取的行动计划，包括决定不采取任何行动。

七、失败也是一种美丽

成功有五层含义：①预期的目标。不同的人、不同的时期，有着不同的目标。②预期的目标一定是可以达成的才算成功。③成功有明显的个性化特征，标准因人而异，自己的标准、他人的标准、群体标准。关键要有自己判别成功的标准，他人的标准与自己不同，要理解他人。④成功是一个中性的概念。好人与坏人都有成功。⑤成功是有数学概念的，所有的目标都是要具体量化的。成功是达到计划的目标，很多成功的企业家会说，成功其实是一种感觉，一种积极的感觉，它是每个人达到自己理想之后一种自信的状态，一种满足的感觉。我们每个人对于成功的定义是各不相同的，而到达成功的方法只有一个，那就是先得学会付出常人所不能付出的东西，成功就是逐步实现有价值的理想。

成功对于很多人来说，都是很遥远的事情，怎样成功其实并没有什么秘诀，要想达到成功：①首先应该有热情的心，没有热情，就没有兴趣，就不会成功；②要有冷静的头脑，一时的冲动或者说是急于求成往往是阻止成功的因素。③爱因斯坦有一个公式：$A = x + y + z$，其中 A 代表成功，x 代表艰苦的努力，y 代表正确的方法，z代表少说废话。由此可见成功是需要艰苦努力的。④成功者清楚地了解自己做每一件事情的目的，成功者虽然重视事情的结果，但更重视事情的目的，而目的清楚则有助于他达到结果并且享受过程。⑤成功者习惯坚持，普通人习惯放弃。普通人容易受周围的影响，遇到障碍就习惯妥协和抱怨。而成功者只要认定了目标，就很难被人说服放弃。他会愈挫愈勇，直到带领团队攻克难攻的山头。一个成功者跟普通人最大的差别就是坚持的意志力及推动他人的执行力。⑥有智慧的成功者不仅有着坚韧、执着、顽强的个性，他们也很会“转弯”。哪怕理想一时破灭，目标暂时消失，他们也一定会依托着自己的个性，马上调整方向，寻找新的目标突破。

成功的核心问题是如何订立一个好的目标和如何高效地达成目标。很多人表面缺金钱，本质缺野心，脑子缺观念，机会缺了解，命运缺选择，骨子缺勇气，改变缺行动，肚子缺知识，时间缺管理，事业缺毅力。现实生活中，看到身边的朋友每天说没资本、没经验、没本事等说辞，说到底是对自己没信心，怕失败，没有失败何来成功。弱者等待机会，强者创造机会，只有蠢才才会放弃机会。成功是因为态度，过去的失败不等于未来，人生有梦想才能活得更有冲劲，命运掌握在自己的手中，而不是别人的口中。只要不服输，失败就不会是定局，机会你看不懂，他看不懂，总有人看得懂，事业你不做，他不做，总有人去做，谁也阻碍不了社会的发展和时代的进步。

世界上不存在没有失败过的企业家，也不存在一生没有成功过一次的企业家。企业家要培养自己对失败的容忍度，要改变对失败的态度，从恐惧与担心，变成理解和容忍，最终变成喜悦与感激。只有如此我们才能在失败中成长与前进。失败是成功的动力，失败就是新机会。对失败与困难采取感激的心情，看成难得的新机会，会使我们把眼光放在未来，更加努力地追求，分分秒秒投入新的生活中去。失败对一些会笑对失败的人可能就是登上成功的阶梯，每个人都会经历失败，重要的是会正确地看待失败，不被失败所吓倒，要感谢失败给了你一次学习的机会，给了你一块走向成功的铺路石，失败不会因为你的哭泣而怜悯你，反而会因为你的坚强而退缩。失败是对人的一种磨练，重要的是你能不能通过这种磨练，通过了你就是强者。不要去做失败的奴隶，要当成功的主人。

对于企业家来说失败是一种客观的存在，是每天都必须面对的事实。企业家如何面对失败，表明一个人的人生态度。有的人赢得起，输不起，一遭遇失败便颇多抱怨，一蹶不振，自觉败得太惨，无颜见江东父老。其实只要肯面对失败，或可还有一搏的机会。与“输不起”相反，笑对失败则是一种博大的胸襟和气度。失败的企业家也是英雄，也是美丽的，因为他们拼搏过、奋斗过。

◇ 案例 1. 创造潮流的盛田昭夫

盛田昭夫是日本索尼公司的主要创始人，被誉为日本“经营之圣”。1945 年日本战争结束，井深大和盛田就开始研制电器，他俩研制的第一个项目是自动蒸饭锅，结果很糟糕，出锅的饭不是糊掉就是夹生。接着盛田说服父亲同意他去实现自己的梦想，到东京建立他的电器公司，当时 25 岁的盛田和 38 岁的井深大决定在无线电方面研制产品，本钱就是盛田腰包里仅剩的 500 美元。1946 年他俩建立了东京电子公司，生产收音机和录音机的零部件，这使得以井深大为首的小组能够进行磁带录音机和收音机的研究工作。不久他们从日本广播电台争得第一个合同，即为电台研制一种混合录音装置，当时他们的小公司只有几间木棚子，一下雨就漏，资金又不足，要不是老盛田的信任和支持，公司早就垮台了。井深大深信磁带录音机有前途，当时欧美已有此产品，但日本还没有人掌握磁带的制造工艺。1950 年他们终于出厂了 50 台录音机，质量很好但价钱太高。这时盛田产生了一个念头，既然这种机子对个人来说太贵，为什么不卖给行政部门呢？事实证明法庭和学校对之非常有兴趣，盛田从此开始主管销售。20 世纪 40 年代末美国贝尔实验室研制成功半导体，然而除了用于制造假耳之外，没有人认为它会有广泛的用途。1953 年盛田到美国谈判购买专利，交易很快达成，但有一个条件是不得制造假耳！盛田迫不及待地接受了。也正是这一年他们的东京电子公司决定易名为索尼公司。1957 年索尼公司制造出第一台便携式半导体收音机。盛田有商业嗅觉，井深大是个埋头干活的天才工程师，在他俩的推动下索尼在 20 世纪 60 年代推出了三合一的电视机和首批半导体录像机，赢得了家电领域的世界性声誉，其后索尼在许多家电产品上一路领先。

盛田昭夫认为创造市场的秘诀就是不断开发新产品，以新制胜。索尼的发展过程可以说是不惜投入创新的过程。多年来盛田昭夫领导下的索尼公司每年保持 6% 的开支用于研究发展新产品，有些年多达 10%，比如，1991 年该公司用于研究开发的预算达 15 亿美元。盛田昭夫说：“我们的计划是用产品领导潮流，而不是问需要哪一种产品。”索尼公司就是要生产某些市场上从未销售过的产品，甚至实际上是从未制造出的产品。据统计索尼公司平均每日推出 4 种新产品，每年推出 1000 种，其中 800 种是平均每日推出 4 种新产品的改进型，其余完全是新创的。索尼公司推出的新产品是全世界效率最高的。其他竞争者们都小心谨慎在观望时，索尼公司常常已独占市场一年或一年多以后，其他的公司才会相信该种产品会成功，于是其他品牌的同类产品也随着上市了，这期间索尼公司已赚了大把的钱，并且又有了新的创新、新的产品问世，又会以新产品重新占领了市场。

从1965年至1975年10年间索尼公司又把彩色电视机等划时代的新产品不断推向市场，使其业务蒸蒸日上。盛田无穷好奇心的新思维使索尼生产出众多广为人知的产品，Walkman就来自于他的一种前无古人的想法，无论何时何地甚至在户外都能欣赏最爱的音乐，这种想法创造了一个崭新的市场，立体声便携式耳机专为独自欣赏音乐而设计，从此一种全新的生活方式诞生了。

这是盛田昭夫领导的索尼事业迈入国际化品牌的关键契机，盛田昭夫那时意识到世界的距离越来越近，全球化市场的来临将是必然的发展趋势，他也希望全世界的消费者都知道他们的品牌。多年来依旧秉承着盛田式的经营理念，即通过独特的产品研发，为顾客创造新的娱乐生活方式。为了充分发挥技术人员的技能，索尼建立了一个自由豁达、轻松愉快的理想工厂，这是索尼公司成立之初写在《成立宣言》中的一句话。盛田先生希望将索尼的技术和管理哲学全球化，并使其成为当地社区日常行为的组成部分，这项“全球化与当地化相结合”的政策不仅使索尼本身在全世界的业务广泛拓展，而且对提升日本电子工业的国际地位作出了巨大贡献。期间发生许多大事：1961年6月在美国发行ADR，1966年荷兰Phillips签署免费交叉授权协议，1968年3月与美国哥伦比亚广播公司CBS合资成立CBS/Sony音乐公司，1988年1月并购美国CBS唱片部门，CBS/SONY更名为Sony Music，1988年1月发布与任天堂合作开发SFC丨超级任天堂用CD主机，1989年11月并购美国哥伦比亚三星制片电影公司，进军好莱坞市场，1991年4月100%控股Sony Prudential Life Insurance，更名Sony Life Insurance（生命保险），1993年11月成立SCE－新力电脑娱乐，进军家庭娱乐游戏市场，1995年11月成立SCN－索尼通讯网络，进军因特网内容服务市场，2000年4月发布财报，集团品牌价值超过1000亿美元，创立以来达到最高峰，2001年4月成立Sony Bank，2001年4月成立Sony EMCS Corporation，2001年10月与瑞典爱立信公司成立合资通讯公司，2002年10月并购爱华成为旗下品牌之一，2002年11月提出“无所不在的价值网络”，为消费者建立Sony about you观点，2003年12月发布QRIO机器人为索尼亲善大使，2004年4月成立索尼损保保险业务，2004年4月成立Sony Financial Holdings金融控股公司，整合银行、保险、人寿三大金融业务，2004年5月成立Sony Connect在线音乐服务，2004年8月旗下Sony Music（索尼唱片）与全球第5大唱片公司BMG Music（博德曼唱片）合并成立新力博德曼，2004年12月旗下索尼影视娱乐并购米高梅电影公司，跃身为全球第一大电影公司，2005年4月发布以3.05亿美元赞助FIFA国际足球联盟，2006年1月1日赞助台湾台北101大楼跨年倒数活动，2006年1月7日在美国拉斯维加斯的消费性电子展（CES）发布以发展四大娱乐领域业务重点计划，2006

年4月1日起全面接管 Konica Minolta 影像事业部门。

在索尼公司发展的60多年时间里，作为一家具有高度责任感的全球化企业，索尼一直致力于以优秀的产品和服务，帮助人们实现享受更高品质娱乐生活的梦想。现在索尼公司是世界上民用/专业视听产品、游戏产品、通信产品、核心部件和信息技术等领域的先导之一，它在音乐、影视、电脑娱乐及在线业务方面的成就使其成为全球领先的电子娱乐公司。公司2010财年合并销售额达约870亿美元，目前索尼公司在全球120多个国家和地区建立了分/子公司和工厂，集团70%的销售来自于日本以外的其他市场；数以亿计的索尼用户遍布世界各地。

◇ 案例2. 张瑞敏的创新哲学

1984年张瑞敏出任海尔的前身青岛电冰箱总厂厂长，拉开了海尔创业的序幕。在20多年的创业发展历程中，张瑞敏以创新的企业家精神和顺应时代潮流的超前战略决策，带领海尔从一个亏空147万元的集体小厂发展成为全球拥有7万多名员工、营业额1357亿元（2010年）的全球化企业。据全球权威消费市场调查与分析机构 EUROMONITOR 调查结果显示，2011年海尔蝉联全球白色家电第一品牌。同时海尔品牌价值连续九年位居中国最有价值品牌榜首，并被美国《新闻周刊》（Newsweek）网站评为全球十大创新公司。

在每一个不同的发展阶段，张瑞敏都抓住时代机遇进行战略创新。①名牌战略发展阶段（1984~1991）：20世纪80年代正值改革开放初期，很多企业引进国外先进的电冰箱技术和设备。那时家电供不应求，很多企业努力上规模，只注重产量而不注重质量。海尔没有盲目上产量，而是严抓质量，实施全面质量管理，提出了“要么不干，要干就干第一”。当家电市场供大于求时，海尔凭借差异化的质量赢得竞争优势。②多元化战略发展阶段（1991~1998）：20世纪90年代国家政策鼓励企业兼并重组，一些企业兼并重组后无法持续下去，或认为应做专业化而不应进行多元化。海尔以“海尔文化激活休克鱼”的思路先后兼并了国内十八家企业，使企业在多元化经营与规模扩张方面，进入了一个更广阔的发展空间。当时海尔在国内率先推出星级服务体系，当家电企业纷纷打价格战时，海尔凭借差异化的服务赢得竞争优势。这一阶段海尔开始实行 OEC（Overall Every Control and Clear）管理法，即每人每天对每件事进行全方位的控制和清理，目的是“日事日毕，日清日高”。这一管理法也成为海尔创新的基石。③国际化战略发展阶段（1998~2005）：20世纪90年代末中国加入 WTO，海尔认为走出去不只为创汇，更重要的是创中国自己的品牌。因此海尔提出“走出去、走进去、走上去”的“三步走”战略，以“先难后易”的思路，首先进入发达国家创名牌，再以高屋建瓴之势进入发展中国家，逐渐在海外建立起设计、制造、营销的“三位一体”本土化模式。这一阶段海尔推行“市场链”管理，以计算机信息系统为基础，以订单信息流为中心，带动物流和资金流的运行，实现业务流程再造。这一管理创新加速了企业内部的信息流通，激励员工使其价值取向与用户需求相一致。④全球化品牌战略发展阶段（2005 至今）互联网时代带来营销的碎片化，传统企业的“生产—库存—销售”模式不能满足用户个性化的需求，企业必须从“以企业为中心卖产品”转变为“以用户为中心卖服务”，即用户驱动的“即需即供”模式。互联网也带来全球经济的一体化，“全球化”是将全球的资源为我所用，因此海尔整合全球的研发、制造、营销资源创全球化品牌。这一阶段海尔探索的互联网时代创造顾客的商业模式就是“人单合一双赢”模式，通过“倒三角”的组织创新和“端到端”的自主经营体建设，实践“我的用户我创造、我的增值我分享”理念，让每个员工成为自己的 CEO。

在众多的创新中有几项在当时称为经典的创新：①有缺陷的产品就是废品。1985 年张瑞敏刚到海尔，一天一位朋友要买一台冰箱，结果挑了很多台都有毛病，最后勉强拉走一台。朋友走后张瑞敏派人把库房里的 400 多台冰箱全部检查了一遍，发现共有 76 台存在各种各样的缺陷。张瑞敏把职工们叫到车间，他宣布这些冰箱要全部砸掉，谁干的谁来砸，并抡起大锤亲手砸了第一锤，然后张瑞敏告诉大家，有缺陷的产品就是废品。三年后海尔人捧回了中国冰箱行业的第一块国家质量金奖。②东方不亮西方亮。1992 年起，海尔开始多元化发展阶段。如今海尔产品有 58 个系列、9200 多种，既有白色家电，又有黑色家电和米色家电。其中冰箱、冷柜、洗衣机、空调器等的市场占有率在全国名列前茅。张瑞敏把海尔的这种多元化战略概括为“东方亮了再亮西方”。③只有淡季的思想，没有淡季的的市场。一般来讲，每年的 6 ~ 8 月是洗衣机销售的淡季。难道天气越热出汗越多老百姓越不洗衣裳？调查发现不是老百姓不洗衣裳，而是夏天里 5 公斤的洗衣机不实用，既浪费水又浪费电。于是海尔的科研人员很快设计出一种洗衣量只有 1.5 公斤的洗衣机——小小神童，很快又风靡全国。④用户的难题就是我们的课题。1997 年 10 月份张瑞敏到四川出差，有用户跟他抱怨说海尔的洗衣机不好，下水管老堵，一了解原来是有些农民朋友用洗衣机来洗地瓜，有时泥沙堵塞了下水管，后来海尔专门开发出一种下水管加粗的可以用来洗地瓜的“大地瓜”洗衣机。张瑞敏的想法是既然用户有需求，我们就该去满足。⑤下道工序就是用户。一件电器产品从设计、生产到销售，要经过若干道工序，最终到达用户的手里。海尔提出人人都是一个市场——下道工序是你的市场，你又是上道工序的市场。如果你为上道工序遗留的问题付出了劳动，你有权利向他索酬，同样如果你把问题留给了下道工序，人家也有权利向你索赔，张瑞敏把这叫做“市场链”。⑥企业就像斜坡上的球。张瑞敏说企业好比斜坡上的球体，向下滑落是它的本性，要想使它往上移动需要两个作用力：一个是止动力，保证它不向下滑，这好比企业的基础工作。一个是拉力，促使它往上移动，这好比企业的创新力，这两个力缺一不可。就海尔而言，其“止动力”如“日事日毕，日清日高”，“拉动力”如“在市场否定你之前先自己否定自己”，已被证明是非常行之有效的管理方法。⑦赛马不相马。张瑞敏认为我们最缺乏的不是人才，而是出人才的机制。海尔的“赛马不相马”的人才机制就是给海尔的每一位员工创造一个发挥才能的机会和公平竞争的环境，从而使企业整体充满活力。海尔的“赛马不相马”应用于下至普通员工，上至集团副总裁。赛马赛到这份儿上，什么马见了不得奋蹄？⑧先有市场再建工厂。这是一种典型的以市场为导向的经营思路，其不仅适用于进入国际市场，也适用于开拓国内市场。这里的“建”字，既包括自己建设，当然也包括兼并、参股等多种方式。反思我们很多企业，不就是因为过于乐观地估计了市场，过于乐观地估计了自已，然后盲目建厂，导致设备闲置或生产线开工不足而被拖垮。⑨国际化就是本土化。张瑞敏认为国际化就是本土化，本土化可以相对缓解国内企业进入国际市场的三个难题：一是消费者对外来品牌的抵触心理；二是进入国的非关税贸易壁垒；三是我们国际商务人才的极度匮乏。海尔的国际化即本土化的做法是当地设计、当地制造、当地销售，以及当地融资、当地融智。

目前海尔推进的重要创新是零距离下的虚实网融合。海尔在国内市场有强大的市场营销网络优势，并与互联网进行充分的融合，以“零距离下的虚实网融合”创出第一时间满足用户第一需求的竞争力。“虚网”指互联网，通过网络社区形成用户黏度；“实网”指营销网、物流网、服务网，第一时间送达用户满意。零库存下的“即需即供”。改变传统企业以产品为中心的发展模式，实施以用户为中心的“即需即供”大规模定制，实现了“零库存”和“零应收”。在流动资金零贷款的基础上，海尔能够提前10天预收货款。在未来发展中海尔紧扣住物联网时代的需求，将U－Home智能家居集成作为重点，掌控专利标准的话语权，进一步发展全球营销网络，创造更多的用户资源，同时以本土化模式整合全球研发、制造、营销资源，创造全球化品牌，张瑞敏的目标是使海尔成为世界名牌。

◇ 案例3. 沃尔特·迪斯尼的魅力王国

沃尔特·迪斯尼在1901年12月5日出生于芝加哥的一个中产家庭，是父母亲的第4个儿子，下面还有个妹妹。父亲伊莱亚斯（Elias）是个脾气坏、个性不稳定的人。他带着家人迁居密苏里州的农场，把儿子当雇工一般驱使，使得两个最年长的儿子离家出走。后来他们又迁往介于密苏里州与堪萨斯州的堪萨斯市(Kansas City)，在那里伊莱亚斯接下送报的生意，让两个还留在家中的男孩当报童，他们两人常遭鞭打，随伊莱亚斯脾气发作的大小来决定体罚的轻重。沃尔特·迪斯尼10岁时，另一个哥哥罗伊也离家了。沃尔特·迪斯尼经常提及早年的欢乐与恐惧，他像许多寂寞的小孩一样，用纸和笔创造想象中的玩伴。随家人迁往芝加哥后，沃尔特·迪斯尼担任麦金利中学报纸的艺术编辑，才能得以发挥，同时也开始明白，信笔涂鸦是有价值的，例如，漫画可以换得免费理发。1920年沃尔特·迪斯尼接受堪萨斯城电影广告公司周薪40美元的工作，这家公司制作60秒的卡通广告影片在电影院中播放。1923年沃尔特·迪斯尼离开堪萨斯市前往好莱坞，他听说年轻的制片可以在那里找到资金援助。于是身上只有40美元的沃尔特·迪斯尼，带着尚未完成的“爱丽丝历险记”，搭上开往西部的火车。于是沃尔特·迪斯尼和罗伊在叔叔家的车库成立迪斯尼兄弟电影工作室。

1928年沃尔特·迪斯尼在事业上遭受重大挫折，沃尔特·迪斯尼因为与纽约经销商签下不明智的合约，而丧失了“幸运兔子奥斯瓦”的所有权，那只兔子是他创造的第一个成功的卡通人物。当时27岁两手空空的沃尔特·迪斯尼并未因此气馁，反而从中得到宝贵教训，不出一年再度让电影圈刮目相看。1928年5月“米老鼠系列”第一集《疯狂的飞机》上映，这次创作使他获得了“米老鼠之父”的头衔。此时罗伊为公司副总裁，由于公司发展顺利，兄弟俩决定投资10万美元购买加州波本51亩的土地，建一座最好的卡通制片厂，沃尔特·迪斯尼称它为“白雪公主”建的片厂。片厂将依照沃尔特·迪斯尼的梦想来盖，包括他喜爱的树木、小屋桌子（可不是办公桌），整体看来像个小镇——一个非常忙碌的小镇。在新片厂里坚持员工叫他“沃尔特”，沃尔特·迪斯尼严密监控创作过程，但他本人自20年代中期之后就不再亲自画图了。他供给绘图人员最好的设备和材料，允许他们自由来去，不硬性规定工作时间，营造支持、鼓励但不松懈的环境。在如校园般的波本片厂里，沃尔特·迪斯尼专心致力于制作卡通影片。第二部卡通长片“木偶奇遇记”耗资260万美元，比“白雪公主”更精雕细琢。员工制作了175个木偶后，沃尔特·迪斯尼才挑到一个满意的。然而要求完美需要付出代价，虽然多部卡通片受欢迎，但迪斯尼公司在30年代末负债沉重，原因是除了生产成本高之外，还有与雷电华之间的影片发行问题，加上波本片厂380万美元的建造费。1940年迪斯尼公司负债高达450万美元，为了减轻债务，公司股票公开上市，在4月间售出价值400万美元的股票。

沃尔特·迪斯尼由米老鼠起家，让这只快活的老鼠成为全球家喻户晓的人物。沃尔特·迪斯尼自各式各样的的童话故事中取材，又创造具有人类个性和感情的角色，而使得他的作品受到儿童与成人一致的喜爱。但是沃尔特·迪斯尼并不以电影票房为满足，他充分开发笔下人物的商业价值，在不同媒体上交互促销它们。而就在所有能开的市场似乎都开发殆尽时，富于幻想天赋、善于创造令人难忘角色、又透彻了解智慧财产权的沃尔特·迪斯尼，开创并主宰了一个全新的企业领域——迪斯尼乐园。第一个迪士尼乐园于1955年开幕，截至2010年3月美国加利福尼亚州、佛罗里达州、法国巴黎、日本东京和香港5处地方建有迪士尼乐园。在五大乐园中位于美国佛罗里达州奥兰多的迪士尼乐园面积最大，有12228公顷，香港迪士尼乐园最小，占地126公顷，仅为佛罗里达州的百分之一。论规模美国佛州奥兰多的最大，分“动物王国”、“魔幻影城”、“科幻天地”和“梦幻世界”4个主题乐园，每个都比香港迪士尼乐园大，还有2个水上乐园，全部玩下来最少要5天；其次是位于巴黎马恩河谷的迪士尼乐园，面积2023公顷，有“迪士尼乐园”和“迪士尼影城”两个主题公园；洛杉矶迪士尼乐园为206公顷，拥有传统的“迪士尼乐园”和“加州冒险乐园”；东京迪士尼乐园面积为201公顷，有“迪士尼乐园”和“迪士尼海上乐园”两个主题乐园；佛罗里达州的奥兰多迪士尼主题乐园最多、可玩的项目也最多。乐园成功经验主要有两点：一是“一切都是动态的”。东京迪斯尼乐园有五个主题乐园：维多利亚王朝时代式街景的世界市集、冒险和传奇的探险乐园、西部开拓时代的西部乐园、梦境和童话的梦幻乐园、未来、科学和宇宙的未来乐园。这五大主题乐园中共有35项精彩的表演，其共同特征是一切都是活动的有声有色的，奇怪、新颖、惊险、激烈的情景和人物，会使游客忘掉现实，进入另一个世界。而使之成为可能的是日本自己研制出来的“电子音响动作装置”，在这种装置的驱动下全园总数在2000个以上的人偶和动物个个惟妙惟肖，达到以假乱真的程度，使人如身临其境。二是“永远建不完的迪斯尼乐园”。从开园到现在，东京迪斯尼乐园就实行了以不断添增新的游乐场所和器具及服务方式来吸引游客和让来过的游客重新再来的经营策略。该乐园原建设投资为1500亿日元（约10亿美元），后来为建设超级音响设备和35个游乐场所又先后投资了1200亿日元。这样就可以使游客不断有新的乐趣和新的体验，从而使迪斯尼乐园不断保持巨大的魅力。

虽然迪士尼公司已经经历了80多年的发展，但是迪士尼品牌的核心却一直都没有变，它们就是：①创新。迪士尼一直坚持创新的传统。②品质。迪士尼不断努力达到高质量标准进而做到卓越，在迪士尼品牌的所有产品中，高质量都是必须得以保证的。③共享。对于家庭迪士尼一直是积极和包容的态度，迪士尼创造的娱乐可以被各代人所共享。④故事。每一件迪士尼产品都会讲一个故事，永恒的故事总是给人们带来欢乐和启发。⑤乐观。迪士尼娱乐体验总是向人们宣传希望、渴望和乐观坚定的决心。⑥尊重。迪士尼尊重我们大家每一个人，迪士尼的乐趣是基于我们自己的体验，并不取笑他人。现在迪士尼是总部设在美国伯班克的大型跨国公司，皮克斯动画工作室、惊奇漫画公司、试金石电影公司、米拉麦克斯电影公司、博伟影视公司、好莱坞电影公司、ESPN 体育、美国广播公司（ABC）都是其旗下的公司。当今的迪士尼已经远远不止从事动画电影这一个行业了，主要业务包括娱乐节目制作、主题公园、玩具、图书、电子游戏、传媒网络、迪士尼手表、迪士尼饰品、迪士尼少女装、迪士尼箱包、迪士尼家居用品、迪士尼毛绒玩具、迪士尼电子产品等多个产业。

第十一章　文化的力量

一、文化的基本款

1. 强人文化

强人文化的特征：①崇尚个人明星。人们以明星来比喻成绩卓绝、才华出众的人，明星除了出名之外，还是一个企业文化的象征。②珍视机遇。机遇就是契机、时机或机会，通常被理解为有利的条件和环境，可以按照字面意思理解为忽然遇到的好运气和机会；一般来说，机遇有一定的时间限制或有效期，时间过后就再也得不到了，机遇青睐有准备的人；机遇不相信眼泪，它与懦弱、懒惰无缘，机遇稍纵即逝，目光敏锐、勇敢果决者常常能获得它；机遇对任何人是平等的，能不能抓住它，主动权在每个人手里。③仪式迷信。在快速变化的时代，仪式令人们有所依傍，仪式帮助我们处理生活中的窘境，仪式唤醒我们心中的美好情感，仪式是心灵的港湾和力量的源泉。仪式并非繁文缛节，并非刻板程式，仪式就是一个个心爱的习惯，就是对自己心灵的宠爱。仪式关乎美好、感恩、意义和珍惜。在今天节奏越来越快的社会，人们渴望自己的生活能获得一种结构，一些温暖的特别之处，仪式能令我们在自由和秩序之间达到一种平衡，更有意识地去感觉珍惜生活中的特殊时刻。

2. 激情文化

激情文化的特征是拼命干，尽情玩，挑战工作数量，成为优胜群体，喜欢刺激活动。豁出性命去干事业，竭尽全力，不求名利，埋头苦干，不怕流血牺牲，不顾个人安危，历尽艰辛，奋不顾身。时代呼唤激情，发展需要倾注激情，特别是面对日趋激烈的市场竞争和严峻的生存环境，必须永不言败，永葆激情。用激情融化和燃烧前进中的各种困难，以激情成就伟业，靠激情实现新的跨越。激情温暖大家，使团队更加富有昂扬的斗志，把激情注入事业，可以创建更和谐的团队，创造更美好的明天。

3. 攻坚文化

攻坚比喻解决某项任务中最难的问题，如攻打强敌或敌人的坚固防御工事。攻坚文化的特征：崇尚创造美好未来；尊敬权威、技术、逻辑、条理；定期召开例行会议；团队有程序性，有计划、有条理，步步为营；重视正式性制度和工作规范性。

4. 过程文化

过程文化的特征：社会成员对于组织政治过程的一整套倾向，主要包括体系内成员对自己在政治过程中的影响力及对自己同其他成员之间关系的看法。这种文化非常重视工作细节，无论大事小事都十分关注，力求做到尽善尽美，在工作中比较注意发挥仪式的重要作用。

5. 快乐文化

快乐文化是企业家成功的秘诀之一。如果生来具备一种快乐文化，你会发现它作用很大。一个整天愁眉苦脸、唉声叹气的人，肯定是与成功无缘的。而如果有了快乐文化，枯燥乏味的工作也变得丰富多彩了，即使接连不断的失败，也成了攀登成功顶峰的台阶；再苦再累的工作也会乐此不疲。但快乐文化并不是整天嘻嘻哈哈，眉开眼笑，那只是表面现象。企业家非常热爱自己从事的工作，对自己的事业具有强烈的好奇心，对工作的每一步进展都会有成就感，这才是快乐文化的本质体现。

6. 自主文化

自主文化的本质是自我领导。自我领导是通过一系列的程序来实现下属自己领导自己，包括：①在开始时进行示范。要求领导自我实践和示范给下属看，还需要与员工进行自我期望的正面沟通，对于自我领导的进步给予回报，并将自我领导设定为公司理想的文化的有机组成部分。②引导下属参与。下属开始的时候由于种种原因对于自我管理表示怀疑是正常的，通过提高员工的自我管理水平，以及企业家的示范，从而逐步提高员工的自我领导水平，并且引导员工积极参与组织决策，提出自己的创意，这些创意开始可能是被动的，成熟后员工就可以独立完成工作，这样就能引导员工进行自我领导。③逐步提高，培养员工自我领导的能力。企业家带动下属进行自我领导，需要对工作的自然属性，如工作的丰富性、问题的结构是否清楚、解决的方案是否为下属接受等给予关注。

二、企业文化计划

企业文化建设一般分为五个阶段：①准备阶段。主要是分析客观形势的发展趋势，掌握本企业文化现状，初步确定企业文化建设的目标，在企业家团队中统一认识，在员工中做好思想酝酿。刚刚起步的企业需要把分散在员工中的隐藏在企业日常经营管理活动里的优良文化传统发掘出来，作为提炼设计的基础和依据。②调研阶段。主要是对与企业文化有关的方面进行调查，如企业发展过程、经营思想、领导决策、员工素质、规章制度等，做到心中有数。调研工作包括查阅企业文档资料，召开不同方面人员代表座谈会，听取意见和建议，进行抽样问卷调查等。③诊断阶段。主要是根据调研资料和分析数据，结合企业发展战略和实际情况，进行文化定位研究和诊断，发掘文化传统和文化优势，找出差距和不足，明确企业文化建设的总体目标和规划方案。④设计阶段。从企业历史和现状出发，结合企业文化建设的总体目标和规划方案，提炼企业价值观、经营理念、企业精神及企业道德、企业作风等；根据实际需要进行视觉识别系统的设计。⑤推广阶段。主要是在企业内部，坚持广泛宣传和深入细致的工作结合。第一，做到企业全体员工了解和掌握本企业文化的具体内容和精神实质；第二，进一步完善修订企业规章制度，使之真正体现企业价值观和经营理念；第三，开展有针对性的企业文化培训，提高全体员工的文化自觉性；第四，在实践中一方面检验企业文化是否符合客观形势和企业实际，及时加以完善，另一方面要加强管理，开展思想教育，使企业文化落实在行动中，发挥应有的作用。

企业文化设计需要胸怀全局，思路宽阔，设计过程中要重点做好：①关键事件、典型案例的调研分析。把握企业文化发展阶段、影响因素、管理行为特征、关键事件、典型案例，以及企业家的设想及各层人员的反映，使策划设计和操作更加切合实际。②抽样问卷调查与量表评价诊断。设计和实施调查问卷与量表统计，获得企业文化现状和重新设计及建设的依据，并找出企业文化发展阶段的因素特征和管理行为特征间的结构性联系。③科学辩证的思维与设计创意。企业文化设计需要创造性思维，需要调动人的想象力、思辨力，以及分析、综合、归纳和演绎能力，比如，运用头脑风暴调动集体智慧、集体协调创作，使用个性独创法注重发挥个人的独特思维，以出奇制胜。

企业文化建设的重要工具有：①员工访谈。在进行访谈时主要的对象是全部的高层管理人员、全部中层管理人员、基层关键管理和技术人员、部分基层员工。企业文化渗透到企业管理的方方面面，是企业共同意识在行为中的体现，因此访谈时的问题也需要见微知著。②问卷调查。问卷设计应该与访谈同步进行，在访谈进行到一定程度之后逐步完善并成型，这其中应该蕴含了访谈中对企业个性化问题的认识、判断和求证。问卷的设计应基于对企业关键问题和基本问题的假设，它的首要作用是为企业管理现状和员工心态存在问题取得数字论据。

根据访谈和问卷调查及其他如实地观察、资料研究等多种手段的结合，对企业文化外部影响因素，包括地域文化、传统思想、行业特点、竞争对手、社会形象度、用户调查、外部人员认知度等，内部影响因素，包括对企业家、战略目标、企业历史变革、反映员工素质的因素、反映员工与企业文化相关的观念、反映员工关于企业价值的观念等，进行综合分析，并在此基础上对文化管理状况进行评价分析，对公司文化总体质量进行衡量，提出企业文化建设的总体解决方案，以及企业适应未来的发展。

三、工作生活品质

工作生活品质（Quality of Working Life）是指组织的目的不应该只是追求绩效的提升，也应该重视人员的满意，甚至是增进组织全体人员的繁荣幸福。工作生活品质首先强调工作生活质量是一个“过程”，它适用于世界上各个国家的各种组织，是随组织机构的发展而持续进行的活动；其次它突出了工作生活质量活动的两个基本目标，并强调两者是“孪生”的，实现这两个目标的前提是让全体员工全身心地积极参与，将组织目标与成员的个体目标结合起来，既发展了组织，又提高了个人的工作生活质量；最后它强调企业应该放弃简单追求生产效率的做法，而改为更加重视每个组织成员的个人价值在工作中的体现，并且通过个人价值的实现反过来促进组织效率的提高。

工作生活品质的内容如下：

（1）劳动报酬的充分性和公平性。员工在工作中经济条件应得到充分保障，维持合理的生活水平，实现报酬与贡献相适应，使各成员之间的差距相对公平。并且当员工与企业内外部相关人员相比时，觉得薪酬数目或制订报酬的根据具有公平性。

（2）安全和有利于健康的工作条件。工作的物理环境、条件和时间不能损害工人的健康，给予员工一个安心工作和学习、健康、少污染的环境十分重要，安全、舒适、经济、有益的环境可以改善工作绩效，提高人们的工作意愿。健康的工作条件，如高质量的照明系统、良好的通风、办公场所宽敞、温湿度适中、整齐清洁等细项。

（3）工作组织中的人际关系。公司要创造良好的氛围，使员工能在组织中通过人际间的互动交往，满足其社会归属要求。

（4）对工作本身的满意度。①工作制度。包括工作时间、工作性质、工作内容等。②有利于员工自我成长。员工对于所担任的职务，能令自己有相当的挑战性、成就感，并能不断学习新的事务。③工作自主性。员工对于工作执行方式、程序等，能自主独立地决定判断，权责明确。④工作富有变化。工作内容不能单调，让工作者有从事不同类型工作的机会。

（5）员工生涯发展。①公司必须在生涯规划、教育训练与升迁报酬等层面上做出系统规划，员工才会满意。让工作者看到未来有受到提拔而向上提升职务的机会。②重视员工培训。充分开发和利用员工能力，克服由于劳动分工的细化，使员工失去学习和利用知识技能，进一步开发人力资源的积极性，使员工不会因为现有的职业、技能和学历影响未来就业和发展。

（6）参与决策，民主管理。①企业不能把人看成是机器和工具，要尊重劳动者的个性，实行管理民主化，员工直接参与管理的各个阶段。②注意信息的分享，有良好的沟通，对于有些人而言，工作不仅仅是工作，如果不能分享信息，感觉自己像个生产的机器。反之，信息分享可以提升团队感和满意感。

（7）工作具有社会意义。使员工认识到自己的劳动是与社会相联系的，是对社会进步做出的贡献，使员工具有工作荣誉感，有被自我、他人和社会肯定尊重的价值。

（8）保障员工在组织内的权利。①保障员工的工作权，使员工能在一定期间内，持续保有相对固定的职位，而不会被任意变换与调动工作。②保护员工免受雇主和管理者滥用权力，执行劳动法规。③保障和扩大员工的社会地位，保护员工免受疾病的威胁和对失业的担心。④做好各种福利措施设计，满足不同员工不同阶段的需要。

（9）工作以外的家庭生活和其他业余活动。在员工队伍中女性员工所占的比例越来越大，其中还有些占据了企业的重要位置，出于传统的家庭分工考虑，女性在选择工作和从事工作时，常会考虑到公司政策对其家庭生活的影响。反过来家庭生活也会影响她们对工作的投入，家务事是女性体力和时间耗费的重要环节，更是衡量其工作环境优劣的重要方面。

工作生活品质的作用：

（1）工作生活质量活动把工作看成是人类生活的有机组成部分，认为工作生活也有质量问题，为企业人力资源的开发和管理工作拓宽了视野，增加了新的手段。企业在人力资源开发管理上曾一味地加强监督管理，严格各项规章制度，对员工的工作表现仅仅重视经济上的重奖严惩。为确保工作效率，一些企业内部甚至安装秘密监视器，监视员工的一举一动，这种管理体制从表面上看会提高企业的产量，但其实际后果是严重的，一方面无法真正保证产品的质量；另一方面使管理层和员工之间的不信任感日益加深，矛盾不断激化，对企业发展十分不利。

（2）工作生活质量活动使人们认识到，组织中的员工除了要求较高的收入和稳定的工作之外，还有许多更重要的追求目标。根据马斯洛的需要层次理论，当人们仅仅限于基本的生存安全需要的时候，他们往往将丰厚的收入、稳定的工作作为职业选择的首要因素来考虑。但是，随着社会的进步和生活水平的提高，人们的需要逐渐上升到较高层次的社交、尊重及自我实现的需要。工作生活质量活动就是为了适应员工较高层次的需要而提出和开展的。当代企业员工更注重在工作中获得信任，维护自尊，通过取得工作成就来实现自我价值。工作生活质量活动要在企业内部营造良好的氛围，促进上下级之间互相信任，使每个人都能够享受工作带来的乐趣，在工作中感受到生活的意义。

（3）工作生活质量活动促使民主思想和观念真正进入工作领域，进而成为企业人力资源管理的一部分。在工作生活质量概念提出之前，民主只是在社会生活中被广泛关注和实践，工作领域中的民主虽然一直是工人运动所追求的目标，但从来没有被企业管理层所认可。工作生活质量活动的出现，表明工作中的民主问题已经为企业所关注，企业内民主是工作生活质量活动的目标之一，它要求在企业内部上级与下级之间建立良好的关系，形成民主气氛，员工敢于说出自己的各种想法，上级领导善于听取意见并改善不妥的做法，它注重将生产效率的提高和员工工作生活质量的改善结合起来。另外，它还提倡企业各级员工的参与，员工参与管理既是工作生活质量活动的开始，也是顺利开展此项活动的关键。

（4）工作生活质量活动把个人发展与组织发展有机地结合起来，改变了过去人力资源开发和管理活动中只重视整体而忽视个体，或者只强调个体而忽视组织整体的倾向。在开展工作生活质量活动之前，即使组织的员工有提高自己的工作生活质量的意识，也只能是从自身出发规划和安排自己的职业生涯。企业的人力资源开发和管理部门在制订人力资源开发计划时，是不会从提高雇员工作生活质量的角度来考虑的，他们注重的是企业的整体目标，如根据企业现有或将有的空缺职位录用合适的人选，根据企业发展过程中的不同需要对不同职位人员进行培训等，这样做虽然有利于企业目标的实现，但往往无法全面、充分、合理地开发人力资源。

工作生活品质活动通过三种途径提高生产率：①提高工作生活质量措施，能改善人们之间的交往，加强员工与组织之间的合作，协调不同的职务或部门关系统一，有利于全面完成任务，这样才能提高生产率。②提高工作生活质量措施，能增强对员工的激励，满足员工迫切的需要，从而激发起工作热情和积极性。当员工拥有必要的能力和技术，并且具有必要的环境和条件时，就能提高生产率。而在某些高度专业化并且个人激励受到严格控制的条件下，恐怕只能在极有限的程度上影响生产率。③提高工作生活质量措施，能提高员工的素质，使他们能够自行解决群体中的问题，更好地参与决策。工作生活质量措施不但能直接影响和提高生产效率，也能间接影响生产效率，即通过增加员工福利、提供较好的工作环境和提高员工的满意感来影响生产效率。

四、生命的和谐境界

1. 简单的哲学

简单是对自然规律的一种理解和追求，也是中国古代哲人对世界的一种理解。企业家要在纷乱繁杂的情况下，抓住事物的本质，化繁为简，把简单不仅作为一种生活方式，其实也可以是一种商业模式。《周易系辞上》认为，乾卦通过变化来显示智慧，坤卦通过简单来显示能力，把握变化和简单，就把握了天地万物之道，所以“乾以易知，坤以简能。”“易简，而天下之理得矣。”古人以此研究天地、万物、社会、生命和健康。辩证的世界让我们对每件事的拿捏都要恰到好处，简单有时就是容易，简单有时却恰恰是不容易。企业家要体会拿捏到位，简单已真正成为一种现代的美，如简单人生、简单法则，越是简单的东西做到经典就越是不简单。

2. 理性的光芒

从社会学角度来讲，理性指能够识别、判断、评估实际理由及使人的行为符合特定目的等方面的智能。理性是人类区别其他生命体的根本品质，做为人类中最优秀的群体之一的企业家阶层，更应深刻领悟理性的魅力和光芒。理性是指人在正常思维状态下有自信与勇气，遇事不慌且能够全面了解和总结，并尽快分析后恰当使用多种方案中的一种方案去操作或处理，达到事件需要的效果。理性的人处理问题按照事物发展的规律和自然进化原则来考虑的态度，考虑问题、处理事情不冲动，不凭感觉做事情。理性是基于正常的思维结果的行为；反之就是非理性。理性的意义在于对自身存在及超出自身却与生俱来的社会使命负责。

理性认识是认识的高级阶段，与“感性认识”相对，理性认识包括概念、判断、推理三种形式，其特点是它的概括性和间接性。在感性认识的基础上，把所获得的感觉材料，经过思考、分析，加以去粗取精、去伪存真、由此及彼、由表及里的整理和改造，就会产生认识的一个飞跃，即由感性认识到理性认识。理性是认识的深化，是抽象思维，是对事物本质的、整体的和内部联系的概括和反映。认识的真正任务在于经过感性认识而上升到理性认识。而理性认识之所以重要，就在于它能够指导我们的实践活动。轻视理性认识的重要，就会陷入狭隘的经验主义错误。不理性是人在正常思维状态下时根据单一的感性认知而作出片面的总结和处理事件，易受个人性格等因素影响，是指人在正常状态下时的除艺术行为外的不正常行为。任性、失神经、无意识是非理性的三种状态。思维正常，但不以正常思维结果行事，叫做任性。思维不正常，因醉酒、吸毒等情况思维不正常或神经本来就有障碍，致使大脑不能输出正常结果，叫做失神经。大脑机理正常，但因反应速度相对迟钝，造成瞬时无结果输出，导致的所谓不加思考的行为，叫做无意识。

3. 生命的和谐

平衡对于企业家来说既是一种技术，更是一种哲学。平衡是对立的两个方面、相关的几个方面在数量或质量上均等或大致均等：收支平衡，产、供、销总体平衡，生态平衡。平衡分为稳定平衡、随遇平衡、不稳定平衡三种情况。和谐是企业家的最高境界。和谐是对立事物之间在一定的条件下，具体、动态、相对、辩证的统一，是不同事物之间相同相成、相辅相成、相反相成、互助合作、互利互惠、互促互补、共同发展的关系，这是辩证唯物主义和谐观的基本观点，和谐是世界的本质。例如，有一个未知数 X，怎么知道它是多少呢？我们都知道要解方程，方程在哪里？方程就在和谐当中，我们依据和谐去列方程，也就是说根据和谐的原则能找到这个未知数，这个未知数必须符合和谐才能存在。和谐也是制约的条件，有一个未知数就有一个制约的条件，有两个未知数就有两个制约的条件，形成一个方程组，然后去解方程。未知数是大是小，并不知道，但是它必须是和谐的，才能列出方程。和谐是和外在形式无关的所有事物的本质，它既看不见，也摸不着，但必须遵守。

和谐是一切事物的原则，企业家工作、学习、生活、文章、条例，它们内在必须是和谐的，和其他事物的关系必须是和谐的。如果不和谐就不可能存在，一点的变化必然引起其他的变化，所以是不可阻挡，因为它们有内在的联系，有和谐的本质。所以为了掩盖一个谎言，必须编造另一个更大的谎言，一个扭曲会造成另一个更大的扭曲。斗争只是现象，和谐才是本质。为什么要解方程？为了解决问题。只有和谐才能解决问题，和谐就是条件，斗争只是手段。为了解决问题，不得不采取各种各样的手段。为了达到和谐，需要尊重对方的利益。为了更高的和谐，斗争更微妙复杂。双方表面上势不两立，其实有共同的目标、共同的利益，那就是达到彼此的满意。自己技艺纯熟，更希望对方有好的表现。和谐包含着斗争，与此同时也有妥协。和谐包含着严格，也有宽容，和谐包含着一分为二，也包含着合二为一。有阴有阳，方方面面都能存在，找到自己的位置，这就是物质的本质，物质不灭定律。为什么不是极端？因为互相都有需要，世界是一个整体，从大局的观点出发，总能找出共同点，共同的利益所在，这是整体观的表现，是那种你中有我、我中有你的一体关系。

企业家生活的乐趣并不在于成败输赢，成者能有多少？不以成败论英雄。生活也不在于得失，也不在于生老病死。生活是为了体验和谐带给人的感受。方方面面的关系，这样向社会展示，社会就会这样的回应，完美和谐。对自己也是如此，生老病死，形象各不相同，但是无论是内部，还是外部，各种各样的关系变化，那种无形的东西组成了一幅互动的画面，和谐让人感到完美。如如之心，即是真实。有形象的是现象，本质没有形象。有形象的东西是变换无常的，和谐是本质，是能够永存的。和谐没有形象，它隐于有形之中，无处不在，和谐是真实，因此可以长久。生命的美是无形的事物，在于它的和谐和巧妙，说不清，道不明，让人感到生命的力量。顽强和顺从，强大或娇小，在言语和形象以外的东西，把内容和形象抛开，感到了一种美，那是无形的。让人心中升起怜悯、热爱和改悔，赞叹上天的伟大。暗中的东西是什么？是事物之间的联系。这种联系的和谐决定事物的大小形态。所谓智慧，智慧的人，在于发现这种联系。当然也有人感觉不到。虽然感觉不到，但它们是客观存在的。

五、世界真理的坚守

1. 品格的动力

品格是世界上最强大的动力之一，高尚的品格是人性的最高形式的体现，它能最大限度地展现出人的价值，品格是一种真正的美德。每一种真正的美德，如勤劳、正直、自律、诚实，都自然而然地得到人类的崇敬，具备这些美德的人值得信赖、信任和效仿，这也是自然的事情。在这个世界上他们弘扬了正气，他们的出现使世界变得更美好、更可爱。天才总是受人崇拜，但品格更能赢得人们的尊重。前者是超群智力的硕果，而后者是高尚灵魂的结晶，从长远来看是灵魂主宰着人的生活。天才人物凭借自己的智力赢得社会地位，而具有高尚品格的人靠自己的良知获得声誉，前者受人崇拜，而后者被人视为楷模，加以追随。伟人往往是一些特殊人物，但伟人本身只不过是相比较而言。事实上大多数人的生活圈子非常狭小，他们很少有机会出人头地成为伟人。但是，每一个人都可以正直诚实、光明磊落地做好自己的本职工作，最大限度地发挥自己的能力。他可以淋漓尽致地展示自己的聪明才智，但是切不可滥用误用。他应该充分体现人生的价值，哪怕是在平凡的岗位上，他也可以做到真诚、公正、正直和忠厚。总之，他可以在上帝给他安排的岗位上做到尽心尽职。

那么做为人类精英的企业家应该具备怎样的基本的优秀品格呢？①仁爱。满足他人基本需求，不求回报，当仁爱填满了一个人的灵魂，我们就算再贫穷也一样富有。当真正以仁爱待人的时候，这爱不仅使我们变成一个全新的人，也使我们所爱的人得到完全的改变。②勤奋。你能否在世界上找出一个他没有经历太多的努力就达到了个人事业的颠峰，我想你不能。企业家需要全力以赴完成市场所交代的任务。③慷慨。用心管理自己的资源，而且能大方地与需要者分享。任何一个人都可以把自己不要的东西捐赠给别人，而真正的慷慨却是把自己最珍爱的东西给予别人。④顺服。快速快乐地执行客户的意愿与指示，如果你想生活得称心如意，就做应该做的事，而不要随心所欲。⑤坚忍。以自己内在意志承受压力不遗余力，坚忍不拔是一种内在的刚毅，它能使我们克服或忍受艰苦、挫败、困难和痛楚。勇气、开朗、耐心、毅力和健康的自信代表了坚忍不拔的各个方面。

2. 道德的行为

道德是人性的一种基本体现，作为人类中最优秀之一的群体，现实中一部分企业家做出了表率。道德是一种社会意识形态，是人们共同生活及其行为的准则与规范，具有认识、调节、教育、评价及平衡五个功能。道德往往代表着社会的正面价值取向，起判断行为正当与否的作用，然而不同时代与不同阶级，其道德观念都会有所变化。在阶级社会中道德是指维护统治阶级利益的行为规范，它是统治阶级根据自身利益的需要而创造的精神产物，目的是使被统治者自愿放弃自己的利益，心甘情愿地接受统治阶级的奴役。因此阶级社会的道德往往是一种最卑鄙的双重标准，对于不同的阶级有不同的行为规范。统治阶级往往把自己的利益等同于全体社会成员的利益，要求被统治者的个人利益无条件地服从虚幻的集体利益，即统治阶级的利益，甚至必须毫不犹豫地牺牲个人的生命。

从目前所承认的人性来说，道德即对事物负责，不伤害他人的一种准则。优先预测悲剧后作出的忍让是道德。优先预测胜利前作出的竞争是博弈。竞争与忍让基本对立，博弈与道德基本对立。如果你一心胜在博弈，就可能输在道德；你一心想赢得道德，就容易输在博弈。领导人的行为一半是道德，一半是博弈。博弈是决策优先，道德是对抗默认。超智慧的企业家知道怎样忍让，又何时竞争。他们总是寻找战略主题，制定规则，让他人竞赛。道德是基于承认和保证人类社会存续的理念，发挥旨在限制或倡导人们行为的规范，也可以说道德是初始的具有柔性特征的法律。道德是社会意识形态长期进化而形成的一种制约，是在一定社会关系下，调整人与人之间及人与社会之间关系的行为规范总和。道德总体而言是凌驾于法律之上的，因为道德来源于人类社会发展过程中的人文自觉，但它在实践中又具有不能回避的尴尬境遇，因为它是一种更高层次的要求，而就人文而言我们不能强制要求人们都以这种标准来要求自己的，并且在各种地区和宗教中的道德要求又是不一样的，就导致了交流的不便捷。所以说道德是法律最基本法理的来源，但不能替代法律而存在。

企业家要保持道德的底线，你可以不高尚，但是不能无耻，要做到这个要求，就必须遵循一些基本的道德准则，这就是道德底线。诚实守信即诚信、互利、平等、责任，不损害对方的利益等。比如，你可以不处处为对方着想，但是你不能损害对方应该得到的权益。企业家要保持道德的底线就是诚信，诚信是企业家的第二个“身份证”，是日常行为的诚实和正式交流的信用。诚信是公平机制得以顺利运行的前提，如果群体内部互相之间无诚信可言，那么群体内部之间在共进退时的所谓公平就难能获得信任，这也就是以公平来保障诚信，而以诚信再来保障公平，从而形成良性的循环。

3. 真理的坚守

无论多少成功的企业家，在他们内心始终有一种信仰，这种信仰的坚守，使他们度过各种艰难困苦的境地。李太白醉酒狂歌，坚守一份狂傲；杜子美茅屋疾呼，坚守一份关怀；托尔斯泰，高龄出走，坚守一份朴素的心灵，平民的情感；基督耶稣，背缚十字架，坚守赎罪的重担。人生就得有所坚守，你不能总是流浪。你需要知道流浪只是为了寻找，而寻找最终还是为了坚守。人在年轻的时候总是渴望摆脱，摆脱那种父母前人长辈为之坚守的东西的束缚，年轻也就是那种不懂坚守也不懂珍惜与珍重的年龄。而当人一旦进入成熟状态，也就进入了坚守状态，在坚守的岁月里你其实进行的是一种殊死的抗争，殊死地与失落抗争，在这种抗争里你既能感到生命的悲壮，也能领略生命的无奈与悲哀。

知道坚守就是坚守住那些你的生命中不应该丢弃和流失的东西，比如，人格、精神、良知、原则、荣誉、健康、赤诚、友情、爱意。失落了你就再也找寻不回来了，因为生命是有限的存在，而不是一个无限的过程。当你年轻不谙世事的时候，你把一些东西看得很轻，用它们换取了金钱，换取了财富，换取了生活的资源。然而到头来你才发觉、你才觉醒，你用那具有无限价值的事物换取了有限价值的东西，于是你赶快回过身去寻找并坚守，但那时你除了获得一腔慨叹、一腔惆怅、一腔失悔以外，所能留给你坚守的也就所余无几、所剩无多了。因为人总得有家的归宿，家就是存在，坚守就意味着坚守存在，就意味着拥有了存在，人总是在存在中坚守、在坚守里存在，没有坚守也就无所谓存在。存在是有意义的，坚守也就是对意义的坚守，坚守了存在与意义就是坚守住了你的生命之所倚、之所托、之所靠，你就能倚仗与依凭它去战胜空虚，穿透虚无，自然苦难就更不在话下了，因为你能够坚守就意味着你能够充实能够幸福。那么企业家需要坚守什么呢？企业家需要坚守传统，坚守历史，坚守文化，因为任何新世纪、新时代、新生命、新事物都不是凭空产生的，总是在传统的基础上生长出来的。保守和进步其实是事物的一体两面，没有了坚守也就无所谓革新。

六、重新认识服务意识

企业家的实质某种程度上是一种服务，服务也是一种竞争力，服务意识是决定服务水平的核心。服务意识是指企业全体员工在与一切企业利益相关的人或企业的交往中所体现的为其提供热情、周到、主动服务的欲望和意识，即自觉主动做好服务工作的一种观念和愿望，它发自服务人员的内心。服务意识有强烈与淡漠之分，有主动与被动之分，这其实都是认识程度的问题，认识深刻就会有强烈的服务意识，有了强烈展现个人才华、体现人生价值的观念，就会有强烈的服务意识，有了以公司为家、热爱集体、无私奉献的风格和精神，就会有强烈的服务意识。

影响员工服务意识的心理障碍：①担心遭到拒绝。这是由以往曾经遭遇过顾客的拒绝所造成的心理障碍。有些顾客自主意识特别强，不喜欢被别人服务，但这种人所占比例不大，其他大多数顾客还是愿意接受你的主动服务。②担心服务不好。这是由于你对自己要求过高，或对自己的服务素质缺乏自信所造成的。其实顾客对你的要求未必像你对自己的要求那样高，多数顾客更在意的是你的服务态度。另外，没有几个顾客在服务知识和服务技能方面比你更内行，只要你大胆服务，顾客是看不出你的缺陷的。③担心别人嘲讽。如果你总是担心别人嫉妒而不敢进步，那你只好做一个平庸之辈了。其实别人嫉妒你是好事，说明你比他强。只要你对同事也像对顾客一样尊重和关心，不仅不会遭到他们的嘲讽，还会影响和带动他们向你学习。④感觉心里委屈。这其实是因为心理不平衡所造成的，本来人人平等，为何我要服务别人，而别人被我服务呢？这是很多人在服务意识尚未真正建立之前的一种正常心理活动。的确被服务的感觉要比服务别人的感觉好得多，因为你不必费心费力费时，尤其是当我们为顾客服务却得不到平等回报的时候，我们更会感觉到自己委屈了，似乎很不值得。为了克服这一心理障碍，首先你要明白这样一个道理，帮人更是帮自己，对待顾客也是这个道理，如果你总是愿意帮助顾客并满足他们的需要，顾客就会对你产生信任感和依赖感，陌生顾客会变成你的熟客，当你遇到困难时，熟客也会来帮你，好让你渡过难关，继续为他服务。⑤厌恶服务对象。喜欢谁才接近谁，讨厌谁就远离谁，这在日常生活中很普遍。但是在工作岗位上，如此看客下菜的做法，却严重违背了一视同仁的普遍服务原则，需要克服这种心理障碍，调整自己的心胸，让自己的心胸宽广起来，才能容纳各类人，对于你而言顾客自然是越多越好，你的企业业绩才能越高。作为企业家，不管顾客什么样，你都要一视同仁，不能厚此薄彼，这是你的职责。

服务意识需要存在于我们每个人的思想认识中，只有大家提高了对服务的认识，增强了服务的意识，激发起人在服务过程中的主观能动性，搞好服务才有思想基础。缺乏服务意识的人，则会表现出“以自我为中心”和自私自利的价值倾向，把利己和利他矛盾对立起来，在这些人看来要想满足自己的需要，只有从别人那里偷来、抢来或者骗来，否则别人不会主动为自己付出，实际上这常常是懒人们的哲学，从本质上来说这违背了人与人之间服务与被服务关系的规律，这种人越多社会就越不和谐。具有服务意识的人，能够把自己利益的实现建立在服务别人的基础之上，能够把利己和利他行为有机协调起来，常常表现出“以别人为中心”的倾向。因为他们知道只有首先以别人为中心，服务别人，才能体现出自己存在的价值，才能得到别人对自己的服务。拥有服务意识的人，常常会站在别人的立场上，急别人之所急，想别人之所想；为了别人满意，不惜自我谦让、妥协甚至奉献、牺牲。但这都只是表象，实际上多为别人付出的人，往往得到的才会更多，这正是聪明人的做法。

七、真正的学习型组织

学习型组织是美国学者彼得·圣吉（Peter M. Senge）在《第五项修炼》一书中提出的管理观念，企业应建立学习型组织，其涵义为面临变化剧烈的外在环境，组织应力求精简、扁平化，灵活应对，终生学习，不断自我组织再造，以维持竞争力。学习型组织绩效循环图（见图 11－1）也梳理出一种建立学习型组织的流程。

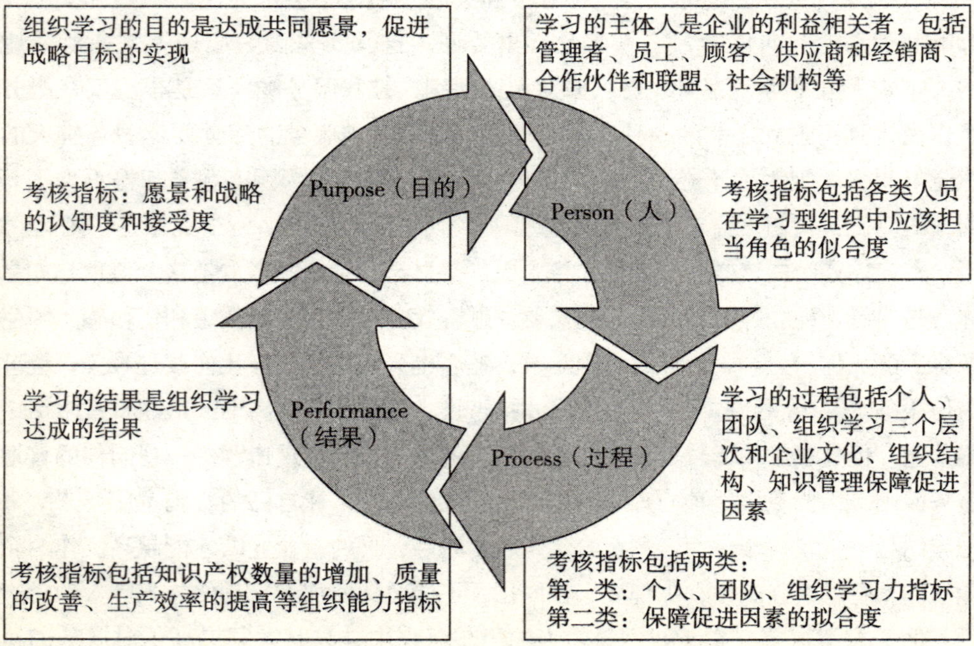

图 11－1　学习型组织绩效循环图

学习型组织建立的十个步骤：①评估组织的学习文化；②增进组织的积极性；③工作场所能安然地思考；④奖励冒险；⑤协助成员成为彼此的学习资源；⑥运用学习能力到工作上；⑦描绘组织的远景；⑧将组织的远景融入生活；⑨建立链接系统；⑩明示组织未来努力的方向。

学习型组织包括五个要素：①建立共同愿景。愿景可以凝聚公司上下的意志力，透过组织共识，大家努力的方向一致，个人也乐于奉献，为组织目标奋斗。②团队学习。团队智慧应大于个人智慧的平均值，以做出正确的组织决策，透过集体思考和分析，找出个人弱点，强化团队向心力。③改变心智模式。组织的障碍，多来自于个人的陈旧思维，例如，固执己见、本位主义，唯有透过团队学习，以及标杆学习，才能改变心智模式，有所创新。④自我超越。个人有意愿投入工作，专精工作技巧的专业，个人与愿景之间有种创造性的张力，正是自我超越的来源。⑤系统思考。透过资讯搜集，掌握事件的全貌，以避免见树不见林，培养综观全局的思考能力，看清楚问题的本质，有助于清楚了解因果关系。学习是心灵的正向转换，企业如果能够顺利导入学习型组织，不只能够达致更高的组织绩效，更能够带动组织的生命力。

学习型组织的领导具有三个明显的作用。①设计社会建筑。社会建筑是组织中看不见的行为和态度。组织设计的第一个任务就是培养组织目的、使命和核心价值观的治理思想，它将用来指导员工。有头脑的领导要确定目标和核心价值观的基础。第二个任务是设计支持学习型组织的新政策、战略和结构，并进行安排。这些结构将促进新的行为。第三个任务是领导并设计有效的学习程序，创造学习程序并且保证它们得到改进，让团队成员理解需要领导的创造力。②创造共同的愿景。共同的愿景是对组织理想未来的设想，这种设想可以由领导或员工的讨论提出，公司的愿景必须得到广泛的理解并被深深铭刻在组织之中，这个愿景体现了组织与其员工所希望的长期结果，员工可以自己自由地识别和解决眼前的问题，这一问题的解决将会帮助实现组织的愿景。但是，如果没有提出协调一致的共同愿景，员工就不会为组织整体提高效益而行动。③服务型的领导。学习型组织是由那些为他人和组织的愿景而奉献自己的领导建立的，那些靠自己单打独斗的领导人形象不适合学习型组织，领导应将权力、观念、信息分给大家，学习型组织的领导要将自己奉献给组织。学习型组织的领导推动新战略的形成、结构的重置、文化的强化、信息的共享以及有授权雇员数量的增加，以下是图 11－2 学习型组织领导功能架构。

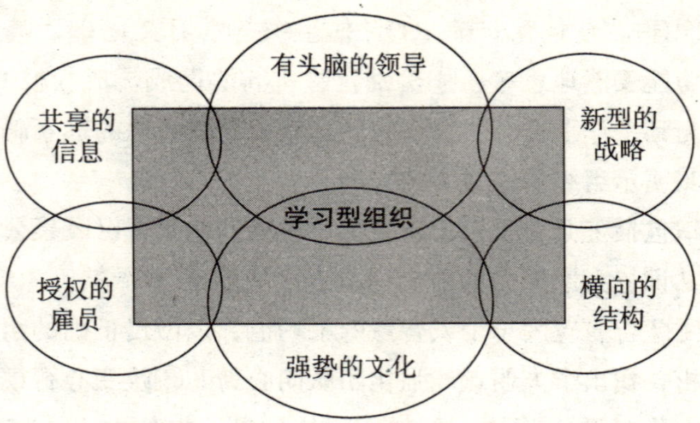

图 11－2　学习型组织领导功能架构图

学习型组织的九大特点：

（1）组织成员拥有一个共同的愿景。组织的共同愿景来源于员工个人的愿景而又高于个人的愿景，它是组织中所有员工愿景的景象，是他们的共同理想，它能使不同个性的人凝聚在一起，朝着组织共同的目标前进。

（2）组织由多个创造性个体组成。企业的工作有两类：一类是反映性的，另一类是创造性的，反映就是上级来检查了下级反映一下。出了事故反映一下，反映有什么作用？最多能维持现状，绝大多数人、绝大部分精力都用于反映，而没有用于创造，企业的发展是需要创造性的工作。

（3）善于不断学习。这是学习型组织的特征，所谓“善于不断学习”，主要有四点含义：①终身学习；②全员学习；③全过程学习；④团队学习。

（4）兼学别样。组织中的成员不仅要掌握本岗位上的工作技能，而且要学习了解其他岗位工作能力。只有这样工作才能顾全大局，相互协作，安全高效，做到组织精简。

（5）扁平的组织结构。学习型组织结构是扁平的，即从最上面的决策层到最下面的操作层，中间相隔层次极少，它尽最大可能将决策权向组织结构的下层移动，让最下层单位拥有充分的自主权，并对产生的结果负责。

（6）无边界行为。无边界原理认为，企业组织就像生物有机体一样，存在各种隔膜，使之具有外形或界定，虽然生物体的这些隔膜有足够的结构强度，但是并不妨碍食物、血液、氧气、化学物质畅通无阻地穿过。得益于这种现象的启发，企业各部门上下级之间虽然存在边界“隔膜”，但信息、资源，构想及能量也应该能够快捷便利地穿过企业的“隔膜”，就像没有边界一样，提倡员工之间、部门之间、地域之间广泛地相互学习，汲取新思想，你从越多的人中获取智慧，那么你得到的智慧就越多，水准被提升得越高。

（7）自主管理。自主管理是使组织成员能边工作边学习，使工作和学习紧密结合。通过自主管理可由组织成员自己发现工作中的问题，自己选择伙伴组成团队，自己选定改革进取的目标，自己进行现状调查，自己分析原因，自己制定对策，自己组织实施，自己检查效果，自己评定总结。团队成员在“自主管理”的过程中能形成共同愿景，能以开放求实的心态互相切磋，不断学习新知识，不断进行创新，从而增加组织快速应变创造未来的能量。

（8）员工家庭与事业平衡。学习型组织努力使员工丰富的家庭生活与充实的工作生活相得益彰。学习型组织对员工承诺支持每位员工充分的自我发展，而员工也以承诺对组织的发展尽心作为回报，这样个人与组织的界限将变得模糊，工作与家庭之间的界限也将逐渐消失，两者之间的冲突也必将大为减少，从而提高员工家庭生活的质量、满意的家庭关系、良好的子女教育和健全的天伦之乐，达到家庭与事业之间的平衡。

（9）领导者的新角色。在学习型组织中领导者是设计师、仆人和教师。领导者的设计工作是一个对组织要素进行整合的过程，他不只是设计组织的结构和组织政策、策略，更重要的是设计组织发展的基本理念；领导者的仆人角色表现在他对实现愿景的使命感，他自觉地接受愿景的召唤；领导者作为教师的首要任务是界定真实情况，协助人们对真实情况进行正确深刻的把握，提高他们对组织系统的了解能力，促进每个人的学习。

八、完善行动的细节

行动是企业家最美丽的语言，是企业家价值的重要体现。行动是为达到某种目的而进行的活动，行动力是指主动策划战略意图，主动突破自己，实现自己想做而不敢去做的，或者是自己认为自己能力不足的事，制订计划就下定决心一定要去实现。对于个人而言行动就是自制力，对于团队而言就是领导力。行动力指数是衡量组织和个人达成目标的行动能力的重要指标，是对蓝图制定能力、目标分解能力及执行能力进行综合评价后得出的分值。行动力系统使用过程中所体现出的目标制定、计划分解、时间管理、学习提升、任务执行、总结分析等，可对个人和企业的行动力进行具体量化，通过该指数个人和企业可以更直观地了解其行动能力的成长变化情况。

行动能力可划分为四个等级：①入门级。有想法，但工作主动性差，害怕冒险，惧怕工作中所面对的困难与挫折；容易受惰性和不良风气的影响，对自己没有自信；奋斗目标不坚定，缺少行动动力。②初级。敢于主动请战，承担相应的工作与职责；敢于用“尝试”的方法解决问题，不惧怕困难与挫折，对自己比较有自信；树立了相当明确的目标，并开始尝试为之努力。③中级。敢于打破固有模式，敢于用新办法、新思路对原有工作创新和解决问题；敢于立即采取行动，不怕失败打击；对于上级安排的工作总能按时或者提前完成；积极应对工作压力，在工作中不怕困难与挫折，敢于不断尝试；已经能有效运用行动工具，掌握一定的实现目标的具体方法。④高级。具有强烈的冒险精神，非常愿意通过不断尝试创造从无到有的结构；面对过程中的困难与挫折毫不畏惧，坚持走自己的路，有足够的行动力管理目标，实现目标。

务实是企业家行动的基本原则。务实就是讲究实际、实事求是，是中国文化注重现实、崇尚实干精神的体现，它排斥虚妄，拒绝空想，鄙视华而不实，追求充实而有活力的人生，创造了中国古代社会灿烂的文明。务实精神作为传统美德，仍在我们当代生活中熠熠生辉。坚持务实，要做到说实话、办实事、求实效。培养务实精神，要敏于行动，把每项工作落到实处。天上永远不会掉馅饼，有行动才有收获。

企业家需要宏伟的战略，但同样离不开坚实的细节。看不到细节或者不把细节当回事的人，对工作缺乏认真的态度，对事情只能是敷衍了事。这种人无法把工作当做一种乐趣，而只是当做一种不得不受的苦役，因而在工作中缺乏工作热情。他们只能永远做别人分配给他们做的工作，甚至即便这样也不能把事情做好。而考虑到细节、注重细节的人，不仅认真对待工作，将小事做细，而且注重在做事的细节中找到机会，从而使自己走上成功之路。于是有人说："把细节做到极致就是完美。"

生活细节向来与个人发展息息相关。俗话说细微之处见端倪，说的就是很多事情都可以从生活细节中看出个究竟，找出个所以然。生活细节往往在一定程度上反映出一个人的思想性格和处世为人原则，基本上相当于个人的"名片"，是认识了解一个人的一个重要的途径。所以注重个人生活细节，保持好的细节习惯，是让自己表现得更出色，更能得到别人认可的一大关键，将对个人日后的发展有着不可忽视的帮助，甚至是必不可少的。面对日益激烈的竞争趋势，若能注重培养好的生活细节习惯，以饱满的热情去完善自我，迎接各方面的竞争与挑战，那么将有助于自身增加日后不断发展的雄厚砝码。生活的细节往往就是那般的举足轻重。不要因为某生活细节的微不足道而不屑一顾，若对待小事也不能认真，那对待大事的态度也很难说了，事实上完善生活细节也就是在完善自我的品格与生活态度。

现在是一个追求细节的年代，任何方面要想有所成效，对于细节的处理都必须精益求精。在当今异常激烈的职场竞争中，生活细节的作用与魅力有时更是惊人的，说不定在某个时刻它会显示出奇特的力量，赢来意想不到的效果，无形中增加你的工作绩效指数，得到上司的青睐，甚至提升你的人格，让你获得更好的发展机会和取得更大的成就。想做大事的人很多，但愿意把小事做细的人很少；我们不缺少雄韬伟略的战略家，缺少的是精益求精的执行者；不缺少各类管理规章制度，缺少的是规章条款不折不扣的执行。我们必须改变心浮气躁、浅尝辄止的毛病，提倡注重细节把小事做细。综观国内外的的强势企业，都是在细节的比拼上下过很大功夫的。企业仅仅靠战略就能挣大钱的想法是极其幼稚的，正是不注意细节的毛病拖垮了许多大企业，诸如浪费巨大而熟视无睹，人浮于事相互推诿，对市场信息不敏感，内部各部门之间沟通障碍，员工创新动力不足等，每一个问题都会在细节上找到其理由。当然企业家要非常清楚细节决定成败的前提是方向和战略的正确。

◇ 案例 1. 霍华德·舒尔茨的第三种人生

1983 年霍华德前往意大利旅游，为意大利咖啡酒吧和浪漫的咖啡体验着迷，于是他有了一个设想，将意大利传统咖啡馆改造成一个工作与家庭之间的第三空间。“第一个是家，第二个是办公室，星巴克则介于两者之间。在这里待着让人感到舒适安全和家的温馨。”舒尔茨就座后总要来一杯咖啡，一边品尝，一边和旁人闲聊起来。舒尔茨说他正在全球推行一种全新的“咖啡生活”，不管你是否认同他的这种经营理念，光是看看每周光临星巴克的人数——2500 万人，就足以令人留下深刻印象。“星巴克”这个名字来自美国作家麦尔维尔的小说《白鲸》中一位处事极其冷静，极具性格魅力的大副，他的嗜好就是喝咖啡。麦尔维尔的读者群主要是受过良好教育、有较高文化品位的人士，没有一定文化教养的人是不可能去读《白鲸》这部书，更不要说去了解星巴克这个人物了。从星巴克这一品牌名称上，就可以清晰地明确其目标市场的定位是一群注重享受、休闲、崇尚知识、尊重人本位的富有小资情调的城市白领。星巴克的绿色徽标是一个貌似美人鱼的双尾海神形象，徽标是从中世纪木刻的海神像中得到灵感而设计的，传达了原始与现代的双重含义，她的脸很朴实，却用了现代抽象形式的包装，中间是黑白的，只在外面用一圈彩色包围。星巴克确实是个可以为之骄傲的地方，当舒尔茨来到星巴克总会善意地和雇员、顾客打招呼。星巴克一个主要的竞争战略就是在咖啡店中同客户进行交流，特别重要的是咖啡生同客户之间的沟通。每一个咖啡生都要接受 24 小时培训，包括客户服务、基本销售技巧、咖啡基本知识、咖啡的制作技巧，咖啡生需要能够预感客户的需求，在耐心解释咖啡的不同口感香味的时候，大胆地进行眼神接触。星巴克也通过征求客户的意见加强客户关系，每个星期总部的项目领导人都当众宣读客户意见反馈卡。

星巴克十分注重针对顾客的需求开发新的服务内容，正在尝试各种经营思路吸引人们步入店内，延长驻留时间。进入星巴克你会感受到空中回旋的音乐在荡你的心魄，店内经常播放一些爵士乐、美国乡村音乐及钢琴独奏等，这些正好迎合了那些时尚、新潮、追求前卫的白领阶层。他们天天面临着强大的生存压力，十分需要精神安慰，这时刻的音乐正好起到了这种作用，让你在消费一种文化中，催醒你内心某种也许已经消失的怀旧情感。从2002年起星巴克在北美和欧洲1200家连锁店里推出高速无线上网服务，携带便携式电脑的顾客可以一边惬意地喝着咖啡，一边在店里上网浏览页面、收发电子邮件及下载信息。顾客体验是星巴克品牌资产核心诉求，星巴克把典型美式文化逐步分解成可以体验的元素：视觉的温馨，听觉的随心所欲，嗅觉的咖啡香味等。试想透过巨大的玻璃窗，看着人潮汹涌的街头，轻轻啜饮一口香浓的咖啡，这非常符合“雅皮”的感觉体验，在忙碌的都市生活中何等令人向往！jesper kunde在《公司宗教》中指出：“星巴克的成功在于成功地创立了一种以创造星巴克体验为特点的咖啡宗教。”星巴克人认为他们的产品不单是咖啡，咖啡只是一种载体，而是通过咖啡这种载体，把一种独特的格调传送给顾客。

1987年霍华德·舒尔茨收购的星巴克，从此走上高速发展的道路。1992年6月星巴克作为第一家专业咖啡公司成功上市，迅速推动了公司业务增长和品牌发展。目前星巴克已在50多个国家和地区拥有17000多个门店，拥有员工近15万人，是世界领先的特种咖啡的零售商、烘焙者和星巴克品牌拥有者，旗下零售产品包括30多款全球顶级的咖啡豆、手工制作的浓缩咖啡和多款咖啡冷热饮料、新鲜美味的各式糕点食品及丰富多样的咖啡机、咖啡杯等商品，为全球最大的咖啡连锁店。此外公司通过与合资伙伴生产和销售瓶装星冰乐咖啡饮料、冰摇双份浓缩咖啡和冰淇淋，通过营销和分销协议在零售店以外的便利场所生产和销售星巴克咖啡和奶油利口酒，并不断拓展泰舒茶、星巴克音乐光盘等新的产品和品牌。鉴于星巴克独特的企业文化和理念，公司连续多年被美国《财富》杂志评为“最受尊敬的企业”。

霍华德·舒尔茨计划在全球开设4万间店，让星巴克在世界无处不在。星巴克向各地拓展的做法是先攻下该地区的大城市塑造良好的口碑，再以此为中心向周围较小的市镇进军。在拓展过程中星巴克会先参考各地的人口结构资料，仔细进行分析，确定有合适的客户群之后，才会进入该地区。星巴克连锁式的扩张，得益于星巴克给自己的品牌注入了价值观，并把企业文化变成消费者能够感受到的内容和形式。星巴克品牌扩张一直坚持直营路线，由星巴克总部进行直接管理统一领导，目的是控制品质标准，这样每家店都由总部统筹管理和训练员工，保证每家海外商店都是百分之百的美国星巴克血统。虽然初期投入的资本较大，但是职员的专业素质高，便于咖啡教育的推广，并建立了同业中的最专业的形象。有人说星巴克崛起之谜在于在咖啡豆中的加入一种特殊的配料——人情味儿，这种核心价值观起源并围绕于人与人之间的"关系"的构建，以此来积累品牌资产。霍华德·舒尔茨相信最强大、最持久的品牌是在顾客和合伙人心中建立的，品牌说到底是一种公司内外，合伙人之间、合伙人与顾客之间形成的一种精神联盟和一损俱损、一荣俱荣的利益共同体。从咖啡馆到咖啡王国，星巴克证明了与客户的良好关系和看得见的资产一样重要。

跨国企业在海外立足的根本是入乡随俗，实行本土化经营。咖啡是西方的，星巴克是美国的，而星巴克的咖啡文化却是全世界的，这正是星巴克在全球化过程中巧妙运用本土化策略的结果。在中国和日本星巴克让本来对咖啡并不熟悉的东方人品味出了"东西合璧"的美妙感觉，从而醉心于星巴克；在欧洲星巴克让保守且挑剔的英国人从咖啡中喝出了下午茶的韵味。这便是文化融合的力量，是本土化的高明之处。星巴克是带着其独特的咖啡文化进入一片陌生市场的，但正是在陌生的市场中，星巴克丰富了自身，让顾客置身于星巴克有一种既陌生又熟悉的新鲜感觉，这就保证了星巴克在世界范围内的市场开拓无往而不胜。"你真的去过这么多星巴克吗？你是星巴克最忠实的顾客！"霍华德·舒尔茨满脸意外，嘴里啧啧不停。2006 年 12 月 11 日他在复旦大学演讲，一位学生站起来给这位咖啡帝国的掌门人一个意外，这位男孩子说他每到一个国家、一个城市都会光顾当地的星巴克，并盖上该店的印章，这个学生立刻拿出一本贴满了星巴克分店印章的册子。舒尔茨听说过有人在星巴克门口跪下感谢这个城市有星巴克的故事，也曾经目睹过日本一家门店前大清早就排长队买咖啡的情形，但并没有听说过收藏星巴克门店印章的人。

取得巨大成功的霍华德·舒尔茨，其实原来只是一个没有安全感的穷孩子，舒尔茨经常讲一件他小时候发生的事。有一天当他一进家门，就发现自己那位靠打杂工维持生计的父亲躺在了床上，原来他的脚踝断了，从此也失业了，由于没有医疗福利，家里的经济更加拮据。"我永远忘不了这一幕，我父亲是个快垮掉的蓝领工人，他的价值没有得到体现，没有受到尊重，这使他觉得很辛酸和愤怒。所以我下决心绝不会让这种事情发生在我的雇员身上。"舒尔茨说，这就是为什么连许多兼职的星巴克员工都享有全部医疗福利的原因。星巴克要打造的不仅是一家为顾客创造新体验的公司，更是一家高度重视员工情感与员工价值的公司。霍华德·舒尔茨将公司的成功归功于企业与员工之间的"伙伴关系"，他说:“如果说有一种令我在星巴克感到最自豪的成就，那就是我们在公司工作的员工中间建立起的这种信任和自信的关系。”在星巴克员工叫“合伙人”，1991年星巴克开始实施“咖啡豆股票”，这是面向全体员工的股票期权方案，其思路是使每个员工都持股，都成为公司的合伙人，这样就把每个员工与公司的总体业绩联系起来，无论是CEO还是任何一位合伙人，都采取同样的工作态度。同样对于供货商，星巴克力争与供应商保持长期稳定关系，这样一可节约转换成本，二可避免供应商调整给业务带来的冲击，星巴克副总裁john yamin说，“失去一个供应商就像失去我们的员工，我们花了许多时间和资金培训他们”。

◇ 案例2. 英格瓦·坎普拉德的美好生活

1926年英格瓦出生在瑞典一个叫艾姆赫特的小村落。5岁那年英格瓦曾代人卖掉一批火柴赚了少量的钱，好长一段时间里他骑着自行车向邻居销售火柴，他发现从斯德哥尔摩批量购买火柴可以拿到很便宜的价格，然后再以较低的价格进行零售，从中仍能赚到不小的利润。11岁那年他做成了一笔大买卖，他卖掉了一批花种，把赚来的钱买了赛车和打字机，那以后迷上了销售这个行当。1943年英格瓦已经17岁了，父亲决定送给他一份特殊的毕业礼物，就是帮助他创建自己的公司，就这样宜家（IKEA）诞生了，“I”代表英格瓦，“K”代表坎普拉德，“E”代表艾姆赫特，“A”代表自己所在村庄的名字阿根纳瑞德。宜家起初销售钢笔、皮夹子、画框、装饰性桌布、手表、珠宝以及尼龙袜等，只要英格瓦能够想到的低价格产品他就去经营。

1948年英格瓦登出了第一条家具商品的广告，这条广告宣传的是一种没有扶手的护理椅和一种咖啡桌。他为椅子取名为“露丝”，英格瓦觉得要让顾客记下每件商品的序号实在太麻烦，从此给每件家具取名就成了宜家的传统。广告反响强烈，这两件投石问路性质的家具卖出去不少。于是英格瓦开始向老顾客印发一种叫“宜家通讯”的小册子，并在上面增添新商品的宣传，如沙发床和枝形玻璃吊灯等。人们向他索要表格，他盯着工厂准时交货，一切进展顺利。但这只是起步和尝试的阶段，这时候的宜家公司只有他一个人，虽然他的家人都是他的帮手。这时邮购行业的竞争日趋激烈，恶性竞争的互相降价对于新生的宜家是十分不利的，如何才能让顾客信任自己的产品呢？英格瓦想出了一个好办法，举办长期性家具展览和销售，让人们亲眼看一看宜家的家具，公司用了一幢大楼，把家具分别摆放在两层楼面上，同时把便宜的和稍微贵一点的同种商品放在一起，以便顾客就它们的不同质量比较其价格。果然顾客们大多像公司预料的那样，明智地选择了较贵的那种商品，这种邮购和家具商场合二为一的做法是宜家的首创。迄今为止宜家产品系列都是在瑞典开发出来的，通过对颜色和材料的选择，宜家产品系列虽然不是最流行的，但却是现代实用不失美观，是以人为本和儿童友好型产品，代表着清新健康的瑞典生活方式。这与宜家在瑞典南部斯莫兰的起源有着密切的关联，在那里人们以勤劳、生活节俭和将他们所拥有的有限的资源最大限度地加以利用而著称。

“为大多数人创造更加美好的日常生活”是宜家公司自创立以来一直努力的方向，宜家品牌始终和提高人们的生活质量联系在一起，秉承“为尽可能多的顾客提供他们能够负担、设计精良、功能齐全、价格低廉的家居用品”的经营宗旨。为大多数人创造美好生活的一部分，包含着打破地位和传统的局限而成为更自由的人，要做到这一点宜家不得不与众不同。即使在20世纪90年代，宜家加大向全球发展步伐时，它也力求保持自己原汁原味的企业文化。坎普拉德表示宜家向来坚持自己的重要传统，因为这不是瑞典文化，而是公司文化，否则其他国家的员工就感受不到自己属于宜家。除了把简洁美观、价格合理的产品带到全球市场，宜家也把北欧的平等自由精神传播到各地。对于年轻人而言相对于产品的实用，宜家这种精神力量更具杀伤力，谁也不能忽视这样一个大趋势，人人都渴望成为主角和支配者。就像英国一家媒体评价宜家，它不仅仅是一个店，它是一个宗教，它不是在卖家具，它在为你搭起一个梦想。为了让更多的顾客成为宜家的品牌布道者，宜家的一个重要策略就是销售梦想而不是产品，为了做到这一点，宜家不仅提供广泛的设计精美和实用低价的产品，而且也把产品跟公益事业进行联姻。

许多人认为宜家的成功在于它创造了一种特别的购物感受，如商店布局、没有销售员、瑞典美食及由顾客自己组装家具等。但这些只是表面现象，至关重要的一个因素是它以低价格销售高质量的商品，这才是它征服市场的武器。与竞争对手相比，宜家销售的家具价格平均要低30%～50%，同时它还在不断降价，与此相反的是不少家具零售公司的价格却往往随时间上涨。宜家打出的口号是“有价值的低价格”，它的目标是保持产品的价格不至于太高，但又不让顾客觉得它的商品是便宜货。要做到这一点，降低成本就成了不二法门。实际上降低成本贯穿了宜家产品的整个过程，从产品构思、设计、生产到运输和营销，英格瓦无时不想着成本二字。为此他曾经说过，“资源的浪费在宜家是一种致命的过失。一个没有成本核算的目标计划是决不能被接受的”。

在宜家之前没有任何人把家具卖遍全球，理由很简单，体积太大，运费太高。把衣柜和奔驰汽车运到中国，两者运费相当，但价值和利润却相差数百倍。1953年宜家历史上著名的一个节约成本的成功案例出现了，英格瓦·坎普拉德回忆说，“有一次我们刚刚为一张桌子照完相正要装箱，一名助手说这样实在太占地方了，不如把桌腿卸下来放在桌面上”，就这样自助组装家具出现了，宜家出现了平板包装，并由此得出“可拆装家具”生产得越多，运输途中的破损现象就越少，运费成本就越低的结论。此后宜家走上可拆装家具之路，这为它成为今日的全球巨头清除了一个巨大的障碍。相比控制生产运输环节成本的精明，宜家更擅长把他们如何减低成本用实际行动告诉顾客。每个顾客在宜家购物都会感到不便，不提供送货，还得自己动手把买到的家具组装起来，但几乎没人为此提出过抱怨。从产品目录手册到专卖店，宜家始终都在渲染一个声音“省钱”！在这个声音的感召下，大多数人都乐意接受用自己的劳动来节省开支的方式，“到宜家去 DIY”逐渐成为流行世界的潮流。2003 年宜家获得了 110 亿欧元的销售收入和超过 11 亿欧元的净利润，成为全球最大的家居用品零售商，2005 年排名世界 500 强第 42 位。现在的宜家已名副其实地成为家具零售业的龙头老大，目前宜家家居在全球 38 个国家和地区拥有 310 个商场，大部分的门市位于欧洲，每年印刷量高达一亿本的 IKEA 商品目录中，收录有大约 12000 件商品。由于宜家公司在全球范围内的成功，英格瓦·坎普拉德积累了近 150 亿英镑的个人财富。

◇ 案例 3. 李秉哲的第一主义

李秉哲是三星集团的创始人，在世界最大 500 家大企业中三星集团排名第 14 位，惟一排名在三星电子之上的电子类企业就是索尼，年收入超过 1000 亿美元。1910 年 2 月 12 日李秉哲出生在韩国庆尚南道宜宁郡一个农民家庭。1930 年 4 月李秉哲考取了早稻田大学政经科，这段时间的学习为今后的创业打下了良好的基础。1936 年 4 月在父亲的帮助下，李秉哲和几个朋友合伙开办一个粮食加工厂，由于日军开始全面侵华，为了聚敛资金冻结了所有银行的资金，缺少银行贷款的李秉哲只得卖掉所有土地，转让粮食加工厂和运输会社偿还全部债务，他又回到了创业前的起点。李秉哲决心自己寻找商机，他考察了几乎整个朝鲜半岛和大半个中国，选择了向中国东北出口果品、蔬菜、干鱼这种本小利大的贸易。1938 年 3 月 1 日三星商会成立了，“三”在朝鲜意为大、多、强，“星”则是清澈、明亮、深远、永放光芒，李秉哲以三星命名，寄予着他对自己事业的希望和憧憬。

1947 年 5 月李秉哲携家迁往汉城，1948 年 11 月他在钟路二街永保大厦附近租了一栋两层小楼，挂出了“三星物产公司”的招牌，并亲自担任社长。公司成立后继续原先的出口政策，只不过不再向中国出口了，改往新加坡等地，然后再从那里进口棉纱转销内地。不久贸易的经营品种迅速增加到 100 多种，贸易对象也扩大到美国等许多先进工业国家，一年多时间内竟获利 1.2 亿元，成为韩国商界一颗迅速升起的新星。20 世纪 50 年代初韩国物资匮乏，经济困难，李秉哲决定创办生产性工厂，经过调查他选择了制糖业。1953 年他首次以自己的技术力量，设计建造了韩国第一家大型制糖企业，为韩国食糖国产化立下了头功。以此为基础他又创立了第一家毛织厂，并很快将其发展为具有国际水平的企业，产品成功“登陆”到了毛织品王国的英国。60 年代韩国经济开始高速发展，但最缺少的是化肥，全面依赖国外进口，看到这种情况的李秉哲又决定筹建肥料厂，这一次他创造了世界上规模最大、设施最新、工期最短三项纪录的“韩国肥料”。

当然最令人骄傲的是“三星”在电子业的巨大成就。20 世纪 70 年代三星还在为日本三洋公司打工，制造廉价的 12 英寸黑白电视机。后来靠着给著名国际品牌制造芯片及电子产品，三星大大地拓展了自己的规模，那时正值电子业在西方国家悄然兴起，李秉哲独具慧眼于 1969 年创办了三星电子，同年底又创办了三星——三洋电气。70 年代除了继续扩大电子工业，李秉哲又先后创办三星电子管、电子零件和半导体等企业。然而三星的品牌却一直无法与世界一流品牌同日而语。面对这种状况，李秉哲提出只有走开发尖端科技这一途径。由于三星集团投入巨资发展尖端科技，加之引进美国先进技术，使韩国成为继美日之后，第三个能独立开发半导体的国家。他还根据政府优先发展重工业的方针，先后创办了三星石化、三星重工业、三星综合建设和三星机械等企业，将业务范围拓展到石化、造船、航空、金融、通信等领域。

李秉哲始终以敏锐的目光捕捉着国内外每个时期的发展动向，选择最具挑战性的发展目标。他认为现代社会的显著特征之一是每个人都在竞争第一，只有这样才能鞭策自己不断努力，这样的企业才会有前途。因此在创业实践中李秉哲始终标榜“三星第一”主义，就是无论在什么时候“三星”都要做到最好，而“三星第一”精神的基础就是他的“人才第一”主义。在三星训练中心里，悬挂着李秉哲亲笔题写的“人才第一”的匾额。李秉哲的继承人，后来的三星集团董事长李健熙主张“重质的新经营”，从重视外在的“重量思考”转为重视品质和机能的“重质思考”，并实行“第一主义”，以成为数字融合革命的主导者，并跻身全球三强之列为目标。他认为 21 世纪是超竞争的时代，成败将取决于保有多少个全球第一的事业。三星集团将选拔人才看做经营好企业的根本，推行“责任经营制”和“因才适用”、“疑人勿用”的原则，在这方面李秉哲甚至对自己的子女也毫不例外。三星是韩国最早采用考试取才制度的企业，被韩国企业界誉为“人才学校”。

作为市场的迟来者，单靠研发出来的技术成果，是不足以令三星在短短数年间就能在市场中争取一定的占有率。要在市场中突围而出，必须要有外在的配合，于技术研发的成果上作产品增值。为了实现其产品增值，三星投放了大量资源于两个方面发展：器重设计专才及贴近市场需要。另外三星在后期技术发展依重“强强合作”，即与其他世界顶尖的科技公司合作研发新科技，如与索尼共同发展第7代液晶体显示器及与IBM共同开发更精密的闪存。每年三星平均有十多次“强强合作”的发展机会，透过“强强合作”三星既可以研究出新的技术，又可以减低研发时的风险。李健熙曾说：“如果付出1亿韩元，就能以一周的时间获得技术；硬要投入10亿、20亿韩元，还必须经过3~5年的开发，那是一种浪费。付5%的技术费用没关系，只要能获得Know-how，获得10%的利益就好了。”三星明白自己首要的工作是在激烈竞争中尽快缩短与同业先发企业在技术开发上的距离，因此三星采取了一种与别人不同的研发方向——“反向工程”，通过支付专利金引入技术，然后以模仿的方式学习他人的技术，再改造成适合三星使用的研发方向，以最短的时间缩短与技术领先者的距离。

李健熙表示：“设计与创意是企业最珍贵的资产，同时也是21世纪企业经营决定胜负的最后关键。”三星现在有11200名具有硕士、博士学历的员工，而且计划每年再增加约1000名。此外三星的研发部门约有19700人，占全体职员的34%。三星投放了大量资源在全球各地设立了多家设计学院，主要为三星旗下子公司提供产品设计方面的专门意见，并提供年轻设计师的专业培训。此外，三星还与国际知名的Parsons School of Design合作，设立了Samsung Art and Design Institute，用以激发起设计员的创意思维。这些学院协助三星培育了一批优秀的员工，相比起市场中的其他主要竞争对手，三星每位员工对公司利润的贡献远超过同业。

三星定位为“数字时代的领导公司”，利用有限的资源集中开发应用技术，以引领数字生活的进化。三星的专利技术主力是“将数字应用融入生活中”，透过把人性化的技术带进内存、移动电话、液晶体显示器等产品，为用户带来各式各样的便利。数字产品带来全新的生活方式，成为时尚与新潮的象征，对于善于接受新事物的新一代具有相当大的吸引力。三星数码产品的畅销，验证了一个公理：技术本身的先进，更要和实际需求结合，甚至实现创造需求的技术创新；只有真正与大众消费需求契合，凭借技术与应用并重的优势，才能迅速占领市场。为了贴近市场中消费者的需要，三星于全球设立了13家研发中心，专门从事面向当地市场产品的研究开发。三星的发展网络覆盖全球，在各地设立的研发及销售机构，均会定期调查消费者的生活、人口的偏好潮流等各方面，借以分析各地消费者的需求。三星透过这些市场调查，选定有代表性的消费族群，再针对他们的需求来进行设计。因此我们可以看到三星由产品策划以至投产，都会考虑到大众消费者的需求及紧跟潮流的发展，相比其他对手三星往往是首家在市场中推出时尚产品的公司。

第十二章　为什么追随你

一、权威是基本的魅力

权威等于职位权力加上个人权力。职务权力是外部赋予的职务带来的影响他人心理和行为的能力，个人权力是内在因素，是如由于个人的业绩、素质、声望及其他个人因素而获得影响他人心理和行为的能力。权威可分为三种：传统型权威、魅力型权威、法理型权威。

传统型权威是一种最古老的权威形式，来自于习俗、惯例、经验、祖训等。由传统权威支配的社会组织，统治者依照传统形成的组织规则来治理臣民，芸芸众生对长官的服从来自于传统赋予长官的固有尊严，传统权威的本质是“顺从”。传统型权威支配下的社会组织有三种亚形态，即族长制、世袭官僚制与封建制。族长制是传统权威统治的最初级形态，起源于氏族社会，但它大量存在于各种社会形态之中，既便现代社会中也不乏这种组织形态的存在。各种家族制企业、乡土社会组织及初级形态的帮会等，仍较多地拥有传统权威特征。世袭官僚制与封建制是传统型权威的两种进化形态，是社会组织在发展过程中规模扩大与制度细化的结果，是由氏族组织向国家及其他大型组织转变时出现的更高级形态。

魅力型权威。这种权威又可称为超人权威或神授权威，它建立在非凡人格、英雄气概、创业奇迹的基础上，也就是说它来自于对领袖个人魅力的崇拜。所谓魅力，即一个领袖人物的超越凡俗的品质，它可以是不同凡响的气质、人品、性格、学识、智慧和能力，也可以是凡人不能理解的神授魔力。具有魅力权威的领袖人物，必须拥有某种超人类甚至超自然的，也是其他人无法企及的力量或素质，超人权威的本质是“敬仰”。魅力型权威的核心是个人崇拜，这种组织所依赖的往往是某种信仰，而不是强制性因素，所以要维持个人崇拜组织的生存发展，领袖人物就必须不断地以某种新的方式来表现出他的魅力。这就像现在体育明星、演艺明星一样，只有不断地创造出新的奇迹，为粉丝提供新的刺激，才能保持崇拜者的兴奋和激情，否则就会失去其受人崇拜的魅力，所以这种权威是最不稳定的，也是不能持久的。一般来讲，伴随着领袖的魅力的失去，这种个人崇拜组织就会转化为传统型组织或法理型组织。

法理型权威。这种权威又可称为法定权威，是建立在相信规章制度和行为规则的合法性基础之上，法理型权威以规则为统治的出发点和最终的归宿点，只有根据法定规则所发布的命令才具有权威，人们普遍遵守规则、信守规则，规则代表了一种大家都遵守的普遍秩序。法律和规章有契约式的，也有强制式的，但是法理权威的形成依赖于法律和规章表现出来的理性，法理权威的本质是理性。法理型权威是由传统社会走向现代社会的必然产物，是理性追求的体现。相对传统权威和超人权威，它最稳定且最有效率，这种权威下的组织关系是法定的，组织的行为规则体现了理性。所以它是现代社会最为普遍的权威类型，其他两种权威最终会向这种权威演变。

现代社会企业家权威的真正来源有三种：①知识。知识是一种被确认的信念，通过知识持有者和接收者的信念模式和约束来创造、组织和传递，在传递知识的同时也传递着一套文化系统。知识是从不相关或相关的信息中变化、重构、创造而得到的，其内涵比数据、信息要更广、更深、更丰富，此观点强调知识与背景，以及知识与信息的关系。②良好工作关系。建立在相互尊敬、羡慕、了解、义务和友谊基础上的良好工作关系，没有良好关系，即使是成功率很高的计划方案，也有可能被下属抵制或拒绝。良好的关系是一种重要的信息渠道。③业绩和威望。一个组织通过高效果和高效率的利用有限的资源来达成的组织目的称为业绩，企业家自己的业绩和威望，使之可以与下属用较少的时间建立良好关系，促进团队成员以其为榜样做出更好成绩。

二、魅力的无限力量

企业家作为企业关系建立者、作为预言家、作为有影响力的人，需要擅长联系他人，他们与追随者的关系具有强烈的感情，比如，兴奋、冒险、忠诚、奉献等。有魅力的企业家让团队成员对其有强烈的信任感，相信企业家能够成功，在各项工作中企业家都能处于中心地位。魅力型企业家能够创造出一个使团队实现全新转变的远景目标，使团队成员相信并接受他为企业设计的愿景，当团队的信赖感和行动力量聚积到一定程度，就会形成企业家巨大的力量。魅力型企业家擅长影响和激励他人，追随者对企业家的决定或命令从不怀疑，企业家始终是一种自信、能干、可靠的形象，企业家运用积极预期的力量来产生高强度的行动力量，运用有效语言和说服技巧推动团队成员一起实现企业的目标愿景。魅力型企业家以行动的榜样的影响力，来鼓励别人为团队做出牺牲。

因此企业家的远景目标要不同于现有其他企业，要是独特的、创新的、鼓舞人心的，这样追随者将全心全意，如果目标愿景保守传统，将使团队成员缺乏信任，当然也不能特别极端化。企业家通过做出不符合传统习惯的行为，表明自己与众不同，当这种行为获得成功结果时，企业家会被团队成员认为具有超越社会现有秩序的超级能力。如果一个企业家愿意冒着失去权力、地位、金钱等的风险，去为组织考虑行动，那么企业家就会引人注目，就会让追随者更加信赖，也就会使其魅力更强。自信和知识渊博的企业家更具有魅力，自信拥有感染力，这样企业家决策的时候，追随者也就相信，这种共同的信心提高了事情的成功率。同时企业家专业化的决策保证了企业成功，更巩固了企业家在团队成员心中的地位。企业家通过有水平的演讲或呼吁，表现出坚强的个人力量，推动团队成员一起，促进企业使命目标的实现，这样的企业家就更具有魅力。

企业家要有英雄主义精神，英雄主义是指人所具有的不甘落后，不愿平庸地生活和工作，喜爱做出超常的惊世之举的一种精神风貌和意志品质。英雄主义分为革命英雄主义和个人英雄主义。革命英雄主义体现了敢于压倒一切敌人、战胜一切困难、艰苦奋斗、不怕牺牲、勇往直前的大无畏革命精神和风貌，体现了革命战士高尚的道德情操和优秀品质，是世界观的一种表现，是革命战士的政治觉悟、生活态度和献身精神的高度的统一。个人英雄主义是一些人的个性色彩、冒险主义、自由思维在社会实践中的综合体现。企业家的英雄主义精神是革命英雄主义和个人英雄主义的完美结合、完美演绎。

三、你的企业就是你的形象

企业家形象的脊梁和根本是企业形象。企业形象是企业内外对企业的整体感觉、印象和认知，是企业状况的综合反映。在印象的基础上加入人们的判断，进而形成具有内在性、倾向性和相对稳定性的公众态度，多数人的肯定或否定的态度才形成公众舆论。当企业在社会公众中具有良好企业形象时，消费者就愿意购买该企业的产品或接受其提供的服务；反之，消费者将不会购买该企业的产品，也不会接受其提供的服务。

企业形象的分类：①企业内在形象和外在形象。内在形象主要指企业目标、企业哲学、企业精神、企业风气等看不见、摸不着的部分，是企业形象的核心部分。外在形象则是指企业的名称、商标、广告、厂房、厂歌、产品的外观和包装、典礼仪式、公开活动等看得见、听得到的部分，是内在形象的外在表现。②企业实态形象和虚态形象。实态形象又可以叫做客观形象，指企业实际的观念、行为和物质形态，它是不以人的意志为转移的客观存在，诸如企业生产经营规模、产品和服务质量、市场占有情况、产值和利润等，都属于企业的实态形象。虚态形象则是用户、供应商、合作伙伴、内部员工等企业关系者对企业整体的主观印象，是实态形象通过传播媒体等渠道产生的映象，就好像我们从镜子中去观察一个物体得到的是虚象。③企业内部形象和外部形象。外部形象是员工以外的社会公众形成的对企业的认知，我们一般所说的企业形象主要就是指这种外部形象。内部形象则指该企业的全体员工对企业的整体感觉和认识。④企业正面形象与负面形象。社会公众对企业形象的认同或肯定的部分就是正面形象，抵触或否定的部分就是负面形象。对于企业来说，一方面要努力扩大正面形象；另一方面又要努力避免或消除负面形象，两个方面同等重要，因为往往不是正面形象决定用户一定购买某企业产品或接受某项服务，而是负面形象一定使得他们拒绝购买该企业产品和接受其服务。⑤企业直接形象和间接形象。公众通过直接接触某企业的产品和服务、由亲身体验形成的企业形象是直接形象，而通过大众传播媒介或借助他人的亲身体验得到的企业形象是间接形象。

企业形象的构成因素有三个层次：①企业理念形象。由企业哲学、企业宗旨、企业精神、企业发展目标、经营战略、企业道德、企业风气等精神因素构成的企业形象子系统。②企业行为形象。企业组织及组织成员在内部和对外的生产经营管理及非生产经营性活动中表现出来的员工素质、企业制度、行为规范等因素构成的企业形象子系统。内部行为包括员工招聘、培训、管理、考核、奖惩、各项管理制度、责任制度的制定和执行、企业风俗习惯等；对外行为包括采购、销售、广告、金融、公益等公共关系活动。③企业视觉形象。企业的基本标识及应用标识、产品外观包装、厂容厂貌、机器设备等构成的企业形象子系统。

一个企业良好的形象主要表现在：①科学的企业理念是塑造良好企业形象的灵魂。②优美的环境形象是塑造良好企业形象的外在表现。③优质的产品形象是塑造良好企业形象的首要任务，产品形象是企业形象的综合体现和缩影。④清正的企业家形象是塑造良好企业形象的关键。企业家在企业中的主导作用和自身示范能力是领导形象的具体体现，也是塑造良好企业形象的关键。⑤敬业的员工形象是塑造良好企业形象的重要基础。当然企业家的穿着、言行、举止、修养、生活方式、知识层次、家庭背景、朋友圈等都是形象与魅力的组成部分。塑造企业家形象的方法有：从自己过去的经验学习、从别人的成败学习，通过观察周围学习，找专业人士进行强化训练等。

四、制度的恩威并用

制度是社会的博弈规则，或更严格地说是人类设计的制约人们相互行为的约束条件。用经济学的术语说，制度定义和限制了个人的决策集合，这些约束条件可以是非正式的（如社会规范，惯例，道德律），也可以是有意识设计或规定的正式约束。经济博弈的正式规则不可能被正在博弈之中的参与人自己制定（变更），它们的确立必须先于博弈过程。由于我们关注制度的起源，马上就面临一个问题：谁来制定经济规则。正是在这里，诺斯对博弈规则和博弈参与人（组织及其政治企业家）作了明确的区分，后者是推动制度变迁的主体，即规则制定者。根据诺斯的观点，现存的博弈规则决定了参与人如何交易及创新的激励，因而在根本上导致了伴随相对价格变动而产生的对新规则的有效需求。这些新规则将在政治市场上经各方协商而确定，政治市场则由政治规则决定，诺斯声称正是政治过程本身界定和实施产权。

诺斯认为制度是社会的游戏规则，更规范地讲它们是为人们的相互关系而人为设定的一些制约，他将制度分为三种类型，即正式规则、非正式规则和这些规则的执行机制。正式规则又称正式制度，是指政府、国家或统治者等按照一定的目的和程序有意识创造的一系列的政治、经济规则及契约等法律法规，以及由这些规则构成的社会等级结构，包括从宪法到成文法与普通法，再到明细的规则和个别契约等，它们共同构成人们行为的激励和约束；非正式规则是人们在长期实践中无意识形成的，具有持久的生命力，并构成世代相传的文化的一部分，包括价值信念、伦理规范、道德观念、风俗习惯及意识形态等因素；实施机制是为了确保上述规则得以执行的相关制度安排，它是制度安排中的关键一环。这三部分构成完整的制度内涵，是一个不可分割的整体。

诺斯把制度定义为博弈规则，博弈规则是内在产生的，它们通过包括实施者在内的博弈参与人之间的策略互动，最后成为自我实施的。从这种观点出发，思考制度的最合理的思路是将制度概括为一种博弈均衡，把制度及其复合体视为均衡现象，并不意味着制度是一成不变的，它们会发生变化，从许多可能性的均衡中选择其中一种的过程，或者从一种均衡到另一种均衡的转型。比如，即使能从国外借鉴良好的正式规则，如果本土的非正式规则因为惰性而一时难以变化，新借鉴来的正式规则和旧有的非正式规则势必产生冲突，其结果是借鉴来的制度可能既无法实施又难以奏效。

市场经济的制度博弈产生了企业家阶层，企业家制度是现代企业制度的核心。现代企业制度是指以市场经济为基础，以完善的企业法人制度为主体，以有限责任制度为核心，以公司企业为主要形式，以产权清晰、权责明确、政企分开、管理科学为条件的新型企业制度，其主要内容包括：企业法人制度、企业自负盈亏制度、出资者有限责任制度、科学的领导体制与组织管理制度等。企业制度体系是企业全体员工在企业生产经营活动中须共同遵守的规定和准则的总称，其表现形式或组成包括法律与政策、企业组织结构（部门划分及职责分工）、岗位工作说明、专业管理制度、工作流程、管理表单等各类规范文件。企业管理制度是企业为求得最大效益，在生产管理实践活动中指定的各种带有强制性义务，并能保障一定权利的各项规定或条列，包括企业的人事制度、生产管理制度、民主管理制度等一切规章制度。

企业管理制度的规范性是要求企业管理制度呈稳定和动态的统一，长年一成不变的规范不一定是适应的规范，经常变化的规范也不一定是好规范，应该根据企业发展的需要而实现相对的稳定和动态的变化。在企业的发展过程中，企业管理制度应是具有相应的稳定周期与动态时期，这种稳定周期与动态时期是受企业的行业性质、产业特征、企业人员素质、企业环境、企业家的个人因素等相关因素综合影响的。企业应该依据这些影响因素的变化，控制和调节企业管理制度的稳定性与动态性。

恩威并用是企业家管理中虽然并不怎么悦耳但却很有效的基本手段，恩威并用强调给予恩惠和加以惩罚两种手段，只能用于上级对于下级。没有胡萝卜，挥舞的大棒可能砸到自己头上，没有大棒，喂胡萝卜的那只手都可能被吃掉，尽管对方看起来像是小白兔。胡萝卜是人想要什么，想得到的，大棒是人怕什么，不想要的。如果从短期执行效果来看，用大棒往往比胡萝卜执行力更高，但从长远激励效益来看，胡萝卜与大棒搭配使用效果更佳，胡萝卜也只有与大棒搭配时才能更提升它的效用。不同的人有不同的需求，同一个人不同时期也有不同的需求，但核心需求又可以做更多细致的分类，而且每个人在某个心理层次的需求深度也不同，有的人只要有简单的物质、安全保证就可以追求尊重与自我实现，有的人对物质、安全保证要求很高。我们需要做的是，通过深入了解沟通，找到激励下属的关键点。

无论是用大棒，还是用胡萝卜，最关键的是待人以诚，真心为人着想。团队、协作、学习型组织等所有新兴理论的背后都掩藏着胡萝卜的激励因素，而目前的激励理论，无论是内容型激励、过程型激励，还是行为改造激励理论及综合激励理论等所有理论的实施基础，都是“胡萝卜”的方法。使用胡萝卜与大棒都需要付出，仅有这两样东西算不上是上乘手段，还有一种力量有直接收益，这就是文明的传播，形成企业管理的引力、区域的重心，从而倍增胡萝卜与大棒的效力。没有文明的力量，企业家在喂别人胡萝卜时会被当作冤大头，挥舞大棒时会被当做恶霸，从而进退失据。

恩威并用的“恩”和胡萝卜加大棒中的“胡萝卜”，其实是一种温柔，不过温柔具有强大力量。冷酷自私的人学不会它；温柔是一种素质，它总是自然地流露，与人性同在，藏不住也装不出；温柔是一种感觉，所有美丽的言词也替代不了的感觉。温柔有时是闭住你的嘴，停止你滔滔不绝的高论，有时是放弃你咄咄逼人的攻势，而给人留下余地，它使你不要太自作聪明而花样百出，不要太张牙舞爪而诡计多端。温柔，是善良、是体谅、是关怀、是和蔼，是成功时的欣喜和钦佩，是挫折时的缓解和安慰，是见到你就信心倍增，是同你在一起便沐浴春风，是帮助你减压而不是加重压力。温柔是一种光彩，能使平凡的人变得出众，温柔是一种财富，拥有了即使身无分文也会非常富有。温柔是一种广博的同情心和丰富的想象力，没有年轻之分，没有性别之分，它是最可贵的人类之爱的产物，拥有它的心灵是丰富的心灵，能滋润每一颗碰撞着的心。温柔是美德，也是一种力量，它能像春风一样吹散人们心头的忧愁和烦恼，给人们带来幸福和快乐；它又像清澈的溪水，浇灌着友谊之树和友情之花，使一切变得美好和谐。有了温柔，便有了一种独特的美，有了一种自尊的人格，有了一种做人的智慧。企业家的实力不仅是权威、资本、创新这些传统意义的东西，会温柔的企业家更是一种意志信仰层面的强大、是一种文明的强大。

五、柔性管理的时代

柔性管理是一种对稳定和变化进行管理的新方略。柔性管理理念的确立，以思维方式从线性到非线性的转变为前提。线性思维的特征是历时性，而非线性思维的特征是共时性，也就是同步转型。从表面混沌的繁杂现象中，看出事物发展和演化的自然秩序，洞悉下一步前进的方向，识别潜在的未知需要和开拓的市场，进而预见变化并自动应付变化，这就是柔性管理的任务。柔性管理以人性化为标志，强调跳跃和变化、速度和反应、灵敏与弹性，它注重平等和尊重、创造和直觉、主动和企业精神、远见和价值控制，它依据信息共享、虚拟整合、竞争性合作、差异性互补、虚拟实践社团等，实现管理和运营知识由隐性到显性的转化，从而创造竞争优势。柔性管理是相对于刚性管理提出来的。刚性管理以规章制度为中心，用制度约束管理员工。而柔性管理则以人为中心，对员工进行人格化管理。柔性管理的最大特点，在于它主要不是依靠外力，如发号施令，而是依靠人性解放、权力平等、民主管理，从内心深处来激发每个员工的内在潜力、主动性和创造精神，使他们能真正做到心情舒畅、不遗余力地为企业开拓优良业绩，成为企业在全球激烈的市场竞争中取得竞争优势的力量源泉。

柔性管理的特征：①组织结构的扁平化和网络化。刚性管理下的组织结构大多采取的是直线式的、集权式的、职能部门式的管理机构体系，强调统一指挥和明确分工，这些组织结构的弊端是信息传递慢，适应性差，难以适应信息化社会中组织生存和发展的需要。柔性管理提倡组织结构模式的扁平化，压平层级制，精减组织中不必要的中间环节，下放决策权力，让每个组织成员或下属单位获得独立处理问题的能力，发挥组织成员的创造性，提供人尽其才的组织机制。与此同时通过组织结构的扁平化，使得纵向管理压缩，横向管理扩张，横向管理向全方位信息化沟通的进一步扩展，将形成网络型组织，团队或工作小组就是网络上的节点，大多数的节点相互之间是平等的非刚性的，结点之间信息沟通方便、快捷、灵活。②管理决策的柔性化。在传统的刚性组织中决策层是领导层和指挥层，管理决策是自上而下推行，组织成员是决策的执行者，因此决策往往带有强烈的高层主观色彩。柔性决策中决策层包括专家层和协调层，管理决策是在信任和尊重组织成员的基础上经过广泛讨论而形成的，与此同步大量的管理权限下放到基层，许多管理问题都由基层组织自己解决。同时管理决策目标选择的柔性化，提出以满意准则代替刚性管理的最优化准则，让管理决策有更大的弹性。③组织激励的科学化。为了充分调动组织成员的积极性、主动性和创造性，实行科学的激励方法是柔性管理的重要组成部分。柔性管理认为激励是对组织成员的尊重、信任、关心和奖励的全面综合，激励分为物质激励和非物质激励，在实施时要充分把二者相结合，力求为组织成员创造宽松、平等、相互尊重和信任的工作环境，提供发展机遇，实行自主管理、参与管理等新的管理方法。

柔性管理的作用：①激发人的创造性。在工业社会主要财富来源于资产，而现代经济时代的主要财富来源于知识。知识根据其存在形式，可分为显性知识和隐性知识，前者主要是指以专利、科学发明和特殊技术等形式存在的知识，后者则指员工的创造性知识、思想的体现。显性知识人所共知，而隐性知识只存在于员工的头脑中，难以掌握和控制。要让员工自觉自愿地将自己的知识思想奉献给企业，实现知识共享，单靠刚性管理不行，只能通过柔性管理。②适应瞬息万变的外部环境。现代经济时代是信息爆炸的时代，外部环境的易变性与复杂性一方面要求战略决策者必须整合各类专业人员的智慧；另一方面又要求战略决策的出台必须快速，这意味着必须打破严格部门分工的界限，实行职能的重新组合，让每个员工或每个团队获得独立处理问题的能力，独立履行职责的权力，而不必层层请示。因而仅仅靠规章制度难以有效地管理该类组织，而只有通过柔性管理，才能提供人尽其才的机制和环境，才能迅速准确做出决策，才能在激烈的竞争中立于不败之地。③满足柔性生产的需要。在现代经济时代人们的消费观念、消费习惯等也不断地变化，满足个性消费者的需要是当代生产经营的必然趋势。知识型企业生产组织上的这种巨大变化必然要反映到管理模式上来，导致管理模式的转化，使柔性管理成为必然。

柔性生产管理的内容：①机器柔性。当要求生产一系列不同类型的产品时，机器随产品变化而加工不同零件的难易程度变得简单。②工艺柔性。工艺流程不变时提高自身适应产品或原材料变化的能力；制造系统内为适应产品或原材料变化而改变相应工艺的难易程度变得简单。③产品柔性。产品更新或完全转向后，系统能够非常经济和迅速地生产出新产品的能力；产品更新后，对老产品有用特性的继承能力和兼容能力。④维护柔性。采用多种方式查询处理故障，保障生产正常进行的能力。⑤生产能力柔性。当生产量改变，系统也能经济地运行的能力，订单生产的制造系统。⑥扩展柔性。当生产需要的时候可以很容易地扩展系统结构，增加模块，构成一个更大系统的能力。⑦运行柔性。利用不同的机器、材料、工艺流程来生产一系列产品的能力，同样的产品换用不同工序加工的能力。⑧柔性制造技术。柔性制造技术是对各种不同形状加工对象实现程序化柔性制造加工的各种技术的总和，柔性制造技术是技术密集型的技术群，人们认为凡是侧重于柔性适应于多品种、中小批量（包括单件产品）的加工技术都属于柔性制造技术。

柔性管理的注意事项：①以满足顾客的需求和偏好为经营导向。不仅要为顾客提供物品，而且要丰富顾客的价值，使顾客在消费一种物品时能够获得更多的超值感受。传统的批量生产型企业的观念是供给创造需求，只要能生产就会有顾客购买，企业的利润由市场和生产能力决定。柔性管理则是将顾客的需求与偏好放在首位，利润蕴含于顾客对物品需求和满足顾客偏好之中，只要能将顾客的需求与偏好转化为物品或服务，利润就是这种转化的一种自然结果。因此，柔性管理的关键在于确定如何创造丰富顾客价值的方案，如何解决顾客所关注的问题的方案，以及如何将顾客感知到的但并没有完全清楚表达出的愿望或需求转化为顾客可明确说出的产品的方案。②以促进学习、激发灵感和洞察未来作为管理的最基本职能。科学管理时代管理的最基本职能是决策，而网络时代管理的最基本职能是寻求知识转化的路径与结点。网络时代不确定的市场变化已经把管理的核心作用转变成一种委托：促进学习、激发灵感和洞察未来，激励、综合、协调一线人员的努力与贡献，以更高的视野兼顾全局，并将一线人员的全新理念整合到企业发展的统一战略框架之中。③以虚拟实践社团作为创新的源泉。识别发现市场的潜在需求与偏好，不仅需要大量的信息，更需要敏锐的洞察力，需要智慧与灵感。在市场的需求结构瞬息万变的网络时代，只有通过发挥各方面的创新力量，才能造就智能化的企业，才能不断获得新的竞争优势。因此组建各式各样的虚拟实践社团，努力为企业的发展提供创新性的建议与方案，增强企业的适时学习能力，使企业成为一个真正的学习型企业。虚拟实践社团是强强合作，它的本质特点是以顾客为中心，以机会为基础，具有一整套清晰的建立在协议基础上的目标。④以网络式组织取代层级组织。科学管理时代的组织是一种金字塔型结构的层级组织，它层次过多，传递信息的渠道单一而且过长，反应迟缓，各职能部门间相互隔离，信息流动受边界的限制，上下级之间的信息传递常常扭曲失真。网络式组织的各个部分相对独立，各部分之间是一种融合共生的关系，不存在划定的边界，以网络式的扁平化组织结构代替金字塔型的组织结构，提高了信息传递的效率和工作效率，加强了部门之间的相互沟通，增加和助长了企业与市场反馈的触角，提高了企业的整体反应灵敏度，从而使企业能够更迅速地抓住市场机会。⑤以企业再造为手段。企业再造关注的是企业经营模式的调整，这为企业实现柔性管理提供了机会。因为企业再造是在更高层次上确定企业如何对市场作出反应，如何识别潜在市场与创造新市场，并在这种识别与创造中重新定位企业在市场中的角色。企业再造重视培养人的学习能力，目的是把企业变成一个学习型组织，增强企业从员工个人到整个组织对瞬息万变的环境的适应能力。

六、大度需要不断练习

很多人说企业家要大度，但大度的标准人人不同，更何况大度也不是一天炼成的。大度是心胸宽广，大度常和宽容一起使用，宽容大度是一种美德，它要求人清心寡欲。大度，有的人做得到做得好，对这种人的评价，赞成的多，不赞成的少。为人大度好相处，朋友多，利于事，多好哇，为什么还有人不赞成呢？不赞成者大体有两类：一是自己做不到，因此也不相信别人能做到；二是认为大度者吃亏，什么事都让着别人，自己多亏呀？因此大度是人的一种品格，品格属于道德范畴，不是天生从娘肚子里带来的，而是后天经过磨炼逐步形成的。古今中外成大事业者无不需要处理好各种人际关系，而在处理好人际关系的长期实践中，锻炼出一种大度容人的高贵品格是非常重要的。

大度品格的形成需要三个阶段：①不大度。人生起步阶段，立志成才，要强心特别强，什么都要和别人比高低争输赢，在自己心目中就是自己最好，此为不大度阶段，因为他心中只有自己这个“小我”。②比较大度。事业有成，前途无量，可困难也大增，开始知道山外有山，天外有天。于是在自己自强不息的过程中，在自己百折不回的奋斗中，知道了学人之长以补己之短的重要。同时也领略过了人性险恶的一面的种种丑态，特别是对自己恶的一面的言行反省，使自己不断擦平受伤的伤口，扫去自己伤及别人的邪念，从而得到从身体到思想的重生与新生。③大度。事业大成，年龄大长，位居“社会山峰”之上，“社会山峰”同样多得数不胜数，自己怎么看怎么觉得自己所处山峰太小，没有其他山峰大而高。由于年事已高，深感再上一峰之力不从心，此时两种感觉强烈，一为自己太渺小；二为自己的时间不多了。这种已经成就了大事业者虚怀若谷，在处理人际关系时当然表现得十分大度，其最可贵之处是大度得能容难容之事。

第二阶段与第三阶段的最大不同在哪里呢？最大不同是大度得能容难容之事，这其中磨炼是很重要的。都有什么磨炼呢？①被整。有小人给你编造材料，并蒙骗或拉拢有势力的人一起整你。②被“穿小鞋”。给你“穿小鞋”者，往往是打着合理的牌子，让你受了罪还说不出来道不出来。③被打入“冷宫”。主要是不被重视，重要一点的事情没你干的份儿，重要一点的岗位更没你的位儿，只要你还在这个地方，你一定没机会显山露水儿。④被当“出气筒”。在某些人眼里成绩没你的事儿，表扬没你的份儿，奖励更没你的事儿，你干了半天活儿，只有当挨批受训的份儿等。当你遇到这种种不幸时，能有适合的倾诉对象、能有为你出谋划策的亲朋，那是一种幸福。但是没有时，伤只能自己疗养，痛只能自己承担，路只能自己寻找。你的不幸，你的付出，你的无奈，你的疗伤，你的这一切的反复，都是一种经历，都是一种磨炼，都是一种不能轻易得到的“凤凰涅磐”、“浴火重生”。经过磨炼而获得新的生命的你，意志更坚强，智慧更聪睿，经验更丰富，谋略更高远，待人更大度。你的不幸与磨炼，帮助你大度容人、大度容事，帮助你成才成事，成大才成大事。

七、以人为本不是口头禅

以人为本是当代全世界包括企业家在内的所有领导者思考和实践的管理思想。以人为本首先是“人”这个概念，“人”在哲学上常常和两个东西相对，一个是神，一个是物，西方早期的人本思想主要是相对于神本思想，主张用人性反对神性，用人权反对神权，强调把人的价值放到首位。在现代社会无论是西方国家还是中国，作为一种发展观，人本思想都主要是相对于物本思想而提出来的。其次是“本”这个概念，“本”在哲学上可以有两种理解：一种是世界的“本原”；另一种是事物的“根本”。以人为本的本，不是“本原”的本，是“根本”的本。提出以人为本，不是要回答什么是世界的本原，人、神、物之间谁产生谁，而是要回答在我们生活的这个世界上，什么最重要、什么最根本、什么最值得我们关注。以人为本不仅主张人是发展的根本目的，回答了为什么发展、发展为了谁的问题；而且主张人是发展的根本动力，回答了怎样发展、发展依靠谁的问题。

以人为本是一个关系概念，人主要处在四层基本关系中：①在人和自然的关系上，以人为本就是不断提高人的生活质量，增强可持续发展能力，即保持人类赖以生存的生态环境具有良性的循环能力。②在人和社会的关系上，以人为本就是既使社会发展成果惠及全体人民，不断促进人的全面发展，又积极为劳动者提供充分发挥其聪明才智的社会环境，人是一切活动的最终目的。③在人和人的关系上，就是强调公正，不断实现人们之间的和谐发展，既要尊重贫困群体的基本需求、合法权益和独立人格，也要尊重精英群体的能力和贡献，为他们进一步创业提供良好的人际环境。④在人和组织的关系上，就是各级组织既要注重解放人和开发人，为人的发展提供平等的机会与舞台、政策与规则、管理与服务，又要努力做到使人们各得其所，由此社会应尽力让每个人能各得其所，对每个人的能力和贡献给予应有的尊重。

企业家以人为本的管理包括：①激励机制。包括物质激励和精神激励，管理者应能找准员工的真正需要，并将满足员工需要的措施与组织目标的实现有效地结合起来。②压力机制。包括竞争压力和目标责任压力，竞争经常使人面临挑战，使人有一种危机感，正是这种危机感和挑战，会使人产生一种拼搏向前的力量。目标责任制在于使人有明确的奋斗方向和责任，迫使人去努力履行自己的职责。③约束机制。包括制度规范和伦理道德规范，制度是一种有形的约束，伦理道德是一种无形的约束。制度指企业的法规使人的行为有所遵循，使人知道应当做什么，如何去做并怎样做对，是一种强制约束。伦理道德是自我约束和社会舆论约束。④保证机制。包括法律保证和社会保障体系的保证，法律保证主要是指通过法律保证人的基本权利、利益、名誉、人格等不受侵害，社会保障体系主要是保证员工在病、老、伤、残及失业等情况下的正常生活，在社会保障体系之外的企业福利制度，则是作为一种激励和增强企业凝聚力的手段。⑤构建竞争机制。主要指员工有自由选择职业的权力，有应聘和辞职、选择新职业的权力，以促进人才的合理流动，与此同时企业也有选择和解聘的权力。⑥环境机制。主要指人际关系和工作本身的条件和环境。和谐、友善、融洽的人际关系会使人心情舒畅，在友好合作互相关怀中愉快地进行工作。企业家创造良好的人际关系环境和工作条件环境，让所有员工在欢畅快乐的心境中工作和生活，不仅会促进工作效率的提高，也会促进人们文明程度的提高。

八、财富都是浮云

在我国藏富有着悠久的历史传统，自古以来有钱人总是想尽办法，把钱藏着掖着，说什么也不能暴露。其实藏富并不是一种正常的财富观，把财富隐藏起来实际上是在逃避社会责任。更多的财富意味着更多的社会责任，不仅仅是纳税、解决就业。富人在中国的社会经济和政治生活中扮演着越来越重要的角色，对中国社会的走向所产生的影响力越来越大，富人需要为社会作出更多的贡献。财富的合理流动和使用，会对社会发展产生良性的影响，将会为收入差距的缩小，并最终实现社会成员间的共同富裕创造条件。而藏富、守富只会使财富的流动趋于停滞，使贫富分化更为悬殊，社会矛盾进一步激化，共同富裕变得遥不可及。与藏富形成鲜明对比的是，部分富人唯恐别人不知道自己的身价，而对财富大肆夸耀。

在中国仇视富人的文化传统悠久深刻，“为富不仁”和“均贫富”的观念根深蒂固，为富不仁的故事比比皆是，而“杀富济贫”却往往被视为英雄。在某大学社会调查中心的一项调查中，对“您认为在如今社会上的富人中，有多少通过正当手段致富?”的问题，仅有5.3%的人回答“有很多”。“富人的钱，干净吗?”成了公众普遍的疑问。而一个个“问题”富豪的暴露，又似乎印证了公众心中的疑问。应该看到富人的存在或者贫富差距的拉大，并不必然产生仇富情绪。重要的是社会是否提供了一个公平竞争的环境，让那些穷人通过后天的合法努力也成为富人。如果大多数中国人不相信社会给他们提供了公平的机会，而认为“关系”提供机会，腐败创造成功的话，仇富情绪才会有发芽生长的市场。在制度环境规范和完善之前，我们没有理由对仇富心理简单地下个结论，不仅如此，我们还应当看到它的积极意义，促进社会公正，推动社会文明。只有将富豪们置于公平的规则和同一起跑线之下，整个社会才会对先富的人有一个宽松的环境，这个社会的总体财富才会向前良性地发展，国家才会真正走上良性的轨道。

企业家的财富是人生成功的一个重要标志，也是社会地位和社会尊重的象征。因此企业家需要创造新的高贵的财富品质。何谓财富品质?财富品质就是财富的真正价值，它既与财富本身有关，也与财富创造者的个人品质有关。个人财富的多少在很大程度上还依赖于这个人所处的行业和宏观环境等多重因素，这些条件每个人都会有很大的差异。但另外绝大多数的富豪身上却都存在极为可贵的财富品质，如应对失败的能力、对机遇的把握、敢为人先等。富人的增多并不是坏事，社会物质财富总量不断增加是经济繁荣、社会进步、生活水平提高的重要基础，在全社会创造出一种对财富的恰当的尊敬，应该是社会发展的一项重点。

“崇富”氛围的营造，不仅需要富人们的身体力行，同时也需要公众的积极配合。在经济形态完成从计划向市场的转型后，社会价值观念也应该相应地在文化意义上完成转型，就大众层面而言也需要建立起与时代发展同步的、积极健康的现代财富观，为财富的增长创造良好的社会环境，从而推动经济的发展和社会整体的进步。

◇ 案例 1. 比尔·盖茨的慈善使命

比尔·盖茨是美国微软公司的董事长，他与保罗·艾伦一起创建了微软公司，曾任微软 CEO 和首席软件设计师，并持有公司超过 8% 的普通股，也是公司最大的个人股东。1995 年到 2007 年的《福布斯》全球亿万富翁排行榜中，比尔·盖茨连续 13 年位列世界首富。2008 年 6 月 27 日正式退出微软公司，并把 580 亿美元个人财产尽数捐到比尔与美琳达·盖茨基金会。2011 年 9 月《福布斯》美国富豪榜发布，盖茨以 590 亿美元居首。作为全球最大的软件公司，微软在 100 多个国家共有近 9 万名员工和近 7 万个合作伙伴。

17 岁的时候盖茨卖掉了他的第一个电脑编程作品，一个时间表格系统，买主是他的高中学校，价格是 4200 美元。在哈佛上学的时候盖茨参与编写了 Altair BASIC，这成为 Microsoft 的第一款产品。在大学三年级的时候，盖茨离开了哈佛并把全部精力投入到他与孩童时代的好友保罗·艾伦在 1975 年创建的微软公司中。在计算机将成为每个家庭、每个办公室中最重要的工具这样信念的引导下，他们开始为个人计算机开发软件，盖茨的远见卓识及他对个人计算机的先见之明成为微软公司成功的关键。在盖茨的领导下微软持续地发展改进软件技术，使软件更加易用，更省钱和更富于乐趣。盖茨和美琳达于 1994 年 1 月 1 日结婚，他们有三个孩子。对于盖茨来说慈善事业是非常重要的，他和美琳达已经建立了一个基金，支持在全球医疗健康和教育领域的慈善事业，希望随着人类进入 21 世纪，这些关键领域的科技进步能使全人类都受益。到今天为止盖茨和美琳达建立的基金已经将 25 多亿美元用于全球的健康事业，将 14 亿多美元用于改善人们的学习条件，其中包括为盖茨图书馆购置计算机设备、为美国和加拿大的低收入社区的公共图书馆提供互联网培训和互联网访问服务。此外，将超过 2.6 亿美元用于西北太平洋地区的社区项目建设，将超过 3.8 亿美元用在一些特殊项目和每年的礼物发放活动上。

2010 年 6 月 16 日盖茨与股神巴菲特广邀美国富豪慷慨解囊，在生前或死后至少捐出一半财富，从事慈善公益事业。盖茨与巴菲特出面发起多场富豪聚会，与会者包括高龄 95 的洛克菲勒家族掌门人大卫·洛克菲勒、纽约市长彭博、靠杠杆收购累积巨富的裴瑞曼、投资家索罗斯、脱口秀天后欧普拉与传播大亨透纳，这群向来乐善好施的富豪在聚会中凝聚共识，“赠与誓言”于是诞生。盖茨与巴菲特表示命名为“赠与誓言”（Giving Pledge）的劝募善款活动，初期将以列名《福布斯》杂志的美国四百大富豪为主，未来将扩展到世界各地。盖茨与巴菲特的顾问史东席佛女士指出，地产与营建大亨布洛德、媒体巨子兰费斯特、硅谷创投教父道尔及前思科总裁莫格里奇等四对富豪夫妇，都已同意以公开声明响应赠与誓言。身价530美元的布洛德夫妇在声明中承诺，会在生前与生后捐出75%财富，两人引用钢铁大王卡内基的名言：“带着巨富而死，是一种耻辱。”

2011年11月4日比尔·盖茨借二十国集团（G20）会议敦促各国，尤其美欧领导人别忘记帮助穷人，即使各国自家财政面临困境，也不要停止向穷国的发展项目提供资金。会上比尔·盖茨向与会领导人递交了“创新及影响资助21世纪发展”的报告，他的报告关注重点有两个：卫生健康问题和农业生产率的提高，而这两个方面的问题都有赖于投资创新。他希望二十国集团成员能够从卫生和农业问题入手，创新投资手段，兑现援助承诺，分享脱贫经验。“我们不能对世界上最为贫穷的群体视而不见，西方国家财政危机不应迫使我们削减农业援助等项目”。全球粮食价格2008年走高加重粮食进口国穷苦民众的负担，为稳定全球粮食供应，发达国家2009年承诺增加对发展中国家的农业项目资金援助，然而按照盖茨的说法承诺金额只有半数左右到账。盖茨在9月发布的报告草案中提议用“税金”充实“援金”，增收金融交易税、烟草税以及船运和航空燃油税。盖茨认为，“当人们激烈讨论财政预算时，应当记得，这种（农业援助项目）投入不仅可以挽救（穷国民众的）生命，改善民生，促进稳定，长期看还是省钱之道。”盖茨和巴菲特共同出资帮助非洲一些农民改进粮食储存和销售，这些农民如今已有能力向联合国机构和私营企业出售余粮。他说农业援助项目的好处是，一旦有效能形成良性循环。“如果你帮助一名农民提高生产力，让他相信这些新方法能有好的回报，你就可以放手，不需要一直资助他。”盖茨呼吁各国关注东非地区正面临的旱灾，他说“非洲之角”饥荒和旱情为国际社会敲响警钟，“2011年还发生如此严重的饥荒不合情理，世界具备帮助最贫穷者抗争饥荒和极端贫困的知识、工具和资源”。2010年以来东非多国遭遇60年一遇大旱，粮食收成大减，粮食短缺波及超过1200万人。盖茨认为所有国家都应该为消除贫困承担起责任，发达国家不应该以削减赤字为由而不兑现援助承诺，新兴市场国家应该用自身摆脱贫困的经验帮助不发达国家，贫穷国家应该最大限度地筹集更多资金投资于农业和卫生领域创新，从而形成一种新型的传统发达国家、新兴市场国家和贫困国家的“三角合作伙伴关系”。他说过去只有很少的富裕国家，世界其他地方都相对贫困，而现在穷国只占全世界不到三分之一，未来通过努力还可以最大限度地减少极度贫困国家的数量。

◇ 案例 2. 最优秀的魔法师亨利·福特

亨利·福特是美国汽车大王，世界最大的汽车企业之一福特汽车公司的建立者。他是世界上第一位将装配线概念实际应用而获得巨大成功者，并且以这种方式让汽车在美国真正普及化。这种新的生产方式使汽车成为一种大众产品，它不但革命了工业生产方式，而且对现代社会和文化起了巨大的影响，因此有一些社会理论学家将这一段经济和社会历史称为“福特主义”。1999 年《财富》杂志将他评为“二十世纪商业巨人”，以表彰他和福特汽车公司对人类工业发展所作出的杰出贡献。现在的福特汽车公司是世界第一大卡车生产厂家，2009 年营业收入 1462 亿美元，2010 年《财富》杂志按销售额评出的世界 500 家最大企业名单中，福特排名同行业第 3 位，利润 27 亿美元，资产 1948 亿美元。

1891 年福特成为爱迪生照明公司的一个工程师，1893 年晋升为主工程师后，他有足够的时间和钱财来进行对内燃机的研究，1896 年他制造了他的第一辆汽车，将它命名为“四轮车”。此后他与一些其他发明家离开爱迪生照明公司，他们一起成立了底特律汽车公司，但这家公司很快就倒闭了，因为福特一心只想研究新车而忽视了卖车，他让他的车与其他公司的车比赛来证明他的车的优良性。他的第二家自己的公司，亨利·福特公司的主要产品是他的赛车，1901 年 10 月 10 日他甚至亲自开车参赛，但不久他的资助者就迫使他离开了亨利·福特公司，此后这家公司被改名为凯迪拉克。1903 年福特与 11 位其他投资者建立了福特汽车公司，他新设计的车只用 39.4 秒就开过了一英里，当时的一个著名赛车运动员将这辆车命名为福特 999 型，并带着它周游美国，这样一来福特在美国就出名了。1908 年福特公司推出世界上第一辆属于普通百姓的汽车——T 型车，世界汽车工业革命就此开始。从 1909 年至 1913 年福特的 T 型车在多次比赛中获胜。1913 年福特退出了比赛，因为他对比赛的规则不满，这时候他也没有必要参加比赛了，因为 T 型车已经非常出名。同年福特将流水线引入他的工厂，从而巨大地提高了生产量。到 1927 年福特一共生产了 1500 万辆 T 型车，此后 45 年内这将是一个世界纪录。

福特大规模生产汽车的秘密就是掌握核心生产技术和材料。一部福特车大约有 5000 个部件。起初福特公司在一个工厂里组装整部汽车；后来由于自己制造零件，开始了部门化，每个部门只负责一件事情，精细的分工之下福特公司减少向外面购买零件。钢材是汽车业用料的基石，1905 年亨利·福特在一次赛车比赛中，发现了法国赛车的钢质很棒，很轻又有韧性，经过研究他们知道这种法国钢有钒的成分。美国没有钢铁厂能生产，他们找到了一个懂得生产的英国人，又找到一个小钢厂做高炉试验，从此开始用20种不同的钢铁来制造各种零部件。汽车生产需要大量的煤。这些煤直接从福特公司的煤矿经底特律、托里多和福特公司控制的埃尔顿铁路运到高地公园工厂和占地665英亩的罗格河工厂。其中的一部分用于炼焦炉，其副产品——煤气则用于热处理，本来煤气都是要花钱购买的。对足以影响生产稳定性的材料、零部件不需要外购，使得福特公司的生产不受天气、战争等的影响。

另外，福特公司提倡最大限度地“无头衔管理”：“没有特别的职责附加在任何职位上，没有一系列的上下级权力等级，也几乎没有头衔，没有会议……没有繁文缛节。”“企业总体上来说难以熟练地驾驭，所以不能给予舵手般的骄傲。”按照经验，困难不是发现要提升的人，而是谁愿意被提升。因为不会有多少人在希望得到更多钱的同时，还希望接受更多的责任和工作，这反而是正常的，这比根据头衔划分责任、把得到职位升迁当作工作目标来得好。“我们没有任何事先准备好的位置，我们最好的人员总是自己找位置，这点很容易做到，因为总是有工作。”亨利·福特表示，“当你考虑的是把工作做好，而不是为一个想得到提升的人找一个合适的头衔时，那就不会有提升的困难了。”

“作为领导者，雇主的目标应该是比同行业的任何一家企业都能给工人更高的工资。”亨利·福特的工资观念体现了“开明的利己思想”：工人得到每天6美元的最低工资，工作时间率先由9小时缩短为8小时。他不主张雇用“双职工”，因为母亲出去工作是“对小孩作孽”。“高工资”还有一个含义，经过分析7882项工作中有4034项并不需要完全的身体能力，这成了福特工厂雇佣残疾人士的理论基础，上万名残疾人士平等地获取正常工资。除了工资还有福利，享有福利的条件是负担家庭生活的已婚男人，以及“生活节俭”的单身男人和抚养亲戚的妇女。而且在福特公司病假和改善了的工伤医疗得以制度化。工人对工厂有深厚的感情，提高效率、增产节约的创造性办法层出不穷。好的建议往往来自于认真工作的工人们，用高架传送装置把铸铁从铸造厂运送到机器车间，这为运输部节省了70个人。据估计福特公司在节约上得到的收益超过4000万美元：如果每个零件都节省一分钱，一年的总数可达上百万美元。从清扫的垃圾中一年可以获取60万美元；采用一种特殊螺丝一年可节省50万美元……福特奖励雇员的发明创造，让他们分享他们的发明带来的赢利。“工资解决了十分之九的精神问题”，亨利·福特总结道。福利的享有者甚至包括了客户，福特公司的利润由于资金周转快而长期保持在很高的水平，有一年的利润远比期望的多，于是公司自愿返还每一辆车的车主50美元。亨利·福特曾经说过：成功的秘诀在于把自己的脚放入他人的鞋子里，进而用他人的角度来考虑事物，服务就是这样的精神，站在客人的立场去看整个世界。亨利·福特与他的儿子埃兹尔一起于1936年在密歇根州创立了美国福特基金会，一开始它是一个地区性的福利机构，其目的是广泛地促进人类福利。该基金会发展极快，到1950年它已经成为一个国际性组织。

亨利·福特是那个时代最优秀的大魔法师。他是现代美国企业的发明者，他创造的汽车流水线改变了世界工业进程，他的T型车改变了美国文化和生活；他是美国建制的反对者，却为美国左派和劳工运动组织所痛恨；他是和平主义者，却又是个狂热的反犹分子；他成功地利用媒体炒作自己形象和汽车品牌，却又令罗斯福总统心生嫉妒；他是一个雇佣前黑手党头目对那些行为出格的员工大打出手的暴君式老板，又是企业管理和营销的天才；他是迫使儿子爱德塞·福特英年早逝的魔鬼，又是著名的慈善家。“从变化中我们能明白我们付出了远比该付的大得多的代价，明白人们得到的工资远比他们该得到的低得多，也明白还有多么广阔的领域等着人们去开发利用。”他在回忆录中写道，“福特汽车公司只是沿着这条道路走了一小段而已”。亨利·福特坚持自由经济、反对垄断；坚决反对投机主义，并把投资称为“投机”；他建立的职业学校为数以万计的贫困孩子提供了学习和工作的机会，修建的医院、铁路则为同行树立了标杆。除了管理企业，亨利·福特还用很多的时间思考政治经济学问题。作为一个理想主义者，他梦想着“把苦役从劳动中清除出去”，对民主制度、工资与福利的本质、慈善事业、机器与人的关系等都有阐述。许多年之后《财富》杂志称其为“20世纪最伟大的企业家”，《福布斯》杂志“有史以来最有影响力的20位企业家”中，他的名字列在榜首。

第十三章　绩效的前世今生

一、结果主义再讨论

美好的结果是企业家成功的最好奖赏，也是企业家价值的一种基本判断。任何一家企业所有的决策管理、组织管理、业务运作管理归根结底都是为了实现企业持续成长，从而实现其战略愿景的结果。任何一位企业家日常所有的工作努力，归根结底都应是为了达成其所负责绩效的最佳结果。然而事实上在企业普遍缺失为最终绩效贡献结果的运作管理，企业家日程繁忙，大量的管理事务却很少有直接为最终的绩效结果而工作的，大量的管理层会议却少看到对最终绩效结果的影响，甚至于有些公司只有会议而毫不关心结果到底怎么样。正如人生最终的目的是追求生命的幸福与意义，而我们太多人并不能遵循这个道理去生活。

那么结果主义是什么？首先结果是指绩效结果，可直接以经济价值指标来衡量，如销售、利润、回报率等。任何经营决策管理的内容，任何企业职能部门的工作导向都需要具有明确的为最终绩效结果贡献的意识，这就是优秀企业家精神的精髓，不顾一切地对最终绩效的渴望。结果主义认为企业家采取什么样的管理风格都可以，重要的是绩效结果。企业家的工作不是去喜欢人，也不是去改变人，而是让人尽情地发挥全部的聪明才智去工作，去创造最优秀的业绩。

当然结果不仅仅是绩效，做正确的事是达成结果的前提。有些企业与个人具备强烈的达成经营结果的愿望，使用不合理的甚至不合法的路径快速致富，这样的结果不值得学习提倡。如彼得·杜拉克所说，业绩不单指最终的利润，还应包括树立榜样，需要正直的商业道德。所以在坚持商业道德的前提下，业绩结果是唯一的准则。没有商业道德的结果，那样只能是伤害他人、伤害公众、伤害社会，并最终伤害自己的未来。没有商业道德的结果，不如没有结果，这样还不会浪费极其宝贵的资源，也不会造成恶劣的负面榜样的影响，如此对未来社会也是一种保护。

结果主义不是只指眼前的结果，企业需要持续的成功，结果在某种程度上意味着长期可持续的结果。许多企业曾经辉煌一时，而后不久落入大败局的结果，那样绝不会是企业所想要的。任何企业家都不可以因为曾经创造过辉煌，而懈怠今天所担当的职责，全球的职场舞台上有数不胜数的明星 CEO 后来因为绩效问题被董事会驱逐。所以，结果主义不是只关注眼前的结果。可是大部分企业所应用的绩效体系是现实的和短期的，也是所谓彻底的结果导向，薪酬的一部分甚至于大部分由年度的销售或利润数字所决定，期权也是现代企业经理人激励的一个重大发明，让经理人团队为股价而工作，而股价需要每一个季度财务数字的支持。因此问题的根本是企业的领导者，是否真正具备彻底清晰的认知，企业家所要的真正结果及他们的天职，是要去实现长期持续的发展。

结果主义不是不管过程。强势的企业家也可能是极端的结果主义者，习惯对下属如此训斥：我才不管你怎么做，我要的是结果，给我结果。这可能是有效的领导者，也有可能只是失败的暴君，但无论如何，结果主义不是不管过程，相反过程是需要管理的内容。结果是不可以管理的，只有达成结果的过程是可以管理的。如何实现利润，需要管理销售与成本；如何实现销售，需要管理实现销售的所有核心环节，从产品供应到市场营销；如何实现某一个零售点的销售，需要管理零售的所有核心要素，从产品陈列到促销推广。

结果主义意味着强烈的达成目标的意识，结果主义者一定具有明确的目标，而且他会为目标制订明确的执行计划，一条清晰的如何实现目标的路径，然后认真跟进执行，一直到达成结果。结果主义意味着强大的执行力，执行力也就是达成结果的能力。没有执行力的结果主义不是真正的结果主义，没有执行力的企业家更不是真正的企业家，一切美好的结果的实现需要强大的执行力来保障。

二、卓越绩效模式

卓越绩效模式（Performance Excellence Model）是当前国际上广泛认同的一种组织综合绩效管理的有效方法和工具，该模式源自美国波多里奇（Malcolm Baldrige）奖评审标准，以顾客为导向，追求卓越绩效管理理念，包括领导、战略、顾客和市场、测量分析改进、人力资源、过程管理、经营结果七个方面，该评奖标准后来逐步风行世界发达国家，成为一种卓越的管理模式（见图 13－1）。

企业推行卓越绩效模式的意义：①对更新管理理念步入现代优秀企业行列具有重要意义。卓越绩效模式是世界成功企业管理经验的结晶，也是企业实现管理现代化的重要途径。通过对于卓越绩效模式的导入，可实现公司与世界一流的管理模式迅速接轨，成功借鉴世界一流公司的管理经验。②对实现公司战略目标具有重要意义。通过推行卓越绩效模式，建立完善的标杆管理体系并实施推进，对

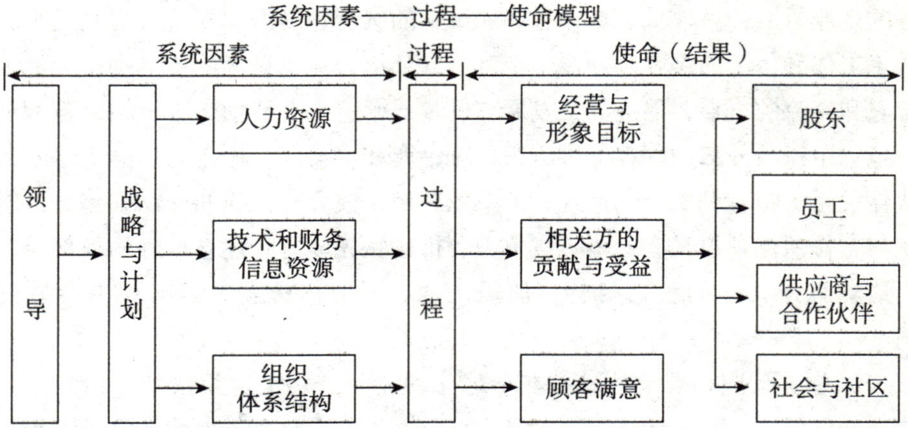

图 13-1 流程型卓越绩效模式图

提升公司综合竞争力将起到积极的作用。③对优化内部管理流程、整合管理方法、提升管理效率、完善绩效评价具有重要意义。④争取质量进步，树立卓越品牌形象，具有重要意义。

卓越绩效模式的行为准则：

（1）追求卓越的领导。领导力是一个组织成功的关键。企业家应确定组织的发展方向、价值观和长短期的绩效目标。企业家应确保建立组织追求卓越的战略、管理系统、方法和激励机制，激励员工勇于奉献、成长、学习和创新。企业家应通过管理机构对组织的道德行为、绩效和所有利益相关方负责，并以自己的道德行为、领导力、进取精神发挥表率作用，带领全体员工实现组织的目标。

（2）顾客导向的卓越。组织要树立顾客导向的经营理念，认识到组织绩效是由组织的顾客来评价和决定的。组织必须考虑产品和服务如何为顾客创造价值，达到顾客满意和顾客忠诚，并由此提高组织绩效。组织既要关注现有顾客的需求，还要预测未来顾客期望和潜在顾客；顾客导向的卓越要体现在组织运作的全过程，因为很多因素都会影响到顾客感知的价值和满意。

（3）组织和个人的学习。要应对环境的变化，实现可持续的卓越绩效水平，必须提高组织和个人的学习能力。组织的学习是组织针对环境变化的一种持续改进和适应的能力，通过引入新的目标和做法带来系统的改进，更好地履行社会责任和公民义务。个人的学习是通过新知识和能力的获得，引起员工认知和行为的改变，个人的学习可以提高员工的素质和能力，为员工的发展带来新的机会，使组织获得优秀的员工队伍。同时提高了员工的满意度和创新能力，从而增强组织的市场应变能力和绩效优势。

（4）尊重员工和合作伙伴。企业要保证顾客满意，要重视创造商品和提供服务的企业员工，重视员工意味着确保员工的满意、发展和权益。为此组织应关注员工工作和生活的需要，创造公平竞争的环境，对优秀者给予奖励；为员工提供学习和交流的机会，促进员工发展与进步；营造一个鼓励员工承担风险和创新的环境。组织与外部的顾客、供应商、分销商和协会等机构之间建立战略性的合作伙伴关系，将有利于组织进入新的市场领域，或者开发新的产品和服务，增强组织与合作伙伴各自具有的核心竞争力和市场领先能力。建立良好的外部合作关系，应着眼于共同的长远目标，加强沟通，形成优势互补，互相为对方创造价值。

（5）快速反应和灵活性。要在全球化的竞争市场上取得成功，组织要有应对快速变化的能力和灵活性，以满足全球顾客快速变化和个性化的需求。为了实现快速反应，组织要不断缩短新产品和服务的开发周期、生产周期，以及现有产品、服务的改进速度。为此需要简化工作部门和程序，采用具备低成本快速转换能力的柔性生产线；需要培养掌握多种能力的员工，以便胜任工作岗位和任务变化的需要。

（6）关注未来。在复杂多变的竞争环境下，组织要有战略性思维，关注组织未来持续稳定发展，让组织的利益相关方对组织建立长期的信心。追求持续稳定的发展，组织应制定长期发展战略和目标，分析预测影响组织发展的诸多因素，战略目标和资源配置需要适应这些影响因素的变化。而且战略要通过长期规划和短期计划进行部署，保证战略目标的实现。

（7）促进创新的管理。创新意味着组织对产品、服务和过程进行有意义的改变，为组织的利益相关方创造新的价值，把组织的绩效提升到一个新的水平。创新不应仅仅局限于产品和技术的创新，创新对于组织经营的各个方面和所有过程都是非常重要的。组织应对创新进行引导，以提高顾客满意为导向，使之融入到组织的各项工作中，进行观念、机构、机制、流程和市场等管理方面的创新。组织应对创新进行管理，使创新活动持续有效地开展。首先需要企业家积极推动和参与革新活动，有一套针对改进和创新活动的激励制度；其次要有效利用组织和员工积累的知识进行创新，而且要营造勇于承担风险与责任的环境氛围。

（8）基于事实的管理。基于事实的管理是指组织的管理必须依据对其绩效的测量和分析，通过测量获得关键过程、输出和组织绩效的重要数据和信息。绩效的测量可包括顾客满意程度、产品和服务的质量、运行的有效性、财务和市场结果、人力资源绩效和社会责任结果，反映了利益相关方的平衡。测量得到的数据和信息通过分析，可以发现其中变化的趋势，找出重点问题，识别其中的因果关系，用于组织进行绩效的评价、决策、改进和管理，而且还可以将组织的绩效水平与其竞争对手或标杆的“最佳实践”进行比较，识别自己的优势和弱项，促进组织的持续改进。

（9）社会责任与公民义务。领导应成为组织表率，在组织的经营过程中，以及在组织提供的产品和服务的生命周期内，要恪守商业道德，保护公众健康、安全和环境，注重保护资源。组织不应仅满足于达到国家和地方法律法规的要求，还应寻求更进一步的改进的机会，要有发生问题时的应对方案，能做出准确快速的反应，保护公众安全，提供所需的信息与支持。组织应严格遵守道德规范，建立组织内外部有效的监管体系。履行公民义务是指组织在资源许可的条件下，对社区公益事业的支持，公益事业包括改善社区内的教育和保健、美化环境、保护资源、社区服务、改善商业道德和分享非专利性信息等。

（10）关注结果和创造价值。组织的绩效评价应体现结果主义，关注关键的结果，主要包括有顾客满意程度、产品和服务、财务和市场、人力资源、组织效率、社会责任等六个方面。这些结果能为组织关键的利益相关方创造价值，将培育起忠诚的顾客，实现组织绩效的增长。

（11）系统的观点。卓越绩效模式七个方面的要求和核心价值观构成了一个系统的框架和协调机制，强调了组织的整体性、一致性和协调性。“整体性”是指把组织看成一个整体，组织整体有共同的战略目标和行动计划；“一致性”是指卓越绩效标准各条款要求之间，具有计划、实施、测量和改进目标的一致性；“协调性”是指组织运作管理体系的各部门、各环节和各要素之间是相互协调的。系统的观点体现了组织所有活动都是以市场和顾客需求为出发点，最终达到顾客满意的目的；各个条款的目的都是以顾客满意为核心，它们之间是以绩效测量指标为纽带，各项活动均依据战略目标的要求，进行系统的管理。

构建卓越的领导力：

（1）创建优秀的价值理念体系。①通过对企业在历史上形成的文化理念进行系统梳理与提炼，然后评估现有的价值理念是否与公司未来发展方向匹配，能够支持未来发展的予以保留，与未来发展不适应的予以剔除，并注入先进的文化元素，经过文化扬弃之后形成公司“价值理念体系”。②在价值理念体系的基础上审视公司走向未来的关键成功要素，在这些关键环节设定基本原则，然后根据这些原则审视公司制度，制定员工行为规范及外部宣传政策，将组织的价值理念落实到组织的各项规章制度和业务流程，并最终落实在员工的行为上，达到内聚人心、外树形象的目的。

（2）规范组织流程，形成战略执行力。①战略的制定应是企业家的眼光和悟性的感性决策与基于数据和事实的理性分析的完美结合，形成理性的、科学的决策思维。②通过制度保障战略的执行。新的战略的出台在某种程度上都是一种变革，必然会涉及部分既得利益者而产生战略执行的阻力，如果战略决策机制缺乏权威性，必然无法获得战略执行所需的资源配置和有关部门与人员的支持，在中国的文化环境中，更是如此。③组织和流程保障。战略决定组织，组织跟随战略进行调整，并要对组织的权利和利益分配体系及组织的业务流程进行梳理，确保战略目标的实现。④系统分解战略。将战略部署到各个事业单元以及各层级单位，将战略与日常运营系统建立有效衔接。为了保证战略目标的实现，制定长短期活动计划并有效配置资源。⑤建立战略纠偏机制，对战略执行状况实时跟踪监测，并定期对战略执行情况进行分析和战略调整，实现战略的动态管理。

（3）构建有利于企业均衡发展的绩效管理体系。卓越绩效模式要求组织的绩效评价能够保持组织的平衡，具体来讲就是要处理好短期绩效与长期绩效的平衡、收益增长与潜力增长的平衡、财务绩效与非财务绩效的平衡、产出绩效与绩效驱动因素的平衡、外部市场绩效与内部关键过程绩效之间的平衡。企业绩效评估能否兼顾到上述要素之间的平衡，直接影响到企业能否保持可持续的发展。企业家应结合公司现有战略，识别战略成功的关键要素，评估实现公司战略需要发育的核心能力，然后根据发育这些能力的需要，确定公司需要在财务绩效、客户与市场绩效、内部制度与流程绩效、学习与成长绩效方面补充哪些关键控制点，在这些关键控制点设定指标，立足于提高公司的核心竞争能力，形成对现有绩效指标体系的补充与完善，力求实现内部绩效系统的综合平衡，建立全面的绩效管理体系。通过定期对公司的经营绩效进行评价，并利用绩效的评价结果，确定管理改进的优先次序，为公司的可持续发展提供支持。

（4）开展继任计划，永续辉煌。卓越绩效模式为确保企业的永续经营，对企业家的继任计划特别提出要求。中国经济快速发展 30 多年，造就了一批优秀的企业和企业家，许多企业开始构筑百年企业的梦想，却也常常看到不久前还红红火火的企业轰然倒下，昙花一现。企业失败的原因是多方面的，其中原因之一就是企业家的管理思维没能顺应市场的发展趋势。决定企业在市场中取得成功的关键要素随着外部环境的变化已经发生改变，而企业家以往的经验往往成为企业进一步发展的障碍。图 13 - 2 是领导推动型卓越绩效模式图。

三、绩效测评的方法

1. 结构——功能

结构决定功能。好的组织结构是一种科学的安排，一种优化的排列组合，而不是简单的罗列堆砌。每个单元只有通过系统的有序结构才能表现自己的性能，

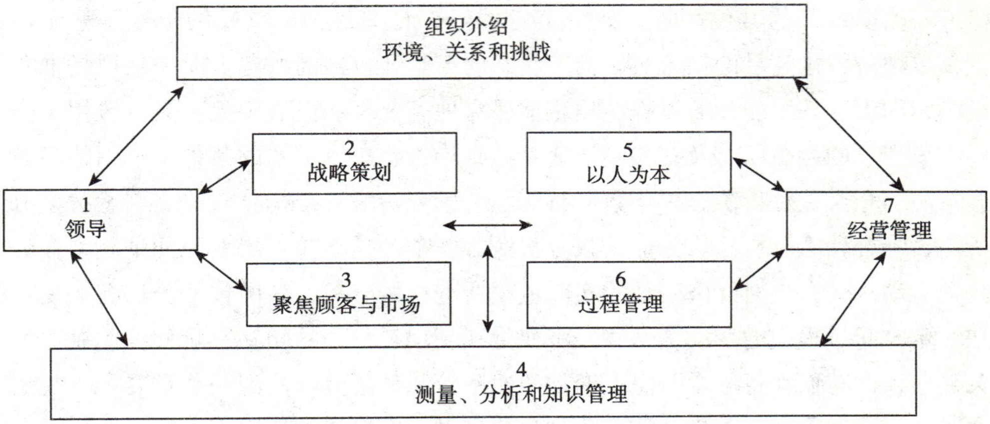

图 13－2　是领导推动型卓越绩效模式图

而且整体大于部分之和，系统的功能取决于系统的结构。企业家在领导过程中，所实现的领导效率、领导效果、领导效益，不仅与其个人能力有关，而且与组织状态、组织环境与组织关系等多种结构要素有关，它们是系统综合的结果。

2. 测量——评定

测量是按照某种规律，用数据来描述观察到的现象，即对事物作出量化描述，测量是对非量化实物的量化过程。测量是利用合适的工具，确定某个给定对象，在某个给定属性上的量的程序或过程，作为测量结果的量通常用数值表示，该数值是在一个给定的量纲或尺度系统下，由属性的量和测量单位的比值决定的。评定是根据一定的标准对行为进行估价的过程，是在测量基础上作出的，因而是一种主观的判断，评定包括三个因素，定量描述、价值判断和指标权衡。

3. 定性——定量

定性分析是测定物质包含哪些成分及性质，对研究对象进行"质"的方面的分析，具体地说是运用归纳和演绎、分析与综合及抽象与概括等方法，对获得的各种材料进行思维加工，从而能去粗取精、去伪存真、由此及彼、由表及里，达到认识事物本质、揭示内在规律。定量分析是测定物质所含各种成分的数量，对社会现象的数量特征、数量关系与数量变化的分析，定量分析的对象主要为财务报表，如资金平衡表、损益表、留存收益表等，其功能在于揭示和描述社会现象的相互作用和发展趋势。

4. 静态——动态

静态是相对静止状态，也可以理解为停止不动的状态。静态分析法是根据既定的外生变量值求得内生变量的分析方法，是对已发生的经济活动成果，进行综合性的对比分析的一种分析方法，如研究均衡价格时舍掉时间地点等因素，并假定影响均衡价格的其他因素，如消费者偏好、收入及相关商品的价格等静止不变，单纯分析该商品的供求对于均衡状态的产量和价格的决定。简单地说是抽象了时间因素和具体变动的过程，静止地孤立地考察某些经济现象，它一般用于分析经济现象的均衡状态及有关经济变量达到均衡状态所需要的条件。常用的静态分析法有相对数分析法、平均数分析法、比较分析法、结构分析法、因素替换分析法、综合计算分析法、价值系数分析法等。动态是事物发展变化的情况。在经济学中动态分析是对经济变动的实际过程所进行的分析，其中包括分析有关变量在一定时间过程中的变动，这些经济变量在变动过程中的相互影响和彼此制约的关系，以及它们在每一个时点上变动的速率等。动态分析法的一个重要特点是考虑时间因素的影响，并把经济现象的变化当做一个连续的过程来看待。

5. 唯物辩证法

唯物辩证法揭示了一切事物、现象发展过程中量变和质变的内在联系及其相互转化，又称量变质变规律。这一规律表明事物的发展变化存在两种基本形式，即量变和质变，前者表现为事物及其特性在数量上的增加或减少，是一种连续的、不显著的变化，后者是事物根本性质的变化，是渐进过程的中断，是由一种质的形态向另一种质的形态的突变。在事物内部矛盾的作用下事物的发展从量变开始，当量变达到一定的界限时量变就转化为质变，事物的性质发生了变化，旧质事物就变成了新质事物，这是量变向质变的转化。在新质的基础上又开始了新的量变。这是质变向量变的转化，量变引起质变，质变又引起新的量变，循环往复以至无穷，构成了事物无限发展的过程。量变和质变是事物发展变化的两种基本形式，二者既有区别又有联系，在事物发展过程中它们是相互依存、相互渗透的，量变中有阶段性的和局部性的部分质变，质变中有量的扩张。

四、重要的是价值判断

价值判断是对各种价值的认识，它是一种有目的有意识地对价值关系可能结果的预测活动，价值判断的基本功能是为实践确定方向、目标和基本原则，价值判断的首要特点是创造性。价值判断在人的生活中占有非常重要的地位，因为价值判断过程决定着一个人将怎样为人处世，怎样获取成功。人活着就要有价值选择，而作出价值选择的第一步就是要有正确的价值判断。价值判断实际上也是人的一种思想和行为选择，随着生存环境和生存时代的变化，人们各自的选择标准会有不同。市场经济催生了人们对多元价值和生活方式的追求，社会转型期各种不同的社会角色纷纷涌现，因此在各种价值，即在各种善与恶、好与坏之间进行权衡和抉择是十分重要的，要想作出正确的价值抉择，必须确定价值主体，确定活动的受益者和受害者。

价值判断具有几种性质。①客观性。价值判断的客观性表现在价值判断不是人主观自生的，而是社会存在于人头脑中的反映，是社会实践的产物，有其客观的来源。同时价值判断的客观性还表现在价值判断的正误有一定的客观标准，不能只凭主观喜好来评价。②主观性。价值判断与人的需要有关，因此具有主观性，主观性的表现就在于价值判断因人而异，人们的需要和利益不同，其价值判断也就不同。③多样性。事物自身的性质多种多样，人的需要多种多样，因此价值判断也会显现出多样性。这要求我们不能在价值观上盲目求同，要在一定程度上坚持多元的立场。④社会历史性。人们的价值判断都受到自己所在群体、阶级和社会的影响，表现出社会性，同时社会的发展也会导致人们价值观的变化，进而使价值判断发生变化，这是价值判断的历史性表现。

作出正确的价值判断和价值选择要遵守两个原则：①价值判断和价值选择要遵循社会发展的客观规律，走历史的必由之路，不能违背社会历史的发展规律。同时随着社会历史的发展，人们的价值观也会发生变化，这就要求我们以历史的眼光来评价各种现实和历史中的价值观念，要求我们与时俱进，更新自己的价值观，跟上时代的步伐。②价值判断和价值选择要符合企业相关各方的根本利益。价值判断和价值选择因人而异，每个人、每个团体都有自己的需要和利益，那么办事情的时候以谁的需要和利益作为出发点呢？也就是要站在谁的立场上呢？应该以顾客的利益作为最高标准，要站在企业相关各方共赢的立场上，这就要求我们善于从整体出发，协调各方利益。

五、绩效管理的工具

1. 360 度绩效评估

360 度绩效评估又称“全方位评估”，是指通过员工自己、直接上级、直接部属、同级别同事及处于受评者工作链条上游的供应商或者下游的客户等全方位的各个角度，来了解和管理受评者工作绩效的一种工具。360 度绩效评估工具的优势在于：①受评者可以获得来自多层面的人员对自己的评估意见，全面客观地了解有关自己优缺点的信息，以作为制订工作绩效改善计划、个人职业生涯及能力发展规划的参考。②受评者获得的评估信息因为是来自与自己工作相关的多层面评估者的评估结果，降低了评估结果的片面性和主观度，更容易被受评者所接受。③评估过程有助于促进组织各个层级成员彼此之间的沟通与互动，提高团队凝聚力和工作效率，避免唯上不良风气的形成和蔓延。④通过适当的资料收集，还可确认所经营团队的长处及不足，并能以此为据设定企业的学习中心，促进组织的变革与发展。

但其在应用过程中也存在以下问题：①由于其涉及受评者所接触到的多个层面的人员，尤其是涉及企业外部人员，如供应商、客户等，因此评估信息的搜集是一项非常繁重和复杂的工作，不仅企业内部各个层面人员要投入进去，还需要企业外部人员的配合，操作成本很高。②由于其仅仅关注到了各个不同层面的评估人，但并未提出相应评估指标和标准体系的设置方法，更未关注到企业的战略目标层面，因此企业做评估时在该方面无明确的参考依据，也无法与企业长远发展战略相结合。③由于评估的进行是以人为单位，而非评估小组，因此评估人的认识能力及自己内心固有的评估标准，或者与受评者利益相关的评估人的私心均会对评估结果产生直接的影响，主观性相对较高。

2. 关键绩效指标（KPI）

KPI 是指一系列集中在企业绩效方面的评价指标，这些指标对企业当前的发展和未来的成功起到关键作用，具有重要意义。设立 KPI 的价值在于使经营管理者将精力集中在对绩效有最大驱动力的经营行动上，及时诊断生产经营活动中的问题，并采取能够提高绩效水平的改进措施。关键绩效指标具有以下特点：①KPI来源于对企业总体战略目标的分解，其内容取决于企业战略目标，是对企业战略目标的分解和细化，并随着企业战略的改变而改变。②KPI 是对绩效构成中可控部分的衡量，应尽量反映员工工作的直接可控效果，剔除他人或环境造成的其他方面影响。③KPI 是对重点经营活动的衡量，即对公司整体战略目标影响较大，对战略目标实现起到不可或缺作用的工作进行衡量，而不是对所有操作过程的反映。④KPI 不是以上压下的工具，而是组织中相关人员对职位工作绩效要求的共同认识，是组织上下共同认同的。

关键业绩指标是通过对组织内部某一流程的输入端、输出端的关键参数进行设置、取样、计算、分析，衡量流程绩效的一种目标式量化管理指标，是把企业的战略目标分解为可运作的远景目标的工具，是企业绩效管理系统的基础。KPI 可以使部门主管明确部门的主要责任，并以此为基础明确部门人员的业绩衡量指标，使业绩考评建立在量化的基础之上。建立明确的切实可行的 KPI 指标体系是做好绩效管理的关键。设立 KPI 管理目标最有效技巧是 SMART 法则：Specific，目标一定要确定不能够模糊；Measurable，目标的可度量性；Attainable，制定的目标一定是可以度量的，目标的可实现性；Rrealistic，一切努力都是为了一个结果；Time - based，目标是有时效性的，即一个目标只有在一定的时间段内才有意义。

KPI 绩效管理的精髓是 20/80 原则的活用，抓大放小。那么员工的考核指标该定多高？目标值＝基准值＋勉强值。考核指标不易量化的职位如何考核？掌握5个关键词（QCDMS），Quality（品质）、Cost（成本）、Delivery（交期）、Morale（士气）、Safety（安全），任何职位的考核不再是难题。员工希望考核指标越低越好，老板的愿望则正相反。如何使双方达成共识？沟通的艺术。绩效考核指标与员工收入该如何挂钩？工资的大部分与绩效考核挂钩。

3. 平衡计分卡

平衡计分卡（BSC）是通过财务、客户、内部流程、学习与发展等四个方面的指标之间的相互驱动的因果关系展现组织的战略轨迹，是实现绩效考核——绩效改进，以及战略实施——战略修正的战略目标过程。它把绩效考核的地位上升到组织的战略层面，使之成为组织战略的实施工具。平衡计分卡的特点是始终把战略和远景放在其变化和管理过程中的核心地位。平衡计分卡以平衡为诉求：①财务指标和非财务指标的平衡。②长期目标和短期目标的平衡。③结果性指标与动因性指标之间的平衡。④内部群体和外部群体的平衡。⑤领先指标与滞后指标之间的平衡。

平衡记分卡与关键绩效指标可谓异曲同工，简单来说，BSC就是对KPI的分类方法，但它把KPI分成了四类，确保涵盖了企业发展战略目标的几个重要层面，甚至反过来指导企业在确立战略目标时，不能忽视内部运营以及团队的成长等驱动企业发展的无形性内因。因此平衡计分卡有效改变了以往企业单纯以经营业绩或财务性指标为主要关注对象的管理模式，更全面也更加深入地关注到了企业持续健康发展层面的管理业绩，它的最根本目标是实现战略规划，即使在绩效管理方面，也是以组织绩效为前提，员工绩效管理只是其功能的延伸。对于战略不够明晰或是正处于为生存打拼阶段的中小企业来讲，实施平衡记分卡是非常困难的事情。

4. 经济附加值（Economic Value Added）

经济附加值又称经济利润、经济增加值，是一定时期的企业税后营业净利润与投入资本的资金成本的差额。经济附加值是基于税后营业净利润和产生这些利润所需资本投入总成本的一种企业绩效财务评价方法。公司每年创造的经济增加值等于税后净营业利润与全部资本成本之间的差额，其中资本成本包括债务资本的成本，也包括股本资本的成本。从数学角度说EVA等于税后经营利润减去债务和股本成本，是所有成本被扣除后的剩余收入。EVA是对真正“经济”利润的评价，或者说是表示净营运利润与投资者用同样资本投资其他风险相近的有价证券的最低回报相比，超出或低于后者的量值。如果EVA的值为正，则表明公司获得的收益高于为获得此项收益而投入的资本成本，即公司为股东创造了新价值；相反，如果 EVA 的值为负，则表明股东的财富在减少。

经济附加值（EVA）和会计利润有很大的不同。经济附加值（EVA）是公司扣除了包括股权在内的所有资本成本之后的沉淀利润，而会计利润没有扣除资本成本。股权资本是有成本的，持股人投资 A 公司的同时也就放弃了该资本投资其他公司的机会。投资者如果投资与 A 公司相同风险的其他公司，所应得到的回报就是 A 公司的股权资本成本。股权资本成本是机会成本，而非会计成本。

经济附加值（EVA）的计算公式：EVA = 税后净营业利润 - （加权平均资本成本 × 投资资本总额），其中税后净营业利润 = 营业利润 + 财务费用 + 投资收益 - EVA 税收调整；或者税后净营业利润 = 销售额 - 营运费用 - 税收；或者：税后净营业利润 = 营运收入 × （1 - 所得税率）。经过拓展后可有公式：税后净营业利润 = 息税前利润 × （1 - 所得税率） + 递延税款的增加。EVA 税收调整 = 利润表上所得税 + 税率 × （财务费用 + 营业外支出 - 营业外收入）。加权平均资本成本 = 债务资本成本率 × （债务资本市值/总市值） × （1 - 税率） + 股本资本成本率 × 股本资本市值/总市值。

六、战略控制法

战略控制是指在企业战略的实施过程中，检查企业为达到目标所进行的各项活动的进展情况，评价实施企业战略后的企业绩效，把它与既定的战略目标与绩效标准相比较，发现战略差距，分析产生偏差的原因，纠正偏差，使企业战略得以实现。战略控制的层次包括：①战略控制。战略控制是指涉及企业同外部环境关系的基本战略方向的控制，它从企业总体考虑，着重于长期（1 年以上）业绩。②战术控制。战术控制主要处理战略规划实施过程中的局部、短期性问题，着重于短期（1 年以下）业绩。③作业控制。作业控制则是处理近期活动，考虑近期（如月度、季度）业绩。

战略控制按实施时间分为三类：

（1）事前控制。在战略实施之前要设计好正确有效的战略计划，该计划要得到企业高层领导人的批准后才能执行，所批准的内容往往也就成为考核经营活动绩效的控制标准，这种控制多用于重大问题的控制。由于事前控制是在战略行动成果尚未实现之前，通过预测发现战略行动的结果可能会偏离既定的标准，因此管理者必须对预测因素进行分析与研究。预测因素一般有三种类型：①投入因素。即战略实施投入因素的种类、数量和质量，将影响产出的结果。②早期成果因素。即依据早期的成果，可预见未来的结果。③外部环境和内部条件的变化，对战略实施的控制因素。

（2）事后控制。这种控制方式发生在企业的经营活动之后，才把战略活动的结果与控制标准相比较，这种控制方式工作的重点是要明确战略控制的程序和标准，把日常的控制工作交由职能部门人员去做，即在战略计划部分实施之后，将实施结果与原计划标准相比较，由企业职能部门及各事业部定期将战略实施结果向高层领导汇报，由企业家决定是否有必要采取纠正措施。事后控制方法的具体操作：①联系行为。即对员工的战略行为的评价与控制直接同他们的工作行为联系挂钩。他们比较容易接受，并能明确战略行动的努力方向，使个人的行动导向和企业经营战略导向接轨；同时通过行动评价的反馈信息修正战略实施行动，使之更加符合战略的要求；通过行动评价，实行合理的分配，从而强化员工的战略意识。②目标导向。即让员工参与战略行动目标的制定和工作业绩的评价，既可以看到个人行为对实现战略目标的作用和意义，又可以从工作业绩的评价中看到成绩与不足，从中得到肯定和鼓励，为战略推进增添动力。

（3）随时控制。即过程控制，企业高层领导者要控制企业战略实施中的关键性的过程或全过程，随时采取控制措施，纠正实施中产生的偏差，引导企业沿着战略的方向进行经营，这种控制方式主要是对关键性的战略措施要进行随时控制。

从控制的切入点来看，企业的战略控制可以分为五种：①财务控制。这种控制方式覆盖面广，是用途极广的非常重要的控制方式，包括预算控制和比率控制。②生产控制。即对企业产品品种、数量、质量、成本、交货期及服务等方面的控制，可以分为产前控制、过程控制及产后控制等。③销售规模控制。销售规模太小会影响经济效益，规模太大会占用较多的资金，也影响经济效益，为此要对销售规模进行控制。④质量控制。包括对企业工作质量和产品质量的控制。工作质量不仅包括生产工作的质量，还包括领导工作、设计工作、信息工作等一系列非生产工作的质量，因此质量控制的范围包括生产过程和非生产过程的其他一切控制，质量控制是动态的，着眼于事前和未来的质量控制，其难点在于全员质量意识的形成。⑤成本控制。通过成本控制使各项费用降低到最低水平，达到提高经济效益的目的。成本控制不仅包括对生产、销售、设计、储备等有形费用的控制，而且还包括对会议、领导、时间等无形费用的控制。在成本控制中建立各种费用的开支范围、开支标准并严格执行，要事先进行成本预算等工作。成本控制的难点在于企业中大多数部门和单位是非独立核算的，因此缺乏成本意识。

战略控制过程可以分为四个步骤：①制定效益标准。战略控制过程的第一个步骤就是评价计划，制定出效益的标准。企业可以根据预期的目标或计划制定出应当实现的战略效益。②衡量实际效益。主要是判断和衡量实现企业效益的实际条件。管理人员需要收集和处理数据，进行具体的职能控制，并且监测环境变化时所产生的信号。此外，为了更好地衡量实际效益，企业还要制定出具体的衡量方法及衡量的范围，保证衡量的有效性。③评价实际效益。用实际的效益与计划的效益相比较，确定两者之间的差距，并尽量分析出形成差距的原因。④纠正措施和权变计划。在生产经营活动中，一旦企业判断出外部环境的机会或威胁可能造成的结果，则必须采取相应的纠正或补救措施。当然当企业的实际效益与标准效益出现了很大的差距时，也应及时采取纠正措施。

战略控制系统要求：①控制系统应是节约的。既不能产生过多的信息，也不能提供太少的信息，而应是最经济地产生各部门所需要的最低限度的信息。②控制系统应是有意义的。控制必须与企业的关键目标相联系，能为各层管理人员提供真正需要和有价值的信息。③控制系统应当适时地提供信息。经常和快速的反馈并不一定意味着是较好的控制，关键是要及时地提供给管理者使用，因此应使设计的控制系统对应于所考核的活动或职能的时间跨度。④控制系统应提供关于发展趋势的定性的信息。定性信息比仅用定量数据能更快地发现问题，从而有助于更迅速地采取解决问题的行动。⑤控制系统应有利于采取行动。控制系统输出的信息必须传递给企业中那些根据这些信息而采取行动的人。⑥控制系统应当是简单的。复杂的控制系统常常会引起混乱，收效甚微，有效控制系统的关键是它的实用性，而非它的复杂性。

战略控制方法：①预算。预算是一种以财务指标或数量指标表示的有关预期成果或要求的文件。一方面预算起着如何在企业内各单位之间分配资源的作用；另一方面预算也是企业战略控制的一种方法。②审计。审计是客观地获取有关经济活动和事项的论断的论据，通过评价弄清所得论断与标准之间的符合程度，并将结果报知有关方面的过程。③个人现场观察。个人现场观察是指企业的各层管理人员（尤其是高层管理人员）深入各种生产经营现场，进行直接观察，从中发现问题，并采取相应的解决措施。

七、内部控制法

内部控制是指由企业董事会、管理层和全体员工共同实施的旨在合理保证实现企业基本目标的一系列控制活动。内部控制的作用：①保证国家的方针、政策和法规在企业内部的贯彻实施。健全完善的内部控制，可以对企业内部的任何部门、任何流转环节进行有效的监督和控制，对所发生的各类问题都能及时反映，及时纠正，从而有利于保证国家方针政策和法规得到有效的执行。②保证会计信息的真实性和准确性。健全的内部控制可以保证会计信息的采集、归类、记录和汇总过程，从而真实地反映企业的生产经营活动的实际情况，并及时发现和纠正各种错弊，从而保证会计信息的真实性和准确性。③有效地防范企业经营风险。内部控制作为企业管理的中枢环节，是防范企业风险最为行之有效的一种手段。它通过对企业风险的有效评估，不断地加强对企业经营风险薄弱环节的控制，把企业的各种风险消灭在萌芽之中。④维护财产和资源的安全完整。健全完善的内部控制能够科学有效地监督和制约财产物资的采购、计量、验收等各个环节，从而确保财产物资的安全完整，并能有效地纠正各种损失浪费现象的发生。⑤促进企业的有效经营。健全有效的内部控制，可以利用会计、统计、业务等各部门的制度规划及有关报告，把企业的生产、营销、财务等各部门及其工作结合在一起，从而使各部门密切配合充分发挥整体的作用，以顺利达到企业的经营目标。同时由于严密的监督与考核，能真实地反映工作实绩，再配合合理的奖惩制度，便能激发员工的工作热情及潜能，通过工作效率提高从而促进整个企业经营效率的提高。

内部控制的基本要素：①内部环境。内部环境是影响制约企业内部控制制度建立与执行的各种内部因素的总称，是实施内部控制的基础。内部环境主要包括治理结构、组织机构设置与权责分配、企业文化、人力资源政策、内部审计机制、反舞弊机制等内容。②风险评估。风险评估是及时识别科学分析影响企业战略和经营管理目标实现的各种不确定因素并采取应对策略的过程，是实施内部控制的重要环节和内容。风险评估主要包括目标设定、风险识别、风险分析和风险应对。③控制措施。控制措施是根据风险评估结果、结合风险应对策略所采取的确保企业内部控制目标得以实现的方法和手段，是实施内部控制的具体方式和载体。控制措施结合企业具体业务和事项的特点与要求制定，主要包括职责分工控制、授权控制、审核批准控制、预算控制、财产保护控制、会计系统控制、内部报告控制、经济活动分析控制、绩效考评控制、信息技术控制等。④信息与沟通。信息与沟通是及时、准确、完整地搜集与企业经营管理相关的各种信息，并使这些信息以适当的方式在企业有关层级之间进行及时传递、有效沟通和正确应用的过程，是实施内部控制的重要条件。信息与沟通主要包括信息的搜集机制及在企业内部和与企业外部有关方面的沟通机制等。⑤监督检查。监督检查是企业对其内部控制制度的健全性、合理性和有效性进行监督检查与评估，形成书面报告并作出相应处理的过程，是实施内部控制的重要保证。监督检查主要包括对建立并执行内部控制制度的整体情况进行持续性监督检查，对内部控制的某一方面或者某些方面进行专项监督检查，以及提交相应的检查报告，提出有针对性的改进措施等。企业内部控制自我评估是内部控制监督检查工作中的一项重要内容。

内部控制特征：①全面性。内部控制是对企业组织一切业务活动的全面控制，而不是局部性控制。它不仅要控制考核财务、会计、资产、人事等政策计划执行情况，还要进行各种工作分析和作业研究，并及时提出改善措施。②经常性。内部控制不是阶段性和突击性工作，它涉及各种业务的日常作业与各种管理职能的经常性检查考核。③潜在性。内部控制行为与日常业务与管理活动并不是明显地割裂开来，而是隐藏与融汇在其中。无论采取何种管理方式，执行何种业务，均有潜在的控制意识与控制行为。④关联性。企业的任何内部控制，彼此之间都是相互关联的，一种控制行为成功与否均会影响到另一种控制行为。一种控制行为的建立，均可能会导致另一种控制的加强、减弱或取消。

内部控制的方法：①职责分工控制。要求根据企业目标和职能任务，按照科学、精简、高效的原则，合理设置职能部门和工作岗位，明确各部门、各岗位的职责权限，形成各司其职、各负其责、便于考核、相互制约的工作机制。企业在确定职责分工过程中，应当充分考虑不相容职务相互分离的制衡要求。不相容职务通常包括授权批准、业务经办、会计记录、财产保管、稽核检查等。②授权控制。要求企业根据职责分工，明确各部门、各岗位办理经济业务与事项的权限范围、审批程序和相应责任等内容。企业内部各级管理人员必须在授权范围内行使职权和承担责任，业务经办人员必须在授权范围内办理业务。③审核批准控制。要求企业各部门、各岗位按照规定的授权和程序，对相关经济业务和事项的真实性、合规性、合理性及有关资料的完整性进行复核与审查，通过签署意见并签字或者盖章，作出批准、不予批准或者其他处理的决定。④预算控制。要求企业加强预算编制、执行、分析、考核等各环节的管理，明确预算项目，建立预算标准，规范预算的编制、审定、下达和执行程序，及时分析和控制预算差异，采取改进措施，确保预算的执行。⑤财产保护控制。要求企业限制未经授权的人员对财产的直接接触和处置，采取财产记录、实物保管、定期盘点、账实核对、财产保险等措施，确保财产的安全完整。⑥会计系统控制。要求企业根据统一的会计制度，制定适合本企业的会计制度，明确会计凭证、会计账簿和财务会计报告以及相关信息披露的处理程序，规范会计政策的选用标准和审批程序，建立、完善会计档案保管和会计工作交接办法，实行会计人员岗位责任制，充分发挥会计的监督职能，确保企业财务会计报告真实、准确、完整。⑦内部报告控制，要求企业建立和完善内部报告制度，明确相关信息的收集、分析、报告和处理程序，及时提供业务活动中的重要信息，全面反映经济活动情况，增强内部管理的时效性和针对性。内部报告方式通常包括例行报告、实时报告、专题报告、综合报告等。⑧经济活动分析控制，要求企业综合运用生产、采购、投资、财务等方面的信息，利用因素分析、对比分析、趋势分析等方法，定期对企业经营管理活动进行分析，发现存在的问题，查找原因，并提出改进意见和应对措施。⑨绩效考评控制，要求企业科学设置业绩考核指标体系，对照预算指标、盈利水平、投资回报率、安全生产目标等业绩指标，对各部门和员工当期业绩进行考核和评价，兑现奖惩，强化对各部门和员工的激励与约束。⑩信息技术控制，要求企业结合实际情况和计算机信息技术应用程度，建立与本企业经营管理业务相适应的信息化控制流程，提高业务处理效率，减少和消除人为操纵因素，同时加强对计算机信息系统开发与维护、访问与变更、数据输入与输出、文件储存与保管、网络安全等方面的控制，保证信息系统安全、有效运行。

◇ 案例 1. 美国科氏 MBM 的成果

美国科氏工业集团是加工资源性产品的重要企业，产品包括汽油、化工产品、聚合物、纤维、建材产品、包装材料、纸制品和加工设备。同时也做这些产品的贸易业务，从日常用品到金融工具可以说是一应俱全。查尔斯·科克是科氏工业集团的董事长，自 1961 年以来 50 年间以 2500 倍的速度打造了全球最大的私人企业。伴随着科氏工业从一个地区小炼油厂发展成为全球最大私人企业，掌舵人查尔斯·科克也从一名冒险闯荡的富豪后代成长为洞悉商业规律的哲学家。个人财富超过索罗斯和默多克的他在接管科氏后，打破了父亲原有的管理体系，进军更多元化的业务，也打破了传统的管理价值观，赋予员工更多的自主性和自由。该公司如今在 60 多个国家拥有 7 万多名员工，年收入约为 1000 亿美元，查尔斯·科克把这一切成就都归功于 MBM——以市场为基础的管理模式。他坚持对学术和公共政策研究的大力支持，并帮助建立了大量基于市场的研究机构。此外他还经常与知名学者、非营利性机构领导、政府官员和企业高管对 MBM 进行深入而广泛的探讨。MBM 模式是一整套的管理方法，为各个组织成功应对发展和变革中遇到的种种挑战提供了原则和方法。创立的基础是人类行为的科学，这门科学是研究人类如何通过有目的的行为最好地达到他们的目标。人类在通往和平、繁荣和社会进步的路途中，经历了无数次的成功和失败，MBM 模式吸取了这些历史经验与教训。MBM 模式的五个维度：①愿景。确定组织在什么领域和用什么方式才能创造最大的长期价值。②品德和才能。确保拥有适合的价值观和技能的人才被聘用、保留和培养。③知识流程。创造、获取、分享并应用相关知识，同时衡量和跟踪盈利能力。④决策权。确保合适的人在合适的工作上，拥有合适的授权做决定，并让他们承担相关的责任。⑤激励。根据员工为组织创造的价值给予其相应的奖励。

科氏工业集团这些年来能够不断发展壮大，是因为查尔斯·科克带领的管理团队有共同的愿景，都想建立一家能够带来高回报的大型的具有企业家精神的公司。查尔斯·科克认为公司的运营需要英才管理，任职、授权和付薪都要根据他们的真才实学和实际贡献来设定，股东也不例外。这一战略目标要求公司把大部分收入拿来进行再投资，这样一来股东们必须自愿放弃短期内较大金额的分红以支持公司发展，这样才能得到更多的长期回报。信奉这个愿景需要彼此的信任和低时间偏好度。2006年公司营业收入约为900亿美元，比1960年的7000万美元年收入有了巨大的增长。1960年对科氏工业集团投资的1000美元，今天的账面价值为200万美元，是S&P 500指数类似投资回报的16倍。值得一提的是在成为拥有7万名员工的大公司之后，依旧保持着高速发展的势头，这样的状态在大公司中非常罕见。如今科氏工业集团由10家主要集团公司组成，此外另有牧牛公司和一家风险投资集团公司，即科氏创业集团公司。牧牛公司是美国第十大母牛和牛犊饲养企业，而科氏创业集团公司的经营核心是购买可以大幅度促进公司现有业务发展的技术，或者兼并拥有先进技术的公司。

20世纪六七十年代查尔斯·科克在一些场合向公司领导层的成员灌输市场概念，每次例会都会提出一些相关问题，如“我们考虑到机会成本或比较优势了吗?”在生产能力过剩的企业中，很明显价格取决于边际生产者的成本，若包括机会成本在内的总成本恰好等于市场价格，此时的生产者叫做边际生产者。这时只要价格略有下降，这些生产者就会出现亏损。20世纪60年代后期就有这样一个例子，当时公司要解决何时出售存货的问题。查尔斯·科克建议立即卖掉所有存货，却被同事告知那时的市价低于原先的支付价，所以应等到价格上涨后再卖。查尔斯·科克说这不该是我们的衡量标准，因为我们已经付出的现在已成为沉没成本了。到了20世纪70年代后期除了开发出MBM思维模型和许多工具外，还有其他方面也变得愈发清晰，如系统地运用MBM所发挥出来的功效远远大于单独应用几个部分的功效之和。

几十年来查尔斯·科克学习接受及欢迎变革，科氏工业集团才得以日益成长起来。能源价格周期性地起落，全球竞争日益激烈，世界范围内的政治地图发生巨大改变，规章制度和司法程序变得纷繁复杂，新技术改变了许多产业和公司，创新的脚步也已日渐加快。在市场大潮中唯有变革才能永久矗立。因为随着不断地取得成功，人类的本性使人们变得骄傲自满，墨守陈规，缺乏创新。战胜成功往往比战胜逆境更加困难。科氏工业集团因坚持不懈地运用MBM，在一定程度上遏制了这种趋势。MBM模式让我们懂得必须长期持久地推动公司在各个方面开展建设性变革，否则就会失败。于是通过内部和外部的发展与收购活动，不断创新，寻求更多的机遇。同时舍弃了没有经济效益或对别人更有价值的业务和资产。在公司内部推行创新和破坏是必须的，否则外部的创新和破坏就会令公司在行业中无立足之地。

1990 年，查尔斯·科克想到了“以市场为基础的管理模式”这个名字，认为它既充分反映了市场原则的影响，又反映了建立一套理论与实践紧密结合的管理方法的现实需要。为了能够顺利地建立这些机制，成立了科氏开发团队，希望这支由公司内部的培训咨询人员组成的队伍，能够帮助员工们理解和应用概念和思维模式以取得成效。还成立了许多小组，专门研究财产权、公正的行为规则、价值观、文化、愿景、测评方式、激励机制和知识创造在构建繁荣社会过程中所起的作用。科氏开发团队尝试了内部市场并且大大扩展了计分卡的使用，它认识到根据实际经济情况进行衡量的价值，同时提醒要正确地领导经营活动，就必须评估那些能够产生成效的东西，而不仅仅评估那些易于评估的东西。例如，对员工进行绩效评估时，如果只看他们对眼前利润做出的贡献，而不看他们对长期利润和企业文化建设的影响，那么就会在不经意间鼓励员工短视。目前代表科氏工业的最大竞争优势、能够创造出最佳价值的核心能力有：①MBM 愿景和 MBM 思维模型。②创新创新和破坏的知识产权战略。③卓越运营制度，衡量基准和捕获有价值的投资机会的眼光。④制定策略买卖资产和期权交易，风险管理和执行机制。⑤卓越交易机会搜寻，投资组合最优化重组。⑥公共关系法务，慈善事业和政府公共政策。

查尔斯·科克应用 MBM 模式来判断和抓住那些可以创造最大价值的机会，且开发和实施可以使价值长期最大化的战略。在海运和农业方面，当初未能够制定出立足于现实的愿景，没有意识到其实没有能力在如此艰巨复杂的事业中获得投资胜算的把握，结果失败了，只有在完全重组之后该业务才扭亏为盈。应用 MBM 模式新的能力被开发，导致愿景被更新。例如，科氏氮肥公司和牧牛公司，就曾经是经营失利的科氏农业集团公司的子公司，如今这两家公司发展得非常成功。科氏氮肥公司把愿景重新定位为在全球范围内运营、经销和贸易的化肥公司，由于公司坚持严格实行以市场为基础的管理模式，最终实现了经修订后的企业愿景。牧牛公司也是运用 MBM 模式，才把重新制定的企业愿景变为现实。1981 年购买了太阳石油在科珀斯克里斯蒂的炼油化工总厂，从事化学制品业务，自那时起到现在该厂的总价值已经增加了 5 倍多。2004 年收购了杜邦公司旗下生产尼龙、氨纶弹性纤维和聚酯纤维的英威达公司，英威达公司是全球最大的纤维和聚合物综合生产商之一，业务遍及全球，现已拥有 1000 多个美国专利，并且几乎在所有设有其业务的国家申请了相应领域的专利。英威达拥有多个享誉全球的品牌，如 STAINMASTER 地毯和莱卡弹性纤维。2005 年成功收购了林业行业最大的公司——乔治亚—太平洋公司，这项 210 亿美元的收购是科氏工业集团有史以来最大的一次收购，为科氏工业集团提供了发展森林制品产业和消费商品产业的重要平台，乔治亚—太平洋公司目前是世界上最大的纸巾供应商。

◇ 案例 2. 步步为赢的全球光伏大王彭小峰

赛维 LDK 太阳能董事长彭小峰在接受《环球企业家》专访时曾表示，“分析师从来没有看对过一家伟大的公司，他们总是在悲观时让你更悲观，乐观时让你更乐观。我需要的只是时间来证明”。赛维 LDK 太阳能有限公司是专注于太阳能多晶硅料及化学品、硅片、电池、组件的研发、生产、销售和光伏工程建设为一体的高新技术光伏企业，是现已成为全球领先的垂直一体化光伏产品制造商。公司 2007 年 6 月 1 日在美国纽交所成功上市，股票代码“LDK”，融资达 4.86 亿美元，成为江西省第一家在美国上市的企业，是中国新能源领域最大的一次 IPO。2008 年赛维 LDK 实现销售收入突破 120 亿元，成为最年轻的中国 500 强企业，中国科技十强企业，也是江西唯一销售收入过百亿的民营高科技企业。2009 年赛维 LDK 成为世界上唯一年销售量突破 1000MW 的光伏企业，全球市场份额接近 20%。2010 年硅片产能达 3000 兆瓦，销售收入突破 200 亿元，成为全球出货量最大、赢利能力最强的光伏企业之一。赛维集团如今已拥有 2.7 万名员工，为两万多个家庭解决了就业；赛维集团还积极纳税，支持当地经济发展，为新余市增加了几十亿元的财政收入，仅 2011 年就为新余市纳税达 13.6 亿元。

彭小峰生长于江西省吉安市农村，2008 年胡润排行榜中名列第四位，个人资产高达 270 亿元，成为中国新能源首富，身价最高达 400 亿元。1997 年 22 岁的彭小峰怀揣赚学费出国留学的梦想，只身前往苏州创业。不曾想到的是，一步一步走到了另一个目的地。最初依靠之前在江西吉安外贸进出口公司 3 年的工作积累，彭小峰从老客户手中获得订单，做进出口代理。短短数月后从贸易转向实业，创立了苏州柳新集团，在苏州自己生产手套，并一路从针织手套、化工手套、各种材料手套，扩展到各种服装、眼镜、口罩……2004 年创业 7 年后彭小峰旗下企业出口额超过 10 亿元，员工膨胀到近万人，完成了从 2 万元到上亿元的资金积累，成为亚洲规模最大的劳保用品生产企业。2003 年赴德国考察反光背心产品时，客户谈论的绿色能源，特别是风能、太阳能等可再生资源，激起了彭小峰的兴趣，彭小峰凭借敏锐的商业头脑意识到太阳能行业所蕴藏的巨大商机。从此他不厌其烦地向太阳能行业专家请教太阳能光伏知识，苦心网罗国内知名的太阳能专门人才，辗转美国、德国、日本、瑞士等地考察，到世界各大太阳能企业了解太阳能产品生产现状。2005年年轻气盛的彭小峰果断决策投身太阳能光伏发电事业。太阳能光伏产业是一个很复杂的产业链，从硅料提纯、筛选、硅铸锭、切片到电池组件系统的安装、使用、维护有10多个环节。我国的太阳能光伏产业起步较晚，发展较慢，在整个产业链中硅提纯等关键技术主要为欧美等国所垄断，导致我国太阳能产业处于一种“两头在外”的尴尬境地。“只有打破光伏产业国外垄断局面，才能提升我国太阳能产业在世界的地位。而光伏产业越处于上游环节，投资门槛越高，利润也越高。”彭小峰说。

2005年彭小峰启动资金5个亿开建太阳能产业，而早在建厂之前彭就已经确定了高管的名单。“先要筹划好我们是全球的公司，设备人才技术都要是最好的。”为此彭小峰首先搭建起一个阵容豪华的高层技术和财务团队，有些人已在海外安家多年，而且彼此性格迥异。GT－SOLAR公司亚太地区商业总经理佟兴雪被彭小峰挖来做赛维总裁兼首席运营官，在生产硅片的决策上佟兴雪起到关键性的作用。朱良保拥有15年以上的生产贸易公司管理经验，现任赛维常务副总裁。彭小峰挖人并不完全依靠高薪，而是要找到一些有共同志向的人。邵永刚时任国泰君安证券管理董事，负责投资银行业务，彭小峰给他放PPT，一五一十地讲自己的规划，邵永刚的感觉是“多年来没见过这么心动的案子”。2006年2月邵永刚正式加入后担任赛维的高级副总裁，与6个月后来到的首席财务官赖坤生同为赛维融资上市中的关键人物，赖坤生满头白发但性情活跃，他有近20年美国上市公司财务管理经验。而今赛维的员工遍布在世界各地。“其实我们是个世界的公司，只是生产基地在新余，比如，研发中心就遍布于国内外各大城市，这样可以直接与世界最先进的技术接轨。”据悉赛维目前在国外的工程师已经达到200多人。

从2005年筹备，2006年投产到2007年上市，江西赛维创造了一连串奇迹后，也创造了所有在美国纽交所单一上市的中国企业最大规模IPO的纪录。“私募完成的时间比计划晚了一天，上市完成的时间比计划早了一天”，这是对江西赛维有科学规划的彭小峰津津乐道的事情。事实上在2005年，彭小峰在太阳能产业建成之前到东南亚、欧美、日韩等国考察，将这些地方数百吨半导体级硅片的边角料全部低价收购；同时他一次性订购了铸锭、切片设备生产企业GT－Solar近乎70%以上的年产能，GT是全球唯一能提供太阳能发电产业全套生产设备的公司，设备具有很长的交货期，其他新进者要进入这一行业，只能等一年后才能拿到设备。当时全国各地的风投似乎都知道了精明的彭小峰的太阳能发电发展计划，大批风险投资汇集江西，邵永刚成为引入私募的主要负责人。从最初接触的60家私募，在5～7个月时间里谈到只保留下3家。邵永刚觉得自己最成功的地方在于，分三次引入巨额资金后，彭小峰在江西赛维的股权仍然保持在70%以上，而行业内因引入私募导致控股权丧失的情况并不鲜见。2007年6月赛维成功在纽约上市。彭小峰说在江西赛维，还没做过让自己懊恼的决定，而成功最主要的原因，同资金来源一样，所有的人才、技术、市场都是在一个国际化的平台上规划运作。彭小峰评价自己的公司："只不过制造基地在中国，其他都是国际化的，资金总部在美国，战略投资在上海，主要市场在国外，人才也是国际化的。而我的时间是三分之一在国外，三分之一在江西，剩余的在全国各地跑。"

彭小峰一直致力于打造有影响的世界级企业，带领赛维LDK形成了国内首个"硅料—硅片—电池片—组件—应用产品"较为完整的光伏产业链。"没有可能做成世界第一的产业我们不做"，这是彭小峰的原则。选择多晶硅产业让赛维一下子站到了世界的最前列，因为这个行业发展不过几年时间，很快赛维就会成为世界上最大的多晶硅公司。彭小峰轻松地回忆，"一开始我们就朝着世界最大做的，当我们一个员工也没有时，我就对坐在桌子对面的未来员工们说我们要做世界最大的，他们就听听而已，现在都信了，这个目标可能比计划还要提前"。讲到这里彭小峰不由得又提起英特尔，他们的份额有70%，不过英特尔也不是第一天就占到绝对控制地位，也是一点点做起来的。"目前我们得到的订单是最多的，因为我们最大，我们最好，我们就想做英特尔，现在绝对份额还有很大差距，所以我们要做绝对份额第一。"走过了2005年到2010年的辉煌5年后，成长为光伏行业出货量最大，盈利能力最强的企业。但彭小峰并没有满足，未来的光伏市场竞争会更加激烈，彭小峰和赛维LDK将面对更多来自国内外的竞争者，商业模式的转型、技术的创新发展、产业链整合及行业内的重组并购将成为未来一段时间内光伏行业的主要话题。未来5年赛维将实现从"光伏科技企业"跨越到"新能源科技集团"的商业模式转型；并建立以资本为纽带，以专业化、市场化为基础的六大产业集团。因此在2011年全球太阳能市场萧条时赛维逆势扩张，自2011年8月起彭小峰多次率领高管团队前往呼和浩特与当地政府进行项目谈判，仅仅两个月之后项目即宣告开工，赛维LDK公告中透露本次年产30000吨的硅料生产项目由赛维旗下子公司，负责经营和管理赛维LDK硅化学业务的赛维LDK硅化学科技有限公司负责建设投资，总投资额100亿元人民币，预计于2013年年底建成投产。在此之前赛维刚刚宣布其位于江西新余的两个多晶硅扩建项目将于2012年年底竣工，届时总产能每年将达到25000吨。

彭小峰以一个年轻企业家充满睿智的目光和前瞻性思维，时刻关注着国家的发展和人类的未来，并为此进行不懈的努力。彭小峰描绘了赛维更加美好的明天，建设绿色地球家园，让阳光照亮未来，把赛维建成现代化、多元化、国际化的新型企业，成为全球整体规模最大、影响力最广的世界光伏行业领袖企业。履行社会责任是赛维 LDK 不容推却的使命，彭小峰始终认为公司越大，财富越多，主动担当的社会责任也应该更多，由此他希望尽快设立一个专业的慈善基金。

◇ 案例 3. 开创世界红枣产业的石聚彬

2011 年 11 月 1 日 5 时 58 分 07 秒，"神舟八号"飞船发射升空，神舟八号的主要任务是与天宫一号目标飞行器进行我国首次航天器空间交会对接试验，突破和验证航天器自动交会对接技术，开展空间科学实验。这次"神舟八号"中有好想你枣业股份有限公司选供的新郑灰枣、鸡心枣、辣椒枣 3 个品种，航天育种专家对全国 3000 多个产品的审查与复核，好想你枣业股份有限公司的红枣种苗、组培苗在众多产品中脱颖而出，这也是全国第一个企业把红枣种苗通过"神舟八号"飞船搭载到太空。那么红枣和好想你有怎样的传奇佳话呢？红枣含有维生素、氨基酸、蛋白质、纤维、脂肪、钾、钙、铁等多种成分，其中维生素 C 的含量是苹果的 79 倍、梨的 100 倍，有"活维生素丸"的美誉，俗称"百果王"，具有营养保健、美容养颜、强身健体等功效。走进"好想你"枣产品专卖店，就像走进了枣的海洋：红枣、枣片、枣干、枣粉、蜜枣、红枣饮料、红枣蜂蜜、红枣果酒、红枣神茶等 20 大系列 200 多种产品，将一颗小枣进行如此丰富诠释的正是河南好想你枣业股份有限公司。河南好想你枣业发展有限公司是一家融红枣种植、冷藏保鲜、科研开发、规模加工、出口贸易、文化生态旅游为一体的产业型综合企业，是全国红枣制品品种最多、规模最大、市场最广的企业，目前仅国内就有专卖店 2000 多家。2011 年 5 月 20 日，好想你枣业股份有限公司在深圳证券交易所成功挂牌上市，成为中国红枣第一股。这家中国红枣产业代表企业的创始人和董事长正是石聚彬先生。

石聚彬说自己是枣乡的农民，他深爱着脚下的那片土地，更爱那片沙土地上旺盛生长着的枣林。童年的石聚彬饱受了贫穷的煎熬，14 岁那年母亲生病村里人自发地拿来鸡蛋看望他的母亲，石聚彬感动得热泪盈眶，他暗暗发誓今后一定要让家乡人摆脱贫穷！1986 年石聚彬从报纸上看到深圳人把红枣当做滋补品煲汤，于是他东挪西借凑了几千元，收购了 6 吨红枣去深圳销售，一下子赚了 2 万多元，第一次成功坚定了他的信心。1987 年他带着 20 多吨大红枣踏上了南下征程，可到了深圳才知道红枣市场早已饱和，到处是积压的红枣，再加上阴雨绵绵，红枣霉的霉烂的烂，一趟下来竟赔了 5 万多元，这次失败使他寻求新的发展之路。通过报纸电视了解国内外枣制品的市场，或去科研所向专家教授请教，通过大量调查研究，石聚彬认为要想使家乡富起来，必须走科技开发之路，搞红枣精深加工才会有广阔的市场前景。1992年经过充分准备石聚彬又踏上了创业之路，承包了镇上的一家干鲜果加工厂。一次他去广州出差，发现南方人不喜欢吃带核的大枣，他立即开发生产了“无核鸡心枣”，当年就远销韩国、日本。尝到创新带来甜头的石聚彬并没有满足现状，1993年他又主持开发了“鸡心人参枣”产品，该产品属国内首创，填补了我国红枣深加工的一项空白。1999年石聚彬在一次餐桌上被“男士让烟、女士尴尬”的场景所触动，大胆创意把红枣进行深加工，并以口香糖片状为外形，以香烟盒外观为包装，以红枣的保健优势创出时尚，随后成为社会的新宠。因为最初的消费群体定位为女性，故产品创意取自温情概念，使用“好想你”作为商标。石聚彬说创新已经形成了企业的文化，在这种观念的引导下已开发了20个系列、200多个产品，好想你红枣家族让消费者重新认识了红枣。同样，2000年石聚彬又做了一件对红枣产业是划时代的事情，在郑州市纬二路开了第一家直营店，销售旺盛。紧接着石聚彬又在郑州开了五家直营店，很快有人上门加盟，现在好想你的营销网络开始走向世界。

在企业经营管理中石聚彬的风格是“以发展带动管理”，他说这个行业是农副产品深加工，很多工人和管理人员都来自于农民，而农民你要给他谈一些精细的管理，他会一听就烦。为什么说“以发展带动管理”呢？你在发展的过程中不断地去创造经济效益，然后给他们创造丰厚的工资报酬和各种待遇，使他们感觉到比种地、比干什么都强，他才会乐意服从于你的管理。而很多民营企业在前期更多地去谈管理，管理得很细，反而使企业很难和农民工融为一体，而你用发展带动管理，就会得到员工的认可、支持、理解。同样对于企业家角色的感悟，石聚彬说古人有“修身、齐家、治国、平天下”的人生准则，现在我们有经营自我的做法，殊途同归，只有自己做好了，才有资格要求员工做好，只有自己经营好了，才能算作一个合格的领导者。

红枣是中国最具代表性的民族果品，中国的红枣产量占到世界总产量的90%。作为中国红枣产业领导者的石聚彬提出了“百亿构想”的战略。具体包括：①开创世界枣类品牌。以“良心工程、道德产业、倡导科学膳食、引领健康理念”为行为标准，让好想你成为传递人类一切美好感情的使者；利用多种媒体强化实施名牌战略，让中国红枣展示在世界人民眼前，让好想你红枣品牌成为国际知名品牌；实现枣传人间总是情，红枣健康全人类。②创新营销模式。构建全球营销网络，利用直营连锁、互联网、人员直销、贸易代理等方式，在全球范围内发展合作伙伴。③强化科技创新。建立世界领先的红枣研发中心，建设世界最大的枣类加工基地，使用国际新技术、新工艺、新设备，使红枣加工实现标准化、现代化、规模化。④建设上游原料基地。目前已在河南新郑、新疆若羌、阿克苏、河北沧州等地通过“公司＋基地＋农户”的模式，建立了大面积的基地，最终目标是发展18万亩优质红枣基地，实施无公害绿色有机等先进技术和冷藏保鲜技术，不断提高原料品质，确保原材料供应。⑤打造木本粮产业。木本粮以红枣、核桃、板栗等为代表，因其含有丰富的营养及人体所必需的多种微量元素。与木本粮相对应的草本粮，主要以小麦、玉米、水稻等为代表。草本粮主要是解决人类的温饱问题，而木本粮则主要是解决人类的营养与健康问题。好想你公司将建设一个占地2000亩的木本粮产业观光园区，形成生产、餐饮、旅游、休闲为一体的生态型、养生型、服务型和创意型的现代园区。⑥全面资本运作。顺应经济全球化的趋势，接触国内外各类金融市场，联合各种资本机构，开发多种金融产品，充发发挥中国枣业具有的世界优势，整合利用各种国际国内资源，缔结中国枣业战略联盟，建设世界最大的枣类企业集团，打造世界枣业航母。

第十四章　危机的边缘

一、时刻保持忧患意识

忧患意识是企业家长盛不衰的法宝，也是中华民族的优良美德。那么企业家如何开发和使用自我的忧患意识呢？首先要知道忧患意识是人们意识或认识的一种形式，往往与祝福意识既相联系又相区别，二者都是人的理性追求真理的表现，都是对社会存在的反映，但是所通过的情感方式不同，祝福意识主要通过满足、肯定性的情感表现，忧患意识则主要通过超越现实的危机性和问题性的情感表现。忧患意识不满足于现状，往往或通过理性反思总结经验教训，或通过积极批评和自我批评揭露缺点错误，或从对事物的肯定中发现潜伏的矛盾，或从对现状的诊断中找出事物进一步发展的要求，目的都是希望做好工作，推动社会更加健康地向前发展。忧患意识是对历史必然性的一种精神内省，内涵着对事物发展的科学预见和积极建构，忧患意识体现的是一种居安思危的高超智慧。

忧患意识是指一个人内心的关注超越自身的利害、荣辱、成败，而将组织的前途命运萦系于心，对组织遭遇到的困境和危难抱有警惕，并由此激发奋斗图强，战胜困境的决心和勇气。这是企业家在社会发展转型时期的一种清醒的防范意识和预见意识，源于自觉的危机感、紧迫感、责任感和使命感，表现为坚强意志和奋发精神。忧患意识表现出的是企业家的一种精神自觉，是这种主体对改造世界的一种强烈的责任感和能动性，因此成为重要的精神动力。忧患意识代表一种高尚人格，体现的是一种社会责任感和历史使命感。正是中华文明孕育和包含的忧患意识，才使中华民族历经磨难而不衰，始终屹立于世界民族之林。

忧患意识说到底是一种民本意识，只有人才是抵御风险的实践主体，人的积极性创造性的充分发挥是抵御风险的力量之源。抵御风险的最终目的就是实现好、维护好、发展好人的根本利益。只要能得到理解、支持和拥护，就能抵御任何风险，克服一切危机，永远立于不败之地。忧患意识是一种责任意识和奉献精神，企业家应当责无旁贷地担负起风险防范的职责，不但要增强忧患意识，而且要随时准备开展实际行动。

二、当危机真的来临

危机的四大特点：①意外性。危机爆发的具体时间、实际规模、具体态势和影响深度，是始料未及的。②聚焦性。进入信息时代后危机的信息传播比危机本身发展要快得多，媒体对于危机来说就像大火借了东风一样。③破坏性。不论什么性质和规模的危机，都必然不同程度地给企业造成破坏，造成混乱和恐慌，而且由于决策的时间及信息有限，往往会导致决策失误，从而带来无可估量的损失。④紧迫性。对于企业来说危机一旦爆发，其破坏性的能量就会被迅速释放，并呈快速蔓延之势，如果不能及时控制，危机会急剧恶化，使企业遭受更大损失。

危机处理过程：①危机监测。危机管理的首要一环是对危机进行监测，在企业顺利发展时期就应该有强烈的危机意识和危机应变的心理准备，企业越是风平浪静的时刻越应该重视危机监测，在平静的背后往往隐藏着杀机。②危机预警。许多危机在爆发之前都会出现某些征兆，危机管理关注的不仅是危机爆发后各种危害的处理，而且要建立危机警戒线。企业在危机到来之前，把一些可以避免的危机消灭在萌芽之中，对于另一些不可避免的危机通过预警系统能够及时得到解决。③危机决策。企业在调查的基础上制定正确的危机决策，决策要根据危机产生的来龙去脉，对几种可行方案进行比较优缺点后，选择出最佳方案。④危机处理。企业确认危机，控制危机，遏制危机的扩散使其不影响其他事物，有效地将危机决策运用到实际中化解危机，可以避免危机给企业造成的损失。

危机管理原则：

（1）承担责任原则。危机发生后公众会关心两方面的问题：①利益的问题。利益是公众关注的焦点，因此无论谁是谁非，企业应该承担责任。即使受害者在事故发生中有一定责任，企业也不应首先追究其责任，否则会各执己见，加深矛盾，引起公众的反感，不利于问题的解决。②感情问题。公众很在意企业是否在意自已的感受，因此企业应该站在受害者的立场上表示同情和安慰，并通过新闻媒介向公众致歉，解决深层次的心理情感关系问题，从而赢得公众的理解和信任。因此企业绝对不能选择对抗，态度至关重要。

（2）真诚沟通原则。企业处于危机漩涡中时，是公众和媒介的焦点，你的一举一动都将接受质疑，因此千万不要有侥幸心理企图蒙混过关，而应该主动与新闻媒介联系，尽快与公众沟通说明事实真相，促使双方互相理解消除疑虑与不安。

（3）速度第一原则。在危机出现的最初12～24小时内，消息会像病毒一样以裂变方式高速传播，公司的一举一动将是外界评判公司如何处理这次危机的主要根据。媒体、公众及政府都密切注视公司发出的第一份声明，对于公司在处理危机方面的做法和立场，舆论赞成与否往往都会立刻见于传媒报道。因此公司必须当机立断，快速反应，果断行动，与媒体和公众进行沟通，从而迅速控制事态。危机发生后能否首先控制住事态，使其不扩大、不升级、不蔓延，是处理危机的关键。

（4）系统运行原则。在进行危机管理时必须系统运作，绝不可顾此失彼，只有这样才能透过表面现象看本质，创造性地解决问题，化害为利。

（5）权威证实原则。自己称赞自己是没用的，没有权威的认可只会徒留笑柄，在危机发生后企业不要自己整天拿着高音喇叭叫冤，而要曲线救国，请重量级的第三者在前台说话，使消费者解除对自已的警戒心理，重获他们的信任。

危机管理制度：

（1）建立预防危机的预警系统。信息监测是预警的核心，随时搜集各方面的信息，及时加以分析和处理，把隐患消灭在萌芽状态。重点做好：①随时收集公众对产品的反馈信息，对可能引起危机的各种因素和表象进行严密的监测。②掌握行业信息，研究和调整企业的发展战略和经营方针。③研究竞争对手的现状，进行实力对比，做到知己知彼。④对监测到的信息进行鉴别、分类和分析，对未来可能发生的危机类型及其危害程度做出预测，并在必要时发出危机警报。

（2）建立危机管理机构。危机发生之前企业要做好危机发生时的准备工作，建立起危机管理机构，制定出危机处理工作程序，明确主管领导和成员职责。成立危机管理机构是发达国家的成功经验，是顺利处理危机、协调各方面关系的组织保障。危机管理机构的具体组织形式可以是独立的专职机构，也可以是一个跨部门的管理小组，还可以在企业战略管理部门设置专职人员来代替。企业可以根据自身的规模及可能发生的危机的性质和概率灵活决定。

（3）制订危机管理计划。企业应该根据可能发生的不同类型的危机制订一整套危机管理计划，明确怎样防止危机爆发，一旦危机爆发立即做出针对性反应等。事先拟定的危机管理计划应该包括企业多方面的应对预案。在计划中要重点体现危机的传播途径和解决办法。

三、勇敢战胜艰难的逆境

企业家无法选择逆境与顺境，但在漫长的人生道路上可以选择不同的态度。很多人都渴望顺境，希望人生的道路上能一帆风顺，但有的人却会去追求逆境，他们不满足于现状，相信只有不停地跑这场马拉松，才能学会更多的东西。人的一生不可能是一帆风顺的，所以企业家更应该以积极的心态去面对逆境，跌倒了没有关系，重要的是从哪里跌倒就从哪里爬起来。反之，消极的人生态度却可以使人一蹶不振，也许还会使人停留在失败与伤心之中，无法找回从前的自己，看不见前方的希望。当我们遇到了困难，请不要轻言放弃，因为困难是不会永远存在的，只要我们努力寻找成功的钥匙，希望就在前方。乐观的人生态度使我们不再畏惧逆境，请以积极的态度去面对逆境，以平常心去面对顺境。如果我们能好好地对待逆境，那么它将会是我们的良师益友。人生的曲折给人希望，催人奋进，它展示了人类为理想奋斗的美。古往今来有许多成功的人，人生道路铺满荆棘，他们都在困难中坚守，最终他们成功了。虽然他们的人生道路是曲折的，但这恰恰显示了他们强大的生命力。正是由于这曲折的人生风景线，才使得生命更加充实，更加有意义。对于企业家来说逆境是块试金石，面对逆境，我们要做强者战胜它，取得成功。这是企业家面对逆境应有的态度。

逆境就是挫折，应对挫折是企业家意志的体现。挫折是个体的意志行为受到无法克服的干扰或阻碍，预定目标不能实现时所产生的一种紧张状态和情绪反应。挫折包含三层含义，即挫折情景、挫折认知、挫折行为。挫折情景是使目标不能实现的各种阻碍和干扰的因素，概括起来分为主观因素和客观因素两类，主观因素是个体的生理和心理因素，客观因素主要包括自然和社会环境因素。个体对挫折的反应表现在三个方面，即情绪性反应、理智性反应和个性的变化。情绪性反应表现为强烈的内心体验或特定的行为反应，如冷漠、退化、固执等。理智性反应是意志行动的表现，审时度势，积极进取，勇往直前，坚定不移地朝向目标。个性的变化是持续或重大的挫折能使挫折反应固定下来，形成习惯和个性特点，影响个性的形成发展。能否经受得起挫折不仅决定于个体经受挫折时的心理，对挫折的认识、评价和理解，还取决于个体对待挫折的态度及对付挫折的行为方法。挫折是普遍存在的，它是生活的一部分，增强挫折承受力，正确对待挫折，用智谋预防、改变、消除或逃避挫折情境，总结自己和别人失败中的教训，提出适合自己能力的有挑战的标准，建立和谐的人际关系。

在逆境中更能体现一个人的进取精神，进取精神是一种向上的、立志有所作为的精神状态，意思与进取心相近，但更能形容主体的决心和魄力。进取是一种处世态度，它让我们永不满足，每当我们达到一个高度，它就召唤我们向更高的境界努力，使我们一步步接近我们的目标，让我们不敢懈怠。因此处于黄金发展期的中国企业家更应该积极进取，形成不断自我激励，始终向着更高境界前进，这样我们身上的不良习惯会逐渐消失，个性品质中那些优秀的精神才能更好地成长。一个人的心胸有多大，舞台就有多大，进取心是成功的起点，也是最重要的心理资源。目光高远，时刻想着提高和进步，是企业家最重要的习惯。

四、态度的科学理论

现在越来越多的企业家，开始运用态度理论来激励员工，经营企业。态度是指个人对于特定对象的肯定或否定的内在反应倾向，是个性倾向性的表现。态度是人们在自身道德观和价值观基础上对事物的评价和行为倾向，态度表现于对外界事物的内在感受（道德观和价值观）、情感（即“喜欢—厌恶”“爱—恨”等）和意向（谋虑、企图等）三个方面的构成要素。激发态度中的任何一个表现要素，都会引发另外两个要素的相应反应，这也就是感受、情感和意向这三个要素的协调一致性。态度具有评价性，它意味着是否赞同该事物；态度具有稳定性，它是一种对事物比较持久的而不是偶然的倾向；态度是个体内在的心理状态，往往不能为别人所直接观察到，但它最终会通过当事人的言行表现出来；态度是个人复杂的心理状态，与其认识、情感有着直接的联系。态度不是生来就有的，而是后天学习的，是个体在家庭、学校和社会生活中，通过交往接受别人的示范、指导、劝说而逐渐形成的。

美国的 D. 卡茨和 E. A. 斯托特兰德认为，态度可分为情感联系态度、智能态度、动作定向态度、平衡态度和自我防御态度五种类型。一次情感反应在类似情境中可以成为比较稳定的态度，就是情感联系的类型。如果一个人的态度具有充分的认知成分，就称为智能态度。动作定向的态度是对客体满足需要的自然反应，认知成分是很少的。平衡态度是在寻求目标过程中获得的，是在满足需要中得到强化的。自我防御态度是由内部矛盾引起的代替反应，例如，一个儿童虽然承认打了人，但却歪曲事实，硬说是因为被人推倒，出于无奈才打人的。

态度改变一般是在社会交往过程中进行的。从影响者的特点来看那些信誉高而又富有经验的人，比那些信誉低而又缺乏经验的人，有更大的成效，能引起接受者更多的态度改变；从影响者与接受者的相似性来看，有相似性的影响者比没有相似性的说服力要大，这是因为他们对于接受者具有更大吸引力和可信任性的缘故。在交往方法方面，一般来说，为了使接受者信服影响者的观点，有单面说明和双面说明两种办法。所谓单面说明就是只提对影响者观点有利的论据（理由），双面说明则是同时提出有利与不利的论据，但指明前者优于后者。两种方法的效果和接受者的原始态度有关系，对于开始倾向影响者观点的接受者，单面说明更有效果，可以加强其过去的肯定态度；而对于那些开始时反对影响者观点的接受者，双面说明则更为有效。激发接受者的情绪反应，也是促进态度改变的方法。多数影响者的劝说以讲明道理为主，但如能注意用不良态度造成的具体后果激发接受者的情绪反应，一般能引起更多的态度改变。接受者的特点对态度改变也有影响，有的人接受影响较顺利，而另外一些人却对说服常常持对抗态度。这和他们的智力水平和个性特点有关，在智力水平与态度改变的关系上，一种意见主张智力水平与态度改变呈正相关，认为高智力会增强理解，能克服对说服的异议，另一种意见认为聪明人比智力低的人更容易发现说服观点中的弱点和漏洞，从而接受劝说的可能更小，所以二者有负相关。一般说来二者关系不大，最易被说服的人可能是对说服理解清楚而抗拒力不强的人。另外影响态度改变的个人特点是自尊，在这方面高自尊的人对自己的能力和态度有自信，被说服的可能较少，最易被说服者是中等自尊的人，高自尊和低自尊的人是最难说服的人。

五、掌握积极心理学

积极心理学其实是一种管理学，作为一门新的学科，企业家很有必要了解和掌握。积极心理学是指利用心理学目前已比较完善和有效的实验方法与测量手段，来研究人类的力量和美德等积极方面的一个心理学思潮。积极心理学的研究对象是平均水平的普通人，它要求心理学家用一种更加开放的欣赏性的眼光去看待人类的潜能、动机和能力等，积极心理学相信一定能超越自身的不快乐、狭隘、愤怒、嫉妒、恐惧、焦虑等消极心态，以更积极的建设性的情绪来面对生活的挑战。积极心理学主张研究人类积极的品质，充分挖掘人固有的潜在的具有建设性的力量，促进个人和社会的发展，使人类走向幸福。

积极的情绪和体验是积极心理学研究极其关注的中心之一。对于积极情绪，B. L. Fredrick 提出了拓延与构建理论，认为某些离散的积极情绪，包括高兴、兴趣、满足、自豪和爱，都有拓延人们瞬间的知与行的能力，并能构建和增强人的个人资源，如增强人的体力、智力、社会协调性等。同时其他实验研究表明，积极情绪拓延了知与行的个人资源，而消极情绪则减少了这一资源，而且积极情绪有助于消除消极情绪。主观幸福感、快乐、爱等都成了心理学研究新的热点。主观幸福感是指个体自己对于本身的快乐和生活质量等“幸福感”指标的感觉。关于人格因素对于主观幸福感关系的研究发现，与主观幸福感联系最为紧密的人格特性为信任、情感稳定性、控制欲、耐性等。跨文化研究表明人格对于主观幸福感的情绪成分的影响是泛文化的，而对于主观幸福感的认知成分的影响则是受文化影响的。Hill son 和 Marie 在问卷研究的基础上将积极的人格特征与消极的人格特征进行了区分，认为积极的人格特征中存在两个独立的维度，正性的利己特征和与他人的积极关系，前者是指接受自我，具有个人生活目标或能感觉到生活的意义，感觉独立，感觉到成功或者是能够把握环境和环境的挑战，后者则指的是当自己需要的时候能获得他人的支持，在别人需要的时候愿意并且有能力提供帮助，看重与他人的关系，并对于已达到的与他人的关系表示满意。基于群体层面的积极社会环境主要研究人类幸福的环境条件，家庭、学校、社会以及影响天才发展，创造力的体现、培养、发挥等社会环境因素上。Tim Kasser 对 18 岁青少年的研究表明，“母亲是冷酷、挑剔、爱控制人、不民主”的青少年更可能关注外部实利的价值；而“母亲是温和、易接受人、民主”的个体则更有可能发展内在的价值。Williams 等人的研究证实，当孩子们的周围环境和师友提供了最优的支持、同情和选择时，他们最有可能拥有良好的心理健康和人际关系，反之，这些孩子容易出现不健康的情感和行为方式。

积极心理学认为心理学有三项使命：治疗精神疾病、使人们的生活更加丰富充实、发现并培养有天赋的人。积极心理学的研究分为三个层面：①在主观的层面上是研究积极的主观体验：幸福感和满足（对过去）、希望和乐观主义（对未来），以及快乐和幸福流（对现在），包括它们的生理机制以及获得的途径。②在个人的层面上是研究积极的个人特质：爱的能力、工作的能力、勇气、人际交往技巧、对美的感受力、毅力、宽容、创造性、关注未来、灵性、天赋和智慧，目前这方面的研究集中于这些品质的根源和效果上。③在群体的层面上，研究公民美德，使个体成为具有责任感、利他主义、有礼貌、宽容和有职业道德的公民的社会组织，包括健康的家庭、关系良好的社区、有效能的学校、有社会责任感的媒体等。积极心理学提出了积极预防的思想，它认为在预防工作中所取得的巨大进步是来自于在个体内部系统地塑造各项能力，而不是修正缺陷。在它的看法中当一个人处于孕育着抑郁、物质滥用或精神分裂等问题的环境中或其遗传素质较差的情况下，要防止在其身上不出现以上问题可能性不大，但是在人类自身存在可以抵御精神疾病的的力量，它们是勇气、关注未来、乐观主义、人际技巧、信仰、职业道德、希望、诚实、毅力和洞察力等，预防的大部分任务将是建造一门有关人类力量的科学，其使命是去弄清如何在青年人身上培养出这些品质。总之，积极心理学认为通过发掘并专注于处于困境中的人自身的力量，就可以做到有效的预防。在这方面所需的工作是可靠并有效地测量这些品质，进行适当的纵向研究来弄清这些品质的形成过程、途径，并进行恰当的干预，以塑造这些品质。

塞里格曼推出的真正幸福论在积极心理学界有着巨大的影响，真正幸福论分成三部分：①快乐生活。指过去、现在和将来的积极正面的情感，关于过去的积极情感包括安宁、知足和满意，关于现在的积极情感包括躯体愉快（意指直接且相对短暂的知觉上的欢欣）和复杂愉快（是指需要学习和培养的乐趣），乐观、希望、信念、信任和信心则是关于未来的积极情绪。快乐生活是将快乐和积极情感扩展到最大并把痛苦和消极情绪缩减到最小。②充实生活。指充分利用个人优点、天分和潜能，围绕着这个基本理论生活的人会拥有接近于古希腊哲学家亚里斯多德所说的美好生活，因为聪明地利用个人的特长和天生潜能会给人在生活中带来更多的参与和融入，也就是说拥有一个更充实的人生。③有意义的生活。指参与和为带有积极性的机构和组织服务。生活的意义是从参与和在为这种机构服务中取得的。带有积极性的机构和组织包括宗教、政治、国家、社区和家庭。积极心理学家们相信积极和正面的品质和情感只有在积极和正面的环境中才能最好地得到发挥和发展。

六、意志创造世界

什么是意志？意志是人自觉地确定目的，并支配行动，克服困难，实现目的的心理过程，即人的思维过程见之于行动的心理过程，决定达到某种目的而产生的心理状态，常以语言或行动表现出来。意志的本质就是人对于自身行为关系的主观反映，意志包括感性意志与理性意志两个方面。感性意志是指人用以承受感性刺激的意志，它反映了人在实践活动中对于感性刺激的克制能力和兴奋能力，如体力劳动需要克服机体在肌肉疼痛、呼吸困难、血管扩张、神经紧张等感性方面的困难与障碍。理性意志是指人用以承受理性刺激的意志，它反映了人在实践活动中对于第二信号系统刺激的克制能力和兴奋能力，如脑力劳动需要克服大脑皮层在接受第二信号系统的刺激时所产生的思维迷惑、精神压力、情绪波动、信仰失落等理性方面的困难与障碍。意志既要考虑客观事物本身的运动状态与变化规律，还要考虑主体的利益需要，尤其要考虑人对于客观事物的反作用能力，它是一种非中性的而且是能动的创造性的反映活动。意志的培养需要：①形成积极坚定的世界观、人生观和信念。②掌握科学的知识和技能，明确切实可行的学习目的。③培养深厚坚定的情感。④积极参加各种实践活动。⑤发挥榜样的作用。⑥加强自我锻炼。⑦根据自己的个性特征进行意志锻炼。

意志的特征：①意志行动的目的性。人的意志由于具有明确的目的性，它才能既发动符合于目的的某些行动，又能制止不符合目的某些行动。意志行动效应的大小，是以人的目的水平的高低和社会价值为转移的，目的越高尚、越远大、越有社会价值，意志表现水平就越高。②意志行动是与克服困难相联系的。克服困难的过程也就是意志行动的过程，困难有外部困难和内部困难两种，人的意志坚强与否、坚强程度如何，是以困难的性质和克服困难的难易程度来衡量的。

③意志行动以随意动作为基础。人的行动是由动作组成的，动作有不随意动作和随意动作两种，不随意动作是指无预定目的的动作，随意动作则是指有预定目的、受意识指引的动作。有了随意动作，人们就可以根据目的组织、支配和调节一系列的动作，实现预定的目的，随意动作是意志行动的必要组成部分，是意志行动的基础。

意志的品质：①独立性。人不屈服于周围人的压力，不随波逐流，能根据自己的认识与信念，独立采取决定，执行决定与武断和受暗示性的差别在于个体的认知能力和自信。②果断性。有能力及时采取有充分根据的决定，并且在深思熟虑的基础上实现这些决定，与武断的差别只在于结果，与优柔寡断相反。③坚定性。长时间坚持自己决定的合理性，并坚持不懈地为执行决定而努力，有明确的行动方向，和执拗的差别只在于结果。④自制力。善于掌握和支配自己行动的能力，也表现为对情绪状态的调节。决策时的独立性和果断性加执行时的坚定性等于自制力。

意志的作用：①意志使认识活动更加广泛、深入。意志是在人的认识和情感活动基础上产生的，同时认识活动也离不开意志的作用，意志使认识活动更加广泛深入。在认识活动中，有意注意的维持、知觉的合理组织、解决问题的思维活动的展开等，都需要人的意志努力和意志行动，同时积极的意志品质，如自觉性、恒心等能促进人认知能力的发展。②意志调节着人的情绪、情感。首先，情绪、情感影响着意志行为，积极的情绪、情感是意志行动的动力，消极的情感是意志行为的阻力。其次，意志对情绪、情感起调节控制作用，意志坚强的人可以控制与克服消极情绪的干扰，使情绪服从理智，把意志行动贯彻到底。相反，意志薄弱者则易成为情绪的俘虏，使意志行动不能持之以恒。③意志对人的自我修养具有重要意义。

意志活动的五个阶段：①价值目标的确立。人在某一时期内通常会有若干价值需要，并在大脑中会形成相应的主观欲望，这些欲望的满足具体表现为某一种价值事物（如食物、金钱、地位或爱情）的获取或价值目标的实现。②整体规划的设计。人能够针对已经确定的价值目标，设计出一个整体规划，并对各个阶段、各个环节的工作进行安排。由于任何一个价值目标必须通过实施一系列的复杂行为来实现，每个阶段、每个环节的工作可以看做是一个复杂行为，这一系列的复杂行为可以看做是一个超复杂行为，因此整体规划的设计过程实际上就是一个超复杂行为的设计过程，就是把多个复杂行为按照不同的结构方式进行排列组合，并计算出每一种排列组合的价值率，然后比较并选择出最大价值率的超复杂行为。③实施细则的制定。整体规划确定以后，对于每一个阶段、每一个环节的工作就需要进行具体安排，这就是实施细则的制定。对于构成超复杂行为的每一个具体的复杂行为，通常需要多个简单行为按照一定的结构方式来协调完成，因此实施细则的制定过程实际上就是每一个复杂行为的设计过程，就是把多个简单行为按照不同的结构方式进行排列组合，并计算出每一种排列组合的价值率，然后进行比较，选择出具有最大价值率的复杂行为。④具体行为的落实。实施细则确定以后，对于每一个具体行为需要进行落实。对于构成复杂行为的每一个具体的简单行为，通常需要多个本能动作按照一定的结构方式来协调完成，因此具体动作的落实过程实际上就是每一个简单行为的设计过程，就是把多个本能行为按照不同的结构方式进行排列组合，并计算出每一种排列组合的价值率，然后进行比较，选择出具有最大价值率的简单行为。⑤意志动力特性的修正。人对于每个自身的行为动作（超复杂行为、复杂行为、简单行为和本能行为）都有一个意志，由于意志是人对其行为价值率高低的一种主观估计，因此必然存在着或多或少的误差，需要进行不断的修正。

意志素质的高低取决于对于实践关系的主观反映（设想、计划、方案、措施、毅力等）与实际情况相吻合的程度，它包括意志的果断性、自觉性、自制性、坚韧性等，具体体现为形成创造性设想、准确性判断、果断性决策、周密性计划、灵活性方案、有效性措施、坚定性行为等方面的能力。人的意志素质可采用“意商”参量来描述，其大小取决于人的意志年龄与其实际年龄的比值，意商较高的人能够准确地严格地控制自己各种活动的强度、稳定性、灵活性、发生频率或概率、牵涉范围、作用对象等，并准确地估算、全面地掌握、深刻地了解自己的活动可能产生的积极作用和消极作用，从而正确而果断地做出相应的行为决策，并有效地实施它。那么有意志的企业家有哪些具体表现？他既能顽强奋斗又能急流勇退，既有原则性又有灵活性，既有创造性又有继承性；他善于总结经验教训，不犯重复性错误；他善于中庸之道，既不犯左倾冒进的错误，也不犯右倾保守的错误；他能够保持其行为规范与道德准则的连续性和稳定性，在为人处世上做到不亢不卑、以身作则、言行一致、信守诺言；他办事利索、决策果断，有顽强的毅力和坚韧不拔的意志；他心胸宽阔、严于律己，有强烈的社会责任感和牺牲精神等。

七、冷静拒绝诱惑

冷静是平心静气、毫无偏见地分析道理而不感情用事，冷静是企业家的一种领导能力。用冷静的眼光观察人，用冷静的耳朵听言谈，用冷静的心态处理事情，用冷静的头脑思考问题。一生运筹帷幄的诸葛亮就要求子女，非淡泊无以明志，非宁静无以致远。可见，这种素质是含蓄克制的良好修养，是华夏文明的智慧结晶，是智者追求的高超境界。冷静的具体表现包括：①冷静的态度。对于紧急的事或物能够不紧张且熟练地操作和处理，就是常说的“泰山崩于前而面不改色”中的“色”，即是焦急的心不能表露在脸面，俗话就是遇事不慌。②全面的认识。对于人、事、物能够从多个方面去了解再总结，比如人的个人特点，即性格、习惯、做事风格等，事或物就要了解事或物的前因后果。③详细的分析。在分析人与事或物时，当事态紧急时则一般从主观上去分析而避免事态扩大，但少作客观分析是防止和避免重复类似的事件。④后果的预知。它是根据从感性的多个方面进行了解和总结并换位的客观分析、判断、推理的结果。⑤心理素质的要求，就是要有自信与勇气。⑥多种后备计划方案。⑦优劣的互补，有时以劣为优且以优为劣，有时中性。

以冷静的态度观察问题、思考问题、处理问题，对于企业家来说尤为重要。冷静是高超的管理艺术，是成熟的行为风范，是企业家的基本素质。当复杂棘手的问题出现时，当突发性事件出现时，当各种矛盾交织僵持不下时，大家往往会把目光和希望集中到企业家身上。而企业家决策的魄力与勇气，来自综合各种情况后做出的冷静判断。冷静沉着是决策的前提，草率武断是决策的大忌。冷静是一种企业家的实际能力，并非天生具备，历练才能提高。增强冷静应对的本领，就要理智待人处事，学会忍耐和克制，学会宽容和谅解，不感情用事、莽撞冲动；就要独立观察思考，树立大局意识，善于谋划决断，不随波逐流，人云亦云；就要时刻保持清醒，守得住信念，耐得住诱惑，不利令智昏，迷失方向；就要沉着应对挑战，打得起精神，经得起磨练，不怨天尤人，一蹶不振。只要坚持在实践中经受锻炼，在风浪里积累经验，在学习中增长才干，就能不断提高冷静这种基本的领导能力。

诱惑是存于世上的一种奇怪的东西，你会为之疯狂而不能自已，而它之所以存在，是因为人的一生不断地被欲念刺激，所以为诱惑折磨一生。人存于世上，首要面对的是物质上的诱惑，然后才是精神上的诱惑。精神诱惑是指追求浮名，执着于表现突现自我，或是指对知识领域过度探求。权势、地位、名利、金钱，这些都是诱惑，成功的企业家都很善于处理各种诱惑性问题，这是一种企业家的基本要求，当然也是企业家冷静素质的一种表现。

◇ 案例 1. 警惕冬天的马云

阿里巴巴集团是中国最大的网络公司和世界第二大网络公司，已经有 11 家旗下公司，分别是阿里巴巴、淘宝、支付宝、阿里软件、阿里妈妈、口碑网、阿里云、中国雅虎、一淘网、淘宝商城、中国万网、聚划算等。阿里巴巴集团由中国互联网先锋马云于1999年创立，他希望将互联网发展成为普及使用、安全可靠的工具，让大众受惠。阿里巴巴集团现在服务来自超过240个国家和地区的互联网用户，阿里巴巴集团及其关联公司在大中华地区、印度、日本、韩国、英国及美国70多个城市共有23000多名员工。2008年7月23日马云给全体员工写了名为“冬天里的使命”的信，“整个经济形势不容乐观，接下来的冬天会比大家想象的更长！更寒冷！更复杂！我们准备过冬吧！”这位向来以幽默、智慧和大无畏著称的企业家首次表露出对未来的担忧，号召大家要同舟共济。能够准确地预测“冬天”证明马云敏锐和把握方向的准确性，企业能够准确地认识到即将到来的风险，就说明已经成功地抵御了一半的严寒，有多少人是在经济危机到来时才感觉寒冷的。但是马云说，今天很残酷，明天更残酷，后天很美好，但绝对大部分是死在明天晚上，所以每个人不要放弃今天。只有时刻关心企业和员工的企业领袖，才能积极主动地思考现在的风险和未来的危机，让广大员工有知情权，并共同参与。在那次严峻的经济形势面前，阿里巴巴将内贸行业客户的增长视为良方，大力开拓内需市场，成功地在危机中实现了逆势成长扩张。现在面对欧债、美债这个严酷的冬天，马云预测所有发生在美国和欧洲的情况，三四年后也会发生在中国，三四年后中国的经济将面临着巨大的挑战。如果你预感到了将会有糟糕的事情发生，那就从现在开始为之做准备，而不是到时候抱怨和哀嚎。马云说，作为互联网公司我们必须承担起我们的责任，为我的客户——5000万中小企业者和800万淘宝卖家说话，他们在3年后要如何生存下去？

马云讲过在21世纪如果想做一家成功的公司，需要学会的是如何解决社会上存在的某个问题，而不仅仅是学会如何抓住几个机会。马云的梦想是通过发展新的生意方式创造一个截然不同的世界，促进开放、透明、分享、责任的新商业文明。在传统的商业社会中企业只是独立的个体，它们为获取最大的利润，而只以特定的方式与供应商和客户互动，这无疑是零和游戏。马云相信互联网正改写这游戏的规则，互联网促使讯息流通，让世界各地的小企业可实时合作，更让它们有机会与一向掌管市场的大企业看齐。马云相信互联网可协助中小企解决它们长久以来在采购、销售、管理及融资方面的问题，并让它们通过网上协作，与大企业一同享受规模经济所带来的效益。马云告诉自己的团队，要放眼全球，但赢在当地。不论你的愿景有多么美好，你必须要脚踏实地，努力工作每一天。阿里巴巴要有全球化的视野，拓展了日本、印度和欧洲市场，也没有关掉美国的办公室，但是赢在中国。最近马云去美国考察，想在美国生活一段时间，看看怎么可以帮助美国的中小企业，看看到底亚马逊、eBay跟阿里巴巴有什么不同，不是看能从国外市场获取多少收入，而是你能为他人带来多少价值。在一次马云与网商交流时提出阿里巴巴的3个理想，为1000万企业生存，为全世界1亿人创造就业机会，为10亿人提供网上消费平台。现在阿里巴巴又处在了一个成长的十字路口，2011年发生的三件大事显现了马云“冬天的哲学”的新端倪。

2011年2月21日阿里巴巴B2B公司宣布，承认在2009年和2010年两年间分别有1219名及1107名签约的“中国供应商”涉及诈骗全球买家，而CEO卫哲及COO李旭晖因此引咎辞职。本次调整涉及到的其他高管及员工包括阿里巴巴B2B公司人事资深副总裁邓康明及近百名销售人员，这些人员将按照公司制度接受包括开除在内的多项处理。阿里巴巴B2B公司在公告中披露，这是B2B公司董事会近一个月委托专门的调查小组，对客户欺诈事件进行了独立调查后的结果。调查得出的结论是对业绩的过分追求，使得业务人员为了获取短期经济利益而不择手段，导致了欺诈行为的持续发生。阿里巴巴集团创始人、董事会主席马云在内部邮件中要求B2B团队必须进行深刻检讨，要拥有“面对现实，勇于担当和刮骨疗伤的勇气”，“这是我们成长中的痛苦，是我们发展中必须付出的代价，很痛！但我们别无选择”。

2011年5月11日雅虎一季度财报中披露，阿里巴巴集团已经将支付宝的所有权转让给马云100%控股的另一家中国内资公司，文件显示对支付宝的重组是为了尽快获得监管部门的牌照。支付宝公司随后也解释说，这样做的目的是为了拿到支付牌照，支付宝此前接近70%的股权被美国雅虎和日本软银公司控制。这一行为显示了马云的无奈，但为了企业的持续发展，为了保护金融业务的控制权，即使马云个人受到争议，但马云义无反顾地做了。

2011年10月10日阿里巴巴旗下淘宝商城宣布升级商家管理体系，公布了2012年度商家招商续签及相关规则，技术服务年费将从6000元提至3万元到6万元，违约保证金数额则从1万元涨至5万元到15万元不等，同时还规定费用须在12月26日前一次性缴清。这个被称为“淘宝新规”的政策一经宣布，立即引发诸多小店的激烈反对，数万人聚集在一起在网络和现实世界两条战线上向淘宝发出强烈抗议。淘宝小商家们利用淘宝网实行购物后无理由退款制度，恶意攻击一些大卖家。14日下午淘宝商城发表公告称外界质疑的新政“仓促执行”和“强拆”的说法有失偏颇，从两个半月前就与卖家开始沟通，希望能提前给商家充分的准备和调整的时间。与此同时淘宝商城否认了“变相涨价”，公告称调整不是涨价，每日销售额3000元以上即可返还技术服务费，绝大部分商家可做到。但中小卖家表示淘宝新规突然大幅度提高保证金，是典型的“过河拆桥”漠视中小商户的利益，淘宝商城的发展是靠中小卖家的支持才走到今天，但现在淘宝突然“出尔反尔”实在是不仁。马云解释淘宝虽然发展迅猛，但是假货泛滥、侵犯知识产权等负面消息频出，让淘宝声誉频频受损，常受消费者指责，提高违约金是为了让消费者享受更优质的服务。15日商务部相关负责人就淘宝严重事态指出淘宝应妥善处理纠纷，表示商务部高度重视此事，要求从稳定物价和支持小微企业的高度妥善处理并及时报告情况。17日淘宝召开新闻发布会宣布新规执行推迟至2012年9月30日，并表示将投入18亿元进一步扶植淘宝商城中小卖家发展。

◇ 案例2. 是非争议的默多克

1947年16岁的鲁帕特·默多克开始参加校园活动和学生社团，并逐渐成为令人瞩目的风流人物。他担任了校报《科利欧信使报》的编辑，并经常登上讲演社的讲坛，纵论天下大事。在一场关于公立学校制度的辩论中，他争辩说他不懂得为什么仅凭出身富家这一点，一些本来不配的人就应该享受优越的教育！还有一次他在辩论中反对取缔工会组织，说工会之所以应当留存，原因之一是还存在雇佣者联盟。这番议论在学校引起了轩然大波，尽管鲁帕特·默多克宣称自己“不是共产分子”，但他实际上成了激进派的代表。1947年鲁帕特·默多克创办了他的第一份刊物《假如复生》，他的办刊宗旨是让所有人畅所欲言，文章题材广泛，包罗万象，有倡导艺术的评论，有批判“白澳”种族主义政策的文章，也有关于社会主义的争鸣。1952年10月3日其父基思·默多克去世，正在英国牛津大学读书的鲁帕特·默多克赶回家中处理后事。然而清算后默多克发现父亲的几家报纸处于亏损状态，于是他设法保留住了《星期日邮报》和《新闻报》两份报纸，而将其他报纸出售。面对主要的竞争对手《广告报》，默多克果断与其合并，并且努力使《新闻报》开始盈利。1964年默多克开始筹划创办澳大利亚第一家全国性报纸，当年7月14日《澳大利亚人报》正式发行，1967年发行量达到75000份，从此正式走上建立世界大型传媒集团的道路。目前默多克控制澳大利亚2/3的报纸，英国的《太阳报》、《泰晤士报》等40%的报纸都由默多克控股，他还拥有英国的天空电视台、美国的福克斯电视网、道琼斯集团等，现在默多克所创建的新闻集团是当今世界上规模最大、国际化程度最高的综合性传媒公司之一，集团经营的核心业务涵盖电影、电视节目的制作和发行，无线电视、卫星电视和有线电视广播，报纸、杂志、书籍出版及数字广播、加密和收视管理系统开发。

新闻集团网站是这样阐述其任务的：“生产最吸引人的新闻、信息、娱乐并把它们传播到尽可能远的地方。”默多克坚信他的报纸、电视、杂志完全是为了满足读者观众的需要，在他眼中受众的需求并无高低优劣之分，重要的是满足的功能，而不是趣味的高低。默多克公开宣称商业性的天空广播，不管哪种客户感兴趣的节目，都能够在“天空”的卫星上发现它，天空广播拥有386个分类明细、内容丰富的频道，分为娱乐、电影、成人、音乐、儿童、体育、新闻和记录片、顾客频道和各种专业频道9个板块。为了赢得市场和顾客，默多克的传媒世界里娱乐新闻、色情新闻大行其道。默多克认为报纸是他最钟爱的玩具，他说提高报纸发行量就是降低格调。据悉每当收购一份新的报纸，默多克都会亲自调教一番，并且每天还会花时间研究和处理报纸头条新闻，他总是想方设法耸人听闻、标新立异。收购《华尔街日报》后默多克认为该报的文章太长，读者根本没有时间读完这些内容，他对编辑和记者毫不客气地说道：“别再为赢得普利策奖写文章了，还是发表一些读者喜欢的内容吧。”默多克的经营理念最突出的一点就是他喜欢和政治联姻，在英美政坛就有这么一个说法，默多克的支持不仅仅是在脸颊上的轻轻一吻，而是像熊一样地紧紧拥抱，他会用整个报纸宣传你。

默多克的成功有几点重要的经验：①公司制是默多克的产业化运营的基础。新闻集团是上市公司，默多克通过环环相扣的办法个人牢牢掌控了新闻集团的整个运营权，默多克总是努力成为控股者，把企业的产权和控制权牢牢掌握在手中。②资本运营策略是默多克的产业化运营成功的关键。新闻集团分别在美国的纽约证券交易所、澳大利亚证券交易所、伦敦证券交易所上市，默多克通过并购构建了他的媒介王国，在50多个国家内有800多家企业，这样他才能够驾轻就熟地进行一系列成功的资本运作。③传媒资源的集中化。新闻集团的传媒公司横跨广播、影视、报刊、出版社、互联网等。新闻集团内各子公司拥有的优秀稿件统一调配，提供给在世界各地的子公司。这样既有利于传媒集团内部的资源共享及合理化配置，实现从信息采集、制作到传播的垂直一体化，减少传播流程，从而降低经营成本，也有助于提高不同媒体的整合程度，提升企业的竞争能力。

新闻集团媒体的过度的商业化，催生了“窃听门”丑闻。2011年7月4日英国《卫报》头条曝料，英国老牌报纸《世界新闻报》在2002年非法窃听失踪少女米莉·道勒及其家人的电话，扰乱警方破案，消息一出举国哗然。《世界新闻报》是一份大名鼎鼎的报纸，在168年的历史中深得中下层民众喜爱，独家爆料“害了”不少名流巨贾，被默多克收购之后在疯狂的道路上越走越远。阅读《世界新闻报》上的各种名人爆料容易原谅，而米莉事件改变了事情的性质，缺乏对人性的尊重。2007年《世界新闻报》记者因窃听威廉和哈里王子的手机信息被捕入狱，然而对王室的“不敬”并没有阻挡它的脚步，直到2011年它轰然倒下。更为重要的是这让英国人突然意识到，任何一个普通人都可能成为攻击目标，所有的人都开始担心自己的隐私安全，一下子人心惶惶。《世界新闻报》前记者肖恩·霍尔在接受媒体采访时称该报常常鼓励记者以窃听方式寻找信息，因为报社内部竞争压力极大，通过窃听能获得准确消息，他们甚至能用这些消息与别人进行交易，换取同等价值的线索。用窃听来换取新闻，这无关新闻自由，而是触及了法律和道德的底线。

◇ 案例3. 昔日船王董建华

董建华的父亲董浩云曾被《纽约时报》称为“世界最大独立船东”，名列世界七大航业巨子之一，生前有这么一个信念：“地球表面上3/4是海洋，我们应该有雄心征服海洋。”1970年9月董氏购买了豪华邮船“伊利沙伯皇后”号，随后把它改成“海上学府”，董浩云在创办“海上学府”时说：“在这所海上大学的海上课程内，整个世界便是学生的校园；藉此可透视国际问题及国际矛盾的前因后果，让学生可以开放世界，看看先进国家与后进国家的历史背景及其现状，使学生能将自己国家的文化与别国文化互相交流沟通”。董氏航运集团在香港、东京、纽约、伦敦、新加坡、台北、洛杉矶、旧金山都有办事处，巴西的里约热内卢和法国首都巴黎都有代理，是中国人首创的最大企业。1980年两伊战争爆发引起的石油供应危机，世界各国对航运的需求大增，董浩云此时被世界航运业短暂的繁荣假象所迷惑，积极进行扩张。1980年12月19日他亲自主持向日本订造的世界上最大的超级巨型运油船——载重564763吨的“海上巨人”号下水典礼，曾经轰动世界航运界。孰知灾难已经纷至沓来，航运业的繁荣成了昙花一现，全球航运业开始陷入不景气。

1982董浩云病逝，董建华继承董氏航运集团“东方海外”业务，世界航运业开始衰退，董氏航运集团载货吨位大量过剩，船价大跌，董建华欠下高达200多亿港元的巨债。身为世界船王的长子，董建华没有退缩，甘愿一切从零开始，重新拼搏，偿清债务，再图霸业。董家面临的这一场灾难首先自然是世界航运业的衰败所引起的，但同时与董浩云的投资策略不无关系。此时董建华开始满头白发，一脸沧桑，而就在董建华焦头烂额的时候，董建华的母亲此时查出患上了肺癌。董建华的妹妹董建平说，1985年的一天董建华将她叫到了办公室，告诉了她眼下公司遇到的这一场惊人的大灾难，兄妹两人说着忍不住眼泪就流了下来。在面临父亲的海上王国将要在自己手中毁于一旦的董建华，首先想到的就是如何千方百计去拯救这一切。为了应付来自各方面的巨大压力，董建华将其家族位于新加坡、纽约和澳州悉尼的物业和保险业务统统卖掉，将卖得的收入全部注入东方海外以减少债务。虽然董建华采取了多项措施试图改变困境，但是显然收效不大。虽然东方海外名下的船不少，但船的折旧率相当高，尤其是在世界航运业衰退的情况下，想找买家解套谈何容易。

董建华的父亲董浩云生前与台湾有着良好的关系，无论是在政界还是在商界。在这危难时刻董建华首先到向台湾银行求救，但是台湾银行拒绝了。日本财团一直与董氏集团也保持着良好的关系，董氏集团旗下的许多船只都是向日本订造的，董建华自然想到日本方面的帮助。董建华有时一个人，有时与他的太太赵洪婥两人，奔走在香港与日本的航班上，他们多次到日本，日本方面冷酷地拒绝了董建华的要求。当时的董建华真可谓四面楚歌，苦告无门，门前有的只是讨债的人，昔日的笑脸全都化作了冷脸，但是董建华却默默地承受了这一切。当时他曾经对友人说过：他一定要从破产的边缘找出起死回生的办法。1986 年霍英东出面注资 1.2 亿美元，同年 5 月董建华宣布重组公司，在新的董氏集团他丧失控制权，由老板转为职员。1990 年董建华继续为公司减磅，而霍英东再收购东方海外两成股权，但公司仍有630 万元的亏损。1991 年在董建华的努力下东方海外终于转亏为盈，截至 1991 年 12 月 31 日，年度盈利达 980 万美元。1994 年上半年中期业绩，东方海外经营盈利上升了 8 倍，达 4000 万美元，董建华终于挽救了“祖业”。

董建华辛苦打拼令家族生意起死回生的经历在香港家喻户晓，这个原本以船为生、很少涉足政治、行事低调的商业巨子会走上政治舞台，却是很多人未曾料到的。1985 年董建华受邀担任香港基本法起草委员会咨询委员会委员。1992 年 3 月他又被委任为中华人民共和国第一批香港事务顾问人员之一。1992 年彭定康对香港政局大改组，董建华等一批新人进入“行政局”，这标志着董建华正式介入政治。1996 年 1 月 26 日，香港特别行政区筹备委员会在北京成立，董建华是 5 名港方副主任委员之一，此时香港特别行政区首任行政长官的竞选也进入了白热化的程度。1996 年 12 月 11 日，400 位推选委员会委员投票选举香港特区第一任行政长官人选，12 点 25 分钱其琛郑重宣布，根据推委会第三次全体会议的选举结果，董建华当选为香港特区第一任行政长官。

第十五章　永续发展的关键

一、正视个人的安危

安全是一个社会正常的基本状态，企业家的事业兴旺和梦想的实现，依赖国家的繁荣强大和世界和平，但我们企业家仍然需要做好自己相关的安全管理，这是企业家对自我和世界的一种责任感。其实安全是一种状态，即通过持续的危险识别和风险管理过程，将人员伤害或财产损失的风险降低至并保持在可接受的水平或其以下。因此没有危险是安全的特有属性，也是本质属性，没有危险的状态是安全，而且这种状态是不依人的主观意志为转移的，因而是客观的。无论是安全主体自身，还是安全主体的旁观者，都不可能仅仅因为对于安全主体的感觉或认识不同而真正改变主体的安全状态。一个已经处于自由落体状态下的人，不会由于他自我感觉良好而真正安全；一个躺在坚固大厦内一张坚固的大床上而且确实没有任何危险的人，也不会因认为自己危在旦夕就真的面临危险。因此，安全不仅是没有危险的状态，而且这种状态是客观的，不依人的主观意志为转移的。没有危险作为一种客观状态，不是一种实体性存在，而是一种属性，因而它必然依附一定的实体。当安全依附于人时，那么便是人的安全，当安全依附于国家时，那么便是国家安全；而当安全依附于世界时，便是世界安全。这样一些承载安全的实体，也就是安全所依附的实体，可以说就是安全的主体。

安全感虽然不能归结为安全的一方面内容，但它同样也是一种客观存在着的主观状态，是在研究安全问题包括国家安全问题时需要研究的。但与安全是一种客观状态不同，安全感可以说是安全主体对自身安全状态的一种自我意识、自我评价。这种自我意识和自我评价与客观的安全状态有时比较一致，有时可能相去甚远。例如，有的人在比较安全的状态下感觉非常不安全，终日里觉得处于危险中；也有的人虽然处于比较危险的境地，但却认为自己很安全，对危险视而不见。这种现象除了说明安全感与安全的实际状态并不完全一致外，也说明了安全感与安全是两个不同的概念。

2006年一份企业家安全状况的报告显示，在100多个案例研究中，国内企业家人身安全最危险的事情是，“不知道危险的程度”和“不具备基本的防范能力”。他们的这两大“软肋”，是由于安全意识极低导致的。国内企业家的安全防范水平之低，远远低于他们面临的潜在人身危险。他们的实际安全现状是：①办公室、住所没有配备基本的安全设备。②没有配备或者不愿意配备保镖或者安全助手。③暴力侵害来自于任何可能之处。④工作、休息、餐饮太有规律，容易为歹徒所掌握、所利用。⑤出行时没有随从、护卫人员。

尽管国内有些企业家采取了一些安全防范措施，但在人身安全防范方面存在七大误区：①保镖万能。很多企业家都以为有了保镖就安全，甚至是人身安全就是请保镖。然而一些企业家还是在有保镖的情况下遭遇人身侵害的，保镖是重要的，但绝对不是万能的；没有保镖固然人身风险很大，有了保镖并不等于自己的人身安全进了保险箱。②硬件崇拜。三重安全防护系统、红外线监控摄像设备、数码安全屋……一些企业家在安全设施、设备上的支出数目，已经可以和他们置办豪宅的费用相比。毫无疑问这些设施是保卫企业家安全的基础，但仅仅依赖甚至崇拜这些硬件，也是一个极大的误区。有些企业家尽管在豪宅硬件上投入很大，但还是在豪宅内出事了。③枪杀概率极小。中国是一个实行枪支管制的国家，企业家遭遇枪支侵害的概率要远远小于国外发达国家，这个观点在理论上是正确的，但在现实生活中并非如此。据相关部门一位不愿具名的专家私下透露，中国私藏在民间的黑枪至少在100万支以上，而现实存在的黑枪数量无法确定。④高层经理不需防范。目前国内企业家在他们所领导的企业中占有绝大部分股份，甚至全部股份，这些企业的总裁、副总裁和董事等高层经理人员所积累的财富还没有达到富豪的水平，因此一些高层经理认为人身危险并不存在，事实是企业家70%左右的工作时间是和这些高层经理在一起的，而没有接受过安全培训的高层经理不可能预防和应对企业家本人可能遇到的人身侵害。⑤国企老总无危险。还有很多国企老总认为企业家遭遇暴力现象都发生在私营企业家身上，国企老总的年薪没有多少，风险基本不大。然而事实并非如此。⑥事先防范多余。那些没有遭遇到人身侵害的企业家对企业高层的安全问题一直没有重视起来，甚至非常淡漠，相当一部分企业家认为企业高层的安全事先防范是多余的。殊不知在人身安全问题上，是没有后悔药的，万一不幸遇到此类问题时，很多企业家连后悔的机会都没有。⑦行善能避祸。有一种普遍的看法是行善能避祸。当然行善是必要的，可惜并不能避免所有的杀身之祸，尤其是飞来横祸。企业家既要问问自己行过多少善，更要问问自己实际的安全防范水平有多高，要知道当暴力侵害袭来，企业家求过的神佛和善念并不能阻止歹徒和歹徒手中的凶器。

企业家安全管理的对象是风险，管理的结果要么是安全，要么是事故。世间的事都有个前因后果，事故这个结果也有原因，原因就在于事故相关的各个环节，就是说事故是一系列事件发生的后果。这些事件是一系列的，一件接一件发生的，就是一连串的事件。所以安全管理上就有了“事故链”原理，事故让人们看到了一个锁链，初始原因→间接原因→直接原因→事故→伤害。这是一个链条，传统、社会环境、人的不安全行为或物的不安全状态、人的失误、事故伤害，又像一张张多米诺骨牌，一旦第一张倒下，就会导致第二张、第三张直至最后一张骨牌倒下，最终导致事故发生，出现相应的损失。按照“事故链”原理的解释，事故是因为某些个环节在连续的时间内出现了缺陷，这些不止一个的缺陷构成了整个安全体系的失效，酿成大祸。不过有危险并不代表不安全，只要危险、威胁、隐患等在人们的可控范围内，就可以认为其是安全的。所以对于“安全”一词大家可能在理解上有一些误区或者是理解不完全，例如，在工作、生活等环境中，危险是无处不在的，开车、乘飞机、操作设备等，但是不能因为这些危险的存在就说不安全，面对危险是否有对策？对策是否有效？对策是否已落实？这才是判断安全的有效方法。没有危险的安全状态几乎不存在，如果一味地追求没有危险，大家试想一下我们的工作和生活将如何进行。

二、跳出生命周期的漩涡

企业家成长的生命周期有 10 个阶段：

（1）孕育期。这是一个梦想和对梦想作出承诺的阶段，准企业家把注意力都放在自己的构想和未来的可能性上，他制定并谈论着改变市场或创造市场地位的雄心勃勃的计划。当他开始承担风险的时候，孕育期结束，婴儿期便开始了。这个阶段有些人会有创业空想，只有兴奋和激情，但缺乏真正的承诺，在风险刚一出现的时候，承诺就烟消云散了，这样企业根本不会诞生。

（2）婴儿期。在这个时期企业家的注意力从构想转向了产出（销售）的可能性上，销售左右着这个行动导向、机会驱使的阶段，在婴儿期没有人会过多地注意书面工作、控制、制度或程序，企业家没日没夜地想把一切事情都干了。但是由于一个小小的问题都有可能变糟，导致大的危机，所以大小决策都由企业家自己制定。当企业的现金流稳定下来，可以预知并且有了现金盈余时，婴儿期结束，学步期开始。这个阶段婴儿很可能夭折，原因要么是创始人放弃了承诺，要么是遇到了那些无法挽回的损失，比如没有了流动资金。

（3）学步期。这是一个快速成长的时期，销售仍是第一或第二要务。企业家在看到企业兴盛的同时，认为他们无所不能，他们的自负使得企业易犯不可饶恕的错误。他们把一切都视为机会，而机会过多的时候就会出大问题。企业家按照人而不是功能组织自己的公司，能干的员工拥有许多头衔，可是企业家仍然作所有的决策，这一在婴儿期正常的现象在学步期渐渐变得不正常了。当学步期企业陷入严重的麻烦之中时，学步期结束，青春期开始。这个阶段的创业者容易陷入一种困境，创始人或家族成员不肯挪位，不愿意让那些更适合的人来管理。

（4）青春期。在这个时期企业体验到失控的成长所带来的问题并构造了新的组织形式，企业家聘请了一位首席营运官，但是发现很难把缰绳交给他，老员工和新管理团队的势不两立的僵局妨碍了经营，公司的目标失去了重点，而内部斗争却日趋激烈。内部冲突过多，以至于人们没有什么时间去为客户服务，公司因暂时迷失愿景而受苦。如果公司成功地度过了青春期，在不失灵活性的同时完善了控制的话，它就进入了盛年期。这个阶段有可能创始人过早出局，创始人在其创新精神被制度化之前被排挤走，因为控制的力量想清除组织中的不安定因素，企业看起来似乎控制得更好、更加赢利，但这种改进只是一时的，公司将相对地不再开拓创新，它的产品将过时，公司也将惨遭淘汰。

（5）盛年期。这是一个万事齐备的生命阶段，纪律在没有迷失愿景的同时被引入并加强，处于盛年期的公司在可控性和灵活性之间达到精巧的平衡。组织受纪律的约束但又不失创新，不断地满足着顾客变化的需求，新的婴儿组织被孵化并成长，对它们实行分权管理体制是为了提供新的生命周期机会，此时的企业充满了生机与活力。如果企业没有努力保持在盛年期，它就会老化。

（6）稳定期。这个阶段企业依然健壮，但却没了早期阶段的热情，开始显现出老化的最初迹象，这时不是争取得到想要的，而是想吃干榨尽它拥有的。这时组织成员欢迎新思想，但却缺乏成长阶段特有的那种对新思想的热情，财务人员开始加强对短期成果的控制，不再重视市场营销和研究开发，员工们抱着过去的成就不放，但却发现难以集中精力面对未来。如果这些问题得不到处理，企业将会进一步老化。

（7）贵族期。这个时期企业家不要将兴风作浪变成生活准则，他们认为外在受尊敬的象征（着装、办公室装饰、头衔）极其重要，这时企业家做的是收购而不是开办新的企业，企业文化强调怎么做，而不是做什么、为什么做。公司看起来日益陷入泥潭，企业家在吃老本过日子。在变化的环境里无为是要付出代价的，反诉的时代将要来临了。

（8）后贵族期。在这个衰败的阶段，公司热衷于政治迫害，它要找出罪魁祸首，看谁把事情做错了，而不是想尽办法去发现究竟什么出了错、如何修正错误。企业削减成本超过了增加收入的努力，这样做的理由似乎是削减成本看起来更容易提高经营业绩，甚至这样做也还要打个问号，在成本结构不变的前提下，更多的努力是否会增加收入并提高经营业绩。因此公司从短期出发，做着那些自己有把握并且很容易做的事情，那些长期的没有把握的事情无论是不是有意义都不会优先考虑。一些企业削减成本太过分，到了患上“公司厌食症”的地步，它们都没有力量去做了，它们死定了。卑鄙陷害和内斗主宰了这一时期，高层管理人员为保护各自的领地而斗争，他们与下属隔绝开来，把顾客当成魔鬼。

(9) 官僚期。如果企业在前一阶段没有死亡，它就会变得官僚化，它受到政治保护或在一个特别的环境里活下去，它生存的第一要务不是如何满足顾客的需要，而是如何满足拨给其资源并对其发号施令的人。企业的作业手册越来越厚，书面工作泛滥，规定和政策窒息了创新和创造，当员工们质疑这些程序或作业流程时，管理者的回答是，这是规定。被抛弃和遗忘的客户们发现，他们要想出特别的策略才能博得注意，一切事情都有制度，员工们拿着本本玩游戏。

(10) 死亡期。这最后的阶段会弥留数年，公司慢慢死亡，或是在沉重的打击下轰然倒塌，公司无法生成付账所需的现金，最后用光了所有可用现金后撒手人间。

我们发现企业家生命周期有几个重要定理：①随着生命周期的演进，灵活性下降，而企业的可控性一直增高，到官僚期达到顶峰，随后开始下降，则企业进入衰亡。②虽然周期有自然发展的顺序，但企业通过适当的措施，是可以改变其状态的，但许多情形需要来自外部的帮助。③企业在生命周期的不同阶段，有不同的特征问题，这些预料之中的问题，是正常的，而另一些不该出现的问题，则为病态的。④在生命周期某一阶段起作用的行为，在另一阶段可能没有作用。⑤同一时间企业的不同部分可能处于不同的生命周期阶段。

三、直面企业家的继承

继承是指一个对象直接使用另一对象的属性和方法，也指按照法律或遵照遗嘱接受死者的财产、职务、头衔、地位等。一份权威调查资料显示，当前全国近50%的民营企业都面临老一辈创业者或守业者对下一代的权力交接问题。一个全国性的民营企业“接班时代”已经悄然来临，一场规模最大的财富迁移运动即将开场。许多民企正在面临着无法接班的困局，一些民营企业正在遭遇“接班荒”，并呈蔓延之势。其中困局主要有两种情况：一是子女“志不在此”，自身不愿意接班；二是子女“能力不济”，无法承担接班重任。子承父业，历来是中国人传承地位和财富的首选途径，但眼下不少民企少帅或者对父辈的企业缺乏兴趣，或者有心而无力，他们把转让股份作为主要策略，纷纷将买家锁定在收购价较高的外资企业上。民企少帅们之所以将父辈企业一卖了之，原因有多种。有些是因为个性强，不愿“子从父业”，认为坐享其成无成就感；有些认为家族企业中七大姑八大姨的关系，错综复杂，难施拳脚；有些则考虑父辈所从事的实业竞争太激烈、太残酷，人既辛苦，利润又薄，不如另起炉灶，走捷径，欲凭借网络经济让财富快速飙升。国企的情况怎么样呢？近来国资委加大了向全球招聘国企高管的范围与力度，但国企领导人的选拔任免机制并没有实质的改变。因此无论怎样，中国企业家的传承问题已经无法回避，已经刻不容缓。

企业家在生前对财产继承做出一定的安排是未雨绸缪，那么在财产继承安排上要注意哪些事项呢？①根据法律规定，采用遗嘱安排财产继承。我国继承制度有遗嘱继承和法定继承两种，采用遗嘱继承优先的原则。遗憾的是由于受到传统伦理的影响，企业家对过早谈及身后事讳莫如深。②采用遗嘱安排财产继承时，须根据不同的财产类型做出合适的安排，最好借助于律师等专业人士来帮助安排财产继承事宜。如在个人独资企业中，企业家遭遇飞来横祸，因未立遗嘱，只能根据法定继承由其继承人均分其在企业中的股权。通常情况下同一顺序继承人并不只有一个，这样就会出现股权比例均等的情形，容易导致企业受到损害甚至解散。这在其他形式的企业中也会有所体现，因此要解决这一问题，需要企业家在其所立的书面遗嘱中对其股权继承有一定集中度的安排。作为多股东的企业来说，为了避免某一自然人股东的继承带来公司股东结构变化的不利影响，可以通过公司章程的约定来避免不利后果。《公司法》第七十六条规定：自然人股东死亡后，其合法继承人可以继承股东资格，但是公司章程另有规定的除外。③在制作遗嘱时，既要注意遗嘱的形式合法、易于保存、不易被篡改，还要注意遗嘱内容的合法性，遗嘱中违法的部分无效。总之，不管是维持家庭的和谐稳定，还是保障企业的可持续发展，处理好财产继承问题至关重要，否则会引发风险和带来危机。

企业家的继承人员有两类，职业经理和家族成员。虽然职业经理人团队在企业财务、管理供销商、开拓市场等方面确实拥有强大的专业背景，但其与企业家家族成员的天然区别在于，前者更重视短期的业绩诉求，而企业家家族成员在经营企业时，想得最多的可能是公司长期的发展，目光常常着眼于第一代之后的公司可能会发展成什么样，企业家家族成员是保持家族文化延续的重要核心，家族企业的文化就会被融入孩子的 DNA 当中，最终他们中的一位将会脱颖而出，延续父祖们的事业和追求。在考虑继承顺序的时候，惯性思维是儿子第一，往往通过子承父业的模式进行，这种思维的根源是为了延续家族的香火，也跟中国几千年来的文化基础和传统有着某种藕断丝连的联系。选定接班人固然重要，但更重要的是权力交接的规则。上一辈未必知道什么时候该退休，同样的接班人也不清楚何时该上任。在德国家族企业惯常的做法是引入第三方咨询公司，来介入管理层接替的相关工作，帮助进行管理层交替的改革。具体管理改革时，企业文化对家族企业继承和接班人能力之间的关系具有一定的缓冲效应。继承者们面临的挑战有：①家族权威的重新树立。②企业商业模式的再造，以保证企业业绩和生命周期的延续。③企业管理文化的重新塑造。④人才和管理队伍的培养。

四、可以借鉴的国际经验

欧洲家族企业甚至拥有自己的组织——Les Henokiens，只有那些仍由创始者家族成员控制的企业（历史至少达200年）才有资格加入，成员经常互相交流研讨战略，他们甚至彼此交换继任者，以便使家族衣钵传承者能获得本家族以外的商业经验，并且在家族成员对企业的占股比率上要比美国的高出一些，有些甚至达到70%以上。但是在缺乏合适继承人的时候，会全盘出售自己所持股份，把企业卖出去；或是通过股份减持使家族成为普通股东，与其他股东一样，需要通过投票或竞争才能入主企业的董事会；或是虽持有较大股份，但是管理权交由其他人来行使。所有这些淡化家族制的做法仍会被采用。

日本家族企业比较早地突破了狭隘的家族观，接受了西方的所有权和经营权分离的观念，在企业中广泛接纳了非家族成员从事企业的经营管理，家族企业的社会化程度较高，家族企业的家族股权比例日趋缩小。在家族企业的继承问题上，日本人注重的不是传统意义上的传宗接代，而是作为生活共同体和经营共同体的家的长盛不衰。日本的企业以家业为中心，以家名为象征，家的延续不局限于血缘的延续，更注重的是家业的延续。而这种特有的不同于一般儒家家文化的家理论，跟战后美国在日本实行的解散财阀等改革措施是分不开的，使得日本企业，如丰田汽车公司在经营权继承人的选择上很有选用外人的魄力。

韩国在家族企业的继承问题上经历了不同的阶段。首先，所有权和经营权高度集中，由创办者一人决策，由于受儒家思想的影响比较大，韩国家族企业的家长制比较严重，企业的重大决策都由家族中的家长，一般也是企业的创办者一人作出，家族中其他成员作出的决策也须征询家长的意见或征得家长的同意。企业继任者的经营压力很大，在经营权继承方式上基本上是子承父业的世袭制，长幼有序，一般由长子继承。亚洲金融危机过后，韩国政府实施了一系列新的经济政策，开放公司产权市场，引进非家族成员的优秀管理人才，建立外部董事制度，家族企业的社会化程度大大增强，企业不再是一个人的企业，也不再是一个家的企业，外部的监督制度和对中小股东利益的保护令家族企业渐渐摆脱了原有的传统观念，很多企业开始接受西方的两权分离。现代集团的会长郑周永就曾说："不管是谁，只要有能力，就把企业的经营权交给他。"而在企业的所有权上，韩国企业往往通过交叉持股的方式牢牢控制着企业。

五、永续传承的真正核心

中国俗语说"富不过三代"，完整的说法是，"道德传家，十代以上，耕读传家次之，诗书传家又次之，富贵传家，不过三代"。富不过三代尽管是普遍现象，但现实生活中也有富过三代的例子。能否富过三代不只是家庭、家族及企业的繁荣问题，实质上与国家、民族、社会密切相关，国家富强、民族振兴、社会稳定，才能富过三代。国家、民族是建立在一个个家庭、家族、企业基础上的，国家发达，民族兴旺，说明整体政通人和，人民才能安居乐业，企业才能安心创业，家庭、家族、企业才有富过三代的可能。此外，古代中国人常有多子多福的观念，这也是造成富不过三代的原因之一，多子多福的观念鼓励人们多生孩子，导致了财富加速被分薄，引用"韩非子"《五蠹》中的话，"今人有五子不为多，子又有五子，大父未死而有二十五孙。是以人民众而货财寡，事力劳而供养薄，故民争，虽倍赏累罚而不免于乱"。

优秀人才辈出才能富过三代，财富是优秀能干的人才创造的，也只有优秀能干的后代才能更好地继承、保住和增值财富。守业比创业更难，因为创业者大多从青少年时期就经过磨砺，从而锤炼了他们坚强的意志和杰出的才能，使他们能够成就大业。而其后一代面对的是已经富裕起来的家庭，没有经历过创业的艰难，很难懂得财富来之不易，如果没有良好的教育，很容易败掉家业。因此，没有人才辈出的家庭难以富过三代，没有人才辈出的企业难以长盛不衰，没有人才辈出的国家难以兴旺发达。

《胡润全球最古老的家族企业榜》列出了全球100家家族企业，100家长寿企业主要集中在欧洲、美国和日本，这些国家的共同点在于它们都有较为稳定的商业环境和保护私有财产的政策。尽管这些国家都有过很多战争或动乱，就像法国有拿破仑战争、英国有工业革命、日本有明治维新、美国有独立战争，以及后来很多国家都经历的第二次世界大战，但这些家族企业还是在历史的剧变中幸存下来。这些企业有一些共同点：通过家族联姻是做强做大的捷径；很早就尝试运用所有权与经营权分离的管理方法；在风险管理方面都非常优秀；重视人才培养；当然还有好运气。日本金刚组是一家日本建筑公司，创办于公元578年，是现存世上最古老的家族企业，其第32代金刚八郎在"遗言书"中立的家训是"勤勉、戒醉、慎行、为人"，第40代堂主金刚正和曾说："我们公司能生存这么久其实没有什么秘密，正如我常说的，坚持最最基本的业务对公司来说非常重要。”这些家训为金刚家族在企业的发展中明确了方向。创立于1770年的英国斯佩威士忌公司，公司现任总经理约翰·麦克唐纳是家族的第10代，他说：“酿造威士忌是家族传统。”

认真研究这些能够在漫长的岁月中历尽磨难生存下来的企业，发现他们的企业文化和价值观得到了真正的传承，因此企业家的继承就是价值观和文化的传承。价值观是企业家的脊梁，支撑着不倒的灵魂；价值观是企业家的明灯，照耀着期盼的心灵；价值观是企业家的路标，指引着前进的方向。价值观之于企业家，如同舵手之于航船，航船没有舵手，就会在大海中迷失方向；价值观之于企业家，如同羽翼之于飞鸟，飞鸟没有羽翼，就不能展翅高飞。企业文化是全体员工在长期的发展过程中所培育形成的并被全体员工共同遵守的最高目标、价值体系、基本信念及行为规范的总和，它是一种坚定的信念，也是一种发展的思维，更是一种行动的力量。因此价值观和企业文化才是企业家传承的核心，也才是企业永续发展的关键。

◇ 案例1. 六代传奇的洛克菲勒

洛克菲勒家族是美国最富有的家族。约翰·D. 洛克菲勒是这个家族的创始人，他也是人类有史以来第一位亿万富翁，他开创的石油王朝在美国的垄断地位达85年之久。在商战中洛克菲勒讨厌用价格战驱逐竞争者，他更愿意向竞争者们提供现金或标准公司的股票，买下他们的炼油厂。他是认识兼并价值的一名先驱者。在兼并公司的同时洛克菲勒还网罗了一批能人，用他自己的话说：“那价值远远超过被兼并的所有公司。”正是此时洛克菲勒的律师多德提出了“托拉斯”这个垄断组织的概念，洛克菲勒合并了40多家厂商，垄断了全国80%的炼油工业和90%的油管生意。1886年标准石油公司又创建了天然气托拉斯，标准石油公司最后定名为美孚石油公司。托拉斯则迅速在全美各地、各行业蔓延开来，在很短时间内这种垄断组织形式就占了美国经济的90%，洛克菲勒成功地造就了美国历史上一个独特的时代——垄断时代。

约翰·D. 洛克菲勒是相当勤勉和生活简朴的企业家，他从不喝酒，没有虚荣心，甚至不考虑外表形象问题，惟一的嗜好就是骑马。老洛克菲勒把精力都放在石油生意方面，通过吞并或挤垮对手等方法，创建起美国一流规模的标准石油公司。老洛克菲勒说过，“赚钱的能力是上帝赐给我们的一份礼物”。由于他对购买法国庄园或苏格兰城堡没有兴趣，又不屑于购买艺术品、游艇或中世纪韵味的西服及所有富人们所津津乐道的东西，他就把自己收入中的很大部分投资于煤矿、铁路、保险公司、银行和各种类型的生产企业，其中最出名的是铁矿生意。当约翰·D. 洛克菲勒在1910年发现自己名下的财富已经达到近10亿美元的时候，他开始考虑如何运用这笔财富，他把其中一半的财产投入了慈善事业。1911年因最高法院裁定拆分石油托拉斯，形成了若干个至今依然存在的企业，比如，埃克森-莫比尔、雪佛龙、亚美及其他三十多家企业。这位美国历史上有着传奇色彩的商业奇才，用前半生拼命赚钱，成了美国史上第一个十亿富豪，用后半生散尽亿万家财，投身慈善。洛克菲勒家族把许多钱都投到了慈善事业上，标准石油被分拆时老约翰已经退隐江湖十余年，专心做慈善，他们从事慈善事业的规模在历史上是空前的。老洛克菲勒先是创办起芝加哥大学，接着向亚特兰大斯伯尔曼学院的黑人妇女提供教育资金，然后又发起成立了一个医学研究组织，该研究组织后来发展成为洛克菲勒大学。再后来老洛克菲勒建立起以自己名字命名的基金，资产达十多亿美元。

第二代小洛克菲勒把主要精力用在维持老洛克菲勒留下的慈善事业上。老洛克菲勒集聚的钱财实在太多了，多得他只好雇人帮他来花。而到了他惟一的儿子小约翰·D. 洛克菲勒这一代，小洛克菲勒发现自己要想在石油生意和慈善事业这两种祖传家业之间找到心理平衡非常困难，因此他经常经受着神经失常的煎熬和折磨。小洛克菲勒曾经说，他在做生意的时候感觉就像和自己的良心进行赛跑。于是小约翰在把家族事业发扬光大方面放弃了许多机会，他的大半生时间都花在把家族财富送出去，而不是集聚更多财富上。在大做慈善事业的过程中，他“得到了极大满足”，看到社会上存在许多问题，就想办法帮助解决这些问题。比如他对保护历史文物和保护环境有着浓厚的兴趣，经过他的努力，英国对北美大陆殖民时代所创建的威廉斯堡古城和法国的凡尔赛宫才得以完整地保存。他的妻子艾比凭着洛克菲勒财团总裁妻子这一头衔，在纽约创办了一所现代艺术博物馆。小洛克菲勒在纽约建立了洛克菲勒中心，并设法挽救了美国西部山区的许多古老的红杉。

小约翰·D. 洛克菲勒的信条——我相信。我相信每个个体的至尊价值，和他对自由、幸福追求的权利。我相信每个权利是一种责任；每个机会是一种责任；每份财产是一种责任。我相信法律是为人设立的，而不是人任意设置法律；政府是人民的仆人，而不是人民的主人。我相信劳动才能获得尊严，不管是体力劳动还是脑力劳动；这个世界不会让人活不下去，但它欠人活得更好的机会。我相信节俭是良好财政结构的头等必需品，不管在政府里、生意上还是个人理财。我相信真相和公正是一个和谐社会的根本。我相信诺言，每个人都应该把那神圣语言当做自己的债券一样好好对待；诺言——不是财富或力量——而是至尊价值。我相信获取必要的回报是人类共同需求，要消除自私自利，在烈火中是净化浮渣，达到伟大灵魂的集合。我相信拥有无上智慧和爱的上帝，不管他给人们一个什么样的名字，个体最高的成就、最伟大的幸福和最宽泛的才能，将存在于他自己的意愿当中。我相信爱是世界上最伟大的东西，只有它能帮你克服所有怨恨，让你有走向幸福的可能。

家族企业第三代：劳伦斯·洛克菲勒——“风险投资之父”。劳伦斯·洛克菲勒在华尔街开始了自己的职业生涯，劳伦斯从祖父那里继承了赚钱的天赋，他的名下拥有15亿美元的资产，曾在《福布斯》全球587位亿万富翁中排名第377位，他开始投资并协助新成立的企业创业，截至1996年他们共投资221家处于起步阶段的公司，这些公司在得到投资后都取得了良好的业绩，包括投资苹果电脑和英特尔集团。他在有生之年不仅开了风险投资的先河，还为美国的环保及慈善事业作出了不朽的贡献。经济帝国第三代掌门人大卫·洛克菲勒，作为美国第一家族的后代，他影响整个欧美政局的政治家，参与了很多改变世界格局的重要访问，他在冷战时期造访前苏联跟赫鲁晓夫和戈尔巴乔夫都有过直接而锋利的面对面交流，他也是第一批在中美关系开始解冻后的1973年到访中国的资本家。他重新定义了企业家的身份，认为“企业家身份本身代表着一种机会，用于满足人的发明创新、追求权利和赌博的本性……事实上对成就过程的追求，其本身对于许多人来说就是一个目标，而在那些人眼里利润只是一种值得付出努力的副产品”，这也许更能解释他在使用和创造财富上做的一切。除了把自家公司经营得稳稳当当，大卫还做了许多祖父辈没有尝试过的事。例如他写了一本名为《论文集》的书，讲述他在美国实力最雄厚家族中的个人生活。还写了一本传记《回忆录》，把家族史囊括其中，好给子孙辈借鉴。大卫·洛克菲勒表示他希望自己的家族会以“助人家族”的形象名载史册。纳尔逊·洛克菲勒：出色的政治家。他4任纽约州州长（1959~1973）和第41届美国副总统（1974~1977），是共和党温和派领袖，成为自罗斯福、杜鲁门和艾森豪威尔以来最受瞩目的一位政治家。

在绝大部分时期“洛克菲勒”就是“美国财富和权力”的同义词，这个家族在美国有着举足轻重的地位。洛克菲勒家族从发迹至今已经绵延了六代，家族荣耀无处不在，直到今天依然是美国富豪的典范。洛克菲勒家族的特色是子承父业，代代相袭。富豪家族如何才能保持代代不散，团结一致？洛克菲勒家族树立了一个榜样——主要靠家族聚会及经常性的交流沟通，73个成年“洛克菲勒”心往一处想，劲往一处使，齐心协力。洛克菲勒家族的“团结”和“决心”，成就了家族绵延、代代传承的成果。大家知道的洛克菲勒基金会1913年在纽约注册，2000 年资产 33 亿美元，由家族第五代主持基金会，现在仍坚持最初的捐赠传统，关注点始终是教育、健康、民权、城市和农村的扶贫，其捐赠时间跨度之长、规模之大和成就之广泛和显著，可以当之无愧地执美国及全世界慈善事业之牛耳。约翰·D. 洛克菲勒的后代们没有整天躲在房间里计划如何守住自己的财富，不让金钱落入别人口袋，而是积极地参与文化、卫生与慈善事业，大量的资金用来建立各种基金，投资大学、医院和各种社会事业，让整个社会分享他们的财富，影响着世界各地的人们。

◇ 案例 2. 继承曲折的弗瑞斯特·玛氏

玛氏公司是全球最大的食品生产商之一，是全球巧克力、宠物护理、糖果等行业的领导者，其中糖果巧克力类产品和宠物类产品销量分别位居全球同类产品首位。玛氏公司拥有众多世界知名的品牌，在这些品牌中价值超过十亿美元的品牌就包括德芙、玛氏、M&M'S、士力架、UNCLE BEN'S、益达、傲白、宝路、皇家、伟嘉和特趣。公司全球员工总数超过 66000 名，总部位于美国弗吉尼亚州的麦克林，业务遍及全球，目前年收入逾 280 亿美元。如今玛氏已经发展成为一家多元化的跨国公司。玛氏公司于 1923 年由法兰克·玛氏创立，1924 年偶然巧遇其儿子弗瑞斯特，自从他与第一任妻子离婚后就再没有见过这个儿子。弗瑞斯特·玛氏当时向父亲提议了一种将巧克力麦芽饮料变成可以携带的想法，这个产品后来变成“银河棒”，这个新的巧克力制品上市即深受欢迎，对于该公司起步冲刺时所需的资金提供了重要支撑。到 1927 年公司名称改为玛氏公司，工厂也搬到芝加哥西部，因为那里的运费只有明尼亚波里斯的一半。1930 年法兰克·玛氏开发出士力架，而在 1932 年又推出 3 Musketeers bar，这个新产品使得玛氏公司成为全美第二大糖果制造商，仅次于赫尔希公司。或许因为之前历经多次失败，法兰克·玛氏相当满足于公司的成就，但是其子弗瑞斯特却一心想要扩张，并经常敦促父亲扩大经营规模。不过弗瑞斯特的这种干预态度，令其父亲法兰克相当不悦，最后竟将其逐出公司。而法兰克·玛氏本人则在一年零三个月后去世，公司由其第二任妻子及其女儿接手。

怀揣 5 万美元与父亲给的“银河”的海外销售权，弗瑞斯特远赴欧洲向许多大师学习。到了 1933 年他到英国推出银河棒，他将所有的家当与心血都投注在公司，以至于他的岳父必须带着他的太太与小孩回美国以供养他们。弗瑞斯特改良了“银河”的味道以符合英国人的口味，甚至非常自恋地以玛氏棒的名称上市，玛氏棒的销售量一路飘红。1934 年他买下了 Chappel Bros，一家生产罐装碎肉的英国狗食工厂。弗瑞斯特·玛氏由此看到商机，他卖 Chappie 的罐装食物主打的概念是富含营养。在没有竞争对手的情况下，他很快就成为市场的领导者。到1939年玛氏有限公司已成为英国第三大糖果制造商。但是由于“二战”爆发，英国政府开始对外国人课税，所以他被迫放弃一切。当他回到美国即与赫尔希开始了合作关系，开发一种不会溶化的巧克力。1941年所推出的产品就是M&Ms，这个名称所代表的意义就是Mars与Murrie。1950年弗瑞斯特·玛氏聘请广告公司就M&Ms的销售进行一项相当仔细的研究，利用市场研究来作为营销工具弗瑞斯特可说是鼻祖。研究发现M&Ms非常吸引小孩子，但小孩子却没什么钱，所以公司转而向大人下手，广告公司想出了一句有名的M&Ms广告词——“只溶在口，不溶在手”。这对于父母而言很有吸引力，因为这样一来小孩就不会弄得到处脏兮兮的。当电视广告在收视率很高的节目插播时，这项产品迅速成为1956年最受欢迎的糖果。

虽然弗瑞斯特·玛氏的表现极度傲人，但是取得其父亲的公司却是他面临的最大挑战。他认为父亲的公司在法律上应该属于他的，因为是他发明了银河棒，而且也是他建议父亲设立芝加哥工厂的。在法兰克·玛氏的第二任妻子艾瑟儿与其女儿帕翠茜娅的掌控下，玛氏公司的创新不足。艾瑟儿·玛氏去世之后，一半股权转给了弗瑞斯特，而由于这个继承他与威廉·库本巴哈，也就是艾瑟儿·玛氏同父异母的兄弟，进行了一场公司控制权的争夺战。弗瑞斯特·玛氏在1953年引进机器制造糖果的技术，到了1959年由于这项引进玛氏公司成为全世界第一的糖衣棒制造商，然而弗瑞斯特仍然企盼全面掌控公司。1959年当库本巴哈退休之后，帕翠茜娅·玛氏的丈夫詹姆士·富林明被任命为总裁与首席执行官，在他的管理之下产品品质大幅滑落，因为他对于昂贵的材料偷斤减两，因此公司获利也越来越差。弗瑞斯特·玛氏最后说服帕翠茜娅将股份转给他，因而得到80%的股份，而他则提出将自己的公司置于玛氏旗下作为交换条件，随后他又说服其余股东将股份卖给他，由此最后得以全权掌控玛氏公司。1964年12月弗瑞斯特·玛氏终于身兼玛氏公司的董事长、总裁与首席执行官。

在全权掌控公司之后，弗瑞斯特·玛氏按照其管理风格，对公司的结构进行激烈的变革。弗瑞斯特·玛氏的管理成果主要有两个方面：

（1）“玛氏三角形”法则。法则一：公司总的营销费用是有限的，终端费用、人员工资和广告投入三个角要互相平衡，就必须使三角形的重心稳定，就是营销费用要向人员工资和广告投入两个角进行重点倾斜。法则二：在市场争夺中只有品牌是唯一区别于竞争对手的东西，只有品牌是能够和零售商进行抗衡的最大筹码，而广告投入是快速消费品品牌建设的重要武器。因此牢固确立行业第一品牌位置，就能在与终端的谈判中占据绝对优势。法则三：玛氏认为人力资源是一个公司参与市场竞争最重要的战略资源，只有一流的人才才能做别人不能做的事，才能做出一流的业绩。因此玛氏始终坚持用行业最高的薪酬招聘最好的销售人员，玛氏的销售人员全部为同龄人精英中的精英。法则四：在人员工资和广告投入上的倾斜必然导致终端费用的减少，但这并不代表玛氏终端工作的质量就会下降。市场生动化是玛氏终端致胜的武器：分布面广——买得到；显而易见——看得到；随手可及——拿得到。法则五：玛氏认为终端操作不能过分倚重销量，而应该以促进品牌建设为最终目的。一旦品牌力大大减少，失去了行业最前列的位置，公司不但在终端面前变得一文不值，而且还会失去市场竞争力，甚至遭受灭顶之灾。

（2）文化五项原则：①品质。玛氏公司成立一个部门来监测每一种农作物的收成情形，时至今日此一部门甚至租借卫星以监控气候状态，并聘请最顶尖的统计学家，计算气候对农产品的影响。②责任。为进一步落实责任的概念，薪水与产品连动，如果利润增加薪水就上扬；反之，如果利润下降，薪水就会缩水。③互利。互利就是利益的互享，唯有利益互享，公司才能永远存在。玛氏公司希望让所有的人都得到好处，不管是同僚、消费者，或整个社会。④效率。在玛氏公司效率主要来自生产上的自给自足，所有资源都在其掌控之中，此外，工厂机器都是24小时全天候运作。⑤自由。玛氏公司的员工享有很多自由，公司的部门拥有自由决策权。只有当部门犯了严重错误时，高层管理人员才会介入。此外，除了玛氏家族有时会到世界各地去视察海外部门之外，海外部门全部由当地的经理全权负责。1973年弗瑞斯特·玛氏69岁时退休了，并将经营权交给他的儿子小弗瑞斯特和约翰及女儿杰奎琳，通过他们的努力玛氏公司成为一个真正全球化的企业。虽然已经交棒，但是弗瑞斯特·玛氏还是不断批评指导子女们的表现，并密切监督公司的运作。

◇ 案例3. 王雪红：让王永庆骄傲的女儿

王永庆被誉为台湾的“经营之神”，是台塑集团创办人，公司成立于1954年，历经五十余年之努力，目前资本额为24623亿元新台币，员工近10万人，2007年税后纯益高达2190亿元新台币。台塑集团经营范围十分广泛，包括炼油、石化原料、塑料加工、纤维、纺织、电子材料、半导体、汽车、发电、机械、运输、生物科技、教育与医疗事业等。尤其是在石化工业领域，建立起从原油进口、运输、冶炼、裂解、加工制造到成品油零售等一体化的完整产业链，这在台湾是独一无二的企业集团。在2006年王永庆90岁时正式宣布交棒，由王文渊、王瑞华、王文潮、王瑞瑜、杨兆麟、李志村、吴钦仁7人组成行政中心，内设总裁及副总裁，分别由王文渊、王瑞华担任，每月至少开1次会议，集团各关系企业的重要决策在送董事会前，需先经行政中心讨论定案后再送董事会。

王永庆曾经给子女们写过一封语重心长的信，对于任何一个企业家都有重要意义。以下是信件原文："财富虽然是每个人都喜欢的事物，但它并非与生俱来，同时也不是任何人可以随身带走。人经由各自努力程度之不同，在其一生当中固然可能累积或多或少之财富，然而当生命终结，辞别人世之时，这些财富将再全数归还社会，无人可以例外。因此如果我们透视财富的本质，它终究只是上天托付作妥善管理和支配之用，没有人可以真正拥有。面对财富问题，我希望你们每一个人都能正确予以认知，并且在这样的认知基础上营造充实的人生。我本出身于贫困家庭，历经努力耕耘，能够有所成就。在一生奋斗过程中，我日益坚定的相信，人生最大的意义和价值所在，乃是藉由一己力量的发挥，能够对于社会作出实质贡献，为人群创造更为美好的发展前景，同时唯有建立这样的观念和人生目标，才能在漫长一生当中持续不断自我期许勉励，永不懈怠，并且凭以缔造若干贡献与成就，而不虚此生。基于这样的深刻体会，因此我希望所有子女也都能够充分理解生命的真义所在，并且出自内心的认同和支持，将我个人财富留给社会大众，使之继续发挥促进社会进步，增进人群福祉之功能，并使一生创办之企业能达到永续之经营，长远造福员工与社会。与此同时，我也殷切期盼所有子女，在创业与日常生活中，不忘以服务奉献社会、造福人群为宗旨，而非只以私利做为追求目标，如此才能建立广阔和宏伟的见识及胸襟，充分发挥智能力量，而不负于生命之意义。"

2008年10月15日凌晨王永庆在睡眠中安详辞世，父亲的辞世对王雪红是一个重重的打击。但当别人问起父亲对她有什么样的影响时，她仍愿意理性地回答："他留给我们的很多风范，像勤劳朴实、脚踏实地做人、追根究底、止于至善，这些可以给子子孙孙好好揣摩、好好实现，我相信这些都是我们最大、最大的资产。"受父亲影响，勤奋节俭深入王雪红的骨髓之中，早晨4点多钟王雪红便会起床，开始4000～5000米的长跑，连续很多年在公司的运动会上，王雪红都是女子组5000米的冠军。王雪红的个人生活也可以称得上简朴，每次外出都是一套简单的正装，一个普通的黑色皮包；一辆轿车已经开了十多年，还在继续用。对于自己的勤俭，王雪红认为深受父亲的影响。不要浪费，服装只要穿得得体就好；开车不需要太好，能稳定行驶就行；吃的东西不要太奢侈，由俭入奢易，由奢入俭难；做人要坚持，讲究回报，将自己赚的钱回报社会；做企业就要做最好的企业，做产品就要做最好的产品——这些都是父亲重复了很多遍的告诫，早已成为她的行为规范。

1988年王雪红30岁的时候把母亲送给自己的一套房子做抵押，用500万新台币开始了自己的创业。尽管父亲没有给予资金上的任何帮助，但是父亲在商界内的深厚影响却给王雪红带来了巨大的无形资产。“当时，我去找人，别人会想，她是王永庆的女儿，做事应该不会差吧。”很快王永庆的做人精神理念和对企业的经营理念对于王雪红的影响充分体现出来。创业便创大格局，在对待创业这个问题上，王雪红显示了和父亲一样的大气。经过20年的发展集团下属的企业已经达到30多家，涉及IT产业链的各个环节。“对于企业有两种做法，一种是做大了卖掉，一种是持续经营下去。我自己做的企业，永远不会卖掉。”正是在这种“永续经营”理念的支持下，从默默无闻的小公司发展成为世界三大IC设计厂商之一。即使最艰难的时候王雪红也从来没有想过放弃，这种坚韧与王永庆如出一辙。在经营管理方面王雪红也有着自己独到的见解，她认为信任是合作的基础，“用人不疑”是她的一个原则。日常管理上王雪红在传承父亲严厉风格的同时，更多了几分女性的细腻和宽容，形成了自己独特的管理风格。和台塑作风不同，王雪红重新定义了和职业经理人的关系：“我仅仅是他们的工作伙伴，他们哪方面的能力缺，我就帮助他们补足这方面的能力。”在这样的理念下聚集了一批精英人才，团队稳定，许多是创业元老。

王雪红回忆起以前自己刚刚当选台湾第一女富豪，一位朋友问父亲是什么感觉时，王永庆摇了摇头缓缓说道：“她还差得远呢。”2005年美国《商业周刊》评出的25位“亚洲之星”中，王雪红成为获得该殊荣的唯一女性。朋友再次询问王永庆时，“他还是没笑，但我看出他眼里有一丝遮挡不住的得意”王雪红说。2011年《福布斯》杂志公布的全球亿万富翁排行榜中，宏达国际电子股份有限公司董事长王雪红和陈文琦夫妇以88亿美元净资产居台湾首位，而去年台湾首富鸿海集团董事长郭台铭以56亿美元排行第五。宏达电子是现在世界上智能手机中的最大厂商之一，市值约210亿美元，比黑莓机制造商RIM的120亿美元还高。HTC总部虽在台湾，但该公司的半数产品在美国出售，另有35%销往欧洲。2011年1月26日香港TVB发布股权变动公告，称拥有其26%股份及其他重要资产的邵氏（兄弟）有限公司已与陈国强为首的投资集团达成协议，该投资集团将全数购入邵氏（兄弟）有限公司的股权。投资集团的另外两名成员分别是王雪红和Providence Equity Partners。

后记

实现全人类的梦想

来到这个世界上有三十多年了，为企业家服务和自己做企业的时间已经十五年。见过不少企业家的山巅风光，更看到许多企业家的风雨落魄。虽然企业家是世界上创造财富和财富文化的主力军，但也是一种职业，像其他所有的职业一样，他们需要理解，需要支持，需要在寒冷的时候，哪怕有人和他握握手，他们心中就会充满希望和力量。在我人生不长的经历中，有引导我接触企业家的人，有给我舞台体味企业家的人，有提供商机让我做企业家的人，这些人有朋友、有亲属、有陌生人，这些都是照耀我生命征程的明星，终生感谢你们，我会一生一世和你们在一起。说到这里，我要特别感谢生我养我的父母，始终和我在一起的爱人和家人，他们付出了无私的爱和无悔的关怀，使我明白要努力拼搏奋斗，使他们感到些许安心和慰藉。最重要的是感谢中国改革开放和全球化时代，感谢前人的丰富著作和互联网文明，使我的写作有了肥沃的土壤。本书引用了部分专家的意见，但因资料来源庞杂，写作时没有理清相关名录和联系方式，如果涉及版权问题，请和我联系。

仰望灿烂的星空，俯瞰历史的长河，王侯将相，英雄豪杰，都已灰飞烟灭，时光深处真正的企业家只是沧海一粟，世人更是难知其名。1515 年君主论诞生，1776 年国富论出版，1867 年资本论问世，三部伟大著作推动人类历史发生巨大变革。随着世界奔腾向前，新兴学科层出不穷，经济学已有 300 多年，管理学已有 100 多年，领导学已有 50 多年。现在虽然关于市场、企业、契约、经理人、企业家精神等的书籍浩如烟海，但准确定位、系统论述、科学实践“企业家”这一阶层的实战专著不多。因此从实战的要求出发，我总结世界 100 多位知名企业家的成功经验，创作这本企业家阶层的专著。

目前世界多极化趋势强烈，各国逐鹿政治、经济、文化等各方面的利益，全球进入混乱的春秋战国时期。这一时期中国经历 30 多年改革开放，并持续增强综合国力，每个中国人作为个体跟随现代化进程，得到前所未有的解放，自我真正成为实现生命价值的主导力量，自身是追求幸福、快乐、成功的主体和关键。但我们干了 30 年，中国人均 GDP 仅是日本的十分之一，跟美国就差得更多了，所以未来能不能进一步在经济上增长，我们未来的经济能不能赶上美国，就要看政府和人民的努力，特别是企业家的奋斗，企业家起着十分重大而且是不可替代的作用。

《基业长青》一书揭示优秀的企业家才是保障企业持续存在的根本，现任企业家无论多么伟大，企业还是要靠未来的企业家才能走得更远。企业家需要对周围复杂的环境与企业发展的全局进行掌控，要具有战略思维和决策能力。“世界公民”是全球化的产物，又反过来作用于全球化。“世界公民”思索个人对世界的关系，明白全球相互依存的关系，认识全球发展与本土的关系，身体力行地对世界负责，愿意在社区至世界各个层面作出行动，为建设更加公平而且可持续发展的世界而努力。因此全球化时代企业家的新目标，就是要成为优秀的世界公民。随着中国经济规模的继续增长，未来十年是中国真正诞生世界级公司的时代，那么这就意味着中国企业家需要承担新的责任。

人类社会存在普世价值，普世价值包括人权天赋、生来自由、平等博爱、民主权力、和平发展、光荣梦想、多元共存等，它们是人类创造的千百年来经过沉淀扬弃而升华的全世界普遍适用的，造福于人类社会的最好的价值。其中人类的梦想是对于美好事物的一种憧憬和渴望，是人类最天真最无邪最美丽最可爱的愿望。对于个人，梦想是奋斗的动力，梦想是动力的源泉，梦想是对自己一生的“承诺”，梦想是对企业、社会、国家、世界的责任。那么企业家的梦想是什么？企业家的梦想应该是思考怎样去更好地实现全人类的梦想，开发和供应更多的更具人性价值和梦想光芒的产品与服务，可以说企业家在特定情景下是替人类受难的无私天使。因此中国企业家在服务好中国市场的同时，更应该学习研究普世价值的意义，立足于全世界全人类，为人类的幸福快乐贡献中国力量，其实这也是真正实现中华民族伟大复兴的实践行动。

参考文献

1. 冯秋婷主编：《西方领导理论研究》，人民出版社 2008 年版。

2. 沈珺、朱春勉主编：《企业家学实务》，清华大学出版社、北京交通大学出版社 2008 年版。

3. 周欣、陈炎伟、张旻冶、贾正如主编：《世界现代管理学家管理法则全书》，中国社会出版社 1999 年版。

4. 王慎之总编：《西方经济思想库》，经济科学出版社 1997 年版。

5. 张维迎：《市场的逻辑》，世纪出版集团，上海人民出版社 2010 年版。

6. 安德雷亚斯·布霍尔茨、沃尔夫兰·维德曼著，肖健、樊渝杰译，《营造名牌的 21 种模式》，中信出版社 1999 年版。

7. 翟文明：《最有效的 100 个营销方法》，黑龙江科技出版社 2009 年版。

8. 拉里·雷诺兹：《大雁的力量：信任创造绩效》，广东经济出版社 2006 年版。

9. 百度：百科、知道、贴吧、文库、搜索等。